Bauwelt Fundamente 117

Herausgegeben von
Ulrich Conrads und Peter Neitzke

Beirat:
Gerd Albers
Hansmartin Bruckmann
Lucius Burckhardt
Gerhard Fehl
Thomas Sieverts

Gerd Albers

Zur Entwicklung der Stadtplanung in Europa

Begegnungen
Einflüsse
Verflechtungen

Der Umschlag zeigt auf der Vorderseite einen Ausschnitt aus der Zeilenbebauung des Wohngebiets Frankfurt-Westhausen von Ernst May (1929–1931), auf der Rückseite eine Großstadtstudie für den XXI. Wiener Bezirk von Otto Wagner (1911).

Die Deutsche Bibliothek – CIP-Einheitsaufnahme

Albers, Gerd:
Zur Entwicklung der Stadtplanung in Europa : Begegnungen, Einflüsse, Verflechtungen / Gerd Albers. – Braunschweig; Wiesbaden:
Vieweg, 1997
 (Bauwelt-Fundamente; 117)
 ISBN 3-528-06117-0

Alle Rechte vorbehalten
© Friedr. Vieweg & Sohn Verlagsgesellschaft mbH, Braunschweig/Wiesbaden, 1997

Der Verlag Vieweg ist ein Unternehmen der Bertelsmann Fachinformation GmbH.

Umschlagentwurf: Helmut Lortz
Satz: ITS Text und Satz GmbH, Herford
Druck und buchbinderische Verarbeitung: Lengericher Handelsdruckerei, Lengerich
Gedruckt auf säurefreiem Papier

Printed in Germany

ISBN 3-528-06117-0   ISSN 0522-5094

Inhalt

Vorwort 9

Einführung
Ziel und Rahmen der Untersuchung 13
Zur inhaltlichen Gliederung 13
Zum Stand der Forschung 17
Zur Ausgangssituation im Europa des frühen 19. Jahrhunderts ... 19

1. Kapitel:
Stadtplanung in europäischen Ländern 25
Vorbemerkung 25
Belgien 26
Dänemark 30
Deutschland 34
Finnland 44
Frankreich 47
Griechenland 56
Großbritannien 58
Italien 67
Niederlande 74
Norwegen 80
Österreich 83
Portugal 89
Schweden 91
Schweiz 98
Spanien 103

2. Kapitel:
Internationale Verflechtungen 115

Vorbemerkung 115

Von der Jahrhundertmitte bis 1900 119
Fachliteratur 119
Internationale Kontakte 129
Gemeinsamkeiten und Unterschiede 131

Von 1900 bis 1918 136
Fachliteratur 136
Internationale Kontakte 153
Gemeinsamkeiten und Unterschiede 164

Von 1919 bis 1945 171
Fachliteratur 171
Internationale Kontakte 187
Gemeinsamkeiten und Unterschiede 198

Nach 1945 205
Fachliteratur 205
Internationale Kontakte 212
Gemeinsamkeiten und Unterschiede 217

3. Kapitel:
Entwicklung von Einzelaspekten 229

Vorbemerkung 229

Selbstverständnis und gesellschaftliche Einordnung
der Stadtplanung 231

Zur Entwicklung des Stadtplanungsrechts 244
Zur Planungskompetenz 252
Plantypen 254
Entschädigungsrecht 257

Zum beruflichen Profil des Stadtplaners 261

Ausbildung für die Stadtplanung 269

Zum Theorieverständnis in der Stadtplanung 276

Stadtstrukturplanung: Grundsätze und Modelle................ 285
Modelle für die Form der Bauflächen...................... 285
Modellvorstellungen zur Stadtgliederung.................. 290
Modellvorstellungen zur Nutzungsverteilung............... 295
Stadtgestaltung: Grundsätze und Modelle.................... 300
Stadterneuerung und Stadtumbau............................. 314

Zusammenfassung.. 329

Anhang... 337
Übersetzung der fremdsprachlichen Zitate................... 338
Zeittafel zur Planungsgesetzgebung......................... 346
Zeittafel zur Planungsliteratur............................ 348
Bibliographie.. 356
Personenverzeichnis.. 379
Stichwortverzeichnis....................................... 385
Ortsverzeichnis.. 389
Bildquellen.. 393

Vorwort

Mit dem Zusammenwachsen der europäischen Länder zu einer politischen Gemeinschaft gewinnen auch auf dem Gebiet der räumlichen Entwicklung wechselseitige Abstimmung und Zusammenarbeit zunehmend an Bedeutung. Schon heute gibt es zahlreiche Beispiele grenzüberschreitenden Zusammenwirkens vor allem auf der Ebene der Regionalplanung. Mit ihm ist zwangsläufig die Begegnung unterschiedlicher Rechts- und Verwaltungssysteme wie auch verschiedenartiger Planungstraditionen und Fachsprachen verbunden. Häufig sind es gerade solche Unterschiede der Fachtraditionen und „Planungskulturen", die mehr als andere Hemmnisse einer Verständigung zwischen Fachleuten verschiedener Nationalität im Wege stehen. Sie können auch bei sachlich gleichartigen Aufgaben zu unterschiedlichen Vorgehensweisen und Ergebnissen führen, ja auch einem scheinbar einwandfrei übersetzten Fachbegriff abweichende Inhalte und Konnotationen verleihen.

Die vorliegende Untersuchung soll dem Verständnis für solche Unterschiede wie auch für die europäischen Gemeinsamkeiten dienen. Sie geht der Entwicklung der städtebaulichen Ideen, der Rechtsgrundlagen für deren Umsetzung in die Praxis und der allmählichen Ausformung eines der Stadtplanung zugewandten Berufsstandes in Europa nach und konzentriert sich dabei auf die fachlichen Kontakte und Wechselbeziehungen zwischen Deutschland und den Ländern des nördlichen, westlichen und südlichen Europa. Darüber hinaus wurden auch die Querverbindungen zwischen diesen Ländern einbezogen, doch konnten sie – auch wegen der Schwierigkeiten der Quellenerschließung – nicht mit gleicher Ausführlichkeit behandelt werden.

Die Beschränkung auf den genannten Teil Europas ist pragmatischer Natur und in erster Linie dadurch bedingt, daß der Autor nicht über Kenntnisse der slawischen Sprachen verfügt. Eine ergänzende Untersuchung hinsichtlich der Beziehungen zum östlichen Europa liegt in der – gleich dieser von der Deutschen Forschungsgemeinschaft geförderten – Arbeit von H.J. Kadatz „Beiträge zu mittel- und osteuropäischen Planungsideen des Städtebaues" vor.

Allerdings stand und steht gerade die Stadtplanung im westlichen Europa zumindest literarisch in engem Kontakt mit der nordamerikanischen, und deshalb durften auch solche Wechselwirkungen nicht ganz außer Betracht bleiben. Sie wurden jedoch nur gleichsam punktuell behandelt, ohne daß auf die größeren Zusammenhänge der städtebaulichen Entwicklung in Nordamerika selbst eingegangen werden konnte. Zweifellos hätte die Breite des Themas eine ausführlichere und differenziertere Behandlung vieler Teilaspekte gerechtfertigt, und tatsächlich war der Verfasser immer wieder versucht, manchen Beziehungen und Zusammenhängen genauer nachzugehen, weitere Literatur anzuführen und mehr Beispiele ausgeführter Planungen zu erwähnen. Indessen ging es ihm im Rahmen dieser Veröffentlichung nicht so sehr um die wissenschaftliche Vertiefung von Einzelfragen als vielmehr um die Vermittlung eines Überblicks, der kurz genug sein sollte, um in unserer eiligen Zeit noch gelesen zu werden – und doch vielseitig genug, um vielleicht das Interesse von Lesern und Leserinnen zur weiteren Beschäftigung mit diesem Themenfeld anzuregen.

Der Verfasser dankt an dieser Stelle den zahlreichen in- und ausländischen Kollegen, die ihn in seiner Arbeit durch Hinweise und Kritik unterstützt und insbesondere die Länderberichte des ersten Kapitels auf ihre Ausgewogenheit hin geprüft haben; sie sind in der Vorbemerkung zu diesem Kapitel genannt. Sein besonderer Dank gilt seinem Mitarbeiter Hans-Jürgen Deisler für die Sichtung und Zusammenstellung des Materials über die Entwicklung in den einzelnen Ländern, seinem Kollegen Gerhard Fehl für die kritische Durchsicht des zweiten Kapitels und vor allem der Deutschen Forschungsgemeinschaft für eine zweijährige finanzielle Förderung des Vorhabens.

Einführung

Ziel und Rahmen der Untersuchung

Zur inhaltlichen Gliederung

Stadtplanung ist heute ein gängiger Begriff, ebenso wie sein englisches Äquivalent town planning – oder nach amerikanischem Sprachgebrauch city planning – und sein französisches Gegenstück urbanisme. Aber sie alle sind erst zu Beginn unseres Jahrhunderts geprägt worden – zwischen den Jahren 1905 und 1910. Dies deutet auf Parallelen in der Art und Weise hin, wie sich die großen Industrienationen mit der Entwicklung ihrer Städte auseinandersetzten. Auf diese Auseinandersetzung und die dabei sichtbar werdenden Wechselbeziehungen zwischen den Ländern richtet sich die vorliegende Untersuchung.
Betrachtet man unter diesem Gesichtspunkt die Entwicklung der Stadtplanung in Europa, so stößt man auf eine eigentümliche Mischung von Ähnlichkeiten und Unterschieden. Das scheint zunächst leicht zu erklären: Die Ähnlichkeiten erwuchsen daraus, daß sich die europäischen Länder mit den Auswirkungen der Industrialisierung vergleichbaren Problemen gegenübersahen, die Unterschiede aus den verschiedenartigen Voraussetzungen, die durch die jeweiligen politischen, rechtlichen und administrativen Gegebenheiten, aber auch durch unterschiedliche soziale und wirtschaftliche Verhältnisse bedingt waren.
Schon früh jedoch wurden über die Ländergrenzen hinweg fachliche Beziehungen geknüpft und Erfahrungen ausgetauscht. Internationale Kongresse, Fachliteratur – teils in Übersetzungen –, internationale Wettbewerbe und Studienreisen boten Möglichkeiten zur Information über das Geschehen in anderen Ländern, und in vielen Fällen lassen sich daraus erwachsene Einflüsse erkennen. Bei der Verfolgung dieses Themas stellte sich bald heraus, daß die Darstellung internationaler Verbindungen erst vor dem Hintergrund des Geschehens in den einzelnen Ländern scharfe Konturen gewinnt und daß auch die Untersuchung bestimmter Einzelaspekte zur Erhellung grenzüberschreitender Zusammenhänge beitragen kann. So ergab sich eine Dreigliederung:
– In einem ersten Kapitel wird die Entwicklung der Stadtplanung in jedem der in die Studie einbezogenen Länder in knapper Form resümiert. Dabei

werden die jeweils erkennbaren Wirkungen auf andere Länder ebenso wie wichtige fachliche Einflüsse aus dem Ausland in großen Zügen skizziert.
- Ein zweites Kapitel stellt diese Wechselwirkungen und ihre zeitliche Abfolge in den Vordergrund. Für vier größere Zeitabschnitte – deren Zäsuren die Jahrhundertwende und die beiden Weltkriege darstellen – wird jeweils zunächst die städtebauliche Literatur umrissen und insbesondere auf die Übersetzungen in fremde Sprachen und auf die Fälle eingegangen, in denen ausländische Erfahrungen und Entwicklungen vermittelt wurden. Dem folgt eine Darstellung der unmittelbaren internationalen Kontakte durch Kongresse, Ausstellungen, Studienreisen, Wettbewerbe und die Bildung internationaler Vereinigungen. Den Abschluß bildet jeweils eine kurze Charakterisierung von Unterschieden und Gemeinsamkeiten, welche die nationalen Entwicklungen innerhalb des jeweiligen Zeitraumes aufweisen.
- In einem dritten Kapitel schließlich wird dargestellt, in welcher Weise sich bestimmte Sachgebiete und Teilaspekte der Stadtplanung über den gesamten betrachteten Zeitraum hinweg entwickelt und welche Rolle dabei die Beiträge der verschiedenen Länder gespielt haben. Hierzu gehören die Herausbildung der Stadtplanung mit den Definitionen ihres Wirkungsfeldes und ihrer gesellschaftlichen und rechtlich-administrativen Einordnung, ferner die berufsständische Entwicklung und die fachliche Ausbildung sowie schließlich die theoretischen Grundlagen und die inhaltlichen Konzepte für die Steuerung der Entwicklung.

Es kann nicht ausbleiben, daß dabei Wiederholungen auftreten; wichtige Entwicklungen in einem der zuletzt genannten Themenbereiche können sowohl das Geschehen in ihrem Ursprungslande beeinflussen als auch international ausstrahlen; sie werden in diesem Falle in allen drei Kapiteln auftauchen müssen. Dies wird um so eher in Kauf genommen, als die Arbeit auch als Nachschlagewerk zu Teilaspekten geeignet sein soll, ohne daß sie jeweils als Ganzes gelesen werden müßte. Auf solche Querbezüge wird in aller Regel verwiesen, insbesondere wenn der Sachverhalt an anderer Stelle ausführlicher behandelt wird.
Was den zeitlichen Rahmen angeht, so wurde eine Zweiteilung vorgenommen. Bei der Darstellung der Entwicklung in den einzelnen Ländern wie auch in der Erörterung der wichtigsten Einzelaspekte – also im ersten und im dritten Kapitel – wurde die Darstellung nach Möglichkeit bis in die neunziger Jahre hinein fortgeführt, um auch einen Überblick über die neueren Entwicklungen zu vermitteln. Dagegen ist das zweite Kapitel mit der Darstellung der Literatur und der Fachkontakte im wesentlichen auf die Zeit bis 1960 beschränkt, in der dieses Feld noch als einigermaßen überschaubar gelten kann. Seiner Aus-

weitung in den späteren Jahrzehnten nachzugehen, hätte den Rahmen dieser Untersuchung sprengen müssen. Zwar konnten die wichtigsten Schriften aus den einzelnen Ländern im Original herangezogen werden, doch war es bei einem derartigen Vorhaben unerläßlich, auch in erheblichem Maße auf Sekundärliteratur zurückzugreifen. Ein Überblick über den Stand der Forschung wird im folgenden Abschnitt gegeben; die einbezogene Literatur ist im Anhang aufgeführt.

Zum Stand der Forschung

Das Feld der planungsgeschichtlichen Forschung hat sich in den letzten Jahrzehnten ungemein ausgeweitet. Konnte man etwa um 1960 die Schriften, die sich mit Stadtplanungsgeschichte – nicht nur mit Stadtgeschichte – auseinandersetzten, fast noch an den Fingern abzählen, so ist demgegenüber ihre Zahl heute kaum noch überschaubar. Eine von Sutcliffe 1981 veröffentlichte kommentierte Bibliographie enthält mehr als 1300 Titel, von denen allerdings manche das Thema der Stadtplanungsgeschichte nur streifen.
Die deutlichsten Indizien des wachsenden Interesses an diesem Thema liegen vielleicht darin, daß es eine eigene Zeitschrift zu tragen vermag – die in London herausgegebenen „Planning Perspectives" – und daß es heute Planungshistoriker sui generis gibt, während es sich früher eher um Liebhabereien eines städtebaulich interessierten Historikers oder eines historisch interessierten Stadtplaners handelte.
Allerdings ist die große Mehrzahl dieser Untersuchungen teils auf einzelne Städte beschränkt, teils der Entwicklung in einem bestimmten Lande gewidmet, bei deren Darstellung gewiß hin und wieder ausländische Einflüsse ins Blickfeld kommen mögen. Eine weit geringere Zahl von Werken ist auf eine übernationale Gesamtdarstellung der Entwicklung gerichtet, dabei aber zumeist nach einzelnen Ländern gegliedert – so etwa Egli (1959–1967), Sica (1978–79) oder Mamoli/ Trebbi (1988).
Demgegenüber sind Arbeiten, die sich mit den Wechselwirkungen zwischen verschiedenen Ländern beschäftigen, bisher relativ selten. In erster Linie ist hier das Werk von Anthony Sutcliffe „Towards the Planned City" (1981) zu nennen, das der Planungsgeschichte in Deutschland, Großbritannien, den USA und Frankreich etwa seit der Mitte des 19. Jahrhunderts bis um 1920 äußerst gründlich nachgeht und dabei auch die fachlichen Beziehungen zwischen diesen vier Ländern behandelt. Bis in die Gegenwart hinein reicht dagegen eine vor allem der Ideengeschichte gewidmete Arbeit von Peter Hall „Cities of Tomorrow"

(1988), deren Begrenzung aber – nach seinem eigenen Zeugnis – im „Anglo-Americozentrismus" liegt; deutsche, französische und schwedische Entwicklungen werden insoweit erörtert, wie sie die Auswirkungen bestimmter Planungsideen illustrieren können, aber ohne den Anspruch, sie in ihrer Eigenständigkeit zu erfassen.

In der deutschsprachigen Literatur sind vor allem die von Gerhard Fehl herausgegebenen Bände zur Planungsgeschichte zu nennen, die neben zahlreichen ausführlich belegten Fallstudien auch vielfach Ansätze zur vergleichenden Darstellung und zur Verfolgung von Einflüssen über die Grenzen hinweg bieten.

Zudem gibt es einige Einzelstudien zu bilateralen Beziehungen wie die von Hartmut Frank geleiteten Untersuchungen über die deutsch-französischen Wechselwirkungen in der Planung im Elsass und in Lothringen unter deutscher Herrschaft (1940–44) und in der französischen Besatzungszone Deutschlands (1945–49).

Wertvolle Hinweise erbringen ferner Arbeiten, die sich mit dem Werk einzelner Persönlichkeiten – „Pioniere" der Stadtplanung (Cherry 1981) – auseinandersetzen und dabei ihrem internationalen Einfluß nachgehen: etwa dem Camillo Sittes (Collins 1965) oder Raymond Unwins (Miller 1992). Kataloge oder Schriften zu internationalen Ausstellungen (Hegemann 1912 und 1925) oder Untersuchungen über deren Ausstrahlung (Meller 1995) tragen gleichfalls zur Vervollständigung des Bildes bei.

Zur Ausgangssituation im Europa des frühen 19. Jahrhunderts

Wie angedeutet, führte die industrielle Entwicklung in den davon betroffenen Ländern jeweils zu ähnlichen Erscheinungen: Die Städte, bisher in erster Linie Standorte von Handel, Handwerk und allenfalls von Manufakturen, manchmal auch Verwaltungszentren eines mehr oder minder ausgedehnten Umlandes, wandelten ihre Struktur und ihr Erscheinungsbild. Die Bevölkerung wuchs schnell, überwiegend durch Zuwanderung aus ländlichen Gebieten. Dies erhöhte die – meist ohnehin beträchtliche – Belegungsdichte vorhandenen Wohnraums und zwang zur Ausdehnung der Bebauung. Zugleich veränderte sich mit dem Eindringen der Fabrik in die Stadt nicht nur die Sozialstruktur, sondern auch der bauliche Maßstab. Schinkel notierte 1826, „die ungeheuren Baumassen in Manchester, bloß von einem Werkmeister ohne alle Architektur und nur für das nackteste Bedürfnis allein aus rotem Backstein machen einen höchst unheimlichen Eindruck", und merkte in einem Brief aus England an, unter den Fabriken gebe es „mehrere Gebäudeanlagen von der Größe des königlichen Schlosses zu

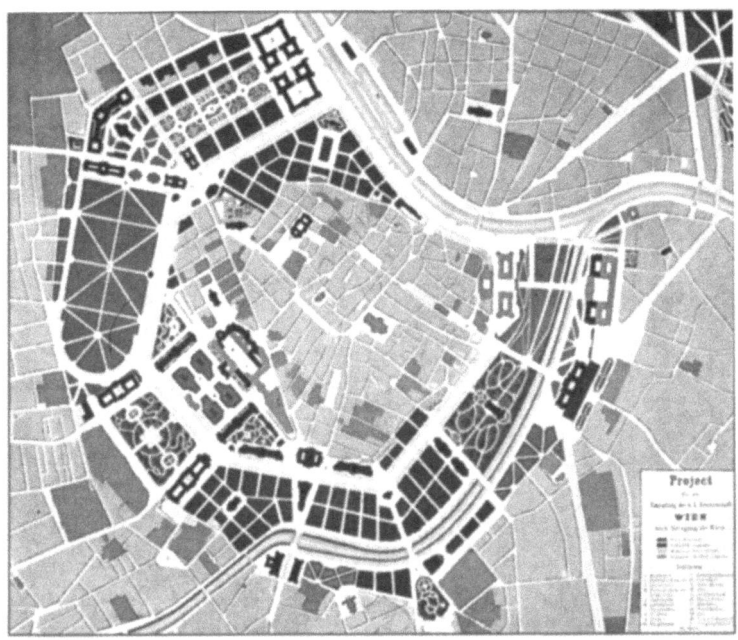

1 Die großen Projekte der Jahrhundertmitte: preisgekrönter Wettbewerbsentwurf für die Wiener Ringstraße (1858, van der Nüll und Siccardsburg)

2 Die großen Projekte der Jahrhundertmitte: Stadterweiterungsplan für Barcelona von Ildefonso Cerdá (1859)

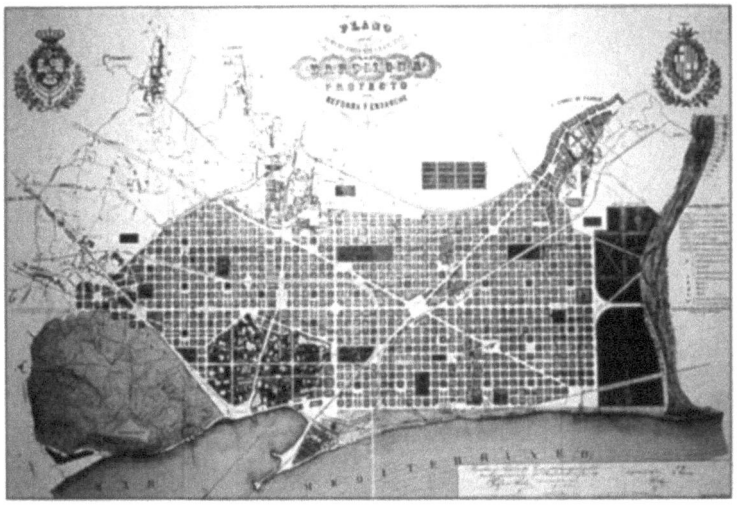

3 Die großen Projekte der Jahrhundertmitte: die Boulevards in Paris: Abbrucharbeiten für den Bau (1868)

4 Lageplan zum Durchbruch der Avenue de l'Opéra in Paris (1876), schraffiert die hierzu enteigneten Grundstücke

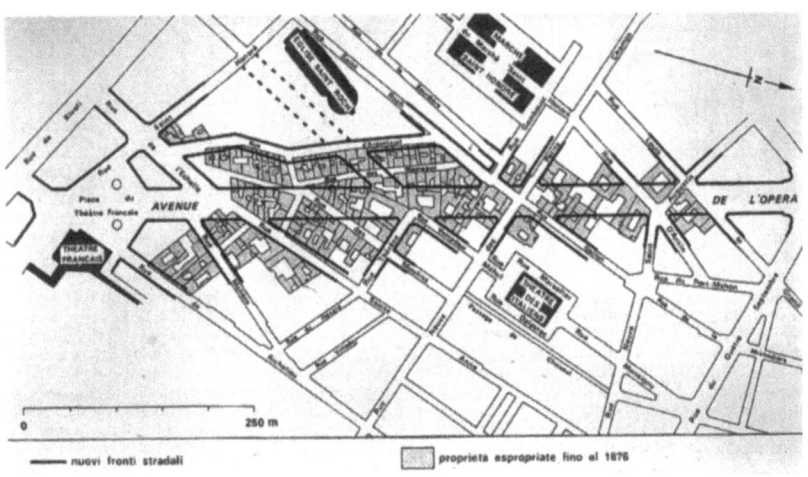

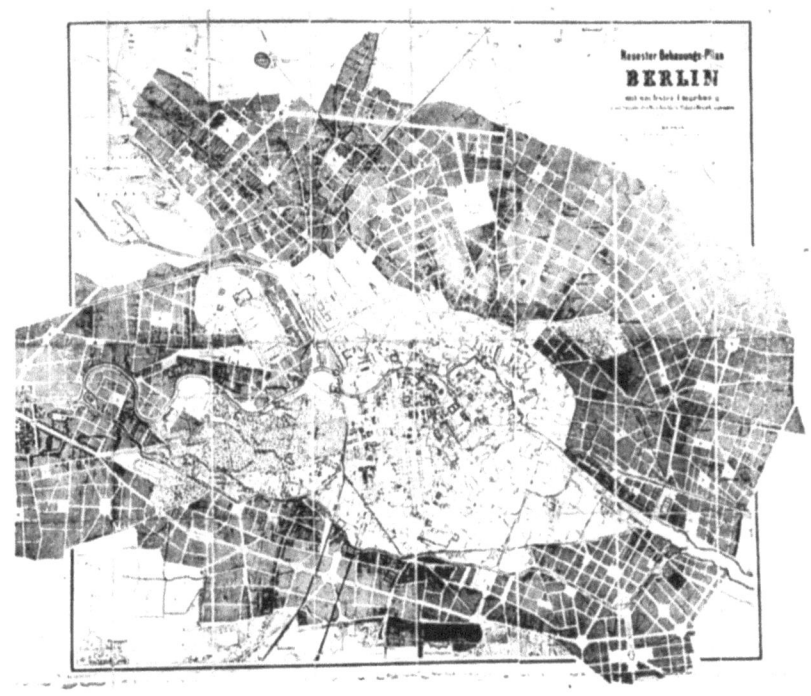
5 Fluchtlinienplan für Berlin und Umgebung von James Hobrecht (1858–1862), bemessen auf ein Vielfaches der damaligen Einwohnerzahl

Berlin" und „ringsum ragen Tausende von rauchenden Obelisken der Dampfmaschinen empor, deren Höhe [...] allen Eindruck der Kirchthürme zerstört."
(Wolzogen 1863, 167)
Für England wie für Frankreich hatten die napoleonischen Kriege einen kräftigen Entwicklungsschub gebracht. In beiden Ländern wuchsen insbesondere die Hauptstädte in neue Dimensionen hinein, wobei London mehr durch seine flächenhafte Ausdehnung, Paris stärker durch die bauliche Verdichtung innerhalb des Stadtgebietes gekennzeichnet war. Diese Entwicklung spiegelt sich in höchst anschaulichen literarischen und bildlichen Zeugnissen wie in Schinkels Brief aus London von 1826: „Die Ausdehnung der Stadt nimmt nie ein Ende; will man drei Besuche machen, so kostet dies einen vollen Tag, denn schon in der Stadt wird jede Distanz nach Meilen berechnet, wenn man fahren will ..." (Wolzogen 1863, 153). Die bekannten Zeichnungen von Gustave Doré vervollständigen das Bild des Außergewöhnlichen, das die Großstadt jener Zeit bot; für Paris sei nur an die literarischen Darstellungen von Balzac und Zola erinnert.

Paris wurde auch zum Schauplatz der ersten umfassenden städtebaulichen Umgestaltung nach der Mitte des 19. Jahrhunderts: der chirurgischen Eingriffe des Präfekten Haussmann in den Stadtkörper, um großzügige Boulevards für Verkehr, Repräsentation und militärische Kontrolle zu schaffen.

1857 fand der internationale „Concurs" für die Wiener Ringstraße statt, die später zum Rückgrat einer repräsentativen Zone großzügiger Baugruppen und Freiräume zwischen dem Stadtkern und den Vorstädten wurde. Für diesen Wettbewerb – den ersten seiner Art – waren übrigens die österreichischen Botschafter in Paris, London und vier Staaten des Deutschen Bundes angewiesen worden, Erkundigungen über vergleichbare Projekte einzuziehen (Mollik u.a. 1980, 115). In die gleiche Zeit fiel die Erweiterungsplanung für Barcelona von Ildefonso Cerdá, durch die die künftige räumliche Entwicklung der Stadt über viele Quadratkilometer mit einem strengen Rastersystem festgeschrieben wurde. Die Absicht Cerdás, mit dieser Großzügigkeit eine weiträumige, lockere Bebauung zu sichern, fiel allerdings bald der intensiven Grundstücksausbeutung zum Opfer. Fast gleichzeitig mit Cerdá erarbeitete auch der junge Bauingenieur James Hobrecht einen großen Stadterweiterungsplan – den vom Berliner Polizeipräsidenten in Auftrag gegebenen „Bebauungsplan" –, der als negatives Beispiel in die deutsche Stadtbaugeschichte eingegangen ist: „Die Polizei verordnet Mietskasernen für vier Millionen Berliner" (Hegemann 1930/1963, 207).

Diese Beispiele zeigen auf besonders spektakuläre Weise die Auswirkungen der Industrialisierung auf einige Metropolen, aber in einer Fülle weiterer Städte vollzogen sich nicht minder tiefgreifende Veränderungen. Es galt ganz allgemein, das als unausweichlich hingenommene – wenn auch von der Kulturkritik häufig beklagte – Wachstum der Städte an Bevölkerung und Fläche in geordnete Bahnen zu lenken und den neuen Tendenzen der räumlichen Trennung von Wohn- und Arbeitsstätten technisch und organisatorisch Rechnung zu tragen. Aber diese Aufgaben stellten sich nicht in allen Ländern Europas zu gleicher Zeit – und sie trafen jeweils auf unterschiedliche Rechts- und Verwaltungsstrukturen, verschiedenartige Lebensformen und Traditionen. So sollen im folgenden Kapitel zunächst in geraffter Form die wichtigsten Entwicklungsschritte der Planung in den einzelnen Ländern dargestellt werden, ehe in den weiteren Kapiteln auf die Wechselbeziehungen zwischen diesen Ländern und auf Gemeinsamkeiten und Unterschiede der Entwicklung eingegangen wird.

1. Kapitel

Stadtplanung in europäischen Ländern

Vorbemerkung

Die nachstehenden knappen Beschreibungen der Planungsgeschichte in fünfzehn europäischen Ländern können nicht den Anspruch einer umfassenden und allen Einzelheiten gerecht werdenden Darstellung erheben; dies hätte einen weit höheren Aufwand an detaillierten Untersuchungen erfordert, als er dem Zuschnitt der vorliegenden Arbeit entsprach.

Andererseits erschien es unerläßlich, die Entwicklung in den verschiedenen Ländern wenigstens kurz zu charakterisieren, um damit den Hintergrund jener internationalen Kontakte und Begegnungen zu verdeutlichen, deren Darstellung im Mittelpunkt dieser Untersuchung steht. Allerdings ergab sich daraus der Zwang, die Länderberichte gleichsam holzschnittartig zu vereinfachen gegenüber den vielen, meist bücherfüllenden geschichtlichen Darstellungen der Entwicklung in den einzelnen Ländern, die das Ausgangsmaterial für die vorliegende Zusammenfassung lieferten. In ihr werden die Hauptereignisse der stadtplanerischen Entwicklung auch in ihren rechtlichen Aspekten chronologisch dargestellt, während verschiedene Einzelthemen – wie etwa das der Fachliteratur im zweiten oder das der Ausbildung im dritten Kapitel – an anderer Stelle ausführlicher erörtert werden.

Auch wenn eine Ausgewogenheit zwischen den Länderberichten angestrebt wurde, ergaben sich doch aus der Sache heraus gewisse Differenzierungen in der Ausführlichkeit und in den Schwerpunkten der Darstellung. Während im zweiten Kapitel die Erörterung der Fachliteratur und der internationalen Kontakte mit den frühen sechziger Jahren endet, wird bei den einzelnen Länderberichten – wie auch in der Interpretation der sachlichen Teilaspekte im dritten Kapitel – der Versuch gemacht, die Betrachtung der Entwicklung bis in die jüngste Vergangenheit fortzuführen. Denn gerade in den letzten Jahrzehnten zeigten sich sehr ausgeprägte Ähnlichkeiten zwischen den verschiedenen Ländern hinsichtlich der Veränderungstendenzen auf städtebaulichem Gebiet; sie zumindest zu skizzieren, schien zur Abrundung der Darstellung geboten. Die Gefahr, daß der geringe zeitliche Abstand die Perspektive verzerren könnte, mußte dabei in Kauf genommen werden.

Allerdings hätte der Verfasser dieses Wagnis nicht unternommen, hätte er nicht auf kollegiale Unterstützung in den meisten der beschriebenen Länder rechnen dürfen. Sein besonderer Dank gilt deshalb Frau Professor Donatella Calabi (Venedig) und den Kollegen Athanasios Aravantinos (Athen), Koos Bosma (Rotterdam), Jean-Louis Cohen (Paris), Manuel da Costa Lobo (Lissabon), Victor Lopez Cotelo (Madrid), Thomas Hall (Stockholm), Finn Kjaersdam (Kopenhagen), Michael Koch (Zürich), Erik Lorange (Østerås), Anthony Sutcliffe (Sheffield), Didier Vancutsem (Brüssel/München) und Rudolf Wurzer (Wien). Sie alle haben sich der Mühe unterzogen, die ihr Land betreffenden Berichte kritisch durchzusehen und durch Ergänzungs- und Korrekturvorschläge zu deren Ausgewogenheit beizutragen. Gleichwohl liegt natürlich die Verantwortung für die jeweils gewählten Formulierungen beim Verfasser.

Wie eingangs erwähnt, mußte auf die Einbeziehung der slawischen und anderer Länder des östlichen Mitteleuropa verzichtet werden; unerörtert blieben auch die Entwicklungen in Irland sowie in Luxemburg und in anderen europäischen Kleinstaaten, zumal sie sich kaum auf andere Länder ausgewirkt haben.

Belgien

Die räumliche Entwicklung der belgischen Städte im 19. Jahrhundert gründete sich auf das Kommunalgesetz von 1838, das den Gemeinden das Recht der Baulinienfestsetzung für neue Straßen und für die Verbreiterung bestehender Straßen verlieh und den Erlaß von baupolizeilichen Bestimmungen regelte. Ihre Vorschriften durften sich auf Anforderungen der öffentlichen Sicherheit, der Hygiene und der Ästhetik gründen. Das Baulinienrecht wurde vorwiegend für die Sanierung der Innenstädte angewendet; in Erweiterungsgebieten beschränkte man sich auf die Festsetzung der Hauptstraßen, während die Erschließung im übrigen privaten Bauunternehmern überlassen blieb. Es gab unterschiedliche Bauordnungsvorschriften für die inneren Stadtbereiche und die Vorstädte.

Die Umbaumaßnahmen in den Kernstädten wurden durch ein Zonenenteignungsgesetz erleichtert, das es erlaubte, von öffentlichen Maßnahmen betroffene Grundstücke zur Gänze zu erwerben, und damit sowohl in der städtebaulichen Ordnung als auch in der Gestaltung weitere Möglichkeiten eröffnete als die Enteignungsgesetze der meisten anderen Länder, die nur den Erwerb der unmittelbar in den öffentlichen Raum fallenden Flächen sicherten. In der ursprünglichen Fassung von 1858 – angelehnt an für Paris erlassene Vorschriften –

war das Gesetz nur auf sanierungsbedürftige Stadtviertel anwendbar; 1867 wurde es auf weitere öffentliche Aufgaben, so auch auf die Anlegung neuer Stadtteile, ausgedehnt (Heiligenthal 1930, 28f). Damit war eine bodenrechtliche Handhabe geschaffen, die erhebliche Eingriffsmöglichkeiten bot und um die Belgien von Fachleuten in anderen Ländern beneidet wurde; in Deutschland hat insbesondere Stübben (1890, 284f) auf die Bedeutung dieser Regelung hingewiesen und sie in einer späteren Ausgabe seines Buches (1924, 688) auch im Wortlaut zitiert.

Tatsächlich hat das Gesetz den belgischen Städtebau insgesamt wenig beeinflußt; die Enteignung aller städtebaulich interessanten Flächen zum Marktwert hätte die Finanzkraft der Gemeinden in aller Regel überfordert, so daß diese meist eine gütliche Einigung mit den Grundeigentümern vorzogen.

Eine spektakuläre Ausnahme stellt Brüssel dar, wo in den sechziger und siebziger Jahren des 19. Jahrhunderts unter Oberbürgermeister Anspach umfangreiche Umgestaltungen nach dem Vorbild von Paris eingeleitet wurden. Diese Veränderungen führten sehr bald zu heftiger Kritik an den dadurch bedingten Verlusten an historischer Qualität, so daß die Wahl von Charles Buls als Oberbürgermeister 1881 als Absage an diese Umbaupolitik gewertet werden konnte (Smets 1995, 75). Buls führte zwar die Umgestaltung Brüssels fort, aber mit weit mehr Rücksichtnahme auf den historischen Bestand. In einigen Fällen wurde auch eine historische Situation mehr oder minder genau wiederhergestellt. Insbesondere die „erhaltende Erneuerung" der Grand'Place trug Buls die Anerkennung der Fachwelt ein.

Während bei den vorherigen Stadtumbauten die Sanierung eher Vorwand für eine Politik repräsentativer Stadtverschönerung war, ging es Buls tatsächlich um öffentliche Gesundheitspflege: „Statt der perfiden und blumigen Worte über die Notwendigkeit der Stadterneuerung, derer sich die lokalen Eliten gegen Ende des 19. Jahrhunderts bedienten, um das von ihnen angestrebte Bild der Großartigkeit durchzusetzen, war hier Raum für einen beharrlichen und biederen Pragmatismus." (Smets 1995, 79) Buls stand im Austausch mit Stübben, dessen Chicagoer Vortrag von 1893 er ins Französische übersetzte (1895); seine in Buchform veröffentlichten Thesen über die „Ästhetik der Städte" (1893; 1898 deutsch; vgl. S. 126) stehen Sittes Gedanken nahe, insbesondere hinsichtlich der Bedeutung historischer Bauten für das Lebensgefühl und das Kontinuitätsbewußtsein der Bewohner: „Die Steine sprechen zum Geist." Smets weist auch auf den Einfluß des Stadtingenieurs Charles van Mierlo hin, der auf langfristige Visionen als Grundlage der Stadtentwicklung drängte. So war Buls überzeugt, man müsse „eine Gesamtidee von den notwendigen Veränderungen [...] haben, so daß sich, sobald ein Teilprojekt ansteht, überprüfen läßt, ob dieses nicht andere zukünftige Aufgaben konterkarieren könne." (Smets 1995, 83) Demgemäß betonte Buls auch die Notwendigkeit, den Gesamtraum der Agglomeration ins Auge zu fassen, um die Rolle der Teilräume richtig einschätzen zu können: „So wurde der Grundstein für die Realisierung eines umfassenderen Projektes gelegt: Die Idee einer in Quartiere unterteilten, um die ‚heilige Insel' der Altstadt gescharten Agglomeration, in der jedem Quartier nach den Potentialen seiner städtischen Form und seiner Lage eine bestimmte Funktion zugeordnet wurde." (Smets 1995, 95)

Ein Schritt von großer Bedeutung für die städtebauliche Entwicklung in Belgien war das Gesetz über Arbeiterwohnungen (Loi relative aux Habitations Ouvrières) von 1889, das die Finanzierung von Arbeiterwohnungen über die „Caisse Générale d'Epargne et de Retraite" regelte. Sein Grundgedanke war es, diese Wohnungen als Familienhäuser weitestgehend auf dem Lande und nicht in den Städten entstehen zu lassen – aus finanziellen wie aus sozialpolitischen Gründen. Diese Politik wurde erleichtert durch die dezentrale Industriestruktur und das dichte Netz von Eisenbahnen, für das stark verbilligte Arbeitertarife galten. In der Praxis hatte das Gesetz damit einen anti-urbanen Charakter; Buls nannte es „ein katholisches Gesetz für die Landgemeinden" (de Meulder 1995, 57). Hier hat jene für Belgien kennzeichnende weitläufige Bebauungsweise ihren Ursprung, die dem kritischen Betrachter als „Zersiedlung" erscheint.

1898 fand in Brüssel der erste „Congrès de l'art public" statt, der zwei Nachfolger – 1900 in Paris und 1905 in Lüttich – hatte; daß diese Kongresse nicht fortgesetzt wurden, hing offenbar mit dem mangelnden Interesse der Franzosen zusammen, die hier ein in erster Linie belgisches Anliegen sahen (vgl. S. 153). Es ist sicher kein Zufall, daß wiederum in Belgien 1913 der erste internationale Kongreß für „Städtebau und städtisches Leben" mit hochgesteckten Zielen abgehalten wurde (vgl. S. 159). In diesem Lande, das sich für den Fall einer Auseinandersetzung zwischen den Großmächten besonders gefährdet sah, fanden alle Bemühungen um Frieden und Konsens starken Widerhall – aber sie blieben vergebens, wie sich kurz darauf zeigen sollte.

Die Kriegszerstörungen in Belgien veranlaßten die in Le Havre tagende Exilregierung 1915 zum Erlaß eines Städtebaugesetzes, das weitgehende Einflußmöglichkeiten des Staates und bessere Steuerungsinstrumente für die Gemeinden statuierte. Maßgebend bei dessen Ausarbeitung war Raphael Verwilghen, der auch späterhin eine Schlüsselperson der belgischen Stadtplanung blieb und zugleich internationale Kontakte pflegte; so vertrat er Belgien im Rat des „Internationalen Verbandes für Gartenstädte und Städtebau".

Allerdings blieben die 1915 erlassenen Vorschriften nicht nur bis zum Kriegsende praktisch ohne Einfluß; sie wurden auch später nicht in der Form angewandt, wie es Verwilghen beabsichtigt hatte, nämlich als Werkzeug gemeindlicher Entwicklungsinitiativen, sondern allenfalls als Steuerungshandhabe für private Bauaktivitäten (Smets 1987, 12). Der belgische Landschaftsarchitekt van der Swaelmen veröffentlichte 1916 seine „Préliminaires de l'art civique", die inhaltlich an Unwin und Berlage orientiert waren (v.d. Woud 1983, 40).
1919 wurde eine „Société des Urbanistes Belges" begründet und 1923 im Sinne der modernen Architekturrichtung erweitert zur „Société Belge des Urbanistes et Architectes Modernes", die allerdings wenig praktischen Einfluß auf Städte- und Wohnungsbau hatte. Am bekanntesten wurde die Wohnanlage „La Cité moderne" von Bourgeois und van der Swaelmen; der daraus erwachsene Ruf von Bourgeois führte zu der Einladung, an der Weißenhofsiedlung mitzuwirken, und zu seinem stellvertretenden Vorsitz bei den CIAM (v.d. Woud 1983, 42).
1933 fand ein internationaler Wettbewerb für die Stadterweiterung von Antwerpen statt, bei dem Le Corbusier zusammen mit dem belgischen Architekten Hoste ein typisches „ville-radieuse"-Projekt vorlegte. Die Wettbewerbsergebnisse flossen jedoch nicht in die tatsächliche Entwicklung ein, die kein zusammenhängendes Konzept erkennen ließ (Anselin 1984, 65).
In der Gesetzgebung gab es keine Anstöße, die den neuen Einsichten und Auffassungen Rechnung getragen hätten. Allerdings rief die Regierung 1936 eine Beratungskommission für städtebauliche Fragen ins Leben, deren Wirken aber bis zum Kriegsausbruch nicht zu einem konkreten Ergebnis führte.
Im September 1940 – also unter deutscher Besatzung – wurde eine Verordnung über Bauleitpläne und Bauaufsicht erlassen, die 1946 als Rechtsgrundlage bestätigt wurde. Auch die zwischen 1940 und 1944 tätige vorläufige Städtebauverwaltung wurde 1945 zum Bestandteil des Ministeriums für öffentliche Arbeiten (Wastiels 1969, 27). Auf Veranlassung des 1946 geschaffenen „Conseil Superieur de l'Urbanisme" wurde ab 1948 ein „Survey National" aufgestellt. Gleichzeitig leitete man Vorstudien über die Stadtagglomerationen ein – zunächst für Brüssel und Lüttich, später auch für weitere Städte als erste Ansätze zu einer Stadtregionsplanung. 1958 wurde eine vorläufige Einteilung in Regionen vorgenommen; 1959 wurden „Entwicklungsregionen" gesetzlich festgelegt.
Ein 1962 erlassenes Planungsgesetz bestätigte im wesentlichen die 1946 getroffenen Regelungen; 1970 wurde es nach inzwischen gewonnenen Erfahrungen novelliert. Danach gibt es auf Gemeindeebene eine zweistufige Planung: den übergeordneten „Plan Général d'Aménagement / Algemeen Plan van Aanleg" für das ganze Gemeindegebiet und den „Plan Particulier d'Aménagement / Bijzonder Plan van Aanleg" als verbindlichen Plan für Teilbereiche – analog

also zum deutschen System. Allerdings war die Bereitschaft der Gemeinden, solche Pläne aufzustellen und rechtsgültig zu machen, nicht allzu ausgeprägt: 1967 besaßen von über 2500 Gemeinden nur 229 einen genehmigten Gesamtplan und etwa 600 einen oder mehrere Detailpläne (Wastiels 1967, 28). Diese geringe Aktivität der Gemeinden war offenbar der Grund dafür, daß die Regierung eine Gliederung des Landes in 48 Sektoren (Sub-Regionen) vornahm, für die sie durch Hochschulinstitute oder private Büros Rahmenpläne für die Flächennutzung aufstellen ließ (Plans de Secteurs / Gewestplans). Diese wurden dann vom Ministerium ausgearbeitet und rechtskräftig gemacht; ihre parzellenscharfen Darstellungen machten sie im Grunde zu einer „Ersatzvornahme" für die ausbleibenden gemeindlichen Bauleitpläne. 1972 wurde durch Gesetz eine gewisse Vereinfachung dieser Pläne vorgenommen; nach wie vor sind sie jedoch ein starkes Instrument zur ohnehin ausgeprägten Zentralisierung der Planung. Diese ist auch nach der 1980 vorgenommenen Gliederung in drei Regionen (Brüssel, Flandern, Wallonien) erhalten geblieben, nur eben unter Verlagerung auf die Regionalbehörden. Zu erwähnen ist noch die Kategorie des Erschließungsplanes (plan de lotissement / verkavelingsplan), dem in der Regel eine private Initiative zugrunde liegt; er weist – ebenso wie die Regelungen für die Stadterneuerung – in den drei Regionen gewisse Unterschiede auf. 1995 wurde der „Plan Communal de Développement" statuiert, ein Gemeindeentwicklungsplan, von dem eine Stärkung des wenig ausgeprägten konzeptionellen Planens erhofft wird.
Allerdings leidet die Planung nicht nur unter mangelnder Aktivität auf der kommunalen Ebene, sondern auch an Koordinationsschwierigkeiten im staatlichen Bereich; so liegen die Zuständigkeiten für Stadtplanung, Stadterneuerung und Wohnungsbau bei verschiedenen Ministerien (Anselin 1984, 65). Auch in der geringen Akzeptanz der planerischen Lenkungsaufgabe bei der Bevölkerung liegen Hindernisse für eine geordnete Entwicklung, die der Zersiedlung Einhalt gebieten könnte (van Wunnick 1992, 23).

Dänemark

In Dänemark gab es zunächst nur eine Stadt, in der sich großstädtische Planungsprobleme stellten: die Hauptstadt Kopenhagen, die um 1850 etwa 200.000 Einwohner zählte. Mit der Entfestigung im nachfolgenden Jahrzehnt erwuchs die Aufgabe einer großflächigen Stadterweiterung zwischen dem Bereich der alten Befestigungen und den künstlichen Seen im Nordwesten. Vorschläge für eine großzügige Freiflächenausstattung scheiterten am Gewinnstreben aller Beteiligten – Staat, Stadt und Investoren –, so daß im endgültigen Erweiterungsplan von 1872 neben bescheidenen Grünflächen und öffentlichen Einrichtungen eine überaus dichte Mietbebauung vorherrschte. „Es gab große Chancen, aber sie wurden alle verpaßt." (Rasmussen 1969, 158) Die Analogie zur Ringstraßenplanung für Wien schlug sich auch in gewissen formalen Ähnlichkeiten nieder (Larsson und Thomassen 1991, 16).

In Analogie zu der Entwicklung in anderen europäischen Ländern entstanden in Dänemark in den fünfziger Jahren Bestrebungen zur Schaffung gesunder Arbeiterwohnungen, getragen vor allem von der Medizinischen Gesellschaft. In ihrem Gefolge bildeten sich in den sechziger Jahren die ersten Baugenossenschaften, die bis heute eine wichtige Rolle in Dänemark spielen. Schrittweise wurden die Ausnutzungsmöglichkeiten der Grundstücke unter hygienischen Gesichtspunkten herabgesetzt. Baugenossenschaften wurden auch zu Trägern mehrerer Gartenvorstädte, in denen sich die Entwurfsgedanken Sittes und Unwins niederschlugen.

Für Kopenhagen, das 1901 durch Eingemeindung von Vorortbereichen vergrößert worden war, wurde 1908 ein internationaler städtebaulicher Wettbewerb ausgeschrieben; alle preisgekrönten Entwürfe waren durch die neuen Tendenzen wie Verringerung der Dichte, Bebauungsformen mit Gartenstadtcharakter und Trennung der verschiedenen Nutzungsbereiche gekennzeichnet. Den ersten Preis erhielt der Plan des Bonner Stadtingenieurs Carl Strinz, der ein – gestalterisch von Camillo Sitte beeinflußtes – detailliertes Straßennetz mit Plätzen und Grünanlagen vorsah; der zweite Preis wurde einem mehr auf die Nutzungs- und Verkehrsstruktur gerichteten Entwurf zuerkannt, dessen Verfasser Aage Bjerre später in der Kopenhagener Bauverwaltung tätig war und bald deren Chef wurde. Allerdings führte der Wettbewerb nicht zur Aufstellung eines Planes für die Stadtentwicklung, geschweige denn zu einem politischen Beschluß – der auch mangels einer städtebaulichen Gesetzgebung wenig hätte bewirken können. Indessen gab es einige andere Anstöße in städtebaulicher Richtung. So unternahm die dänische Architektenvereinigung 1909 einen „Kampf gegen die Häßlichkeit" und zeigte in einer Ausstellung ein Mustermodell einer Siedlung. 1922 wurde das „Dansk Byplanlaboratorium" gegründet, das vor allen dank Steen Eiler Rasmussen eine intensive Tätigkeit entfaltete. Zu ihren Hauptanliegen zählte es, die Öffentlichkeit für städtebauliche Vorstellungen und Ziele zu gewinnen und auch auf die Gesetzgebung einzuwirken.

Das erste Städtebaugesetz (Byplanloven) wurde 1925 erlassen, aber erst das Gesetz von 1938 wies alle Städte und Gemeinden über 1000 Einwohner an, Pläne aufzustellen – und zwar einen dem deutschen Bebauungsplan vergleichbaren Detailplan (partiel byplanvedtaegt) und einen „Dispositionsplan", der zwar nicht zwingend vorgeschrieben war, den aber die Regierung als Grundlage für die Genehmigung von Detailplänen fordern konnte. Tatsächlich hat es jedoch bis 1960 gedauert, ehe dieser Dispositionsplan allgemein angewandt wurde. Inzwischen hatten sich die städtebaulichen Konzepte auch unter dem Einfluß des Funktionalismus weiterentwickelt; im Wohnungsbau begann sich die Zeile durchzusetzen, wenngleich die baulichen Einzelformen meist – ausgeprägter als etwa in Schweden – der klassizistischen Tradition des Nordens verhaftet blieben.

Auch die Bedürfnisse der Stadtsanierung machten sich bemerkbar und führten 1939 zu einem besonderen Gesetz, auf dessen Grundlage noch im gleichen Jahr eine Sanierung in Kopenhagen begonnen, allerdings durch den Krieg unterbrochen wurde.

Schon vorher hatte sich die Notwendigkeit regionaler Zusammenarbeit aufgedrängt, aber noch nicht zu gesetzlichen Regelungen geführt. Immerhin wurde 1926 für den Raum Kopenhagen ein regionaler Verkehrsplan aufgestellt und 1928 auf Anregung des Dansk Byplanlaboratorium ein regionaler Planungsausschuß gegründet; dieser legte 1936 einen regionalen Grünflächenplan vor, der auch – trotz Fehlens unmittelbarer Rechtsgrundlagen – die tatsächliche Entwicklung zu beeinflussen vermochte.

1949 folgte ein weiteres Stadtplanungsgesetz (Byreguleringsloven), das die Abgrenzung von städtischen Entwicklungszonen im Interesse der Freiraumsicherung forderte. Es stellte die rechtliche Grundlage für die Umsetzung des weit über die Landesgrenzen bekannt gewordenen „Fingerplans" für Kopenhagen dar, der als Vorschlag des regionalen Planungsausschusses aus sich heraus zunächst keine Rechtskraft besessen hatte. Allerdings wichen die beteiligten Gemeinden im Laufe der Zeit von dem vorgesehenen Konzept ab, das zudem seinerseits unter dem Einfluß neuer Entwicklungen mehrfach verändert wurde, vor allem durch Verlagerung des Entwicklungsschwerpunktes nach Südwesten zur Køge-Bucht. In den fünfziger und sechziger Jahren entstanden zahlreiche Wohnsiedlungen, von denen viele auch außerhalb Skandinaviens Beachtung fanden. Vor allem trifft das für einige sehr umfangreiche Wohnanlagen zu, die jeweils mit großer Konsequenz einen bestimmten Baugedanken verwirklichten – und dabei trotz hoher formaler Qualitäten auch verständliche Kritik auf sich zogen: die Vielzahl gleichartiger Punkthochhäuser in Bellahøj, die strenge Reihung von fünf 16geschossigen Hochhausscheiben in Høje Gladsaxe, die ausgedehnte, einem immer wiederkehrenden Muster folgende Flachbausiedlung von Albertslund-Süd oder der rigide Zeilenbau auf Stützen über einer Verkehrsebene in Farum. Sie verdeutlichen exemplarisch das Dilemma aller großen Wohnanlagen „aus einer Hand": maßstabsübersteigernde Großformen oder wiederkehrende und deshalb orientierungshemmende kleinmaßstäbliche Muster (vgl. S. 306). Indessen sollten sie nicht den Blick auf die Fülle maßstäblich ansprechender und gestalterisch qualitätsvoller Wohnsiedlungen in Dänemark verstellen. Waren es insbesondere die sechziger Jahre, die mit ihrem Wachstumsoptimismus zu umfassenden Neuplanungen führten, so verlagerte sich – wie in anderen Ländern auch – nach 1970 der Schwerpunkt der Stadtplanung von der Neuerschließung zur Stadterneuerung, wobei es vor allem in Kopenhagen sehr bald zu Kontroversen über das Ausmaß von Abbruch und Neubau gegenüber einer „erhaltenden Erneuerung" kam (Larsson und Thomassen 1991, 52). Dabei trug die wachsende Bürgerbeteiligung erheblich zur Erhaltung des Bestandes und zur Rücknahme anspruchsvoller Verkehrsplanungen bei.

Die siebziger Jahre waren auch in rechtlich-administrativer Hinsicht von Bedeutung. Die Einsicht in die Notwendigkeit besserer gesetzlicher Regelungen führte – nach einem vergeblichen Ansatz 1963 – im Jahre 1969 zu zwei für die räumliche Gesamtentwicklung wichtigen Rechtsgrundlagen: einem Naturschutzgesetz und einem Gesetz, das die Gliederung des Landes in verschiedene Zonen festsetzte – eine städtische, in der Bebauung auf der Grundlage bestehender Pläne und Vorschriften zulässig ist, eine Erholungszone, in der Wochenendhäuser und touristische Einrichtungen zugelassen werden können, und eine ländliche Zone, deren Gebäude ausschließlich land- und forstwirtschaftlichen Nutzungen oder der Fischerei dienen (Kjaersdam 1992, 49).

1970 wurde durch eine Gebietsreform die Zahl der Gemeinden von fast 1400 auf 275 verringert; 1973 folgte ein Gesetz über die Landes- und Regionalplanung, das auch den Gemeinden eine Mitwirkung sicherte und für die Regionalplanung die Weisung enthielt, bei der Planaufstellung Alternativen anzubieten (Kerndal-Hansen 1984, 120). 1977 schließlich wurde ein neues Gesetz für die gemeindliche Planung erlassen, das die gemeindlichen Pläne von der bisher vorgeschriebenen Genehmigung durch die Zentralregierung freistellte, sofern sie den Regionalplänen Rechnung tragen. Die bisherigen Plantypen – die in ihrer Rechtswirkung den beiden deutschen Bauleitplänen entsprechen – wurden beibehalten; zugleich wurde eine frühzeitige und umfassende Bürgerbeteiligung vorgeschrieben. Auch ein 1983 erlassenes Stadterneuerungsgesetz legt großes Gewicht auf die Bürgerbeteiligung.

Für den Raum Kopenhagen wurde die Planungskompetenz 1973 auf eine Regionalbehörde (Hovedstadsrådet) übertragen; 1979 wurde der erste auf dieser Grundlage erstellte Regionalplan rechtsgültig.

Während auf diese Weise das Planungsinstrumentarium vervollkommnet wurde, zeigte sich andererseits eine Tendenz zur Deregulierung, die diesem Gewinn an Steuerungsmöglichkeiten entgegenwirkt. So wurde die regionale Planungsbehörde für Kopenhagen und Umgebung, die 1989 eine Neufassung des Regionalplans vorgelegt hatte, im Jahre darauf abgeschafft (Larsson und Thomassen 1991, 48) – eine eigentümliche Parallele zur Auflösung der britischen „Metropolitan Counties" unter der Thatcher-Regierung. Auch die Dezentralisierung wurde insofern weitergeführt, als ein Gesetz von 1992 die Regionalpläne von der bisher erforderlichen ministeriellen Genehmigung freistellte (Kjaersdam 1992, 48).

Deutschland

Die Mitte des 19. Jahrhunderts

„Erst um das Jahr 1840 begannen mit den Fabriken und den Börsen, den Eisenbahnen und den Zeitungen auch die Klassenkämpfe, die unstete Hast und das wagelustige Selbstgefühl der modernen Volkswirtschaft in das deutsche Leben einzudringen." (Treitschke 1919, 682). Allerdings gab es zwischen den Ländern des damaligen Deutschen Bundes erhebliche Unterschiede in der industriellen Entwicklung. Sachsen war mit seiner Textilindustrie ein Vorreiter der Industrialisierung und der Verstädterung; in Preußen standen einer Konzentration der Schwerindustrie im Ruhrgebiet und in Oberschlesien weite Agrarbereiche gegenüber; Württemberg dagegen betrieb eine auf dezentrale Streuung gerichtete Industriepolitik, während Bayern lange Zeit überwiegend agrarisch bestimmt blieb.

Die Rechtsauffassung des aufgeklärten Absolutismus hatte ihren Niederschlag im preußischen Allgemeinen Landrecht von 1794 gefunden, das den Grundsatz der Baufreiheit durch die Bedingung einschränkte, daß „zum Schaden oder zur Unsicherheit des gemeinen Wesens oder zur Verunstaltung der Städte und öffentlichen Plätze kein Bau und keine Veränderung vorgenommen werden" solle (vgl. S. 244). Solcher Art Gefahren von der Öffentlichkeit abzuwehren, war Aufgabe der Polizei – und so war es die staatliche „Baupolizei", in deren Händen die Kontrolle der baulichen Entwicklung lag. Allerdings hatte sie sich in der Festsetzung von Straßen- und Baufluchtlinien mit der gemeindlichen Selbstverwaltung abzustimmen, wie ein Erlaß des preußischen Ministeriums für Handel, Gewerbe und öffentliche Arbeiten aus dem Jahre 1855 zeigt, mit dem Richtlinien für die Aufstellung von „Bebauungs- und Retablissementplänen" – der Begriff steht für Wiederaufbaupläne nach Bränden oder Naturkatastrophen – gegeben wurden; in ihm vereinten sich Verfahrensvorschriften mit Hinweisen auf den zu fordernden Inhalt der Pläne.

Indessen gab es hier Überschneidungen, die nach und nach die meisten deutschen Staaten veranlaßten, die Planungskompetenz auf die Gemeinden zu übertragen – so zuerst Baden mit dem Ortsstraßengesetz von 1868, Preußen dann 1875 mit dem Fluchtliniengesetz; Bayern tat sich damit schwerer und schwenkte erst 1960 mit dem Bundesbaugesetz – nicht ohne Vorbehalte – auf diese Regelung ein.

Die so gewonnene Planungskompetenz beförderte zweifellos das Verantwortungsgefühl der Stadtverwaltungen und -vertretungen für die räumliche Entwicklung; viele Städte konnten auch an Traditionen reichsstädtischer Eigenständigkeit anknüpfen. Innerhalb Preußens war dabei Frankfurt besonders aktiv, das diesen Status erst 1866 eingebüßt hatte. Für Preußens Hauptstadt Berlin indessen wurde der große, von dem jungen Bauingenieur James Hobrecht zwischen 1858 und 1862 erarbeitete Bebauungsplan noch vom preußischen Polizeipräsidenten verfügt.

Erste Beiträge zu Städtebaudiskussion ab 1870

Auf diesen Berliner Bebauungsplan bezog sich die erste vorausschauende Kritik an der städtebaulichen Entwicklung (Bruch 1870), während die Mängel der Wohnverhältnisse schon erheblich früher angeprangert worden waren (Huber 1857). Wie in England zeigten sich auch Mißstände in hygienischer Hinsicht; zu ihrer Bekämpfung bildete sich 1868 der „Deutsche Verein für öffentliche Gesundheitspflege", in dem sich Ärzte, Kommunalpolitiker, Ingenieure und Architekten zusammenfanden. Forderungen nach aufgelockerter Bauweise und nach einer Nutzungsdifferenzierung innerhalb des Stadtgebietes wurden hier vorangetrieben; Hauptanliegen war die Sorge für gesundes Wohnen – naheliegend in einer Zeit, in der die Wohnungsnot und die „Wohnungsfrage" Tagesthemen waren. Die von den Vereinsversammlungen beschlossenen Empfehlungen – gerade im letzten Viertel des 19. Jahrhunderts häufig auf die Stadtplanung bezogen – trugen erheblich zur Meinungsbildung über städtebauliche Fragen bei (Rodriguez-Lores 1985).

Gesundheitspflege bedeutete neben der Verminderung der Bau- und Wohndichte zunächst vor allem Wasserversorgung und Abwasserbeseitigung; die Schwemmkanalisation nach englischem Vorbild war ein erster Ansatz, aber erst die Abwasserkläranlagen führten zu einer dauerhaften Lösung. So waren es zunächst die Ingenieure, die sich den andrängenden Aufgaben der Stadterweiterung widmeten: Vermessungsingenieure legten die Baulinien fest, Tiefbauingenieure schufen das Erschließungssystem.

Soweit es bei der Trassierung der Straßennetze ästhetische Ambitionen gab, orientierten sie sich an geometrischen Formen, bei deren Auswahl häufig auch Haussmanns Pariser Planungen Pate standen. Fachliche Grundsätze für Stadterweiterungen wurden erstmalig bei der Versammlung deutscher Architekten- und Ingenieurvereine 1874 in Berlin erörtert und beschlossen; Berichterstatter war der aus Hamburg stammende Karlsruher Professor Reinhard Baumeister, der zwei Jahre später das erste deutsche Fachbuch zur Stadtplanung veröffentlichte: „Stadterweiterungen in technischer, wirtschaftlicher und baupolizeilicher Beziehung." Gestalterische Fragen wurden nicht behandelt; Camillo Sittes Buchtitel „Der Städtebau nach seinen künstlerischen Grundsätzen" (1889) zielte deutlich auf die Schließung dieser Lücke (vgl. S. 122).

Sittes Schrift fand viel Zustimmung und trug ihm den Ehrentitel des „Wiederbegründers der Stadtbaukunst" ein; sie wurde – allerdings erst nach 1900 – in zahlreiche Sprachen übersetzt. Den von Sitte propagierten Formprinzipien folgte auch Karl Henrici, der 1893 einen von vier gleichen Preisen im Stadterweiterungswettbewerb für München gewann – übrigens dem ersten auf das ganze Stadtgebiet bezogenen Wettbewerb in Deutschland, annähernd gleichzeitig mit dem Wiener Wettbewerb zur Erlangung eines „Generalregulierungsplans". Für begrenzte Stadterweiterungsgebiete indessen hatte es schon vorher Wettbewerbe gegeben, so in Mannheim (1872) und – wenn auch auf zwei beauftragte und einen dritten freiwilligen Konkurrenten beschränkt – in Straßburg (1878). 1890 veröffentlichte Stübben, Stadtbaurat in Aachen und später in Köln, sein Handbuch „Der Städtebau", das noch zwei weitere Auflagen – 1907 und 1924 – erfahren sollte. Stübben galt zu seiner Zeit als Autorität im deutschen Städtebau wie auch im Ausland, wo er mehrfach als Berater wirkte. Auch auf internationalen Kongressen trat er – von 1893 bis in die zwanziger Jahre – als Referent hervor und berichtete seinerseits verschiedentlich über den Städtebau im Ausland; mit seiner Offenheit gegenüber ausländischen Entwicklungen und seiner enzyklopädischen Sicht des Fachgebietes war er gewiß eine der markantesten Erscheinungen in der europäischen Stadtplanung (vgl. S. 122f, S. 163, S. 192).

Neue Impulse um die Jahrhundertwende

Als wichtige rechtliche Neuerung setzte sich im letzten Jahrzehnt des 19. Jahrhunderts die Gliederung der Städte in Zonen unterschiedlicher Nutzungsintensität durch, wie vom Deutschen Verein für öffentliche Gesundheitspflege wiederholt gefordert; Gebäudehöhe und Anteil der überbauten Grundstücksfläche konnten damit für verschiedene Stadtgebiete unterschiedlich festgesetzt

werden; auch die Art der Nutzung ließ sich so beeinflussen. Die erste Zonenbauordnung wurde 1891 in Frankfurt am Main erlassen; in Süddeutschland hieß das gleiche Rechtsinstrument Staffelbauordnung. Auch die Möglichkeit, rückwärtige Baulinien festzusetzen und damit das Blockinnere von Bebauung freizuhalten, geht auf diese Zeit zurück.
Das erste Jahrzehnt des neuen Jahrhunderts brachte eine Fülle städtebaulicher Impulse. 1903 fand eine erste deutsche Städteausstellung in Dresden statt, die die Einrichtungen des großstädtischen Lebens zeigen sollte, „einen Bereich [...], der in dieser Zusammenfassung noch nicht zur Darstellung gebracht worden ist", wie es in dem dazu herausgegebenen Sammelband heißt, und sie sollte auf die Frage antworten: „Was sind die Großstädte? [...] Welche Bedeutung haben sie materiell und ideell für die Gegenwart und Zukunft der Nationen? Wie müssen sie eingerichtet sein, um ihre Aufgabe zu erfüllen?" (Bücher 1903, 4; vgl. S. 155)
In den Antworten herrschte der optimistische Grundton vor; die Großstädte erschienen als „Bahnbrecher auf dem Wege einer aufwärtsstrebenden, wahrhaft sozialen Kulturentwicklung". Nur Georg Simmels Beitrag über „die Großstädte und das Geistesleben" – wohl die erste soziologische Analyse des Großstädters in Deutschland – spiegelt eine skeptischere Auffassung. In dem Sammelband schlug sich das wachsende Interesse der Wissenschaft an der Stadt und ihren Phänomenen nieder, für das es schon vorher einzelne Belege gegeben hatte. Zugleich nahm auch in Fachkreisen die Kritik an der Stadtentwicklung des 19. Jahrhunderts überhand; aus den verschiedenen Wurzeln des städtischen Ingenieurwesens, der Baupolizei, der Wohnungsreform und der Architektur erwuchs ein neuer Berufsstand mit dem Bewußtsein einer umfassenden, von sozialer Verantwortung geprägten Ordnungsaufgabe. 1904 wurde die erste Städtebauzeitschrift begründet – von dem Wiener Camillo Sitte und dem Berliner Hochschullehrer Theodor Goecke; im Vorwort heißt es: „Der Städtebau ist die Vereinigung aller technischen und bildenden Künste zu einem großen geschlossenen Ganzen; der Städtebau ist der monumentale Ausdruck wahren Bürgerstolzes, die Pflanzstätte echter Heimatsliebe; der Städtebau regelt den Verkehr, hat die Grundlage zu beschaffen für ein gesundes und behagliches Wohnen [...]; hat für günstigste Unterbringung von Industrie und Handel zu sorgen und die Versöhnung sozialer Gegensätze zu unterstützen." (vgl. S. 232)
Um die gleiche Zeit erhielten die ersten Lehrstühle an Architekturfakultäten eine städtebauliche Ausrichtung, so in Stuttgart durch Theodor Fischer, in Dresden durch Cornelius Gurlitt. An der Technischen Hochschule Berlin-Charlottenburg führte die Zusammenarbeit der Architekten- und Ingenieurlehrstühle

zu der Veröffentlichungsreihe der „Städtebaulichen Vorträge", die den damaligen Stand des Fachgebietes gut verdeutlichen.

Begriff und Begriffsinhalt der Stadtplanung

Wohl in Anlehnung an das englische „planning" begann der Begriff der Planung sich durchzusetzen; 1910 erschien er zum ersten Male in einem Buchtitel: „Groß-Berlin – ein Programm für die Planung der neuzeitlichen Großstadt" (B. Möhring, R. Eberstadt, R. Petersen). Es handelte sich um die Veröffentlichung einer der preisgekrönten Arbeiten für den städtebaulichen Wettbewerb für Groß-Berlin, das damals administrativ vollständig zersplittert war und gerade deshalb eine regionale Betrachtungsweise erforderte. In den Beiträgen spiegeln sich einerseits großmaßstäbliche formale Ambitionen wie etwa bei Bruno Schmitz, andererseits strukturelle Ordnungsüberlegungen wie – bei dem oben genannten Beitrag – die Sicherung von weit ins Stadtinnere vordringenden Grünkeilen. In einer großen Städtebauausstellung in Berlin wurden diese Entwürfe neben zahlreichen anderen Beiträgen – viele auch aus dem Ausland – der Öffentlichkeit nahegebracht.

Es ist sicher kein Zufall, daß sich etwa zur gleichen Zeit auch die Vorstellungen von dem änderten, was Stadtplanung leisten könne und solle. Bis dahin war es offenbar darum gegangen, das Stadtgefüge an Entwicklungen in Gesellschaft und Wirtschaft anzupassen, die weder vorhersehbar noch steuerbar schienen. Nun aber, angesichts der wachsenden wissenschaftlichen Durchdringung der Stadt – Georg Simmel, Max Weber, Werner Sombart seien genannt –, zeichnete sich die Möglichkeit ab, zumindest einen Teil der künftigen Entwicklungen zu prognostizieren und einen auf sie zugeschnittenen räumlichen Rahmen zu entwerfen.

Diese neue Sicht traf sich mit einer Grundstimmung, die sich seit der Jahrhundertwende durchzusetzen begann: der einhelligen Ablehnung der Stadtentwicklung des späten 19. Jahrhunderts mit ihren hohen Baudichten, ihren Mietskasernen, ihrem Freiflächenmangel, ihrer „Versteinerung". Viele der großen Veränderungen seit der „Gründerzeit" wurden nicht mehr als Fortschritt, sondern als Verlust empfunden; Denkmalschutz, Naturschutz, Heimatschutz traten in den Vordergrund, und ein preußisches Gesetz von 1907 richtete sich ausdrücklich gegen Verunstaltungen von Städten und Naturschönheiten. Die Begeisterung für den Gartenstadtgedanken hing mit tieferen Strömungen zusammen, denen auch die Jugendbewegung und die Lebensreformbestrebungen entstammten (vgl.

S. 139); ihr Wirken zeigte sich auch bei der Gründung der ersten deutschen „Gartenstadt" Hellerau (vgl. Bollerey u.a. 1990).

Die Zwischenkriegszeit

Auf eine ähnliche Weise war die Zeit nach dem ersten Weltkrieg durch eine Aufbruchstimmung gekennzeichnet, die wesentliche Impulse aus der Hoffnung auf eine neue demokratische Gesellschaft empfing. Sie beflügelte auch die neuen systematischen Ansätze in der städtebaulichen Planung, vor allem das Bemühen um rationale Modelle für die städtische Nutzungsstruktur, also für die räumliche Disposition von Baugebieten und Freiflächen, von Zentren und Hauptlinien der technischen Infrastruktur wie Straßen und Bahnen. Dabei ging es auch um Auflockerung und Dezentralisierung, denn in den hohen Wohndichten sah man die Wurzel vieler sozialer Mißstände und den Keim für eine künftige Verwahrlosung solcher Baugebiete. Hinzu kam die verbreitete Klage über die – teils reale, teils vermeintliche – Anonymität und Wurzellosigkeit des Großstadtbewohners, aus der sich das Ziel einer Gliederung der Stadt ableitete. In einer überschaubaren Stadtteilgemeinschaft hoffte man den Städter neu beheimaten zu können.

Ein weiterer Ausgangspunkt für ein Neudurchdenken der Stadt war ihr kleinster Bestandteil, die Wohnung. Einerseits ging es um Reduzierung der Baudichten, um den Wohnungen bessere Belichtung, Besonnung und Durchlüftung zu sichern, andererseits aber wurden aus der gründlichen Beschäftigung mit dem Grundriß, der Orientierung und der Erschließung der Wohnungen neue Modelle wie der von Wohnwegen erschlossene Zeilenbau entwickelt. Wegweisend auf diesem Gebiet wirkten – neben manchen anderen – Martin Wagner in Berlin, Fritz Schumacher in Hamburg und Ernst May in Frankfurt.

Auch die Grundsätze städtebaulicher Gestaltung veränderten sich erheblich in den zwanziger Jahren. Der „malerische Städtebau" in der Nachfolge – und manchmal Überinterpretation – Camillo Sittes hatte das erste Jahrzehnt des Jahrhunderts weitgehend bestimmt; nun wich er einer strengeren geometrischen Auffassung, die den Tendenzen innerhalb der modernen Architektur entsprach. Indessen war das gestalterische Spektrum auch im Städtebau noch recht breit und vielfältig; von deutlichen Bemühungen um räumliche Beziehungen und perspektivische Wirkungen reichte er bis zur geometrischen Starre reiner Orthogonalität im parallelen Zeilenbau – abzulesen etwa an dem Gegensatz von Biebers „Borstei" in München und der Großsiedlung Karlsruhe-Dammerstock von Gropius und Haesler.

Die planungsrechtliche Situation der Zeit zwischen den beiden Weltkriegen war durch die Einsicht gekennzeichnet, daß die bisherigen Baugesetze angesichts der neuen, sozial orientierten Auffassung vom Städtebau reformbedürftig seien, und sie schlug sich zunächst in einzelnen Verbesserungen der Bauordnungen nieder. Nach einer Novellierung des preußischen Fluchtliniengesetzes im Kriegsjahr 1918 (als „Wohnungsgesetz" bekannt) wurde in Preußen 1925 ein Städtebaugesetz konzipiert, das jedoch – offenbar im Hinblick auf eine kurz darauf einsetzende Bemühung um ein Reichsstädtebaugesetz – nicht verabschiedet wurde; lediglich Sachsen und Thüringen erließen 1931 und 1932 erkennbar an den preußischen Entwurf angelehnte Gesetze, in denen erstmalig der heutige Flächennutzungsplan – als „Flächenaufteilungsplan" – in Erscheinung trat.

Das „Dritte Reich" war in rechtlicher Hinsicht wenig aktiv; wohl wurden – teils auf der Grundlage früherer Vorarbeiten – einzelne gesetzliche Regelungen wie das Wohnsiedlungsgesetz von 1933 erlassen, aber eine 1942 fertiggestellte umfassende Kodifizierung des Bau- und Planungsrechtes blieb Entwurf. Zu erwähnen ist allerdings das „Gesetz zur Neugestaltung deutscher Städte" von 1937, das durch weitgehende Enteignungsmöglichkeiten die Verwirklichung der megalomanen Umgestaltungspläne mit großen Achsen und Aufmarschplätzen erleichtern sollte.

Tatsächlich blieb davon fast alles auf dem Papier; bemerkenswert indessen sind die Stadtgründungen von Wolfsburg und Salzgitter sowie eine Anzahl von Sanierungsmaßnahmen in verschiedenen Städten, die zwar zum Teil deutlich politisch motiviert waren – etwa durch das Ziel, eine kommunistisch eingestellte Bewohnerschaft zu verdrängen –, aber neben weitgehender Umgestaltung auch Beispiele der Erhaltung alten Baubestandes aufwiesen. Daneben wurde – wie schon von Gustav Langen in den zwanziger Jahren vorweggenommen – die „Umsiedlung" in Kleinstädte propagiert, so in dem einzigen „offiziellen" Städtebaulehrbuch der Zeit, Gottfried Feders „Die neue Stadt" (1939). Im übrigen sollte die Großstadt in „Stadtzellen" gegliedert werden, die zugleich als Rahmen für die „Ortsgruppen" – also Einheiten politischer Disziplinierung – dienen sollten (vgl. 293).

Aufbau nach 1945

Der Wiederaufbau nach Kriegsende stand zwar zunächst unter dem Diktat der Not, des Ersatzes für zehn Millionen zerstörte Wohnungen und der Aufnahme von Flüchtlingen und Vertriebenen, aber gleichzeitig wurde auch vielerorts die Gelegenheit erkannt und genutzt, Mängel der überkommenen Stadtstruktur zu beheben, die Dichten zu vermindern, Freiflächen neu zu schaffen, den Wohnungen mehr Licht und Luft zu geben und störende Nutzungen von ihnen zu trennen. Gewiß gab es Hindernisse: die geringe Finanzkraft der Gemeinden, das Fehlen wirksamer bodenrechtlicher Handhaben und eine verbreitete Tendenz von Grundeigentümern wie auch von Bürgergruppen, das Zerstörte möglichst weitgehend wiederherzustellen – in der Nutzungsstruktur wie auch im Erscheinungsbild.

Immerhin wurden in vielen Fällen erhebliche Verbesserungen erzielt, wenn auch radikale Umgestaltungen in kriegszerstörten Gebieten die Ausnahme darstellten. Zu ihnen gehörten beispielsweise der „Constructa"-Block in Hannover, ein Teil der Holtenauer Straße in Kiel und die vollständige Neuplanung im alten Berliner Hansaviertel im Zusammenhang mit der Internationalen Bauausstellung 1957. Hier wurde das neue Konzept der freiplastischen Baukörper im „fließenden" Raum in aller Deutlichkeit dargestellt – und im Sinne der gleichnamigen Ausstellung als Demonstration der „Stadt von Morgen" gepriesen. Dem entsprach als neue Vision für das Stadtgefüge das Konzept der „Stadtlandschaft" – ein Gegenbild zur „steinernen Stadt" der Vergangenheit, mit dem die Einbettung der Stadt in die Landschaft und ihre Gliederung durch Landschaftselemente gekennzeichnet werden sollten.

Angesichts der Rechtszersplitterung gingen die meisten der 1946 geschaffenen Länder an den Erlaß von „Aufbaugesetzen", die sich mehr oder weniger an den Entwurf einer 1947 in der britischen Zone tätigen Fachkommission – den „Lemgoer Entwurf" – anlehnten; sie traten überwiegend 1949 in Kraft. Die im gleichen Jahre gegründete Bundesrepublik legte 1951 einen Entwurf für ein „Bundesbaugesetz" vor, der manches aus den Gesetzentwürfen von 1931 und 1942 übernahm. Wegen vieler Schwierigkeiten – auch hinsichtlich der Gesetzgebungskompetenz – wurde es erst 1960 verabschiedet, als die Grundlinien des Wiederaufbaus längst festlagen. Gegenüber den meisten Aufbaugesetzen stellte es sachlich keine Verbesserung, teils sogar – so gegenüber dem hessischen Aufbaugesetz – einen bodenrechtlichen Rückschritt dar.

Die städtebauliche Entwicklung in der sowjetisch besetzten Zone – ab 1949 „Deutsche Demokratische Republik" – kann hier nicht nachgezeichnet werden; verwiesen sei auf die vergleichende Darstellung von v. Beyme (1987) und die übersichtliche Zusammenfassung von Durth (1996) in einer Veröffentlichung der Deutschen Akademie für Städtebau und Landesplanung, die auch weitere Beiträge zu diesem Thema enthält.

Das letzte Jahrhundertdrittel

In den sechziger Jahren veränderte sich die Auffassung von Zielen und Wegen der Stadtplanung in mehrfacher Hinsicht. Neben der Einsicht, daß die Entscheidungen über die räumliche Planung letztlich politischer – und nicht nur technischer – Natur sind, setzte sich auch die Auffassung durch, jene wirtschaftliche und soziale Entwicklung, für die die räumliche Planung den Rahmen bereitzustellen habe, sei gleichfalls einer vorausschauenden und koordinierenden politischen Steuerung zugänglich und bedürftig. Neu auftretende Begriffe wie „mittelfristige Finanzplanung" oder „Bildungsplanung" belegen diese Tendenz. Damit wurde Stadtplanung, bisher einsamer Vorreiter planerischer Ordnungsvorstellungen, jedenfalls in der Theorie zum Bestandteil einer „integrierten" Planungspolitik, die Wirtschafts- und Sozialpolitik einschloß und darauf gerichtet war, die Gesamtentwicklung der Gesellschaft auf der Grundlage politischer Zielvorstellungen zu steuern. Sichtbare Zeichen dieser neuen Tendenz waren Umorganisationen in Kommunal- und Staatsverwaltungen, mit denen spezifische Entwicklungsdezernate oder -ämter oder zumindest entsprechende Arbeitsgruppen geschaffen wurden. Auch der Regierungsentwurf von 1974 für die Novellierung des Bundesbaugesetzes – 1976 abgeschwächt verabschiedet – war von ihr geprägt.

Das Vertrauen in diesen neuen Ansatz stützte sich auf die theoretische Durchdringung des Planungsprozesses und die Erwartung, damit „mehr Wissenschaft" in die Planung zu bringen, während andererseits unter der Parole „mehr Demokratie" die Bürgerbeteiligung an Gewicht gewann. Dabei trat an die Stelle der früheren Auffassung, nach der aus der Kompetenz des Experten der „richtige" Plan erwächst, die neue Sicht der Planung als eines politisch bestimmten Auswahlprozesses aus unterschiedlichen Wegen in die Zukunft, wenn nicht gar aus verschiedenen möglichen „Zukünften".

Im gleichen Zeitraum wurde massive Kritik an den Planungsprinzipien der fünfziger Jahre und ihren Ergebnissen laut; die Vorwürfe reichten von der „Unwirtlichkeit der Städte" bis zur „gemordeten Stadt" (vgl. S. 211). Sie trafen in eine Situation, in der sich nach dem Stolz auf die Aufbauleistungen der Nachkriegszeit eine gewisse Ernüchterung hinsichtlich ihrer Qualität ausgebreitet hatte. Gerade in den großen neuen Siedlungen am Stadtrand begann man jenen „städtischen" Charakter zu vermissen, den man in den Gründerzeitstraßen mit ihrer Nutzungsmischung und ihren Eckkneipen verkörpert sah; „Urbanität" wurde zum neuen Schlagwort, und an die Stelle von „Gliederung und Auflockerung" (vgl. Göderitz u.a. 1957) traten nun „Verdichtung und Verflechtung" als Zielvorstellungen. Ihren sichtbarsten Niederschlag fanden diese Gedanken in neuen

Stadt- oder Stadtteilzentren wie Leverkusen, Frankfurt-Nordweststadt, Hannover-Ihmezentrum. Die im Interesse der Urbanität propagierte dichtere Bebauung setzte sich schnell durch, zumal sie den Interessen von Grundeigentümern und Investoren entsprach, während die ökonomischen Mechanismen – ebenso wie der zunehmend betonte Immissionsschutz – einer Verflechtung der Nutzungen entgegenwirkten, so daß alle Bekenntnisse dazu wenig Veränderung bewirkten. Projekte dieser Art liefen manchmal auch als Stadterneuerungsmaßnahmen, die zunächst meist im Sinne vollständigen Abbruchs und Neubaus der Bausubstanz mit weitgehenden Änderungen des Erschließungssystems konzipiert waren. Aber um 1970 wandelte sich die Auffassung: Instandsetzung, Modernisierung und Aufwertung des alten Baubestandes traten in den Vordergrund – zunächst unter sozialen Gesichtspunkten, zu denen aber bald auch eine gestalterische Neubewertung des lange mißachteten Erbes aus dem 19. Jahrhundert hinzutrat. „Erhaltende Erneuerung" wurde zu einem neuen Schwerpunkt der Stadtentwicklung. Nicht zufällig fiel diese Hinwendung zur Bestandspflege und zur Bewahrung zusammen mit der Zurücknahme der hochgespannten Erwartungen, die in den sechziger Jahren in eine integrierte Entwicklungsplanung gesetzt worden waren. Nicht nur deuteten die „Ölkrise" und der Bericht des Club of Rome „Grenzen des Wachstums" an; auch die Möglichkeiten „widerspruchsfreier Zielsysteme" und der Koordinierbarkeit der Verwaltungen auf sie hin waren offenbar überschätzt worden. Hier zeigen sich deutliche Parallelen zur Entwicklung in anderen europäischen Ländern wie England und Schweden, ebenso wie in der daraus erwachsenden Tendenz zur Deregulierung, zum Abbau und zur Vereinfachung von Planungsgesetzen und -verordnungen.

So waren die achtziger Jahre – auch unter dem Einfluß ökologischer Einsichten – durch eine Art Rückzugsstimmung gekennzeichnet, die auch durch demographische Prognosen bestärkt wurde. Durch „Innenentwicklung" – Umnutzung brachfallender und „Nachverdichtung" untergenutzter Flächen – sollten Veränderungskräfte innerhalb des bestehenden Stadtgefüges aufgefangen, sollte weiterer „Flächenverbrauch" verhindert oder doch minimiert werden.

Inzwischen haben Wiedervereinigung, Grenzöffnung nach Osten und Abbau militärischer Flächenansprüche eine neue Situation geschaffen, deren Auswirkungen auf die räumliche Planung erst in Umrissen abzuschätzen sind. Offensichtlich hat der Zusammenbruch des „real existierenden Sozialismus" weithin das Vertrauen in die Marktkräfte und damit eine Tendenz bestärkt, viele bisher als öffentlich angesehene Aufgabenbereiche zumindest teilweise zu privatisieren. „Public-private partnership" als Weg zur Planverwirklichung steht entsprechend hoch im Kurse, Abbau öffentlichen Engagements wird empfohlen und betrieben. Allerdings mag man daran zweifeln, ob sich diese Tendenz mit den wachsenden

Ansprüchen an eine umweltbewußte, auf eine „nachhaltige" (sustainable) Entwicklung gerichtete räumliche Planung wird vereinbaren lassen. Diese – und damit den Lebensraum künftiger Generationen – zu sichern, wird offenbar zunehmend als Hauptaufgabe der räumlichen Planung im neuen Jahrhundert erkannt.

Finnland

In Finnland, das bis 1917 unter der Herrschaft des russischen Zaren stand, wurden in der zweiten Hälfte des 19. Jahrhunderts mehrere Städte gegründet, deren Pläne bestimmten systematischen Grundmodellen folgten. Sie entstammten einem russischen Musterbuch aus der Jahrhundertmitte und wirkten über die kulturellen Beziehungen zu Schweden – zu dem Finnland bis 1814 gehört hatte – auch auf Skandinavien ein.

Die Planfiguren folgten geometrischen Mustern und bauten in der Regel auf einem rechtwinkligen Raster auf; die meist eingeschossigen Holzhäuser boten wenig Ansatzpunkte für Ambitionen städtebaulicher Gestaltung. Indessen machte sich die durch Camillo Sitte ausgelöste Welle eines neuen künstlerischen Verständnisses im Städtebau auch in Finnland bemerkbar; vor allem war es der Architekt Lars Sonck, der diese Gedanken aufnahm und weiterverbreitete (Sundman 1991, 71). Seiner ersten kritischen Veröffentlichung 1898 folgten weitere; in Städtebauwettbewerben um die Jahrhundertwende und in einigen verwirklichten Projekten gewann die neue Richtung Raum. 1907 wurde in der Stadtverwaltung Helsingfors/Helsinki die Stelle eines Städtebau-Architekten neu geschaffen und mit einem Gesinnungsgenossen Soncks, Bertel Jung, besetzt.

Während anfangs der durch Einfamilienhäuser gekennzeichnete „Gartenstadt"-Typus im Vordergrund der neuen Bestrebungen gestanden hatte, richtete sich das Interesse ab etwa 1910 stärker auf das großstädtische Gefüge der Mehrfamilienhäuser. Den überzeugendsten Vertreter fand diese neue Tendenz in Eliel Saarinen, der 1911 seine Gedanken dazu in einem Gutachten für Budapest niedergelegt und im gleichen Jahre den 2. Preis in einem großangelegten internationalen Wettbewerb für die australische Hauptstadt Canberra errungen hatte. Im folgenden Jahre gewann er den 1. Preis im Städtebauwettbewerb für Reval/Tallinn; seine bekannteste Arbeit wurde aber wohl das Planungskonzept – übrigens im Auftrag eines privaten Bauträgers – für eine Stadterweiterung Helsinkis: das Neubaugebiet Munkkiniemi-Haaga für etwa 170.000 Einwohner. Obwohl nur wenig davon ausgeführte wurde, befestigte der Plan Saarinens Ruf als Stadtplaner und blieb in Finnland vorbildlich bis zum Zweiten Weltkrieg;

ein Artikel in „Der Städtebau" (1920, 21ff) behandelte ihn ausführlich. Die 1922 gegründete „Freie Deutsche Akademie des Städtebaues" wählte Saarinen zum „korrespondierenden Mitglied". 1918 legte Saarinen zusammen mit Jung einen Plan für Helsinki – nunmehr Hauptstadt eines unabhängigen Finnland – vor, der in seiner Gedankenfülle gleichfalls sehr bemerkenswert war, aber den finanziellen und politischen Handlungsspielraum der Stadt zu weit überschritt, um verwirklicht zu werden. 1924 übersiedelte Saarinen in die Vereinigten Staaten: sein mit dem 2. Preis ausgezeichneter Wettbewerbsentwurf für den „Chicago Tribune Tower" übte einen tiefgreifenden Einfluß auf die formale Entwicklung des amerikanischen Wolkenkratzers aus. 1943 veröffentlichte er seine – auf die Dezentralisierung der Großstadt gerichteten – städtebaulichen Gedanken in dem Buch „The City – its Growth, its Decay, its Future".

1931 wurde – nach zehnjährigen Vorarbeiten – das erste Städtebaugesetz in Finnland verabschiedet, das sich weitgehend am Vorbild des schwedischen Gesetzes von 1907 (vgl. S. 92f) orientierte. Gestalterisch blieb in den zwanziger wie in den dreißiger Jahren der „nordische Klassizismus" bestimmend, dessen Herrschaft dem Bemühen um einheitliche Straßenfronten entgegenkam. In dem eher dem Gartenstadtmodell folgenden Stadtteil Käpylä sieht Sundman (1991, 81) neben den heimischen Traditionen auch Einflüsse von Heinrich Tessenow und Paul Wolf am Werk.

Der Einfluß der Moderne in Architektur und Städtebau war zunächst gering; ihr spektakulärster Vertreter war Alvar Aalto mit seinem Wettbewerbsprojekt für den Stockholmer Norrmalm (vgl. S. 96) und einem – ausgeführten – Stadtplan für Sunila. Lediglich das Olympische Dorf in Helsinki – nach einem Entwurf von Ekelund und Välikangas in den Jahren 1939 und 1940 gebaut – kann als weiteres Beispiel einer vom Zeilenbau der Moderne geprägten Anlage gelten.

Nach der Niederlage im Zweiten Weltkrieg fiel Deutschland als bisheriger städtebaulicher Orientierungspunkt aus; „nationale Erneuerung bedeutete eine klare kulturelle Schwenkung zur angelsächsischen Welt hin" (Sundman 1991, 86). Mumfords „Culture of Cities" erschien 1946 in finnischer Übersetzung, das Nachbarschaftsmodell wurde übernommen, die britischen Planungen für London als Vorbild studiert. Führende Figur in der Stadtplanung der ersten Nachkriegszeit war Alvar Aalto, der enge Beziehungen zum Massachusetts Institute of Technology unterhielt, übrigens bald auch in Deutschland baute – so in Berlin, Bremen und Essen. Auch mehrere finnische Regionalpläne gehen auf ihn und sein Büro zurück.

1951 begann eine gemeinnützige Gesellschaft den Bau der neuen Stadt Tapiola westlich von Helsinki, deren unkonventionelle und differenzierte Gebäudeanordnung in enger Verbindung mit der Natur ihr internationale Reputation verschaffte. Auch in anderen Städten gab es Beispiele für diesen Typus der naturnahen „Waldstadt".

1959 faßte ein neues Gesetz erstmalig die bauliche Planung und die der Bodennutzung zusammen und stattete die Gemeinden – und nur sie – mit der Kompetenz für die Planaufstellung aus. Allerdings lag der Schwerpunkt bei dem Plantyp, der dem deutschen Bebauungsplan entspricht; ein ergänzendes Gesetz von 1968 stärkte demgegenüber die Rolle der gesamtstädtischen und der regionalen Planung. Gesamtpläne für eine Gemeinde bedürfen keiner staatlichen Genehmigung, doch wird in neuerer Zeit solche Zustimmung manchmal eingeholt, um den Plänen mehr Gewicht zu geben (Mansikka, Rautsi 1992, 67).

In den sechziger Jahren führte ein starkes Stadtwachstum zu vermehrter Bautätigkeit und in diesem Zusammenhang vielfach zum – mehr oder minder zufälligen – Ersatz der alten niedrigen Holzhausbebauung durch drei- bis siebengeschossige Zeilen und Punkthäuser auf der Grundlage des alten Straßenrasters. Kritik an den damit eintretenden Verlusten historischer Qualität bewirkte zumindest partiell eine Hinwendung zu erhaltender Erneuerung wie auch eine positive Neubewertung der alten geometrischen Strukturen, die sich auch in zahlreichen streng rechtwinkligen Neuplanungen niederschlug. Gleichzeitig machten sich Strömungen bemerkbar, bei neuen Siedlungen den städtischen Charakter – im Gegensatz zum „Waldstadt"-Typus – stärker zu betonen; dabei gab es offenbar eine zeitliche Parallelität zur „Urbanitätswelle" in anderen Ländern.

Die Bebauungsformen lassen deutliche Einflüsse aus den skandinavischen Ländern, insbesondere aus Dänemark erkennen; Flachbausiedlungen mit hoher Dichte wie das streng geometrisch angeordnete Albertslund-Süd (vgl. S. 32) gaben dabei einen kräftigen Anstoß zur Neubelebung niedriger Bebauungsformen (Sundman 1991, 101).

Für die Steuerung der Bebauung stehen nicht nur die Instrumente des Planungsrechts zur Verfügung; nachdem in den siebziger Jahren gesetzliche Regelungen den Gemeinden den Grunderwerb erleichtert haben, nutzen viele Gemeinden ihre Position als alleiniger Eigentümer – oder als mehrheitlicher Anteilseigner bei Genossenschaften – zur privatrechtlichen Durchsetzung von Planungszielen aus.

Frankreich

Die zweite Hälfte des neunzehnten Jahrhunderts

Für Frankreich ist Paris von jeher die Stadt par excellence, wie der sarkastische Buchtitel „Paris et le désert français" (Gravier 1947) erkennen läßt. Für das 19. Jahrhundert trifft das im besonderen Maße zu; was sich an städtebaulicher Entwicklung vollzog, war maßgeblich durch Paris definiert – von der grundlegenden Umgestaltung der Stadt unter dem Präfekten Haussmann bis zu den Impulsen der Weltausstellungen seit 1856.
Die erwähnte Umgestaltung, die im Jahrzehnt nach der Jahrhundertmitte mit der Planung für ein System von Hauptverkehrsstraßen einsetzte, verknüpfte wirtschaftliche und hygienische, politische und gestalterische Ziele miteinander und fand weltweit nicht nur Beachtung, sondern vielfach auch Nachahmung. Neben umfangreichen technischen und hygienischen Verbesserungen war es insbesondere der formale Ansatz – breite, gerade Boulevards, von einheitlichen Hausfassaden gerahmt und mit öffentlichen Gebäuden als Blickfang an den Knotenpunkten –, der in vielen Städten Europas lange als vorbildlich galt (vgl. S. 300). Die autoritären Verfahrensweisen der Durchsetzung konnten sich auf das zentralistische Regime Napoleons III. stützen, doch führte die massive Kritik an den unsoliden Finanzierungsmethoden 1870 zum Rücktritt Haussmanns.
Beim Vollzug der erforderlichen umfangreichen Abbruchmaßnahmen konnte sich Haussmann eines Gesetzes bedienen, das unter dem Eindruck von Choleraepidemien und gesundheitliche Mißständen in verschiedenen französischen Städten im Jahre 1850 – zwei Jahre nach dem englischen „Public Health Act" – erlassen worden war. Es ermächtigte die Städte, Sanierungsmaßnahmen für Mietwohnungen – nicht jedoch für eigengenutzte Wohnungen – anzuordnen und hierfür auch Grundstücke zu enteignen.
So wurde das Gesetz zum wichtigen Werkzeug für die Straßendurchbrüche in Paris – „l'arme légale essentielle de Haussmann" (Huguenay 1950, 247) –, doch wurde es insgesamt offenbar nur wenig angewandt; 1883 wurde festgestellt, daß außer Paris nur vier weitere Städte davon Gebrauch machten. Indessen diente es – als weitergeltendes Recht – 1907 im damals deutschen Straßburg als Grundlage umfangreicher Sanierungsmaßnahmen, während es in Frankreich bereits 1902 aufgehoben worden war (vgl. S. 315f).
Im Arbeiterwohnungsbau des 19. Jahrhunderts weist Frankreich eine Reihe von Beispielen auf, von denen zwei besonders interessant sind: das „Familistère" von Godin in Guise und die für ihre Zeit ungemein fortschrittliche „Cité ouvrière" in Mülhausen im Elsaß (Mulhouse) mit ihrem Mietkaufsystem. Um-

fangreicher noch waren die Arbeitersiedlungen der Schneider-Werke in Creusot. Indessen haben diese Anlagen weniger Bedeutung für die französische Vorstellung vom Städtebau gewonnen, als es die entsprechenden Beispiele in England vermochten. Vielmehr überwog deutlich das Formal-Repräsentative, wie es schon – etwa mit Versailles oder Nancy – im französischen Städtebau seit der Renaissance angelegt war (vgl. den Kommentar von Abercrombie, S. 161).

1884 wurde durch Gesetz die Aufstellung eines „plan général de nivellement et d'alignement" von allen Gemeinden gefordert – eine Weisung, die ohne nennenswerte städtebauliche Folgen blieb. Wichtiger ist dieses Datum als Gründungsjahr des „Musée social" in Paris; Initiator war der aus dem Elsaß stammende Politiker Jules Siegfried, der eine Institution zur Förderung des „geistigen, moralischen und materiellen Wohlbefindens der arbeitenden Bevölkerung" schaffen wollte (Sutcliffe 1981, 148). Als Konferenz- und Dokumentationszentrum nahm sich das Musée social bald auch städtebaulicher Fragen an; 1908 wurde in seinem Rahmen eine „Section d'hygiène urbaine et rurale" gebildet, der es um einen der sozialen Verantwortung verpflichteten Städtebau ging. Die erste Aktion bezog sich auf die Sicherung von Freiflächen im Zusammenhang mit der Entfestigung von Paris – auch im weiteren Umland – und mündete in einen Gesetzentwurf, der hierfür die Schaffung einer zu entsprechender Planung befugten „Commission supérieure d'aménagement" vorsah; er gilt als erster Anstoß zu dem 1919 verabschiedeten Planungsgesetz.

Von der Jahrhundertwende bis zum Ersten Weltkrieg

1902 wurde durch ein Gesetz zum Schutz der öffentlichen Gesundheit – das an die Stelle des ersten Sanierungsgesetzes von 1850 trat – die Erteilung von Baugenehmigungen zur Voraussetzung allen Bauens gemacht. Im gleichen Jahre wurden in Paris neue Vorschriften für Höhe und Profil (gabarit) der Gebäude erlassen, deren Spielraum indessen den Denkmalpflegern schon zu weit erschien. Ein 1904 veranstalteter Kongreß über Hygiene und gesunde Wohnungen führte 1905 zur Gründung einer „Association Générale des Ingénieurs, Architectes et Hygiénistes Municipaux" (ab 1912 „Association Générale des Hygiénistes et Techniciens Municipaux"); im gleichen Jahre behandelte ein Architektenkongreß Fragen der Sanierung ungesunder Wohnungen.

Im ersten Jahrzehnt unseres Jahrhunderts fand sowohl Howards Gartenstadtkonzept als auch das spanische Bandstadtmodell einige Befürworter in Frankreich, so vor allem Georges Benoît-Lévy und Georges Risler. Benoît-Lévy war 1903 maßgeblich an der Gründung der „Association des Cités-Jardins de France" beteiligt, deren Ziel es war, „d'appliquer à l'habitation les dernières principes de l'hygiène, de former des centres industrielles modèles, de développer dans les villes les systèmes de parcs, de jardins et de terrains de jeux; d'encourager à la création des Cités-Jardins" (Svalduz 1995, 242). 1904 veröffentlichte Benoît-Lévy ein Buch über den Gartenstadtgedanken, das er 1911 auf drei Bände ausweitete; im gleichen Jahre wurde in Draveil die erste französische Gartenvorstadt, genannt „Paris-jardins", geschaffen. Benoît-Lévy trat später nachdrücklich für das Bandstadtkonzept ein – bis hin zur Gründung einer „Association Internationale des Cités Linéaires" 1929 in Anlehnung an den Völkerbund (Collins 1959, 81).

1910 gebrauchte der Lyoner Handelsschullehrer Pierre Clerget – im Titel eines in einer Schweizer wissenschaftlichen Zeitschrift erschienenen Artikels – erstmalig den Begriff „urbanisme" (1910, 213; Charre 1992, 223); 1911 formierte sich – im Rahmen des Musée social – mit der „Société Française des Architectes Urbanistes", die sich bald „Société Française des Urbanistes" nannte, der erste berufsständische Zusammenschluß von Stadtplanern auf nationaler Ebene überhaupt; erster Präsident der zehn Gründungsmitglieder wurde Eugène Hénard, der auch zu den Begründern der erwähnten Section d'hygiène urbaine et rurale gehört hatte.

Hénard war einer der auch international bekanntesten französischen Fachleute dieser Zeit; ihm wird die Erfindung des Kreisverkehrs zugeschrieben. Seine Arbeiten über die Umgestaltung von Paris fanden weithin Beachtung; so gehörte er 1914 bei der Gründung des britischen „Town Planning Institute" zu den ersten sechs Ehrenmitgliedern vom europäischen Kontinent (vgl. S. 163f). Um die gleiche Zeit trat Auguste Perret mit Hochhausprojekten für Paris hervor – nach dem Muster der amerikanischen Wolkenkratzer, aber in streng formaler Anordnung und mit weit größeren Abständen.

Als frühes Dokument der Moderne ist Tony Garniers Studie „Une cité industrielle" hervorzuheben; im Rahmen eines Prix-de-Rome-Stipendiums bis 1904 erarbeitet, wurde sie erst 1917 veröffentlicht (vgl. S. 152). Als Stadtarchitekt von Lyon unternahm Garnier mit seinem Oberbürgermeister Herriot mehrfach Reisen – so auch nach Deutschland zum Studium der dortigen kommunalen Verhältnisse und Betriebe. Herriot war es auch, der die erste internationale französische Städtebauausstellung – 1914 in Lyon – organisierte, die jedoch infolge des Kriegsausbruchs nicht zur vollen Entfaltung kam. Im Jahre zuvor war in Nancy eine Ausstellung zum Thema der „Cité Moderne" veranstaltet worden (vgl. S. 157).

Aus den Bestrebungen des Musée social vor allem in sozialhygienischer Hinsicht entsprangen weitere gesetzgeberische Bemühungen, auch im Blick auf entsprechende Entwicklungen in England, Deutschland und Schweden. 1909 brachte Charles Beauquier einen ersten Gesetzentwurf ein, der alle Gemeinden über 10.000 Einwohner verpflichten sollte, „Erweiterungs- und Verschönerungspläne" aufzustellen. 1912 wurde ein verbesserter Entwurf der Deputiertenkammer vorgelegt, der aber wegen mancherlei Verzögerungen erst 1919 als „Loi Cornudet" verabschiedet wurde.

Die Zwischenkriegszeit

Die „Loi Cornudet" kann also als Frankreichs erstes eigentliches Städtebaugesetz bezeichnet werden, in seiner Bedeutung etwa dem englischen „Housing, Town Planning etc. Act" von 1909 vergleichbar. Indessen wurden seine Vorschriften zur Aufstellung von Plänen nur in sehr begrenztem Umfang befolgt; von 2.300 hierzu verpflichteten Gemeinden gingen nur etwa 600 an die Planaufstellung, und nur 273 erreichten das Ziel – offenbar ohne daß der Staat die Einhaltung des Gesetzes eingefordert hätte. Dazu merkt Gaudin (1987, 193) an: „Les initiateurs de l'urbanisme semblaient intimement convaincus que les municipalités françaises imiteraient ce dynamisme de l'aménagement qu'au début du siècle tant de collectivités locales manifestaient déjà en Allemagne ou en Grande-Bretagne. Le moment enfin venu de l'application de la loi Cornudet la déception n'en sera que plus grande. Plus que les contraintes de procédure, la lenteur de l'instruction technique puis administrative des projets, ou même que la jurisprudence fort restrictive du Conseil d'Etat, c'est le manque de ‚volonté politique' des élus locaux qui leur paraîtra manifeste; du moins, cette forme de volonté qui fait mener rapidement l'élaboration des plans d'extension."
Auch die – geringfügige – Novellierung des Gesetzes im Jahre 1924 hat an dieser Situation offenbar nichts ändern können; ihr Inhalt wurde übrigens in der Deutschen Bauzeitung in teilweiser Übersetzung veröffentlicht und kommentiert (Hager 1926).
Eine interessante Rolle in der unmittelbaren Nachkriegszeit spielte der amerikanische Planer G.B. Ford, der vor dem Kriege an der École des Beaux Arts studiert hatte, 1919 mit dem amerikanischen Roten Kreuz zur Teilnahme am Wiederaufbau im kriegszerstörten Nordfrankreich zurückkehrte und Mitglied einer in Paris ansässigen Gesellschaft „Renaissance des Cités" wurde. Diese, von der Stadt Reims befragt, hatte Ford empfohlen (Stübben 1920, 233); seine Planung für den Wiederaufbau wurde jedoch nicht verwirklicht. Die deutsche Zeitschrift „Der Städtebau" berichtete darüber mit unterschiedlichen Akzenten (vgl. S. 175). Ford hinterließ den Franzosen ein ungemein pragmatisches Fach-

buch „L'urbanisme en pratique" (1921, vgl. S. 175); 1923 folgte mit dem „Traité d'urbanisme" von Joyant ein umfassendes, technische, rechtliche und gestalterische Aspekte vereinendes Handbuch.

Aufsehen erregte in den frühen zwanziger Jahren das städtebauliche Konzept des Welschschweizers Charles-Edouard Jeanneret – der sich dann Le Corbusier nannte –, allerdings mehr in der Publizistik und im Ausland als in der französischen Wirklichkeit; sein Buch „Urbanisme" (1925) wurde 1929 in deutscher und in englischer Übersetzung herausgebracht. 1930 stellte Le Corbusier sein Konzept der „Ville Radieuse" beim CIAM-Kongreß in Brüssel vor, das übrigens auch die von Rey, Pidoux und Barde entwickelte „heliothermische Achse" (vgl. S. 178) zeigte, allerdings ohne die Gebäude nach ihr auszurichten.

Zuvor hatte 1923 der erste Städtebaukongreß Frankreichs in Straßburg stattgefunden, ausgerichtet von der Société Française des Urbanistes. Auch die akademische Ausbildung für die Stadtplanung setzte in dieser Zeit ein; 1924 wurde an der Sorbonne das „Institut d'Urbanisme" gegründet (vgl. S. 272). Als Stadthistoriker bildete Marcel Poëte mit seinem umfassenden Verständnis für das Wesen der Stadt und die gesellschaftliche Aufgabe der Planung – das ihn in die Nähe von Patrick Geddes rückt – gleichsam ein Gegengewicht gegen die überwiegend technisch-gestalterische Auffassung des Planens. Seiner Zeitschrift „La vie urbaine" stellte sich 1932 mit „Urbanisme" die erste städtebauliche Fachzeitschrift zur Seite.

Bemerkenswerte Planungen auf der Grundlage der „Loi Cornudet" wurden für Marseille und Lille von Jacques Gréber, für Grenoble und Toulouse von Léon Jaussely entwickelt. In den dreißiger Jahren gab es erste regionalplanerische Ansätze, so im Raum Paris mit einem Gesetz von 1932, das das „projet d'aménagement de la région parisienne" (PARP) etablierte. Projektleiter war Henri Prost – Prix-de-Rome-Träger wie zuvor Garnier und Jaussely (vgl. S. 152, S. 162) –, der auch in mehreren Orten Marokkos tätig war. In der französischen Fachliteratur finden sich verschiedentlich Hinweise darauf, daß die kompetentesten Stadtplaner das heimatliche Betätigungsfeld infolge des Übergewichts konservativer Kräfte verschlossen fanden und deshalb in die Kolonien oder ins Ausland auswichen. So ist Donat-Alfred Agache vor allem durch seinen dritten Preis für Canberra (1912) und seine Planung für Rio de Janeiro (1929) bekannt geworden.

Die Grundsätze der Pariser Regionalplanung wurden mit einem Gesetz von 1935 für ganz Frankreich gültig gemacht; bei dessen Einführung stellte der Präsident der Republik fest, daß „Gesetzgebung und Praxis des Städtebaues in Frankreich tatsächlich weit im Rückstand" seien (Givaudan 1986, 127). Die mit diesem Gesetz geschaffene Institution des „projet régional d'urbanisme" fand allerdings nur wenig Anwendung.

Der französische Städtebau der dreißiger Jahre blieb in seinen repräsentativen Zügen traditionellen Formen verhaftet, wie sie etwa das Trocadéro in Paris zeigt. Eine spektakuläre Ausnahme bildete die ab 1929 verwirklichte umfangreiche Wohnbebauung in Villeurbanne – unmittelbar Lyon benachbart –, deren acht- bis zehngeschossige, in einer Art Zahnschnitt angeordnete Häuser, überragt von zwei doppelt so hohen „gratte-ciel", mit ihren futuristischen Anklängen noch heute beeindrucken. Etwa zehn Jahre später entstand die „Cité de la Muette" in Drancy bei Paris, mit ihrer Mischung von Punkthochhäusern und Mittelhochbau eine Manifestation der „klassischen" Moderne.

Die unbefriedigende städtebauliche Entwicklung der Zwischenkriegszeit führt Auzelle (1957, 10) auf drei Hauptgründe zurück:
- die Unklarheit, wer die Kosten städtebaulicher Planungen tragen solle,
- die Unmöglichkeit, Pläne durchzusetzen,
- das Fehlen einer auf die Förderung einer Städtebaupolitik ausgerichteten Abteilung in der Zentralregierung.

Diese Hindernisse wurden im wesentlichen durch das von der Vichy-Regierung 1943 erlassene Gesetz beseitigt. Planungskosten übernahm der Staat, ein neues System der Baugenehmigungen wurde eingerichtet, und 1944 trat der erste Minister für Wiederaufbau und Stadtplanung sein Amt an – übrigens nachdem Le Corbusier sich bei der Vichy-Regierung ohne Erfolg um eine Schlüsselposition für den Städtebau bemüht hatte. Eine neu eingeführte regionale Verwaltungsgliederung wurde allerdings 1946 wieder abgeschafft. Das Gesetz – das die Planungskompetenz den Kommunen entzog und auf den Staat konzentrierte – galt auch späteren Kritikern als Niederschlag eines schlüssigen Ordnungskonzeptes, das die nachfolgenden Jahrzehnte im Grundsatz bestimmte (Harouet 1981, 122).

Die Nachkriegszeit

Wenn gleichwohl die Entwicklung der frühen Nachkriegszeit in der Rückschau häufig kritisiert wurde, so lag das offenbar weniger an der rechtlichen als an der politisch-administrativen Situation. Rasche Regierungswechsel – 22 Regierungen und 12 Planungsminister innerhalb von 10 Jahren – beeinträchtigten die Kontinuität; hinzu kam eine in der Organisation angelegte Rivalität innerhalb der einzelnen Départements zwischen dem Delegierten der Zentralregierung für den Wiederaufbau einerseits und dem Generaldirektor für Städtebau und Wohnungswesen andererseits (Auzelle 1957, 10).

Der Wiederaufbau kriegszerstörter Städte vollzog sich überwiegend in Anlehnung an traditionelle Formen und alte Stadtgrundrisse wie in St. Malo und Tours, seltener nach modernen Grundsätzen wie in Le Havre oder Maubeuge. Eine radikale (und viel publizierte) Neuplanung für St. Dié durch Le Corbusier, der durch eine örtliche Interessengruppe beauftragt worden war, scheiterte am Widerstand der Bewohner, die sich nicht in Großwohneinheiten nach Marseiller Muster unterbringen lassen wollten; das gleiche Schicksal erlitt seine vom Ministerium in Auftrag gegebene Aufbauplanung für La Rochelle. Dagegen wurde seine „Unité d'habitation" in Marseille, Nantes, Berlin (im Rahmen der Internationalen Bauausstellung 1957) und der Bergbaustadt Firminy gebaut, deren Bürgermeister Claudius-Petit – in den späten vierziger Jahren Wiederaufbauminister und der Moderne zugetan – Le Corbusier eine großzügige Stadterweiterung – Firminy vert – übertrug (vgl. S. 305).

Die Linie eines sozial orientierten, auf gründliche Analysen gestützten Städtebaues, die im Rahmen des Musée social zwischen den Kriegen vor allem durch den Stadthistoriker – man könnte ihn auch „Stadtphilosophen" nennen – Marcel Poëte vertreten worden war, wurde nach 1945 insbesondere von Gaston Bardet und Paul Chombart de Lauwe fortgeführt, deren Einfluß auf die Praxis jedoch beschränkt war. So gilt die Entwicklung der fünfziger Jahre heute den französischen Kritikern als verworren und ziellos; erst gegen Ende dieses Zeitraumes zog – mit dem Übergang zur Fünften Republik – mehr Kontinuität ein.

In dieser Zeit wurden große Anstrengungen unternommen, dem Wandel der Dinge gerecht zu werden. Neue rechtliche Regelungen in den Jahren 1957 bis 1959 statuierten zwei Plantypen, den „plan d'urbanisme directeur", „véritable charte du développement urbain" (Harouel 1981, 122), und die – flexibleren – Detailpläne. Zugleich wurde das Rechtsinstrument der „Zone à urbaniser par priorité" (ZUP) geschaffen, die es ermöglichte, Baugenehmigungen außerhalb dieser Zonen zu versagen und damit das Bauen auf bestimmte Bereiche zu konzentrieren. Meist waren solche Zonen mit der Einleitung größerer Wohnungsbauprogramme verbunden, deren Träger die Kommunen, aber auch andere öffentliche Einrichtungen oder auch gemischtwirtschaftliche Gesellschaften (sociétés d'économie mixte) mit überwiegender öffentlicher Beteiligung sein konnten. Die sogenannten „grands ensembles" – große Wohnanlagen mit meist mehreren tausend Wohnungen – verdanken diesem Rechtswerkzeug ihr Entstehen. 1967 wurden mit der „loi d'orientation foncière et urbaine" die Plantypen neu definiert – als „schéma directeur d'aménagement et d'urbanisme" (SDAU) einerseits und als detaillierter „Plan d'occupation des sols" (POS) andererseits; der erste gibt die „orientations fondamentales" und ist im Gegensatz zum zweiten für Private nicht rechtsverbindlich – analog zur deutschen Regelung. Zugleich wurde die „ZUP" ersetzt durch die „ZAC" (Zone d'aménagement concerté) mit breiter Anwendungsmöglichkeit – von neuen Städten bis zur Quartierssanierung und mit einer Koordination der beteiligten sektoralen Maßnahmeträger. Außerdem wurde die mögliche Trägerschaft für solche Maßnahmen in den privaten Sektor hinein erweitert.

Nachzutragen ist ein Gesetz von 1962 – die sogenannte „loi Malraux" –, das es ermöglicht, historisch geprägte Altstadtbereiche als „secteurs sauvegardés" unter Schutz zu stellen und im Sinne einer „erhaltenden Erneuerung" zu sanieren und zu modernisieren. Grundlage dafür ist ein „Plan Permanent de Sauvegarde et de Mis en Valeur" (PPSMS); dem „architecte-en-chef" wird bei diesem Verfahren ein breiter Ermessensspielraum zugestanden. 1980 gab es etwa sechzig solche „secteurs sauvegardés", darunter das historische Viertel des „Marais" in Paris mit einer Ausdehnung von 165 ha.

Waren die sechziger Jahre also eine Phase der Aktivität und der Expansion, getragen vom Vertrauen auf eine umfassende Steuerungsmöglichkeit von Raumnutzung und Standortanweisung für die Wirtschaft – analog zur Grundstimmung in Großbritannien und Deutschland –, so folgte in den siebziger Jahren eine ähnlich kräftige Reaktion wie in den genannten Ländern. „Les annés 70, sont également celles au cours desquelles seront évaluées avec beaucoup de lucidité et de courage politique et intellectuel les conséquences des emballements ou des engouements des années 60. Le gigantisme, sous toutes ses formes, est remis en question, les villes moyennes ne sont plus ignorées, l'action en douceur sur les quartiers anciens retient une attention croissante, le souci de la qualité imprègne de plus en plus naturellement les initiatives publiques et les initiatives privées. L'idée d'environnement fait sa première percée en 1971." (Givaudan 1986, 130)

Eine ganz neue Entwicklung setzte zu Beginn der achtziger Jahre mit der Dezentralisierungspolitik Präsident Mitterands ein, der nunmehr die Städte anstelle des Staates für die örtliche Planung verantwortlich machte. Aus der Fachwelt kamen dazu gelegentlich kritische Kommentare, vor allem weil die städtischen Vertretungskörperschaften – „les élus" – von der ungewohnten „Planungshoheit" offenbar nicht immer den rechten Gebrauch zu machen wußten. In Deutschland gab es nach der Vereinigung ähnliche Probleme mit den echter Selbstverwaltung entwöhnten Gemeinden in den neuen Bundesländern.

Zur Abstimmung der staatlichen Stadtentwicklungspolitik wurde 1988 eine „Délégation Interministerielle à la Ville et au Développement Social Urbain", 1991 ein „Ministère de la Ville" geschaffen. Das im gleichen Jahr erlassene „Orientierungsgesetz für die Städte" zielte vor allem auf eine Koordinierung von Wohnungsbauprogrammen und eine bessere Verteilung von Sozialwohnungen, um Ghettobildungen entgegenzuwirken (Urbanisme 256/1992, 33). Die Gemeinden müssen koordinierte örtliche Wohnungsbauprogramme für jeweils fünf Jahre entwickeln; Wohnungsunternehmen können verpflichtet werden, Anteile für den sozialen Wohnungsbau abzutreten. Vorkaufs- und Enteignungsrechte für die ZAD – Zones à aménagement différé – wurden gestärkt, der Sonderstatus der ZUP aufgehoben.

Ein Gesetz von 1992 über die „administration territoriale" trug dem Konzept der Dezentralisation auch innerhalb der Staatsverwaltung Rechnung, indem es bisher zentrale Kompetenzen auf Regionen, Départements oder Arrondissements verlagert; insbesondere die Départements sollen gegenüber dem seit 1983 ins Kraut geschossenen „impérialisme municipal" (Urbanisme 256/1992, 61) gestärkt werden. Eine Kommission auf dieser Ebene soll durch ein „schéma départementale de cooperation intercommunale" eine Abstimmung über räumliche und wirtschaftliche Entwicklungsfragen sichern.

Einen Wandel der Einschätzung des Städtebaus deuten auch die Titeländerungen der Zeitschrift „Urbanisme" an: 1989 benannte sie sich um in „Urbanismes et Architecture", vermutlich weil der – europaweite – Prestigeverlust der Stadtplanung das „Urban Design", die Stadtgestaltung als Architektenaufgabe wieder in den Vordergrund gerückt hatte. 1992 wurde daraus wiederum „Urbanisme" mit dem Zusatz: „le magazine des acteurs de la ville" – offenbar mit dem Ziel, die mit Privatisierung und Deregulierung wichtiger gewordenen privaten Akteure anzusprechen.

Die Literatur der letzten Jahrzehnte läßt nach wie vor das Bewußtsein erkennen, in der Stadtplanung „en retard" zu sein, zumindest gegenüber einigen anderen Ländern Europas. Michel Cantal-Dupart klagte 1990: „L'urbanisme va mal. La ville se donne en spectacle et cache ses misères, on privilégie le concours au travail, c'est-à-dire l'effet au résultat. La pensée urbaine est absente." (89/90, 36) Ähnliche Beobachtungen allerdings ließen sich auch in anderen Ländern Europas anstellen.

Neuere gesetzliche Regelungen betreffen die Einführung von Erhaltungsbereichen (ZPPAU – Zones de protection du patrimoine architectural et urbaine) und von Maßnahmen zur Verbesserung von „quartiers en difficulté" im Umfeld der Großstädte. Zur jüngsten Entwicklung gehört die seit 1993 betriebene Zusammenführung der zersplitterten berufsbezogenen Organisationen zu einer neuen „Profession urbaniste" – offenkundig ein Versuch, dem Planerstand in Politik und Öffentlichkeit mehr Gewicht zu verschaffen. Positiv zu werten ist gewiß auch der neue Ansatz, im überschaubaren „projet urbain" die Qualitäten einer integrativen und handlungsorientierten Stadtplanung zu demonstrieren.

Griechenland

Nach der Befreiung Griechenlands gingen erste Bauvorschriften zunächst vom Ministerpräsidenten Kapodistrias, nach 1833 von der Regentschaft aus, welche die Geschäfte für den noch minderjährigen König Otto von Wittelsbach führte. 1834 wurde ein Büro der öffentlichen Wirtschaft geschaffen, dessen Architekturabteilung von Schaubert geleitet wurde, einem der beiden Verfasser des ersten Stadtplanes für die neue Hauptstadt Athen. 1835 erschien ein königlicher Erlaß zum gesundheitsgerechten Ausbau von Städten und Dörfern – eine zu ihrer Zeit sehr fortschrittliche Vorschrift. „Wenn der Schwerpunkt auch bei praktischen Aspekten des Planens und Bauens lag, so fehlte es doch nicht an der Sorge für die Gestalt der Stadt und ihre Verschönerung." (Hastaoglou-Marcinides et al. 1993, 439) Besondere Aufmerksamkeit erfuhren die Bauvorschriften für Athen, in denen auch der Überbauungsgrad der Grundstücke festgesetzt wurde.
Der nächste bedeutende rechtliche Schritt war das Gesetz von 1867 über die Ausführung von Stadtplänen, erlassen unter König Georg I. Wichtige Bestimmungen bezogen sich auf die Mindestgrundstücksgröße und auf Enteignungsmöglichkeiten für öffentliche Zwecke, wie sie bereits vorher in den Städten Athen und Ermoupolis bestanden. Gegen Ende der Herrschaft König Georgs (1913) hatte das Innenministerium auf dieser Grundlage Pläne für 147 Orte entwickelt und rechtskräftig gemacht.
1910 legte Ludwig Hoffmann, Stadtbaurat für Hochbau in Berlin einen Stadterweiterungs- und Stadtumbauplan für Athen vor, wie dies 1908 dem Athener Bürgermeister bei seinem Besuch in Berlin zugesagt worden war (vgl. S. 163). Nach Hoffmanns Angabe war es sein Ziel, in den bestehenden Stadtteilen für Straßenzüge und Platzanlagen „Verbesserungsvorschläge zu machen, weitere Stadtteile zu projektieren, die Verkehrslinien in ihren Hauptzügen anzugeben, für die größeren öffentlichen Bauten geeignete Plätze zu bezeichnen, auch eine Villenanlage [...] zu entwerfen". (Schmidt 1979, 34) Wenige Jahre später erarbeitete der britische Landschaftsarchitekt Thomas Mawson gleichfalls einen Plan für Athen; von beiden ist kaum etwas verwirklicht worden.
Ein Großbrand im Jahre 1917 führte zu weitgehenden Zerstörungen in Thessaloniki; der Wiederaufbau wurde maßgeblich durch den französischen Stadtplaner Ernest Hébrard bestimmt und stellt ein typisches Beispiel der französischen Städtebauauffassung mit großen Sternplatzanlagen dar (Kriesis 1935, 204).
Einen Einschnitt in der Entwicklung der griechischen Siedlungsstruktur bedeutete der griechisch-türkische Krieg von 1922, an dessen Ende die Griechen im Zuge eines vereinbarten „Bevölkerungsaustauschs" über 1,2 Millionen neue Einwohner aufnehmen mußten, während nur etwa ein Drittel dieser Zahl aus Grie-

chenland in die Türkei wanderte. Zur Ansiedlung der Vertriebenen wurde 1923 eine „Autonome Kommission" gegründet, deren Mittel zu vier Fünfteln für landwirtschaftliche Siedlungen verwandt wurden; aber auch die Städte erfuhren einen erheblichen Einwohnerzuwachs.

Ebenfalls 1923 wurde ein Stadtplanungsgesetz erlassen, das es Gemeinden, Ministerien, Baugenossenschaften und Privaten erlaubte, Pläne für eine Bebauung aufzustellen, bekanntzumachen, offenzulegen, Einwendungen zuzulassen und diese zu erörtern. Vom Ministerium ausgehende Pläne bedurften nur einer Erörterung mit der Gemeinde, nicht ihres Einverständnisses; andere Pläne hatte die Gemeinde zu beschließen und über die Provinz dem Ministerium vorzulegen. In der Praxis bedeutete dies eine weitgehende Zentralisierung, da die Gemeinden meist personell nicht hinreichend ausgestattet waren. „Das Funktionieren des durch das Gesetz von 1923 etablierten Planungsmechanismus muß man allerdings gegen den Hintergrund von Korruption, Ämterpatronage und Ineffizienz der Regierungsbürokratie sehen. Es gab unzählige Wege, Planungsgesetzen und Regeln zuwiderzuhandeln oder sie zu umgehen." (Wynn 1984, 18)

1929 wurde durch Gesetz eine neue allgemeine Bauordnung eingeführt, die allerdings immer noch Baugrundstücksgrößen von nur 30 qm zuließ. So stellte Kriesis (1935, 208) kritisch fest: „Maßgebend für das Wachstum der Städte ist nicht eine übergeordnete umfassende Planungsidee, sondern ausschlaggebend sind lediglich Geschäftsinteressen der Gelände- und Grundstücksbesitzer."

Das erhebliche Stadtwachstum nach dem Ende des Zweiten Weltkrieges führte zu weiteren gesetzlichen Regelungen; für eine Reihe von Städten wurden Bauleitpläne etwa im Sinne des derzeitigen britischen „Master Plan" aufgestellt, die jedoch kaum in die Wirklichkeit umgesetzt wurden. In der Nachkriegszeit entstand auch eine große Zahl „wilder" Siedlungen im Umkreis der Städte, die meist durch Bebauungspläne nachträglich legalisiert wurden. Auch innerhalb der Städte änderte sich offenbar wenig an der von Kriesis beklagten Situation; unter dem Druck von Grundstückseigentümern und Bauunternehmern wurden ständig Stockwerkszahlen und Ausnutzungsmaße erhöht – gestützt auf das finanzielle Instrument der „Gegengabe" (Antiparochi), das den Eigentümern Anteile an der von den Unternehmern bezahlten intensiveren Grundstücksnutzung sicherte. Damit beschleunigte sich der Verstädterungsprozeß weiter (Aravantinos 1993).

Eine wichtige Rolle als Planer – auch über Griechenlands Grenzen hinaus – spielte in den fünfziger und sechziger Jahren Konstantinos Doxiadis, der in Deutschland studiert hatte. Planungen für den Athener Raum wie auch für die neue Stadt Aspraspitia am Golf von Korinth gehen auf ihn zurück; die von ihm herausgegebene englischsprachige Zeitschrift „Ekistics" fand internationale Verbreitung.

Die Verfassung von 1975 – nach dem Ende der Obristenherrschaft (1967–74) – machte die Stadtplanung zur staatlichen Aufgabe und verpflichtete die Eigentümer zur Landabgabe für öffentliche Zwecke. 1979 folgte ein Stadtentwicklungsgesetz, das nach dem Vorbild der französischen „Zone d'aménagement concerté" in neu zu erschließenden Gebieten eine Landabgabe von etwa 30% und einen Infrastrukturbeitrag von etwa 10% des neuen Bodenwertes vorsah. Die Opposition der Grundeigentümer und die Inangriffnahme von zu vielen Bereichen zu gleicher Zeit führte – mit dem Blick auf 1981 bevorstehende Wahlen – zur Zurücknahme der bodenrechtlichen Vorschriften (Wynn 1984, 28).

Ein Gesetz zur umfassenden Regelung der Stadtplanung wurde 1983 erlassen; es statuierte zwei Plantypen – den Allgemeinen Stadtplan (vom Ministerium zu genehmigen) und die Durchführungspläne (vom Präsidenten des „Nomos" zu genehmigen und als Verordnung zu veröffentlichen). Das Gesetz regelte Bürgerbeteiligung und Einspruchsrechte von Betroffenen ebenso wie die Pflicht planungsbegünstigter Grundeigentümer zu Geld- und Landabgaben für öffentliche Zwecke; es traf auch Regelungen für die Neuordnung wilder Siedlungen und die Kontrolle ungenehmigter Bauten.

1985 wurden weitere Gesetze erlassen für die Planung in den Stadtregionen von Athen und Thessaloniki – für sie wurde jeweils ein Großraumverband als Planungsbehörde geschaffen – wie auch für die Entwicklung ländlicher Gemeinden. Planungsträger können weiterhin die Zentralregierung und die – nach wie vor hierfür häufig nicht genügend ausgestatteten – Gemeinden sein. Ein Gesetzentwurf des Jahres 1995 sieht Ergänzungen des Planungsgesetzes von 1983 vor, unter anderem durch Regelungen für die Stadterneuerung.

Großbritannien

Entwicklungen im 19. Jahrhundert

Als Geburtsland der industriellen Entwicklung wurde England am frühesten vom Stadtwachstum und von den damit zusammenhängenden Problemen betroffen. Unzureichende, überbelegte Wohnungen und schwerwiegende hygienische Mängel kennzeichneten die Situation in den Industriestädten, die wiederholt zu Choleraepidemien führte. Untersuchungen und Kommissionsberichte über die Wohn- und Gesundheitsverhältnisse schlugen sich 1848 im „Public

Health Act" nieder, mit dem eine zentrale Gesundheitsbehörde eingerichtet und Einfluß auf die Qualität neuerbauter Wohnungen genommen wurde; so gilt dieses Gesetz als frühester Beitrag zur britischen Stadtplanung. Allerdings war mit diesen Regelungen dem schlechten Baubestand noch nicht beizukommen; zur Abhilfe wurden deshalb zwischen 1866 und 1871 zunächst für einzelne Städte – Glasgow, Edinburgh, Liverpool und Dundee – Sanierungsgesetze erlassen, in deren Folge 1875 ein allgemeines Sanierungsgesetz – „Artizans' and Labourers' Dwellings Improvement Act" – geschaffen wurde. Der „Housing of the Working Class Act" von 1885 und mehrere Novellierungen des Public Health Act machen deutlich, daß Wohnungsprobleme weiterhin im Mittelpunkte der britischen Bemühungen um eine Verbesserung der städtischen Umwelt standen.

So waren es auch Arbeiterwohnanlagen, die im Ausland besondere Aufmerksamkeit fanden und auch heute als Marksteine städtebaulicher Entwicklung gelten – vom frühen Vorläufer New Lanark, der Werksiedlung Robert Owens, über Titus Salts Saltaire, Cadburys Bournville und Levers Port Sunlight: alles Ergebnisse eines – wenn auch vielleicht nicht ganz selbstlosen – Mäzenatentums von Fabrikbesitzern, also nicht etwa behördlicher Einwirkung. Auch die Stadterweiterung, die Neuerschließung von Baugebieten ergab sich aus privater Initiative, ohne daß die Gemeinden nennenswerte Möglichkeiten zu steuernder Einflußnahme besessen hätten.

Allerdings mußten sich alle Neubauten den Vorschriften der örtlichen Bauordnungen, der „Bye Laws", fügen, in denen sich die stadthygienischen Ansprüche niedergeschlagen hatten; sie fixierten Minimalanforderungen für Straßenbreiten und Hofflächen, deren schematische Befolgung vielfach zu ungemein eintönigen Stadtstrukturen führte. Die monotone Reihung gleichartiger zweigeschossiger Häuser an geraden Straßen kennzeichnete die meisten Wohngebiete der „viktorianischen" Ära.

So waren es einerseits der Überdruß an diesem Schematismus und der Wunsch nach mehr gestalterischer Freiheit, andererseits die weitgehende Abhängigkeit der Städte von den Entscheidungen privater Grundbesitzer, die den Boden für neue Entwicklungen bereiteten. Verschiedentlich wurde – vor allem von Horsfall mit seinem Buch „The Improvement of the Dwellings and Surroundings of the People: the Example of Germany" (1904) – auf die größere Aktivität und die weitergehenden Befugnisse der deutschen Städte auf diesem Gebiet verwiesen; Horsfall referierte 1906 bei einer Versammlung der „Municipal and County Engineers" über „Planning and Control of Town Extensions in Germany" und berichtete in anderem Zusammenhang über das schwedische Städtebaugesetz von 1874 (Cherry 1974, 46; vgl. S. 143f).

Das Jahrzehnt vor dem Ersten Weltkrieg

Diese und ähnliche Bestrebungen führten zum Erlaß des ersten Stadtplanungsgesetzes, des „Housing, Town Planning etc. Act" von 1909. Er vereinigte in sich den Niederschlag viktorianischen Reformstrebens und den ersten Ansatz zur Steuerung der Stadtentwicklung durch die Gemeinden. Für sie nämlich enthielt das Gesetz die Ermächtigung – noch nicht die Verpflichtung –, Erweiterungspläne für bestimmte Entwicklungsgebiete aufzustellen. Ihre Aufstellung bedurfte der Genehmigung des „Local Government Board" in der Zentralregierung; die Pläne selbst mußten in der London Gazette publiziert und in beiden Häusern des Parlaments 40 Tage lang offengelegt werden, um Rechtskraft zu erlangen. Der erste derartige Plan – von Birmingham – erreichte dieses Ziel im Mai 1913, dreieinhalb Jahre nach Erlaß des Gesetzes; 1919 war die Aufstellung von 172 Plänen genehmigt, aber erst 13 waren eingereicht.

Dieser Schritt der Rechtsetzung vollzog sich allerdings auch unter dem Einfluß neuer Gedanken, die sich um die Jahrhundertwende durchzusetzen begannen. In erster Linie ist hier natürlich das Gartenstadtkonzept Ebenezer Howards anzuführen, das 1898 erstmalig, 1902 dann in einer zweiten Auflage unter dem neuen, weltweit bekannt gewordenen Titel „Garden Cities of To-Morrow" erschien (vgl. S. 142f). Der Gedanke, die Vorzüge von Stadt und Land in einer eigenständigen Siedlungsform zu vereinen, war zwar auch früher schon vorgetragen worden, aber hier hatte er nun einen praktikablen, mit Wirtschaftlichkeitsberechnungen untermauerten Rahmen gefunden. Er sprach eine breite Öffentlichkeit an, und die 1902 gegründete Garden City Company konnte bereits zwei Jahre später mit der Gründung von Letchworth seine Verwirklichung einleiten. Zu diesem Zeitpunkt waren Howards Gedanken auch in anderen Ländern bekannt geworden und hatten verschiedentlich – so in Deutschland, Frankreich und Spanien – zur Gründung von Vereinigungen geführt, die sich ihre Propagierung zum Ziel gesetzt hatten. Die englische Garden City Association fügte ihrem Namen 1908 den Begriff „Town Planning" bei, der ab etwa 1905 in Gebrauch gekommen war.

Einen wichtigen Beitrag zur Bewußtmachung der Wohnungsprobleme und zur Förderung planmäßigen Vorgehens leistete auch der um die Jahrhundertwende gegründete „National Housing Reform Council", der sich 1909 in „National Housing and Town Planning Council" umbenannte – offenkundig als Reaktion auf die gesetzliche Verankerung des neuen Begriffs. Auch das „Royal Institute of British Architects" (RIBA) schaltete sich 1904 in die Diskussion ein; zu seinen Beiträgen gehörte die Forderung, Architekten zur künstlerischen Gestaltung von Stadterweiterungen heranzuziehen.

In diesem Zusammenhang trat Raymond Unwin, der zusammen mit Barry Parker die neue Stadt Letchworth geplant hatte, zunehmend stärker hervor, 1909 veröffentlichte er sein Standardwerk „Town Planning in Practice", und 1910 war er maßgeblich beteiligt an der Organisation der großen Londoner Städtebauausstellung im Zusammenhang mit dem städtebaulichen Kongreß des „Royal Institute of British Architects" (vgl. S. 156). Unwin wurde zur unbestrittenen Autorität in Planungsfragen; „to speak of planning was to speak of Unwin" war 1934 der Kernsatz einer zu seinen Ehren gehaltenen Rede (Miller 1992, 1; vgl. S. 180). Seine Schrift „Nothing Gained by Overcrowding" (1912) gab den Anstoß zu einem weitgehend praktizierten Konsens über die angemessene Wohndichte in Neubaugebieten: 12 Häuser je acre, also etwa 30 je Hektar (örtliche Erschließungsstraßen eingerechnet).

Der oben erwähnte städtebauliche Kongreß von 1910 war ein bedeutendes Ereignis von großer Öffentlichkeitswirkung; „it represented a major triumph for the architectural view of planning" (Cherry 1972, 45). Unter der Schirmherrschaft des Königs kamen 1.300 Teilnehmer zusammen; 43 Referate – auch von auswärtigen Rednern – wurden gehalten, und der Kongreßbericht füllte über 800 Seiten.

Auf der mit dem Kongreß verbunden Ausstellung spielte auch Patrick Geddes eine wichtige Rolle (vgl. S. 156); Biologe und Soziologe, ist er vielleicht das eindrucksvollste Beispiel eines handlungsorientierten Stadtforschers. Mit Howard und Unwin gehört er zu den Schlüsselfiguren, die den britischen Beitrag zur Stadtplanung in Europa und darüber hinaus bestimmt haben.

Im Jahre 1909 war – durch eine Stiftung des Industriellen William H. Lever, der die vorbildliche Arbeitersiedlung Port Sunlight ins Leben gerufen hatte – der erste Städtebaulehrstuhl des Landes an der Universität Liverpool geschaffen worden; ab 1910 wurde von hier die renommierte Fachzeitschrift „Town Planning Review" herausgegeben.

Im folgenden Jahre betonte ein Ausschuß des RIBA in einem Bericht die Bedeutung weiterer Disziplinen für die Vorbereitung eines städtebaulichen Entwurfs – Bau- und Vermessungsingenieure, Ökonomen, Soziologen und Denkmalpfleger – und die Notwendigkeit, diese Aspekte in die Ausbildung der Stadtplaner einzubeziehen. Das damit angesprochene Zusammenwirken fand seinen institutionellen Niederschlag in der Gründung des Town Planning Institute 1914 (seit 1971 mit dem prestigefördernden Zusatz „Royal"). Es vereint städtebauliche Fachleute verschiedener Ausbildungsrichtungen und sichert ihnen zugleich die Wirkungsmöglichkeit im Bereich der Stadtplanung; die Mitgliedschaft im Town Planning Institute war bald selbstverständlicher Anspruch an Bewerber um leitende Planungspositionen. Das Institut nimmt nach wie vor eine stärkere Position ein als irgend eine berufsständische Vereinigung in einem anderen Land, was das politische Gewicht und den Einfluß auf die Berufsausbildung betrifft.

Die Zeit zwischen den Kriegen

Einer der Mitstreiter Howards war Frederic Osborn, der 1917 den Gartenstadtgedanken mit einer Schrift „New Towns after the War" propagierte. Indessen kam es nach dem Ersten Weltkrieg zwar unter der Parole „Homes for Heroes" zu einem umfangreichen staatlich geförderten Wohnungsbau, aber er vollzog sich – mit Ausnahme der 1919 gegründeten zweiten Gartenstadt Welwyn – im wesentlichen als Anlagerung von Baugebieten geringer Dichte an die bestehenden Städte. Diese Bauweise macht es auch verständlich, daß der städtebauliche Impuls der Moderne hier weniger Ansatzpunkte fand als auf dem Kontinent mit seinen dichter gebauten Städten und dem entsprechend höheren Auflockerungsbedarf. So fanden die „Internationalen kongresse für neues bauen" erst nach 1930 in der MARS-Gruppe – die Abkürzung stand für „Modern Architectural Research" – einen britischen Partner, der außer mit einigen spektakulären Gebäuden auch mit seinem 1938 erarbeiteten Plan für London hervortrat und mit ihm einen interessanten Beitrag zur Diskussion um die sinnvolle Nutzungsstruktur der Großstadt leistete (vgl. S. 288). Dieser „MARS-Plan" entspricht übrigens weitgehend einem Strukturmodell, das der Berliner Verkehrsplaner Peter Friedrich etwa ein Jahrzehnt zuvor entwickelt hatte. Der Gedanke liegt nahe, daß der damals ebenfalls in Berlin tätige und später emigrierte Arthur Korn, dem eine maßgebliche Mitwirkung an dem Plan zugeschrieben wird, durch dieses Konzept zu seiner Übertragung auf den Londoner Raum angeregt wurde.

Eine 1919 verabschiedete Neufassung des Planungsgesetzes machte die Aufstellung von Erweiterungsplänen unabhängig von einer vorherigen Genehmigung der Regierung und forderte sie zwingend von allen Städten und Bezirken mit mehr als 20.000 Einwohnern. Zwei weitere Gesetze, der „Town Planning Act" von 1925 – erstmalig nicht mit einem Wohnungsgesetz verknüpft – und der „Town and Country Planning Act" von 1932 brachten Ergänzungen und Verbesserungen. Eine wichtige Rolle spielte schon früh eine überörtliche Zusammenarbeit im Sinne einer regionalen Abstimmung; auf dem internationalen Städtebaukongreß in Amsterdam 1924 gehörte sie zum zentralen Themenbereich. Eine wesentliche Neuorientierung der städtebaulichen Planung setzte indessen 1937 ein – mit der Berufung einer „Royal Commission" unter dem Vorsitz von Sir Montague Barlow, die den Auftrag hatte, die Verteilung der „industrial population" in Großbritannien zu analysieren, auf etwaige Nachteile hin zu untersuchen und gegebenenfalls Abhilfemaßnahmen vorzuschlagen. Hinter dieser Formulierung wird eine Bereitschaft zur staatlichen Einflußnahme auf die räumliche Entwicklung sichtbar, die in England ohne Beispiel war; gewiß hat auch die sich abzeichnende Kriegsgefahr zu ihr beigetragen, aber wichtiger waren wohl die Erfahrungen der Weltwirtschaftskrise mit ihren regional sehr unterschiedlichen Auswirkungen.

Der Bericht, im Februar 1940 veröffentlicht, empfahl eine Steuerung der Industriestandorte durch den Staat und regte die vertiefte Bearbeitung weiterer Fragen an, vor allem der Entwicklung des ländlichen Raumes und der Klärung, wie künftig die Entschädigung von planungsbedingten Bodenwertminderungen und die Abschöpfung entsprechender Wertsteigerungen – „compensation and betterment" – zu handhaben seien. Die Ergebnisse dieser Erörterungen fanden im „Scott Report" und im „Uthwatt Report" ihren Niederschlag; zu ihnen kamen nach Kriegsende noch Berichte über die Organisation neu zu gründender Städte und über die Entwicklung von Nationalparks.

Die erste Nachkriegszeit: „The heroic age of planning"

Hinter alledem stand ein ausgeprägter politischer Wille, nach den gemeinsam bestandenen Anfechtungen der Kriegszeit nun „in der Morgenröte des Sieges" ein besseres England zu bauen und die Erblast des 19. Jahrhunderts endgültig abzuschütteln. Die drei großen Pläne für den Londoner Raum von Abercrombie und Forshaw mit ihrem umfassenden Neugliederungskonzept sind ebenso als Beitrag dazu zu verstehen wie der sich radikal von historischen Strukturen ablösende Neuaufbau der zerstörten Stadtzentren von Coventry und Plymouth, und nicht minder die Neugestaltung zerstörter Wohngebiete in London, wie Lansbury im Londoner Osten als Vorzeigeobjekt für das Festival of Britain 1951 oder „Churchill Gardens" in Pimlico – dieses ganz im differenzierten Zeilenbau der Moderne.

Das spektakulärste Geschehen der Nachkriegszeit war aber der Ausbau der neuen Städte entsprechend dem New Towns Act von 1946: eine späte, aber unverkennbare Frucht des Gartenstadtmodells. Im Greater London Plan von Patrick Abercrombie war 1943 bereits eine Reihe von Standorten im Londoner Umland hierfür vorgeschlagen worden, die allerdings von der späteren Planung nur zum Teil aufgenommen wurden. Getragen von mit weitgehenden Kompetenzen ausgestatteten „New Towns Corporations", setzte die Verwirklichung gegen Ende der vierziger Jahre ein und erfuhr ihren ersten Höhepunkt im folgenden Jahrzehnt.

1947 zog ein neuer „Town and Country Planning Act" die Konsequenzen aus den vielen Überlegungen der Kriegs- und unmittelbaren Nachkriegszeit. Das Gesetz regelte in umfassender Weise Verfahren und Inhalte der Stadt- und Ortsplanung, wobei die Zuständigkeit von den Städten und Bezirken auf die Grafschaften und die „grafschaftsfreien Städte" (county boroughs) konzentriert wurde; aus etwa 1.400 Planungsbehörden wurden 144.

Eine fundamentale Neuerung stellte die Regelung von planungsbedingten Entschädigungen und Wertsteigerungen (compensation and betterment) dar, die noch über die Empfehlungen des „Uthwatt Report" hinausging; während dort nur eine partielle Abschöpfung der planungsbedingten Bodenwertsteigerung ins Auge gefaßt war – ein späterer Regierungsentwurf noch aus der Kriegszeit sah 80% vor –, entschied sich die Labour-Regierung für eine vollständige Abschöpfung der über den „existing use value" hinausgehenden Wertsteigerung. Der Grundgedanke, alle baulichen Erschließungsrechte auf den Staat zu übertragen und damit die „Erwartungswerte", von denen Grundeigentümer ohne eigene Leistung profitierten, zugunsten der öffentlichen Hand abzuschöpfen, besitzt ein hohes Maß innerer Logik; indessen brachte diese Regelung den Bodenmarkt weitgehend zum Erliegen, zumal die Eigentümer damit rechnen konnten, daß sie beim nächsten Regierungswechsel von den Konservativen würde aufgehoben werden – wie es dann auch geschah. Noch zweimal entwickelten Labour-Regierungen neue Ansätze in ähnlichem Sinne, die jeweils von der folgenden konservativen Regierung wieder aufgehoben wurden – ein Beleg dafür, daß Veränderungen des Bodenrechtes auf einen breiten politischen Konsens angewiesen sind, wenn sie auf Dauer Bestand haben sollen (vgl. S. 257ff).

Zwar wollte die 1951 an die Macht gelangte konservative Regierung zunächst keine weiteren neuen Städte gründen, doch löste der Bevölkerungsanstieg der fünfziger Jahre neuen Druck aus, so daß in den sechziger Jahren eine weitere Generation von 24 neuen Städten aus der Taufe gehoben wurde – darunter drei mit Zielzahlen zwischen 250.000 und 400.000 Einwohnern, die indessen später unter veränderten demographischen Bedingungen reduziert werden mußten. Allerdings ist dabei zu berücksichtigen, daß in manchen Fällen bereits annähernd die Hälfte der vorgesehenen Zielbevölkerung mehr oder minder verstreut im Planungsbereich wohnte.

Die Strukturkonzepte dieser späteren Welle der Neuen Städte unterschieden sich deutlich von dem Grundmuster der älteren, die weitläufig angelegt und im Sinne einer klaren Zentrenhierarchie gegliedert waren, während nun bei einigen – wie Cumbernauld und Runcorn – eine kompaktere Struktur erstrebt wurde. Demgegenüber weist Milton Keynes – das einzige der drei Großprojekte,

das seiner Zielbevölkerung nahekam – einen weitmaschigen Straßenraster mit relativ lockerer Bebauung auf (vgl. S. 288).
Vielleicht lag es an der Konzentration des Interesses auf die „New Towns", daß sich inzwischen in den anderen Städten die „inner cities" – damit sind nicht die Stadtkerne, sondern die sie umgebenden älteren Wohn- und Mischgebiete gemeint – zu besonderen Problembereichen auch unter sozialen Gesichtspunkten entwickelten; dies führte zu einem Schwerpunktwechsel der Planung, der nun einen erheblichen Teil staatlicher Förderung auf die Erneuerung und Verbesserung dieser Gebiete lenkte.
Offenbar vollzog sich in den sechziger Jahren ein ähnlicher Umbruch in der Einschätzung der Stadtplanung wie in Deutschland: Der breite Konsens über Aufgaben und Prioritäten der Planung, der die unmittelbaren Nachkriegsjahre geprägt hatte, begann zu zerbröckeln – eine Entwicklung, die nach Esher (1981, 73ff) zunächst ausgelöst wurde durch den Überdruß an den modernen Formen, denen gegenüber das Schwinden des Alten nicht als Fortschritt, sondern zunehmend als Verlust empfunden wurde. Anderes kam hinzu – die Skepsis gegenüber der Wachstumsideologie, die Zurücknahme der Bevölkerungsprognosen, aber auch die Zweifel an der Definierbarkeit jenes öffentlichen Wohls, als dessen Anwälte die Planer sich traditionell verstanden; auch die Förderung der „public participation", der Bürgerbeteiligung an der Planung, konnte dem kaum abhelfen.
Die gestalterische Trockenheit der fünfziger Jahre wurde zur Zielscheibe der Kritik vor allem des „Townscape Movement"; Wohnhochhäuser gerieten bald – insbesondere nach einem Einsturz im Jahre 1968 – unter technischen und sozialen Gesichtspunkten in Verruf – kurz: der Nimbus der unmittelbaren Nachkriegszeit, der Planung als Königsweg zur besseren Gesellschaft hatte erscheinen lassen, ging mehr und mehr verloren.

Im letzten Drittel des zwanzigsten Jahrhunderts

Trotz dieses Klimaeinbruchs ging die Alltagsarbeit der Planung weiter ihren Gang, allerdings beeinflußt von einer Reihe organisatorischer Änderungen. So sah man Mängel und Schwächen im System der Gebietskörperschaften und ihrer Zuständigkeiten, die nach Erörterung verschiedener Alternativen um 1970 – annähernd gleichzeitig mit der Gebietsneugliederung in der Bundesrepublik Deutschland – zu einer Gebiets- und Verwaltungsreform führten; auch das System städtebaulicher Pläne wurde verändert. Bei der – nunmehr vergrößerten – Grafschaft verblieb die Zuständigkeit für die „strategischen" Strukturpläne auf regionaler Ebene (deren Kernstück übrigens ein „written statement", nicht der kartierte „Plan" ist), während der „District" für die konkreteren „local plans" – unter ihnen der unmittelbar maßnahmenbezogene „action area plan" – zuständig wurde.

An dieser Stelle ist anzumerken, daß das britische Planungssystem im Gegensatz zu den meisten kontinentalen ein hohes Maß an zentraler Kontrolle aufweist; manche meinen, es sei nach der Dezentralisierung der Planung in Frankreich anfangs der achtziger Jahre das höchste Maß in der Europäischen Union. Dem Ministerium kommt das Recht zu, über Einsprüche gegen örtliche Pläne zu entscheiden oder diese zur Kontrolle einzufordern; durch ministerielle Weisungen („Planning Policy Guidance"), die jeweils auf bestimmte Themengebiete bezogen sind und von Zeit zu Zeit aktualisiert werden, steuert es die örtliche Planung auch inhaltlich.

Ein weiterer Unterschied gegenüber den meisten kontinentalen Planungssystemen liegt darin, daß die Pläne keine Rechtsverbindlichkeit, sondern nur eine Lenkungsfunktion besitzen, also auch nicht gerichtlich angefochten werden können. Lange Zeit galt die Vorschrift, daß bei Planungsentscheidungen der vorliegende Plan nur – neben anderen Erwägungen – „in Betracht zu ziehen" sei; erst 1991 wurde das Gesetz dahingehend geändert, daß im Regelfall dem Plan entsprechend zu entscheiden sei und eine Abweichung besonderer Begründung bedürfe (vgl. S. 251).

Zuvor allerdings hatte sich eine Wendung in der britischen Planungspolitik vollzogen, die das bis dahin im Lande selbst als vorbildlich angesehene Planungssystem erschütterte. Unter der Thatcher-Regierung wurde das Schlagwort „lifting the burden" geprägt; als „Last" galt der bestehende Planungsapparat, der die – unter ökonomischen Gesichtspunkten erwünschten – zügigen Entscheidungen verhindere.

So wurde Deregulierung zur Parole, und die Erwartung, daß „private enterprise" alles besser machen werde als der Behördenapparat, löste erhebliche Veränderungen im Verfahren der Planung aus. Sowohl die „Enterprise Zones", in denen sich Unternehmen unter Befreiung von den „rates" (einer Haussteuer, etwa analog zur deutschen Grundsteuer) und unter Außerachtlassung planerischer Vorschriften niederlassen konnten, als auch die vom Staat geschaffenen, aber privatrechtlich konstruierten „Development Corporations" – am bekanntesten die „London Docklands Development Corporation" – schufen Bereiche, die für die örtlichen Planungsbehörden gleichsam exterritorial waren und damit – nicht zufällig – auch den Verzögerungsfaktor Bürgerbeteiligung ausklammerten.

Indessen scheint es keineswegs so, daß damit ein Schlüssel zum wirtschaftlichen Erfolg gefunden worden wäre; die finanziellen Probleme des megalomanen „Canary Wharf"-Projektes in den Londoner Docklands haben Schlagzeilen gemacht. Inzwischen allerdings ist die Deregulierungswelle offenbar wieder abgeebbt; während in den achtziger Jahren britische Fachzeitschriften es mit Genugtuung registrierten, wenn ein Minister öffentlich sagte, das Planungssystem sei doch zu etwas nütze und müsse im Grundsatz beibehalten und fortentwickelt werden, hat die Stadtplanung heute anscheinend die meisten Anfechtungen überstanden. So wird man wohl mit einem gewissen Maß an Kontinuität der über viele Jahrzehnte gewachsenen britischen „Planungskultur" rechnen können.

Italien

Das neunzehnte Jahrhundert

In Italien wirkte sich der Impuls der Industrialisierung erst nach der politischen Vereinigung (1861) in nennenswertem Umfang aus, und zwar vor allem im Norden. Anders als England und Frankreich – und insofern mit Deutschland vergleichbar – war Italien aus einer großen Zahl bis dahin selbständiger Herrschaftsbereiche zusammengewachsen, so daß es nicht den Sog einer großen Hauptstadt gab, aber auch nicht jenes schnelle Stadtwachstum, das für Deutschland kennzeichnend war.

Als erstes bedeutendes Ereignis in der Geschichte der italienischen Stadtplanung nach der Vereinigung gilt der Erlaß des Enteignungsgesetzes von 1865 (legge sulle espropriazioni per causa d'utilità pubblica), das in Städten mit mehr als 10.000 Einwohnern die Enteignung für öffentliche Aufgaben ermöglichte, und zwar im Sinne einer „Zonenenteignung" (vgl. S. 245). „Zweck des Gesetzes ist die Förderung der öffentlichen Gesundheit, die Erleichterung des Verkehrs und die Verschönerung der Städte durch Straßenanlagen und Regulierungen in den inneren Stadtteilen." (Heiligenthal 1929, 74) Das Gesetz diente sehr bald dem Umbau der Innenstadt von Florenz, der durch die Funktion der Stadt als Hauptstadt des geeinten Italien (als Nachfolgerin von Turin und bis zu deren Übergang auf das 1870 gewonnene Rom) ausgelöst war und ab 1865 nach einem von Giovanni Poggi aufgestellten Plan vollzogen wurde. Wichtige Anwendungsbeispiele sind auch die Sanierung des Quartiere di Rinascimento in Rom ab 1873 und die Schaffung von Diagonalstraßen im Rastersystem Turins.

Mit dem Enteignungsgesetz wurden zwei Typen städtebaulicher Pläne geschaffen: der „piano regolatore edilizio" – für Veränderungen im bebauten Stadtgebiet

– und der „piano di ampliamento" für Stadterweiterungen; allerdings enthielt das Gesetz nur für den ersten Plantyp Durchsetzungsinstrumente. In beiden Fällen handelte es sich um reine Baulinienpläne – wie sie auch 1874 in Schweden und 1875 in Preußen statuiert wurden – ohne eine Nutzungsdifferenzierung; sie zielten ausschließlich auf die Sicherung öffentlicher Flächen. Sie waren auch nicht als Werkzeuge einer städtischen Gesamtplanung gedacht, sondern wurden lediglich für jeweils aktuelle Einzelaufgaben angewandt (Calabi 1984, 42).

Sanierungspläne für Italiens volkreichste Stadt Neapel – mit Einwohnerdichten von bis zu 2.600 je Hektar bei einem Durchschnitt von 1.000 (Sica 1977, 554) – wurden beschleunigt durch die verheerende Cholera-Epidemie von 1884; so wurde im folgenden Jahr ein Sondergesetz erlassen, das die Enteignungsverfahren zu vereinfachen und staatliche Gelder in Anspruch zu nehmen erlaubte. Für das 1871 zur Hauptstadt gewordene Rom wurde – nach einem Vorläufer von 1873 – ein erster umfassender Plan für die Stadtentwicklung von dem Stadtingenieur Alessandro Viviani aufgestellt und 1883 amtlich genehmigt; er war für die Dauer von 25 Jahren konzipiert und wurde in der Tat 1909 durch einen neuen Plan abgelöst, der jedoch – vor allem infolge des Kriegsausbruchs 1915 – nicht voll verwirklicht wurde (Testa 1935, 216).

In Mailand wurde 1884 der Stadtingenieur Cesare Beruto mit der Aufstellung eines Gesamtplanes beauftragt, der offenbar im gleichen Jahre vorgelegt, aber erst 1889 in geänderter Form genehmigt wurde; er behandelte „die Probleme des Stadtwachstums, die Ausdehnung industrieller Vorstädte, die Entwicklung moderner Infrastrukturnetze im historischen Zentrum und den äußeren Stadtteilen und die Umwandlung großer landwirtschaftlicher Flächen in Bauland" (Morandi 1992, 361). Berutos Entwurf wies große Baublöcke auf, zu deren Begründung er ausdrücklich auf den Berliner Bebauungsplan von Hobrecht Bezug nahm. In der Neufassung des Planes von 1885 wurde allerdings Berlin nur noch mit der Friedrichstraße als Vorbild für den neuen großen Straßenzug zum Mailänder Dom erwähnt – neben der Princes Street in Edinburgh, der Regents Street in London und der Maximilianstraße in München. Auch zur Erläuterung anderer Qualitäten wurden zahlreiche europäische Städte als Beispiele angeführt. Morandi sieht in einigen Planänderungen gegenüber der ersten Fassung eine Reaktion auf die Kritik, die der Berliner Plan inzwischen erfahren hatte (1992, 381).

In dieser Zeit begannen die in Deutschland vor allem von Baumeister und Stübben erarbeiteten systematischen Planungsansätze einen erheblichen Einfluß auf städtebauliche Überlegungen in Italien auszuüben, zumal sich noch keine italienische Fachliteratur herausgebildet hatte. Die Stadtplanung bekam damit einen grundlegend technischen Charakter, überwiegend ausgerichtet auf den

Zuschnitt der Bauflächen, die Straßensysteme, den Verkehrsfluß und die Gebäudetypologie (Calabi 1984, 40). Ein deutlicher Beleg für diesen Einfluß ist die kleine Schrift von Aristide Caccia: „Costruzioni, trasformazione e ampliamento della città" mit dem Untertitel „Compilato sulla traccia ‚Der Städtebau' di J. Stübben".

Zwischen Jahrhundertwende und Erstem Weltkrieg

Das eingangs erwähnte langsamere Stadtwachstum läßt es verständlich erscheinen, daß in Italien erst um die Jahrhundertwende das Problem der Wohnungsversorgung für Arbeiter als so dringlich empfunden wurde, daß staatliches Eingreifen notwendig erschien. So wurden um 1900 „Istituti per le case popolari" (Institute für Volkswohnungen) geschaffen; zwischen 1903 und 1908 wurden mehrere Gesetze zur Verbesserung des Wohnungswesens erlassen. Ihr Initiator war der Finanzminister Luigi Luzzatti, „padre della cooperazione Italiana" (Calabi 1995, 15), der die Sparkassen und die Genossenschaften zu Eckpfeilern des Arbeiterwohnungsbaues in Italien machte.

Einen Beitrag besonderer Art zur städtebaulichen Diskussion leisteten die Futuristen, insbesondere Antonio Sant'Elia mit seinen hochtechnisierten Stadtvisionen. Vielleicht noch kennzeichnender für diese Facette des Zeitgeistes als die Zeichnungen ist das futuristische Manifest selbst mit seiner Verherrlichung der Stadt als einer riesigen Baustelle und der Straße als eines lärmenden Abgrunds – zu einem Zeitpunkt, als in anderen Ländern die Gartenstadt eine Anziehungskraft ausübte, die gerade auf ihrer Qualität als „Großstadtfluchtmodell" beruhte. In gewissem Umfang fand dieses Konzept auch in Italien Interesse und Nachfolge, insbesondere im Zusammenhang mit dem Anliegen der Volkswohnungen; so wurde 1903 eine Zeitschrift „Le case popolari e la città giardino" gegründet, und 1908 kam es zur Gründung einer „Assoziazione italiana per la città giardino" (Zucconi 1995, 221). Allerdings ging es dabei nur um Gartenvorstädte; im Grunde war der Gartenstadtgedanke „der kulturellen Atmosphäre Italiens wesensfremd" (Sica 1978, 65).

In jenem ersten Jahrzehnt des neuen Jahrhunderts regte sich in Italien – wie in anderen Ländern – die Kritik an den radikalen Veränderungen zu Lasten der historischen Stadtqualitäten, die durch die industrielle Entwicklung ausgelöst worden waren. Insbesondere in Rom erhoben sich Stimmen zugunsten einer Erhaltung historischer Strukturen; Gustavo Giovannoni und Marcello Piacentini waren ihre beredtesten Vertreter. Buls, dessen Schrift 1903 als „Estetica della città" – mit einem zusätzlichen Abschnitt über Rom (Collins 1965, 32) – in

Italien erschienen war, wurde – ebenso wie Stübben – nach Rom eingeladen, um die Sache der Bewahrung historischer Qualitäten zu fördern; Stübben erhielt die Ehrenmitgliedschaft des römischen Architektenverbandes.

Die Zwischenkriegszeit

Der Faschismus führte zu zwiespältigen Ergebnissen; neben Elementen der Moderne – teils in Nachfolge des Futurismus – gab es das Pathos der Repräsentationsarchitektur; ideologisch wurde zwar die Abkehr von der Stadt verkündet – ähnlich den nationalsozialistischen Parolen –, aber wie in Deutschland gab es keine konsequente Politik in diesem Sinne. Allerdings bestand eine Regierungsorganisation „Opera Nazionale Combattenti", die der Umsiedlung von Städtern aufs Land zu dienen hatte und eine Reihe regionalpolitischer Maßnahmen einleitete. Die bekannteste und wohl auch quantitativ bedeutendste war die Besiedlung der Pontinischen Sümpfe; in diesem Zusammenhang wurden fünf neue Städte gegründet, von denen Sabaudia und Littoria wohl die meiste Publizität erfahren haben.

Allerdings gab es in den dreißiger Jahren doch Belege eines vermehrten Interesses an der Stadtplanung. So wurde im Jahre 1930 das „Istituto Nazionale dell'urbanistica", zwei Jahre später die Zeitschrift „Urbanistica" begründet – im gleichen Jahr übrigens wie der französische „Urbanisme"; 1933 wurde der erste akademische Städtebaukurs eingerichtet.

1932 wurde die „Commissione Leoni" eingesetzt, die 1933 eine zweistufige Planfolge vorschlug: den „piano regolatore generale" und aus ihm abgeleitet „piani particolareggiati di esecuzione", allerdings nur für Städte ab 50.000 Einwohnern. Zu einem Beschluß kam es nicht, weil der Faschismus in den dreißiger Jahren kein Interesse an einer Reform des Planungs- und Bodenrechtes hatte. Erst 1941 gelang es dem Minister für Öffentliche Arbeiten, Mussolini von der Notwendigkeit eines neuen Gesetzes zu überzeugen (Mamoli/Trebbi 1988, 33f). So wurde 1942 die „Legge urbanistica Nr. 1150" verabschiedet, „die erste organische Zusammenfassung des städtebaulichen Instrumentariums seit der Vereinigung" (Manoli/Trebbi 1988, 28). Das Gesetz, in das offensichtlich die Vorarbeiten der „Commissione Leoni" eingeflossen waren, statuierte nunmehr drei Typen von Plänen:
– Piano Regolatore Intercomunale (PRI),
– Piano Regolatore Generale (PRG),
– Piano Regolatore Particolareggiato (PRP).

Tintori berichtet, daß in den dreißiger Jahren die deutschen Gesetzgebungsansätze sorgfältig beobachtet worden seien (1989, 327); das Gesetz bezeichnet er als „durchgepaust aus der europäischen, insbesondere der deutschen Gesetzgebung" (1989, 357). In der Tat fällt es nicht schwer, in den beiden letztgenannten Plänen die Analogien zum „Flächenaufteilungsplan" (bzw. dem „Wirtschaftsplan" nach dem Wohnsiedlungsgesetz von 1933) und zum „Bebauungsplan" zu erkennen.

Die Nachkriegszeit

Das Gesetz von 1942, das auch nach dem Urteil der Planungshistoriker durchaus dem europäischen Standard der Zeit entsprach (Calabi 1984, 53; Tintori 1989, 347), wurde allerdings in der unmittelbaren Nachkriegszeit praktisch nicht angewandt; den Behörden erschien es offenbar zu komplex und den Investoren zu restriktiv, so daß durch Verordnungen Ausnahmeregelungen getroffen wurden, die in planerischer Hinsicht „einen Schritt zurück" darstellten (Mamoli/Trebbi 1988, 80).
Aber auch später gelang es nicht, das nunmehr rapide Wachstum der Städte mit dem gesetzlichen Instrumentarium zu steuern – offenbar vor allem deshalb, weil die meisten Gemeinden in den unausweichlichen Interessenkonflikten den Weg des geringsten Widerstandes gingen. Von kompetenten Fachleuten erarbeitete Pläne wie die für Rom, Padua, Siena, Assisi in den fünfziger Jahren wurden teils vor der Beschlußfassung verwässert, teils danach unbeachtet gelassen (Astengo 1966, 617). Statt dessen gewann die Spekulation die Oberhand: „Die fünfziger und sechziger Jahre zeigen deutlich den spekulativen Hintergrund der Erneuerungsmaßnahmen in den alten Stadtzentren und die ungezügelte Zersiedlung der Vororte – oft in starkem Widerspruch zu den geltenden Stadterweiterungsplänen." (Calabi 1984, 54)
Von Fachleuten wurde diese Situation spätestens seit dem nationalen Städtebaukongreß in Rom 1948 immer wieder kritisiert; Bemühungen um vorbildliche Lösungen wie die von Olivetti inspirierte in Ivrea blieben vereinzelt. Der Staat blieb inaktiv: ein Gesetz von 1952 „flickte nur einige Löcher des Gesetzes von 1942" (Mamoli/Trebbi 1988, 93). Ein 1960 vorgelegter Gesetzentwurf „Codice dell'Urbanistica" hätte den Rückstand gegenüber den anderen großen europäischen Ländern aufgeholt, wurde aber nicht beschlossen.
In gewissem Sinne ein Eigenleben führte neben den städtischen Planungen das staatliche Institut für sozialen Wohnungsbau, nunmehr als INA-Casa bezeichnet (INA steht für „Istituto Nazionale Assicurazioni"). In vielen Fällen beauftragte

es renommierte Architekten mit dem Entwurf großflächiger Wohnquartiere, die für den italienischen Wohnungs- und Städtebau kennzeichnend geworden sind. Manche von ihnen entsprachen in Umfang und Struktur jenem Konzept der „Neighborhood Unit", das in den ersten Nachkriegsjahren nach amerikanischem Vorbild zum festen Bestandteil des europäischen Planungsinstrumentariums geworden war. 1963 wurde das INA-Casa durch die neue Institution GESCAL („Gestione Case per Lavoratori") ersetzt, ohne daß damit seine Funktion wesentlich verändert worden wäre.

Angesichts der kaum gesteuerten, durch privates Gewinnstreben gekennzeichneten Entwicklung ist es nicht verwunderlich, daß die Abschöpfung der Planungsgewinne diskutiert wurde; ein darauf gerichtetes Gesetz führte 1962 einen Zonenplan ein und erlaubte eine Abschöpfung von 30 – 60%, wurde allerdings 1968 als teilweise verfassungswidrig erklärt.

Erst um die Mitte der sechziger Jahre waren die Nachteile dieser ungeordneten Entwicklung soweit ins öffentliche Bewußtsein gerückt, daß es zu einer neuen gesetzlichen Regelung kam – dem „Überbrückungsgesetz" („legge ponte") von 1967, das neue und anspruchsvollere Normen für die Bebauung setzte; diese sollten allerdings erst ein Jahr nach der Verkündung des Gesetzes in Kraft treten – eine Bestimmung, die einen Bauboom auslöste, weil viele noch von den alten Bestimmungen profitieren wollten. Immerhin wurden in der Folgezeit ministerielle Erlasse herausgegeben, die erheblich höhere Standards als bisher für öffentliche Flächen setzten.

1970 wurde eine Verwaltungsreform eingeleitet, die mit der Schaffung von Regionen eine Dezentralisierung staatlicher Entscheidungen zum Ziel hatte; in ihrem Gefolge entwickelten sich regionale Institutionen zu übergemeindlicher Zusammenarbeit. 1972 erhielten die Regionen durch das nationale Rahmengesetz (legge quadro) ein höheres Maß an politischer und fiskalischer Selbständigkeit, 1977 durch ein weiteres Gesetz sogar die Ermächtigung, regionale Planungsgesetze zu erlassen; mit ihnen konnten Planung, Stadterneuerung und Wohnungswesen in regionaler Differenzierung geregelt werden. Allerdings machten einige Regionen davon nur zögernd Gebrauch (Calabi 1984, 65).

Zu den neuen Entwicklungen der siebziger Jahre gehörte auch das Bemühen, räumliche Planung und Wirtschaftssteuerung – nach dem Muster der französischen „planification" – enger zu verknüpfen; ein Beleg dafür ist das 1971 aufgestellte „progetto 80", ein vom Finanzministerium aufgestellter „Raumordnungsplan" zur Lenkung und Koordinierung öffentlicher und privater Investitionen.

Gleichzeitig verschärften sich die öffentlichen Auseinandersetzungen über die Stadtentwicklung; zudem wurde ein höheres Maß an Bürgerbeteiligung gefordert.

Hier bestand offenbar ein Zusammenhang mit der Hinwendung zu einer erhaltenden Stadterneuerung („risanamento conservativo"); auf diesem Gebiet leistete die Stadt Bologna eine Pionierarbeit, die auch im Ausland Aufmerksamkeit und Anerkennung fand. Insbesondere das Bemühen um eine Typologie von mit der historischen Stadtstruktur verträglichen Gebäuden wurde vielerorts aufgegriffen. Mehr noch als in anderen europäischen Ländern scheint in Italien die historische Prägung der Städte heute einen Ausgangspunkt für planerische Überlegungen zu bieten; Aldo Rossis „Architettura della Città" (1965) läßt diesen spezifischen Hintergrund deutlich erkennen. Dabei beobachtet Secchi (1993, 16) in den achtziger Jahren „eine tiefe Spaltung zwischen den italienischen Stadtplanern" – nämlich zwischen solchen, die den Planer als „City Manager" betrachten, und anderen, die ihn noch als „architetto integrale" ansehen.
Die wachsenden Probleme in den großstädtischen Agglomerationen führten 1990 zu einem Gesetz, in dem für die neun größten Großstadtbereiche Regelungen vorgesehen wurden; allerdings blieb das Gesetz „ohne praktische Ergebnisse, da es hinsichtlich der Verfahren und der räumlichen Kompetenzen vage war" (Ottolenghi 1994, 57).
Zusammenfassend stellt Calabi im Rückblick auf den Nachkriegsstädtebau Italiens fest, daß es sich im Grunde um zwei Entwicklungsstränge handele: um die Denkmodelle und die in die Gesetze eingegangenen Regelungsvorstellungen der Stadtplaner – und um die tatsächliche Stadtentwicklung, die davon nur wenig beeinflußt worden sei (1988, 67). Offenbar geht diese Diskrepanz vor allem auf die mangelnde politische Bereitschaft zurück, das planerische Instrumentarium anzuwenden. In neuerer Zeit mehren sich allerdings auch Stimmen aus der Fachwelt, die dieses Instrumentarium für revisionsbedürftig halten. Imbesi (1995, 2) spricht von einer „immer größeren Kluft zwischen der Praxis der örtlichen Verwaltung und der Verwirklichung eines Planes", und Tintori (1989, 375) folgert: „Der Plan kann – und muß wahrscheinlich – seinen dirigistischen Anspruch aufgeben, um zu einem Erziehungsinstrument der Begegnung öffentlicher und privater Wünsche, der unterschiedlichen und sich wandelnden Bestrebungen und Bedürfnisse zu werden ...". Auch dieser Gedanke hat seine Parallelen in anderen Ländern Europas.

Niederlande

Vom 19. Jahrhundert bis zum Ersten Weltkrieg

Um die Mitte des 19. Jahrhunderts finden sich die ersten Belege dafür, daß die gesundheitlichen Verhältnisse in den Städten als problematisch empfunden wurden; ab 1852 gab es hygienisch-medizinische Statistiken und Berichte, und 1865 wurde ein Gesetz über die Staatsaufsicht in hygienischen Fragen erlassen, das die Einflußnahme auf den Bau von öffentlichen Gebäuden und Wohnungen unter hygienischen Gesichtspunkten ermöglichte. 1872 erschien dazu ein „Handbuch der öffentlichen Gesundheitspflege und der medizinischen Aufsicht" (Handboek der openbare gezondheidsregeling en der geneeskundige politie). Im letzten Viertel des 19. Jahrhunderts machte sich der Bevölkerungszuwachs in den Städten noch deutlicher spürbar; die erste Buchveröffentlichung zu diesem Thema – von dem Haarlemer Ingenieur-Architekten H.W. Nachenius – aus dem Jahre 1880 nahm bereits auf das vier Jahre zuvor erschienene Buch von Reinhard Baumeister Bezug und war als eine Art populärer Erläuterung der Probleme auf knappem Raum konzipiert. Eine weitere Veröffentlichung aus dem Jahre 1894 – von J.H. Valckenier Kips – verweist mit Nachdruck auf die deutschen Entwicklungen und Veröffentlichungen zu diesem Themenkomplex (vgl. S. 124).

Indessen kann man von planmäßiger städtebaulicher Entwicklung wohl erst nach der Jahrhundertwende sprechen; sie wurde ausgelöst vor allem durch das Wohnungsgesetz von 1901, das eine Planungspflicht für alle Städte mit 10.000 Einwohnern und mehr statuierte. Die Parallelität mit den Kulturströmungen in anderen europäischen Ländern zeigt sich auch in der Gründung von Vereinigungen zum Naturschutz („Vereeniging tot Behoud van Natuurmonumenten" 1905) und Heimatschutz („Bond Heemschut" 1911). Das städtebauliche Fachwissen dieser Zeit ist in dem Buch „De hedendaagsche stedenbouw" von J.P. Fockema Andreae (1912) – Wethouder, also Beigeordneter, der Stadt Utrecht – auf pragmatische Weise zusammengefaßt (vgl S. 148).

Im praktischen Städtebau war die markanteste Person dieser Jahre Hendrik Petrus Berlage, dessen Amsterdamer Börse mit Recht als architektonisches Meisterwerk der frühen Moderne gilt. Allerdings sind seine ersten städtebaulichen Entwürfe noch deutlich durch eine Interpretation des Städtebaues im Sinne einer „vergrößerten Architektur" geprägt. So sieht van Embden (1985, 20) in dem 1904 fertiggestellten – allerdings in dieser Form nicht ausgeführten – Plan für Amsterdam-Süd „kaum mehr als eine Kompilation von nahezu schamlos historisierenden Details, entlehnt aus – oder zumindest inspiriert von – dem

1889 erschienenen ‚Der Städtebau nach seinen künstlerischen Grundsätzen' von Camillo Sitte"; im 1909 vorgelegten „Algemeen Uitbreidingsplan" für Den Haag erkennt van Embden den unmittelbaren Einfluß von Brinckmanns „Platz und Monument". Indessen war es der endgültige Plan für Amsterdam-Süd, 1915 vorgelegt und gegenüber dem ersten Plan für das gleiche Gelände weitaus strenger und rationaler, der Berlage internationale Beachtung auch als Städtebauer sicherte: 1916 brachte die deutsche Zeitschrift „Der Städtebau" einen ausführlichen Bericht darüber.

Im gleichen Jahre wurde mit den Vorarbeiten für die Rotterdamer Gartenvorstadt Vreewijk begonnen, für die der junge Architekt Granpré-Molière den Auftrag erhielt. Auch sie ist in die Städtebaugeschichte als ein funktional wie gestalterisch gleich bedeutendes Zeugnis der frühen Moderne eingegangen.

Zwischen den Kriegen

Im Ersten Weltkrieg wurde ein „Comité Néerlando-Belge d'Art Civique" (CNBAC) gegründet, unter dessen Ägide 1918 eine „Encyclopedie voor stedenbouw en gemeenschapswezen" geplant wurde, ohne jedoch zur Ausführung zu kommen. Im gleichen Jahre wurde das „Nederlandsche Instituut voor Volkshuisvesting", also für Volkswohnungsbau, gegründet, das sehr bald auch den Städtebau ins Blickfeld nahm und seine Bezeichnung 1923 durch den Zusatz „en Stedebouw" ergänzte. Generalsekretär dieser Institution war von 1921 bis 1934 der außerordentlich aktive Dirk Hudig; er begründete die Zeitschrift „Volkshuisvesting en Stedebouw" und berief 1923 einen Städtebaubeirat („Stedebouwkundige Raad") für das Institut, dessen Vorsitz der oben erwähnte Granpré-Molière übernahm.

Hudig war es auch, der das inhaltliche Konzept für die Tagung des Internationalen Verbands für Gartenstädte und Städtebau 1924 in Amsterdam lieferte; Granpré-Molière hielt den Eröffnungsvortrag und wurde im gleichen Jahre als Professor für Städtebau an die Technische Hochschule in Delft berufen. Mit seinem Hauptthema, dem der Regional- und Landesplanung, gab der Kongreß den niederländischen Bemühungen um übergemeindliche Planung einen kräftigen Impuls. In einem „Rapport betreffende het gewestelijk plan" (Bericht zur Regionalplanung) von 1925 wurde als Aufgabe solcher Regionalplanung definiert, „für eine bestimmte, als Einheit betrachtete Gegend (streek) eine gesunde künftige Entwicklung zu sichern unter Berücksichtigung der Belange des Wohnungswesens und der Naturschönheit, des Handels, des Gewerbes und des Verkehrswesens sowie anderer Faktoren, die von Einfluß auf die Entwicklung sein können" (Bosma 1993, 13). Aber auch innerhalb der Großstädte gab es neue Ansätze für die Planung – so vor allem in Amsterdam die Schaffung einer neuen Abteilung „Stadtentwicklung" beim Dezernat für öffentliche Arbeiten. Ihre interdisziplinäre Besetzung ging auf den Einfluß von Hudig zurück (van Embden 1985, 35); unter der Leitung von L.S.P. Scheffer wirkten die Professoren van Lohuizen – Bauingenieur von Herkunft – vor allem als Stadtforscher und van Eesteren – Architekt – als entwerfender Planer.

Van Eesteren hatte sich zuvor gründlich im Ausland umgesehen und 1925 den von Wasmuth ausgeschriebenen Wettbewerb „Berlin unter den Linden" gewonnen; 1930 wurde er in der Nachfolge von Moser Präsident der zwei Jahre zuvor gegründeten „internationalen kongresse für neues bauen" (CIAM). Zur Gründung nach La Sarraz waren übrigens Einladungen auch an einige Vertreter der „älteren Generation" ergangen, denen als einziger Berlage folgte.

Produkt der Amsterdamer Stadtentwicklungsabteilung war der „Algemeen Uitbreidingsplan", 1933 fertiggestellt und 1935 in Kraft getreten, „ein vollständig anderer Plan als alle vorangegangenen städtebaulichen Pläne" (van den Berg 1985, 219). Der von Geddes propagierte „survey" war hier jedenfalls in seinen rational faßbaren Aspekten zu hoher Vollendung gebracht worden. Eine Parallele kann man wohl in den 1932 von Fritz Schumacher vorgelegten Unterlagen des hamburgisch-preußischen Landesplanungsausschusses sehen; Mumford (1938, 544) hob sie lobend hervor im Vergleich mit der umfassenden Bestandsanalyse des „Regional Survey of New York and its Environs", die auch für Amsterdam als Vorbild galt (v.d. Woud 1983, 132). Als aus umfangreicher wissenschaftlicher Vorarbeit entwickelter systematischer Stadterweiterungsplan stellt der „AUP" zweifellos eine Pionierleistung dar. Er lag auch der späteren Planung für Amsterdam-West zugrunde, die Sigfried Giedion, Sekretär und beredter Anwalt der CIAM (1949, 593ff), besonders hervorhob. Zugleich boten die für die Bestandsanalyse benutzten Plankategorien das Vorbild für jene einheitlichen Darstellungen des „CIAM Grid", die für den CIAM-Kongreß von 1933 unter dem Thema „die funktionale Stadt" entwickelt wurden. Es ist zu vermuten, daß manche Grundsätze, die im Rahmen des „AUP" erarbeitet worden waren, in die „Charta von Athen" eingeflossen sind.

Ein weiterer niederländischer Beitrag zur theoretisch-organisatorischen Durchdringung der Stadt- und Landesplanung stammt von J.M. de Casseres, den Studien und frühe städtebauliche Berufspraxis nach London, Paris und Dresden geführt hatten. Sein Buch „Stedebouw" (1926), nach einem Studienaufenthalt in England entstanden und durch Abercrombie eingeleitet, beschrieb in erster

Linie die städtebauliche Planung in Großbritannien, enthielt aber eine Reihe weiterer Überlegungen, die 1929 in dem Artikel „Grondslagen der Planologie" eingehender ausgeführt wurden und auf eine Einbeziehung weiterer Wissenschaften, insbesondere der Soziologie, zielten.

In dem genannten Artikel gab de Casseres an, Benoît-Lévy habe in einer Rede 1927 erstmals von Planologie gesprochen, räumte aber später ein, daß er diesen Bezug erfunden habe, um dem Begriff mehr Autorität zu verleihen.* Tatsächlich hat dieser sich im niederländischen Sprachraum – und im wallonischen Teil Belgiens – für den Bereich der planungsorientierten Stadt- und Raumforschung weitgehend durchgesetzt; auch in die Bezeichnung von Institutionen (Planologischer Dienst) hat er Eingang gefunden. Allerdings blieb es für den Entwurfsbereich beim Begriff des „Stedebouwkundigen"; so nannte sich dann auch die 1935 gegründete berufsständische Vereinigung „Bond van Nederlandse Stedebouwkundigen". Erst 1992 folgte die Gründung des „Bond van Nederlandse Planologen".

In dem genannten Buch „Stedebouw" hatte de Casseres den Dresdener Stadtbaurat Paul Wolf (vgl. S. 181) als einen seiner Lehrmeister erwähnt; als er ab 1929 im Dienst der Stadt Eindhoven einen umfassenden Stadtentwicklungsplan mit deutlichen regionalen Bezügen erarbeitete, nahm er Wolfs und Schumachers Modelle einer durch Grünzüge aufgelockerten Stadtstruktur auf (Bosma, 257). Als Beleg für die Beobachtung solcher Beziehungen über die Grenzen hinweg sei am Rande erwähnt, daß Gaston Bardet – vermutlich ohne den Zusammenhang zu kennen – in einem Artikel „Les échelons communautaires dans les agglomerations urbaines" (1945, 233) ein Stadtdiagramm von Paul Wolf unter Hinweis auf dessen Grünsystem und anschließend die Schemaskizze der Stadtentwicklung von Eindhoven abbildete, die das gleiche Grundmuster erkennen läßt. Der Text zum Bild, in dem de Casseres als Planverfasser nicht genannt wird, endet mit dem Hinweis: „Comparer avec le schéma du Paul Wolf".

In rechtlicher Hinsicht ist nachzutragen, daß das Wohnungsgesetz von 1901 sowohl 1921 als auch 1931 novelliert wurde, um den Stadterweiterungsplänen durch das neue Instrument des „Bestemmingsplan", dem deutschen Bebauungsplan vergleichbar, eine stärkere Durchschlagskraft zur Verhinderung nicht plankonformer Vorhaben zu verleihen.

Ein besonderes Renommee haben die niederländischen Wohnsiedlungen aus der Zwischenkriegszeit gewonnen, zumal dort die Moderne – bereichert durch die interessanten Sonderformen der „Amsterdamer Schule" – früh zum Durch-

---

* Darauf hat mich Herr Dr. Bosma hingewiesen, der dies 1983 in einem Gespräch mit de Casseres erfahren hat. Vgl. Koos Bosma: „Een praktische wetenschap voor de ordening van de aarde. De Casseres en de opkomst van de planologie." Wonen-TABK (1984), Heft 1, S. 15.

bruch kam. Neben dem erwähnten Vreewijk waren es vor allem J.J.P. Ouds Siedlungen Oud Mathenesse und Kiefhoek, aber auch die neuartige Wohnanlage Spangen in Rotterdam mit der sehr konsequenten Anwendung des „Maisonette"-Systems, die in vielen städtebaulichen Veröffentlichungen auftauchten.

Ein spezifisch niederländisches Kapitel ist die Besiedlung der großen Polder im Ijsselmeer, der früheren Zuiderzee, beginnend noch vor dem Zweiten Weltkrieg mit dem Polder Wieringermeer und fortgeführt danach mit dem Noordoost-Polder und Flevoland. Bei der Planung der Siedlungsstruktur in den letztgenannten Poldern stand Christallers „Zentrale-Orte"-Konzept Pate; allerdings haben Fortschritte der landwirtschaftlichen Produktivität und der Verkehrsverhältnisse die ursprünglich zugrunde gelegten Richtwerte bald überholt. Daß eines der Dörfer im Noordoost-Polder – Nagele – von CIAM-Mitgliedern entworfen wurde, verschaffte ihm viel Resonanz in der Fachpresse, wenn das Ergebnis auch recht unterschiedlich bewertet wurde.

Während des Zweiten Weltkriegs – 1941 – wurde auf Betreiben der deutschen Besatzungsmacht eine zentrale Organisation für die Raumordnung geschaffen – der „Rijksdienst voor het Nationaal Plan". Allerdings traf diese Maßnahme insofern auf einen vorbereiteten Boden, als bereits seit den zwanziger Jahren die Diskussionen um die Regionalplanung zu Überlegungen in Richtung auf einen „Nationalen Plan" geführt hatten; manche sahen in der dirigistischen Komponente des amerikanischen „New Deal" und der deutschen „Raumordnung" durchaus positive Beispiele (Bosma 1990, 288).

Die Nachkriegszeit

Auch nach dem Zweiten Weltkrieg erfuhren niederländische Planungen im Ausland viel Beachtung und Anerkennung. Das bezog sich sowohl auf neue Wohngebiete – wie etwa das auf der Grundlage des „AUP" von 1935 geschaffenen Amsterdam-West – als auch auf die Entwicklung in den Innenstädten. So war die Amsterdamer Kalverstraat renommiert als eine der ersten Fußgängerstraßen – wenn dieses Renommee auch später verblaßte; vor allem aber galt der Wiederaufbau des von deutschen Bomben zerstörten Stadtzentrums von Rotterdam mit dem Fußgängerbereich der Lijnbaan als Prototyp einer neuen Auffassung vom Großstadtzentrum – vergleichbar allenfalls mit dem neuen Stadtzentrum in Coventry. Allerdings mag man fragen, ob die qualitätvolle einheitliche Architektur in Rotterdam oder die weitaus heterogeneren Bauformen in Coventry geeigneter sind, den Eindruck des „Städtischen" zu vermitteln; der gegenwärtige Zeitgeist ist wohl der zweiten Alternative geneigter.

Ein niederländisches „Markenzeichen" ist auch darin zu sehen, daß viele neue Wohngebiete durch wiederkehrende Muster einer relativ strengen geometrischen Ordnung geprägt sind – was sicher auch mit dem Fehlen topographischer Bindungen in den weiten Ebenen Hollands zusammenhängt; ein typisches Beispiel dafür bietet der Stadtteil Pendrecht in Rotterdam. Die in sich ungemein konsequente städtebauliche Anlage des Stadtbezirks Bijlmermeer am Rande Amsterdams mit großzügigen Freiflächen und weitgehender Autofreiheit weist allerdings ähnliche soziale Probleme auf wie viele Wohnanlagen vergleichbaren Maßstabs in Europa; allenthalben wurden wohl die Gefährdungen unterschätzt, die aus der durch die Maßstabssteigerung bedingten Verringerung sozialer Kontrolle liegen.

In der Verkehrsberuhigung spielte das niederländische Modell des „Woonerf" eine Pionierrolle und hat ähnliche Ansätze in anderen Ländern Europas befruchtet und ermutigt; auch die konsequente Förderung des umweltfreundlichen Fahrradverkehrs hat beispielhaften Charakter.

Nachdem in der unmittelbaren Nachkriegszeit die Zentralregierung die Zuständigkeit für die Stadtentwicklung an sich gezogen hatte, wurde 1965 ein Planungsgesetz erlassen, das die gemeindliche Zuständigkeit wiederherstellte, allerdings im Rahmen der durch Landes- und Regionalplanung gesetzten Richtlinien. Die Systematik der rechtsförmlichen Plantypen mit dem „Bestemmingsplan", dem „structuurplan" und dem „streekplan" weist große Ähnlichkeiten mit der deutschen Abfolge Bebauungsplan – Flächennutzungsplan – Regionalplan auf; auch die Zuständigkeiten sind ähnlich verteilt. Probleme, die aus der langen Dauer der Planungsverfahren – insbesondere für den dem deutschen Flächennutzungsplan entsprechenden „structuurplan" – erwuchsen, führten 1986 zu einer Novellierung im Sinne eine Verfahrensvereinfachung.

In der überörtlichen Planung fanden das Modell der „Randstad Holland" wie auch die Stadtgründungen in den Poldern – Emmeloord, Lelystad und Almere – internationale Beachtung. Grundgedanken zur Steuerung der Siedlungsstruktur wurden in den von der Regierung regelmäßig vorgelegten Raumordnungsberichten – „nota voor ruimtelijke ordening" – niedergelegt; sie stellen bemerkenswerte Zeugnisse einer kontinuierlichen Auseinandersetzung mit den Problemen der räumlichen Entwicklung dar.

Erwähnenswert ist in diesem Zusammenhang die Tatsache, daß die Niederlande trotz der zunehmenden zwischengemeindlichen Verflechtungen nicht den Weg einer Verwaltungs- und Gebietsreform beschritten haben wie England und Deutschland, sondern die gemeindliche Zusammenarbeit durch ein „Gesetz über gemeinschaftliche Regelungen" (Wet Gemeenschappelijke Regelingen; 1950, novelliert 1986) sicherstellen.

Norwegen

Wie für viele andere Länder, so markiert auch für Norwegen die Mitte des vorigen Jahrhunderts den Anbruch einer neuen Zeit. Bevölkerungswachstum, Industrialisierung und die zunehmende Bedeutung der Städte als zentrale Orte setzten eine Urbanisierung in Gang, die bis etwa 1920 zu einem erheblichen Anstieg der städtischen Bevölkerung führte, danach allerdings nachließ. Um 1850 bestanden alle norwegischen Städte – vom Zentrum der Hauptstadt Kristiania (heute Oslo) abgesehen – fast vollständig aus Holzhäusern, und die dadurch bedingte Feuergefahr hatte im Verein mit hygienischen Problemen bereits in der ersten Jahrhunderthälfte zu ersten städtebaulichen Rechtsvorschriften geführt.

So wurde die erste Bauordnung 1827 für Kristiania erlassen, wenige Jahre später gefolgt von entsprechenden Vorschriften für Bergen und Trondheim. 1837 erhielten die norwegischen Städte das Recht der Selbstverwaltung, und 1845 wurde ein Baugesetz erlassen, das für alle anderen Städte außer den drei genannten Gültigkeit hatte. Danach waren – überwiegend mit Beamten besetzte – Planungskommissionen zuständig für die Vorbereitung der durch den König zu genehmigenden Pläne, die strengen Regeln unterworfen waren. Vorgeschrieben waren ein rechtwinkliger Straßenraster, eine Mindestbreite der Straßen von 12,5 m und eine maximale Größe der von Straßen umschlossenen Blöcke von 4000 qm, ebenso wie eine elementare Trennung der Nutzungsarten. Nach diesen Vorschriften wurden in der Folgezeit in mehreren Städten, die von Großbränden betroffen worden waren, die Stadtgrundrisse radikal verändert, häufig ohne Berücksichtigung des bewegten Geländes.

In Kristiania setzte sich ab etwa 1870 anstelle der Einzelhäuser der Bau von geschlossenen Baublöcken mit mehrgeschossigen Mietshäusern nach deutschem Vorbild durch, zumal viele norwegische Architekten und Ingenieure an deutschen Hochschulen studiert hatten. Ein weiterer Einfluß auf die Planung Kristianias entstammte den Stockholmer Plänen von Lindhagen (vgl. S. 93). Außer in Oslo entstanden auch in Bergen höhere Mietshäuser, während es in den anderen Städten Norwegens zunächst beim freistehenden Holzhaus blieb. Ein neuer Zug war – auch unter dem Einfluß ausländischer Vorbilder – die Einbeziehung öffentlicher Grünanlagen in die Planung. Ein neues Baugesetz von 1896 verschärfte die Feuersicherheitsvorschriften für die norwegischen Städte; weitere Bestimmungen kamen 1904 praktisch einem Verbot von Holzhäusern in den Stadtzentren gleich; allerdings galten sie nicht für Kristiania, Trondheim und Bergen, weil dort ohnehin bereits strengere Vorschriften bestanden.

Im ersten Jahrzehnt des neuen Jahrhunderts geriet das gesetzlich vorgeschriebene Rastersystem der Straßen immer heftiger ins Feuer der Kritik, und auch dabei spielten Einflüsse aus dem Ausland eine unübersehbare Rolle. Lorange (1991) nennt Sitte, Howard und Geddes, aber auch Unwin und Parker ebenso wie Henrici als Schlüsselfiguren und registriert in dieser Zeit die Anfänge eines Berufsstandes der Stadtplaner. Städtebauliche Wettbewerbe wurden veranstaltet, häufig offen auch für die anderen skandinavischen Länder: die Preise gingen anfangs meist an schwedische Fachleute, später zunehmend auch an Norweger. Unter diesen ist besonders zu nennen Sverre Pedersen, der an der Technischen Hochschule Hannover Architektur studiert hatte und 1920 der erste Professor „für Architektur und Stadtplanung" an der Technischen Hochschule Trondheim wurde.

1916 wurde für ein abgebranntes zentral gelegenes Gebiet in Bergen ein Wettbewerb ausgeschrieben, den die Schweden Lilienberg und Samuelson gewannen. Hermann Jansen hatte sich ebenfalls beteiligt und wurde später für ein Plangutachten herangezogen. Der 1916 bis 1921 vorgenommene Ausbau der Garten(vor)stadt – Hageby auf norwegisch – Ullevål bei Oslo stützte sich auf eine erfolgreiche Wettbewerbsarbeit von Oscar Hoff aus Oslo.

Die Aufgeschlossenheit jener ersten Jahrzehnte des neuen Jahrhunderts für die Probleme des Wohnungs- und Städtebaues kam in der Gründung einer norwegischen Vereinigung für Wohnungswesen (1913) und einer nationalen Vereinigung für Städtebau (1919) zum Ausdruck; die beiden Organisationen vereinigten sich später als Bestandteil des „Internationalen Verbandes für Wohnungswesen und Städtebau" und stellten auch schon früh eines seiner Vorstandsmitglieder (vgl. S. 187). So setzten sich bald im Wohnungsbau offenere Formen der Anlagen mit wohlüberlegten Raumbildungen und großen begrünten Höfen durch.

In dieser Situation lag es nahe, auch die Rechtsgrundlagen zu reformieren; 1924 wurde ein neues Städtebaugesetz verabschiedet. Die örtliche Baukommission des früheren Gesetzes blieb erhalten, nun aber zur Hälfte aus Politikern bestehend; ihr war die Sorge für zeitgemäße städtebauliche Pläne und die Genehmigung von Einzelbauten aufgegeben. Die Bindung an das Rastersystem entfiel; betont wurden die Belange des Wohnens, des Verkehrs, der Feuersicherheit, der Gesundheit und der Abwasserbeseitigung. Das Gesetz verlangte ferner, die Gebäude in einer architektonisch gefälligen Weise und derart anzuordnen, daß neue und alte Gebäude harmonisch aneinander angepaßt werden könnten. Die Geländeverhältnisse sollten ebenso berücksichtigt werden wie die Bedürfnisse an Spiel- und Erholungsraum; das Mindestmaß für die Breite der Hauptstraßen wurde auf 15 m heraufgesetzt. Hinzu kamen Enteignungsrechte für öffentliche Zwecke und Regelungen für Erschließungsbeiträge sowie eine allgemeine Nutzungsgliederung. Steuerungsmittel war der „Reguleringsplan", der sehr detaillierte Aussagen enthalten konnte und damit weitgehend dem schwedischen Plantypus entsprach, den dort das Gesetz von 1907 statuiert hatte. Mit dem Buch „Von Kristiania zu Groß-Oslo" veröffentlichte der Osloer Stadtplaner Harald Hals 1929 nicht nur einen Plan für Oslo, sondern auch einen Überblick über den Stand der Planungsdiskussion im Ausland mit Hinweisen auf deutsche, englische, amerikanische und schwedische Planungsbeispiele und auf die Ideen von Le Corbusier. Ein interkommunaler Planungsausschuß für Oslo und Umgebung legte 1934 einen Regionalplan vor, der zwar keine Rechtskraft gewann, aber die Entwicklung doch spürbar beeinflußte. In diese Zeit fielen nicht nur die ersten umfangreichen Sanierungs- und Stadtumbaumaßnahmen im Bereich des Osloer Hafens mit dem Neubau des Rathauses, sondern auch Bemühungen um die wissenschaftliche Fundierung einer funktionsgerechten und sozial verantwortlichen Stadtplanung; dem entsprach eine Hinwendung zum Zeilenbau, der damals weithin als Verkörperung eines rational-egalitären Planungsprinzips gesehen wurde.

Die Kriegszerstörungen des Jahres 1940 in mehreren norwegischen Städten – vor allem Molde, Kristiansund, Namsos, Bodö und Narvik – führten zur Schaffung einer zentralen Behörde für den Neuaufbau, der „Brente Steders Regulering" unter der Leitung von Sverre Pedersen. Da die Pläne unter deutscher Besatzungsherrschaft entstanden, gab es auch fachliche Einflüsse deutscher Stellen; die späteren kritischen Auseinandersetzungen mit der Arbeit der „Brente Steders Regulering" haben aber offenbar ergeben, daß weniger der Einfluß nationalsozialistischer Städtebauvorstellungen als die persönliche Linie Pedersens mit seiner Interpretation der klassizistischen Tradition des Nordens den Charakter des Neuaufbaues bestimmt hat.

Der Wiederaufbau der kriegszerstörten Finnmark im nördlichsten Norwegen stand unter starkem Einfluß der Gedanken von Patrick Geddes und Lewis Mumford, dessen „Culture of Cities" ebenso wie die britischen Planungen – vor allem der Greater London Plan und die New Towns – neue Anregungen für den norwegischen Städtebau boten. Insbesondere der 1950 aufgestellte – und 1960 überarbeitete und ergänzte – Plan für Oslo mit seiner Gliederung in Stadtteile mit jeweils eigenen Zentren ist auf ein ähnliches Dezentralisierungsprinzip gegründet wie der Greater London Plan (vgl. S. 63).

Einen wichtigen Markstein im Planungsrecht stellt das Baugesetz von 1965 dar, das die Planungspflicht auf alle Gemeinden ausdehnte und sowohl regionale als auch örtliche Strukturpläne forderte, während der „detaillierte" Plantypus kaum verändert wurde. Der nach wie vor zuständige örtliche Planungs- und

Bauausschuß wurde insoweit umgeformt, als stimmberechtigte Mitglieder nur mehr gewählte Politiker sind.
1973 wurde den 19 Bezirken („fylke") die Erstellung umfassender Regionalpläne zur Pflicht gemacht, was offenbar zumindest teilweise zu Lasten der direkten interkommunalen Kooperation ging. Ein weiteres Gesetz von 1985 ist auf Vereinfachung der Vorschriften und verstärkte Bürgerbeteiligung gerichtet – auch das auf internationaler Linie liegend, ebenso wie das neue Schwergewicht auf Bewahrung im Rahmen von Stadterneuerungsmaßnahmen. In den achtziger Jahren wurden zahlreiche Wettbewerbe zur Erneuerung zentraler Stadtbereiche abgehalten, die allerdings erst zum Teil in die Wirklichkeit umgesetzt wurden. Auch in Oslo wurde die vor dem Kriege begonnene Stadterneuerung fortgesetzt, wobei die Umnutzung brachgefallenen Hafen- und Werftgeländes eine besonders gute Gelegenheit bot, die „Waterfront" – nach dem Muster Bostons oder San Franciscos – dem städtischen Leben nutzbar zu machen. Bemerkenswert ist in dieser Hinsicht der neue Stadtteil Akers Brygge, der seit 1982 den Bezug Oslos zum Wasser deutlich verstärkt hat. Auch für andere Städte wie Bergen und Stavanger gab es umfassende Erneuerungspläne, die allerdings unter dem Einfluß wirtschaftlicher Rezession und wachsender Wertschätzung des Alten – auch das eine europäische Entwicklung – bisher erst in stark reduzierter Form verwirklicht wurden.

Österreich

Die Kaiserzeit

Für Österreich ist Wien in ähnlicher Weise die Stadt par excellence wie Paris für Frankreich, und tatsächlich beginnt die neuere österreichische Stadtplanung mit dem großen Wiener Ringstraßenwettbewerb, in dessen Ergebnissen sich schon die Anforderungen des Industriezeitalters abzeichnen. Im Kern ging es darum, eine beiderseits bereits von Bebauung umgebene frühere Befestigungszone zu einem städtebaulichen Ordnungselement zu machen, das die übervölkerte Kernstadt sinnvoll mit den Vorstädten verknüpfen sollte.
Über diese Planung gibt es eine umfassende Dokumentation (Mollik, Reining, Wurzer 1980) und eine Fülle von Betrachtungen aus den verschiedensten Blickwinkeln. Hier mag deshalb der Hinweis genügen, daß der Wettbewerb zwar international ausgeschrieben wurde, daß es aber leider nicht möglich ist, den Anteil ausländischer Teilnehmer festzustellen, da die Verfassernamen der nicht mit Preisen und Empfehlungen bedachten Arbeiten nicht bekannt sind. So

steht als auswärtiger Teilnehmer einzig der preußische Gartenbaudirektor Lenné fest, dessen Arbeit eine Empfehlung erhielt. Daß sich unter den Devisen, den Kennworten der 85 Arbeiten, fünf in französischer, zwei in italienischer und eine in englischer Sprache – neben 15 lateinischen – finden, läßt keine zwingenden Schlüsse auf die Herkunft der Verfasser zu.

Unter Auswertung der mit Preisen und Empfehlungen ausgezeichneten Entwürfe wurde dann ein „Grundplan" als Richtlinie für die weiteren Planungen erarbeitet, deren Verwirklichung sich über die nächsten Jahrzehnte hinzog und das städtebauliche Gesicht Wiens nachhaltig prägte. Wurzer (1986, 80) hebt als Voraussetzung für „den Erfolg der städtebaulichen Planung [...] die kluge Beschränkung auf die Festsetzung von Grundzügen der angestrebten räumlichen Entwicklung" hervor, die es erlaubte, „späteren Erfordernissen ohne wesentliche Abänderung der Grundkonzeption" zu entsprechen. Der Stadterweiterungsfond, gespeist aus dem Verkauf von aufgeschlossenem Bauland an Private, wurde nämlich nicht dem Staatsbudget zugerechnet und war auch nicht der Kontrolle des Obersten Rechnungshofes unterworfen, so daß Flexibilität und Kontinuität gewährleistet waren.

Aufgrund des Verfassungsgesetzes von 1867 wurden Gemeindeangelegenheiten in Gesetzgebung und Vollzug Aufgabe der Länder, die damit auch die Bauordnungen zu erlassen hatten. Schon vorher – 1846 – hatten die für Linz und Salzburg erlassenen Bauordnungen erstmals in der Donaumonarchie Bestimmungen über den „Regulierungsplan" als Instrument für eine planmäßige bauliche Entwicklung enthalten; beispielhafte Bedeutung erlangte die Bauordnung für Böhmen von 1864, die hygienische und technische Grundsätze enthielt. 1875 wurde die Landesbauordnung für Oberösterreich novelliert, wobei für die beiden Städte Linz und Steyr eine besondere Bauordnung erlassen wurde, die gleichzeitig Rechtskraft erlangte. Sie enthielt auch städtebauliche Vorschriften – so über die Breite neu anzulegender Straßen, die Einhaltung der Baulinien und über Parzellierungsgenehmigungen.

Indessen fanden diese Vorschriften zunächst nur für Teilmaßnahmen Anwendung; erst in den achtziger Jahren wurde in den größeren Städten – häufig als Folge von oder im Hinblick auf Eingemeindungen – das Bedürfnis nach einem Gesamtplan, einem „Generalregulierungsplan", spürbar. In Linz führte dies 1887 zu einem öffentlichen Wettbewerb, an dem sich 19 Einsender beteiligten; die Ausschreibung verlangte – wie die fünf Jahre jüngere in München – auch die Berücksichtigung etwa notwendiger Änderungen im bebauten Stadtgebiet. Auch insofern war Linz ein Vorläufer Münchens, als nach dem Wettbewerb ein „Bureau für Stadtvermessung und Regulierungsplan" im Rahmen des „Stadtbauamtes"

– hier unter Leitung des Preisträgers – geschaffen wurde (Doblhamer 1972, 49).
Die Regulierungspläne waren – wie damals fast durchgängig in Europa – im wesentlichen Pläne der Straßenbegrenzungen, die künftiges Straßenland gegen Bebauung sichern sollten. Um 1890 begannen sich Bauzonenpläne durchzusetzen, für die Budapest, die zweite Hauptstadt der Donaumonarchie, bereits 1874 ein Beispiel geboten hatte (Ságvári 1974, 101). Entsprechende Bestimmungen enthielt die 1890 erlassene Wiener Bauordnung.
Auf ihrer Grundlage wurde nach der Eingemeindung der Vororte 1892 ein „Bauzonenplan" vom Gemeinderat beschlossen und ein internationaler Wettbewerb für einen „Generalregulierungsplan" ausgeschrieben, der „nicht bloß den unmittelbaren, durch die Erweiterung des Stadtgebietes hervorgerufenen Anforderungen [...] entsprechen, sondern [...] in ausgreifender Weise der organisierten und zielbewußten Stadtentwicklung auch in fernerer Zukunft Rechnung tragen" sollte (Mollik et al. 1980, 356). Zwei erste Preise fielen an Otto Wagner, Wien, und an Josef Stübben, Köln; einen der drei zweiten Preise erhielt Eugen Faßbender, dessen „Modell eines funktionell gegliederten Stadtkörpers mit funktionellen Teilzentren und dem ‚Volksring', dem späteren ‚Wald- und Wiesengürtel' bahnbrechende Bedeutung zukommt" (Wurzer 63, 4). 1905 wurde dann dieser „Wald- und Wiesengürtel" – ein früher „green belt" – gesetzlich verankert. Faßbender gewann 1901 den Wettbewerb für einen Generalregulierungsplan der mährischen Landeshauptstadt Brünn und erstellte 1906 für Villach einen beispielhaften Bauzonenplan und einen Generalregulierungsplan. Er veröffentlichte 1912 die „Grundzüge der modernen Städtebaukunde", in seinem klaren Aufbau und seiner knappen Darstellung im Grunde das erste als Lehrbuch geeignete Städtebaubuch in deutscher Sprache. Was die Literatur angeht, so ist natürlich zuvor Camillo Sitte mit seiner bahnbrechenden Schrift zu nennen, aber auch Otto Wagner mit seiner eigentümlich starren, wohl nur als „Anti-Sitte" verständlichen Großstadtstudie (vgl. S. 122, S. 142).
1901 wurden an der Technischen Hochschule Wien die ersten städtebaulichen Vorlesungen von Karl Mayreder gehalten, der von 1891 bis 1906 Chefarchitekt des Regulierungsbüros der Stadt Wien – und häufig Preisrichter bei städtebaulichen Wettbewerben – war.
Die Donaumonarchie weist auch eines der frühesten Beispiele einer umfassenden Stadterneuerung auf: die „Assanierung" der Josefsstadt in Prag, die 1886 durch einen Wettbewerb vorbereitet und 1893, nach Erlaß eines besonderen Gesetzes, in Angriff genommen wurde. Als Vorbilder dienten die Umgestaltung der Stadtkerne von Brüssel und Florenz sowie Sanierungsmaßnahmen in Neapel (vgl. S. 27, S. 68) und Agram/Zagreb (Wurzer 95, 171). Wurzer weist auch auf die

Kontroversen angesichts des Verlustes historischer Zeugnisse und auf das Weiterwirken der mit dem Gesetz gemachten Erfahrungen im österreichischen Assanierungsgesetz von 1929 und im Stadterneuerungsgesetz von 1974 hin.

Zwischen den Weltkriegen

Nach dem Ende der Donaumonarchie sah die erste Verfassung die Möglichkeit vor, die Stadtplanung durch den Bund zu regeln; dies wurde 1925 durch eine Novelle wieder ausgeschlossen. Die Kompetenz für die Planungsgesetzgebung blieb somit bei den Ländern; ihre „Bauordnungen" waren also – im Gegensatz zum „reichsdeutschen" Sprachgebrauch – zugleich Planungsgesetze. Eine schon 1913 in Angriff genommene Musterbauordnung wurde 1920 von der Bundesregierung den Ländern zur Verfügung gestellt, die den „Verbauungsplan" als städtebaulichen Gesamtplan vorsah (Semsroth 1985, 208). Auf dieser Grundlage erließen Vorarlberg 1924 und das Burgenland 1926 eine neue Bauordnung. Weiter ging die 1929 erlassene Bauordnung für Wien, die mit dem „Flächenwidmungsplan" im Sinne eines übergeordneten Programmplanes und dem Bebauungsplan als rechtsverbindlicher Durchführungsgrundlage die seither gängige Zweistufigkeit einführte. In der Begründung vor dem Wiener Landtag wurde mehrfach auf deutsche Entwicklungen Bezug genommen (Semsroth 1985, 215f). Eine wichtige Rolle für die österreichische Stadtplanung spielte Karl Brunner-Lehenstein, dessen Habilitationsschrift – gewiß eine der ersten auf städtebaulichem Gebiet – mit dem Titel „Baupolitik als Wissenschaft" zu den frühesten methodischen Annäherungen dieses bisher als technisch-künstlerisch angesehenen Faches an die Politik gehört. 1926 begründete Brunner in München die Zeitschrift „Baupolitik", die allerdings nach zwei Jahren mit „Der Städtebau" fusionierte. 1929 folgte Brunner einem Ruf nach Chile, kehrte jedoch nach dem Kriege zurück und war von 1948 bis 1951 mit der Leitung der Wiener Stadtplanung betraut.

Die Stadterweiterungen dieser Zeit folgten überwiegend traditionellen Linien; eine spektakuläre Ausnahme stellte der Wiener Volkswohnungsbau dar, von dem vor allem der Karl-Marx-Hof – nicht zuletzt wegen seiner eigenwilligen und einprägsamen Architektur – bekannt geworden ist. Es scheint, daß die Moderne in Österreich im allgemeinen auf weniger bereiten Boden stieß als in dem nunmehr tschechischen Böhmen und Mähren.

Mit dem „Anschluß" an das nationalsozialistische Deutschland flossen auch die gestalterischen Ambitionen eines auf Machtdemonstration zielenden Städtebaues nach Österreich ein. Eine große Rolle spielten sie in Linz, das dem aus Oberösterreich stammenden „Führer" besonders am Herzen lag; die Planung wurde durch den als „Reichbaurat" eingesetzten bayerischen Architekten Roderich Fick geleitet und bis in die letzten Kriegszeit hinein betrieben, blieb allerdings fast ganz auf dem Papier. Planungsrechtlich gewann nur die Einführung des Wohnsiedlungsgesetzes von 1933 eine gewisse praktische Bedeutung.

Die Zweite Republik

Nach dem Zweiten Weltkrieg mußten zunächst manche Vorbehalte gegen „Planung" als Begleiterscheinung eines diktatorischen Dirigismus abgebaut werden. Das Bundesverfassungsgesetz wies wiederum die Gesetzgebungskompetenz für das Planen und Bauen den Bundesländern zu. Eine Plattform des Austausches und der Verständigung zwischen ihnen bot die 1954 gegründete „Österreichische Gesellschaft zur Förderung der Landesforschung und Landesplanung" (ÖGLL), die sich 1966 in „Österreichische Gesellschaft für Raumforschung und Raumplanung" (ÖGRR) umbenannte. In den neunziger Jahren mußte sie sich aus politischen Gründen auflösen; als Nachfolgeorganisation wurde die Österreichische Gesellschaft für Raumplanung (ÖGR) gegründet.
Nachdem 1954 der Verfassungsgerichtshof Begriff und Zuständigkeit der Raumordnung geklärt hatte, erließ 1956 Salzburg als erstes Bundesland ein Raumordnungsgesetz, dem nach und nach weitere Ländergesetze folgten. Sie alle regeln sowohl die Landes- und Regionalplanung als auch die „örtliche Raumplanung"; diese wurde 1962 durch Novellierung des Bundesverfassungsgesetzes als Angelegenheit des eigenen Wirkungsbereichs der Gemeinden verankert. Die mit dieser Regelung verbundene Zersplitterung des Ortsplanungsrechts erscheint offenbar nicht als ernsthafter Mangel: „Die Vorschriften über die Gemeindeplanung in Österreich sind in einem Prozeß gegenseitiger Befruchtung entstanden, in dem die Länder als hierfür zuständige Gesetzgeber jeweils Rechtsfiguren und Lösungsmuster voneinander übernommen, weiterentwickelt und den eigenen regionalen Bedürfnissen angepaßt haben." (Unkart 1984, 10)
Was die Sachaufgaben angeht, so ging es natürlich zunächst um die Beseitigung von Kriegszerstörungen und um die Erfüllung des Nachholbedarfs von Wohnbauten, verschärft durch die Notwendigkeit, Zwangsaussiedler aus Gebieten jenseits der Grenzen aufzunehmen. Erst mit der Gewinnung der Selbständigkeit durch den Staatsvertrag von 1955 weiteten sich die Perspektiven.
Die erste umfassende Planung für die weitere Entwicklung Wiens nach dem Kriege wurde 1952 von Karl Brunner als Leiter der Stadtplanung vorgelegt, allerdings vom Gemeinderat nicht in einen rechtskräftigen Plan umgesetzt. Eben-

so ging es dem zwischen 1958 und 1961 von Roland Rainer erarbeiteten und eindrucksvoll publizierten „Planungskonzept Wien"; der Gemeinderat beschränkte sich auf den Beschluß städtebaulicher Grundsätze. Um 1970 setzte sich die neue Vorstellung einer umfassenden, wirtschaftliche und soziale Aspekte einbeziehenden Planung auch in Österreich durch. Die Vorlage von Leitlinien für die Stadtentwicklung und eine Stadtentwicklungsenquête führten 1972 zu einem „Abschlußbericht", mit dem „Wien erstmals ein von Politik, Verwaltung, Wissenschaft und Bevölkerung getragenes, umfassendes Konzept für die weitere Entwicklung" erhielt (Wurzer 1983, 29). In der Weiterführung dieser Gedanken wurde 1984 ein von Rudolf Wurzer vorgelegter Stadtentwicklungsplan beschlossen, der angesichts der durch die Öffnung nach Osten wesentlich veränderten Rahmenbedingungen 1994 durch einen neuen Plan ersetzt wurde.

In der Zwischenzeit hatte es zwei bedeutende internationale Wettbewerbe gegeben – 1968 für die markante „UNO-City" im Nordosten des Stadtkerns an der Donau, deren Preise an ein US-amerikanisches, ein englisches, ein bundesdeutsches und ein österreichisches Büro fielen, und 1971 für ein 10 qkm großes Gebiet im Süden Wiens, zur Hälfte in Niederösterreich gelegen. Der erste Preis für das Planungskonzept ging an ein Büro in den USA, die weiteren an je einen Entwurf aus Prag, aus Japan und aus Preßburg, aber verwirklicht wurde – im Gegensatz zur UNO-City – nichts davon.

Internationale Bedeutung gewann indessen der Ausbau der „Neuen Donau" zu einem ausgedehnten Naherholungsbereich mit zahlreichen ihm zugeordneten Einrichtungen; auch die großzügige Überbauung des Franz-Joseph-Bahnhofs in Wien und eine Reihe von Wohnanlagen – ausgespannt zwischen dem Wohnhochhauskomplex „Alt-Erlaa" am Südrand Wiens und der reinen Flachbausiedlung Puchenau bei Linz – sind weithin beachtet worden.

Mit den siebziger Jahren rückte – wie anderswo in Europa auch – die Aufgabe der Stadterneuerung in den Vordergrund; Schwerpunkte waren einerseits die dicht überbauten Arbeiterwohnquartiere des 19. Jahrhunderts, vor allem in Wien, andererseits historisch geprägte Stadtzentren wie die von Salzburg, Krems oder Graz. Während Stadterneuerung Bundesaufgabe ist, obliegt die Altstadterhaltung den Ländern; das erste Gesetz dazu erließ 1967 das Land Salzburg, angelehnt an die französische „Loi Malraux" (vgl. S. 54). Auf diesem Gebiet ist viel in die Verbesserung der Verhältnisse investiert worden.

In den Hochschulen war der Städtebau zwar weiterhin Lehrfach, aber erst 1939 gab es dafür die erste Lehrkanzel. Festigung und Ausbau dieser Position nach Kriegsende sind insbesondere das Verdienst Rudolf Wurzers, Dozent und ab 1959 Ordinarius in Wien, dem es gelang, zunächst eine Ausbildung in Raumplanung als zweite Studienhälfte an ein zweijähriges Studium in einem verwandten Fach anzuschließen und ab 1973 eine eigenständige Planerausbildung zu etablieren (vgl. S. 275). Neben seiner Lehrtätigkeit trieb er von 1976 bis 1983 als amtierender Stadtrat für Planung – in den Kategorien bundesdeutscher Stadtstaaten: Senator für Stadtentwicklung – die Planung für Wien voran und wurde so zu einer der zentralen Figuren des österreichischen Städtebaues.

Portugal

Portugal wurde von den auslösenden Momenten der „modernen" Stadtplanung – der Industrialisierung und dem Stadtwachstum – erst relativ spät erfaßt. In seiner städtebaulichen Entwicklung stand es nur in geringem Austausch mit anderen europäischen Ländern; von einer gewissen Bedeutung waren indessen die unmittelbare Nachbarschaft Spaniens und der kulturelle Einfluß Frankreichs. Bemerkenswert ist die Dominanz nur zweier Großstädte, Lissabon und Porto, deren Einwohnerzahlen – 197.000 und 86.000 im Jahre 1864 – sich bis 1900 fast verdoppelten (Williams 1984, 77).

Für beide Städte wurde durch einen Erlaß von 1864 die Aufstellung von Plänen gefordert, die sowohl den bebauten Bereich als auch das Erweiterungsgebiet umfassen sollten. Die anderen Städte wurden zur Aufstellung solcher Pläne ermächtigt, machten aber keinen Gebrauch davon; auch Porto begann erst in den dreißiger Jahren ernsthaft mit einer solchen Planung. In Lissabon bewirkte der Erlaß in erster Linie die Planung und Ausführung einiger bedeutender Ausfallstraßen – avenidas –, die zu Bezugslinien für die Stadterweiterung wurden. Erst 1926 – unter dem autoritären Regime Salazars – verstärkte sich der staatliche Einfluß auf die städtebauliche Entwicklung. Das 1918 erlassene erste Gesetz über sozialen Wohnungsbau – nach einem fehlgeschlagenen Antrag aus dem Jahre 1884 – wurde 1933 noch ausgebaut; 1934 folgte ein Planungsgesetz, das die Städte mit mehr als 2.500 Einwohnern verpflichtete, allgemeine städtebauliche Pläne aufzustellen. Infolge deren mangelnder finanzieller und personeller Ausstattung geschah wenig; ein weiteres Gesetz von 1944 bekräftigte die Vorschriften von 1934 und unterwarf die Pläne der ministeriellen Genehmigung, damit die Zentralisierungstendenz verstärkend (Williams 1984, 88). Nach Schätzungen hatten 1945 von etwa 500 dazu verpflichteten Städten nur 15 die Arbeit an solchen Plänen aufgenommen.

In Lissabon gab es jedoch dadurch einen gewisse Steuerung der Entwicklung, daß die Stadt, gestützt auf ein Enteignungsgesetz von 1933, große Stadterweiterungsflächen aufgekauft und beim Verkauf an Bauwillige die privatrechtlichen

Möglichkeiten zur Durchsetzung ihrer planerischen Ziele genutzt hatte. In diesen Jahren wurden ausländische Planer mehrfach mit der Aufstellung von Stadtplänen beauftragt, so einer der Architekten von Letchworth, Barry Parker, für Porto und die Franzosen Forrestier 1918 und Agache 1932 für Lissabon – ohne daß von diesen Entwürfen etwas in die Wirklichkeit umgesetzt worden wäre.
Zur Bekämpfung von Spekulation und illegalem Bauen machte ein Gesetz von 1951 alle Baumaßnahmen genehmigungspflichtig. Es blieb aber weitgehend unwirksam, da es die Genehmigung an das Bestehen genehmigter Stadtpläne band – und diese gab es nur vereinzelt. Immerhin wurde auf der Grundlage des Gesetzes von 1944 der Leitplan von Porto 1964, der von Lissabon 1967 fertiggestellt, beide übrigens unter der Oberleitung des französischen Planers Robert Auzelle. Indessen waren beide Pläne wegen der geringen Finanzkraft der Städte wenig wirksam; zudem beschränkten sie sich auf das kommunale Gebiet der Kernstädte, während die Stadtregionen als zusammenhängende Wirtschaftsräume bereits weit darüber hinausreichten.
Als nach dem Zweiten Weltkrieg die Industrialisierung und das Stadtwachstum sich verstärkten, hatten Bauspekulation und illegales Bauen („clandestino") Konjunktur. Ein Gesetz von 1971 bestätigte die Zweistufigkeit der gemeindlichen Pläne – „planos geraes de urbanização" und „planos de pormenor" – und führte als weitere Stufe die „planos de áreas territoriais" ein, also eine Art Regionalpläne für Verflechtungsbereiche, die vom Ministerium für öffentliche Arbeiten aufzustellen waren. Für Lissabon und Porto wurden jeweils stadtregionale Planungsbehörden geschaffen. Auch für diese Pläne wurden teilweise auswärtige Berater herangezogen, so der Edinburgher Professor Percy Johnson-Marshall für die Region Porto.
Nach dem politischen Umbruch von 1974 wurde die starke Zentralisierung gelockert zugunsten einer Ausweitung der Gemeindekompetenzen. Zwei Gesetze von 1976 statteten die Gemeinden mit bodenrechtlichen Instrumenten zur Steuerung der Stadtentwicklung aus; allerdings wurden sie offenbar nicht im erwarteten Umfang eingesetzt (Williams 1984, 101).
Im gleichen Jahr wurden die 274 Gemeinden in 49 regionale Gruppierungen eingeordnet, für die unter der Aufsicht von Koordinierungskommissionen für die Regionalplanung Rahmenpläne für die räumliche Entwicklung aufgestellt wurden. Um die gleiche Zeit wurde auch die erhaltende Erneuerung historischer Quartiere institutionell erleichtert und gefördert: auch die Ordnung und, soweit möglich, Legalisierung „wilder" Bauten und Siedlungen wurde in Angriff genommen.
Gleichwohl war in den ersten Jahren der Demokratie – wohl als Reaktion auf den vorher herrschenden Zentralismus – die Planung in den Hintergrund ge-

drängt; erst in den achtziger Jahren erhielt sie wieder mehr Gewicht. Ein Gesetz von 1982 statuierte als neuen Gesamtplan den „Plano Director Municipal" (PDM), dessen Anspruch über die rein physische Planung hinausreicht; er bedarf der Genehmigung durch das Ministerium. Liegt diese vor, so kann die Gemeinde in diesem Rahmen Pläne der beiden vorher genannten Typen in eigener Kompetenz rechtsgültig machen und vollziehen. Allerdings wurde der sozio-ökonomische Inhalt dieses Plantyps durch ein Gesetz von 1990 wieder eingeschränkt, so daß er sich im wesentlichen auf die Flächennutzung beschränkt; dahinter stehen offenbar auch planungsfeindliche Kräfte der Wirtschaft. Angesichts solcher politischen Kontroversen hat die Stärkung der Gemeindekompetenz deutliche Unterschiede der planerischen Einflußnahme von Ort zu Ort bewirkt (da Costa Lobo 1992, 179).

Schweden

Das neunzehnte Jahrhundert

Die städtebauliche Entwicklung in Skandinavien seit dem 19. Jahrhundert ist durch eine deutliche Eigenständigkeit gekennzeichnet, wobei es wechselseitige Beeinflussungen der skandinavischen Länder, aber auch Einflüsse aus Rußland über das 1807 von Schweden an Rußland abgetretene Finnland und später aus Deutschland und Großbritannien gab.
Die Industrialisierung begann in Schweden mit Sägewerken und Eisenverarbeitung, war also nicht eigentlich stadtbezogen; hinzu trat eine geringe Siedlungsdichte, so daß es erst relativ spät zu stärkeren Wachstumsimpulsen für die Städte kam, zunächst vor allem für die Hauptstadt Stockholm. Dort wurde schon 1857 erstmalig im Stadtrat die Aufstellung eines Planes erörtert, der allerdings erst nach einer Kommunalreform auf Betreiben des staatlichen „Statthalters" 1863 begonnen wurde und nach mancherlei Wechselfällen in 17 weiteren Jahren zu einer rechtskräftigen Planung führte. Zügiger ging die Entwicklung offenbar in Göteborg voran; dort fand 1862 der erste städtebauliche Wettbewerb Schwedens statt – zugleich übrigens die erste großflächige Planung im 19. Jahrhundert, die nicht durch einen Stadtbrand ausgelöst worden war. Das Ergebnis wurde bis zum Jahre 1866 in einen rechtskräftigen Plan umgesetzt.
Schon vorher aber hatte es erste Bemühungen um eine landesweite Gesetzgebung gegeben – sehr früh, gemessen an vielen industriell weiter entwickelten Ländern. 1859 brachte A. W. Edelsvärd, zu dieser Zeit einer der führenden Architekten Schwedens und zuständig für die Bahnhofsbauten der schwedischen Eisenbahn,

einen Antrag zum Erlaß eines städtebaulichen Gesetzes im Reichstag ein; im gleichen Jahre veröffentlichte er in der „Tidskrift för Byggnadskonst och Ingeniörsvetenskap" (Zeitschrift für Baukunst und Ingenieurwissenschaft) einen Artikel zum Thema „Plan und Bauordnung für Provinzstädte und Vorstädte" – einen „beachtenswerten Versuch, auf empirischer Grundlage eine rationell geordnete Stadt zu entwerfen" (Hall 1991, 188).

Edelsvärds Gesetzesinitiative wurde nach manchen Verzögerungen 1866 von dem Juristen Albert Lindhagen aufgegriffen und führte nach weiterer Ausschußarbeit 1874 zum Erlaß eines umfassenden Gesetzes durch die Regierung. Allerdings handelte es sich um ein Gesetz minderen Ranges, eher einer Rechtsverordnung vergleichbar; es gab keinen Beschluß des Reichstags, und damit konnte die Verordnung gegenüber privaten Grundeigentümern keine unmittelbare Wirkung entfalten. Sie richtete sich vielmehr an die Städte und verpflichtete eine jede, einen Plan für ihre bauliche Entwicklung aufzustellen (Stadsplan), der seinem Typus nach weitgehend den deutschen Baufluchtlinienplänen entsprach, aber im Gegensatz zu diesen private Bauten im vorgesehenen Straßenraum nicht in jedem Falle verhindern konnte.

Sorgfältig erläutert die Verordnung, welche Ziele und Belange bei der Planung zu berücksichtigen seien; § 12 lautet: „Der Stadtplan ist so zu gestalten, daß er gleichzeitig dem Bedürfnis des Verkehrs nach Raum und Bequemlichkeit, der Forderung der Gesundheit nach Licht und frischer Luft, der Wünschbarkeit größtmöglicher Feuersicherheit und dem Anspruch des Schönheitssinnes an Geräumigkeit, Abwechslung und Schmuck entgegenkommt." Diese Aufzählung von Planungszielen wird ergänzt durch eine Reihe von konkreten Hinweisen auf Planungsinhalte – breite Straßen, Märkte, Bepflanzungen, Vorgärten und Grünanlagen – und nimmt damit viele spätere Aussagen zum Städtebau vorweg. Im Gegensatz dazu enthielten die deutschen Gesetze des gleichen Zeitabschnitts lediglich Verfahrensregelungen und allenfalls Hinweise auf das Allgemeinwohl. Inwieweit dieses Gesetz zu seiner Zeit Aufmerksamkeit im Ausland erweckte, konnte nicht festgestellt werden; später dagegen finden sich lobende Kommentare bei dem britischen Kommunalpolitiker Th. Horsfall (vgl. S. 144) und bei Rey, Pidoux und Barde (1928, 443), die es – „soweit man wisse" – als erstes Gesetz bezeichnen, das sich an alle Städte eines Landes richte und alle Untergliederungen des Stadtplanes umfasse.

Die erwähnte geringe Durchsetzungskraft dieser Pläne ließ bald den Ruf nach besseren gesetzlichen Handhaben laut werden. Ein entsprechender Reichstagsantrag von 1884 wurde jedoch lange verschleppt, so daß das neue Gesetz erst 1907 verabschiedet wurde. Es ermöglichte die Verhinderung von Bauten innerhalb der vorgesehenen Straßen- und Platzräume und gegebenenfalls die Enteignung solcher Flächen, aber noch nicht das Verbot des Bauens außerhalb der Plangebiete. Indessen enthielt der Gesetzestext keine Anforderungen mehr an Ziele und Inhalte des Plans. Bemerkenswert ist die Betonung gemeindlicher „Planungshoheit" insofern, als der Regierung nicht mehr das Recht zuerkannt wurde, ihr vorgelegte Pläne zu ändern; sie hatte nur die Wahl zwischen Genehmigung und Ablehnung. Während der Beratungen wurde noch – eher zufällig, wie Hall (1991, 180) berichtet – die Möglichkeit eingefügt, Einzelheiten der Grundstücksausnutzung wie Geschoßzahl und Gebäudehöhe festzusetzen und damit die städtebauliche Entwicklung wesentlich genauer zu steuern, als dies allein die Baulinien vermocht hätten. Es ist diese Qualität, die Heiligenthal später schwedische Pläne als beispielhaft darstellen ließ (1926, 84); er bezog sich dabei unter Erwähnung Lilienbergs auf Pläne aus Göteborg, wo offenbar von dieser Möglichkeit in besonderem Maße Gebrauch gemacht worden war. Unter den für den schwedischen Städtebau wichtigen Persönlichkeiten ist für das 19. Jahrhundert der bereits genannte Albert Lindhagen hervorzuheben, der als Ausschußvorsitzender 1866 einen Entwurf zu einem Generalplan für Stockholm vorlegte, „dem großzügigsten schwedischen Planungsprojekt des 19. Jahrhunderts" (Hall 1991, 185); es bildete die Grundlage – wenn auch mit mancherlei Abstrichen und Veränderungen – für die 1879/80 genehmigten drei Teilpläne für die Bereiche Stockholms außerhalb der Altstadt.

Lindhagen war es auch, der 1875 im Auftrag der Regierung eine Reihe von Stadtplänen zusammenstellte, die offenbar als Muster für Erweiterungspläne gemeint waren und an alle in Betracht kommenden Gemeinden und Behörden versandt wurden. Vorbilder für diese Pläne stammten aus Städten Finnlands, das zu dieser Zeit unter russischer Herrschaft stand. Sie wiederum gingen auf eine umfangreiche Sammlung von Musterplänen zurück, die in Rußland 1839 erschienen war (Sundman 1991, 68f).

Das erste Drittel des zwanzigsten Jahrhunderts

Als erster wirklicher Stadtplaner des 19. Jahrhunderts wird Per Georg Sundius genannt, der vor allem in den siebziger Jahren Pläne für mehrere Städte entwarf. Bedeutender und auch international bekannter wurde der wesentlich jüngere Per Olof Hallman – gleichaltrig mit Fritz Schumacher –, der für über siebzig Städte plante, Autor vieler fachlicher Publikationen war und auch durch Wettbewerbserfolge – so durch den Ersten Preis in Göteborg im Jahre 1901 gemeinsam mit Fredrik Sundbärg – hervortrat. Zu Deutschland bestanden offenbar enge Beziehungen; Hallman hielt sich dort zu Studien auf und besuchte 1903 die

Städteausstellung in Dresden; mehrere Beiträge zur Zeitschrift „Der Städtebau" entstammen seiner Feder. In seinen Veröffentlichungen verschaffte er vor allem den Gedanken Sittes und Unwins Verbreitung; auch Stübben und Henrici wurden gewürdigt. Sein Plan für die 1908 gebaute Gartenvorstadt Enskede bei Stockholm läßt Einflüsse Sittes wie auch englischer Siedlungsentwürfe des Gartenstadttypus erkennen.

Ein jüngerer Mitarbeiter Hallmans, Albert Lilienberg, seit 1907 Stadtingenieur von Göteborg, entfaltete gleichfalls eine rege städtebauliche Tätigkeit, die ihm 1914 die Ehrenmitgliedschaft im neu gegründeten britischen Town Planning Institute eintrug; auch im Mitgliederverzeichnis der „Freien Deutschen Akademie des Städtebaues" von 1924 ist er als eines von vier „korrespondierenden Mitgliedern" (mit Berlage, Saarinen und Unwin) aufgeführt. Die 300-Jahrfeier der Gründung Göteborgs im Jahre 1923 nutzte er dazu, den 5. Kongreß der „International Federation for Garden Cities and Town Planning" nach Göteborg zu holen und in diesem Rahmen eine internationale Städtebauausstellung zu veranstalten (vgl. S. 188). Beides trug dazu bei, den Skandinaviern die Bedeutung des Städtebaues nahezubringen. Lilienberg dürfte es auch gewesen sein, der Gustav Langen als Berater für die Organisation der Ausstellung und Werner Hegemann als Berichterstatter über sie gewann. 1927 übernahm Lilienberg als Nachfolger Hallmans die Leitung der Stockholmer Stadtplanung; seine Planungen sind bereits durch strengere Formen – gegenüber den vom Gartenstadtmodell beeinflußten – gekennzeichnet.

In der zweiten Hälfte der zwanziger Jahre fanden die Wohnungsbauentwicklungen in Deutschland besondere Aufmerksamkeit – einerseits die der traditionellen schwedischen Linie verwandten Arbeiten von Schumacher und Tessenow, andererseits aber auch Wohnanlagen von May, Gropius und anderen Vertretern der Moderne. Gropius wurde 1929 zu einem Vortrag nach Stockholm eingeladen und veröffentlichte 1931 in der Zeitschrift „Vår bostad" (Unsere Wohnung) unter dem Titel „framtida bostadshus" (Wohnhäuser der Zukunft) ein Plädoyer für das Wohnhochhaus.

Ein neues Planungsgesetz des Jahres 1931 schuf die Möglichkeit, außer für Straßen und Plätze auch für öffentliche Gebäude und Grünanlagen Flächen zu sichern und die Anlieger zu den Straßenbaukosten heranzuziehen. Zugleich wurden die Städte verpflichtet, für alle älteren Baublöcke besondere Bebauungsbestimmungen mit dem Ziel einer Sanierung auszuarbeiten. Über die detaillierten Bebauungspläne hinaus wurde ein vorbereitender, den ganzen Siedlungsbereich der Stadt umfassender „Skelettplan" statuiert, von dem aber offenbar nur wenig Gebrauch gemacht wurde.

Zu den Gründungsmitgliedern der Internationalen Kongresse für Neues Bauen (CIAM) 1928 trat aus Schweden Sven Markelius, und mit der Stockholmer Ausstellung von 1930 und der zwei Jahre darauf von Gunnar Asplund ausgegebenen Parole „acceptera" hielt die Moderne – der „Funktionalismus" – Einzug in Schweden, wenn auch noch zumindest teilweise überlagert von der klassizistischen Tradition. Mit dem Ungarn Fred Forbat, der auch in erheblichem Umfang in Deutschland gebaut hatte, gewannen die schwedischen Architekten 1938 einen auch städtebaulich sehr kompetenten Kollegen, dessen Wirken der modernen Linie sehr zugute kam; seine Stadtplanung für Skövde von 1949 gilt als Muster einer wissenschaftlich fundierten Planungsarbeit – in ähnlichem Sinne wie der Amsterdamer Plan von 1935.

Die Entwicklung seit den dreißiger Jahren

In den dreißiger Jahren setzte sich der Zeilenbau in meist recht strenger Form durch, und es war nicht so sehr der Wohnungsbau dieser Zeit als der der vierziger Jahre, der zu augenfälligen neuen Entwicklungen führte und auch außerhalb Schwedens viel Beachtung fand. So wurden die Punkthäuser auf den Danviksklippen zum Prototyp der hohen Wohnhäuser dieser Art, nachdem die französischen Vorgänger der „Cité de la Muette" in Drancy wenig erfolgreich gewesen waren. Auch die Gruppierungen, die der Auflockerung des strengen Zeilenbaues dienten, ohne noch zum ungeliebten Block zurückzukehren, wie etwa die Y-Typen in Stockholm-Gröndal oder der große „Mäander" von Baronbackarna in Örebro, fanden Aufmerksamkeit, mehr noch aber wohl das Stadterweiterungskonzept für Stockholm mit den an der „Tunnelbahn" aufgereihten Siedlungseinheiten und ihrem systematisch entwickelten hierarchischen Zentrensystem, mit dem zugleich das angelsächsische Konzept der Nachbarschaftseinheit übernommen wurde (vgl. S. 294).
Nach dem Zweiten Weltkrieg schwand der deutsche Einfluß auf den schwedischen Städtebau vollständig zugunsten des angelsächsischen: Geddes, Mumford, der Greater London Plan und die „New Towns" wurden die großen Anreger. Insbesondere Mumfords „Culture of Cities" von 1938, 1942 ins Schwedische übersetzt, prägte das Städtebauverständnis dieser Zeit. Für die deutschen Fachleute dagegen wurde – sobald sie wieder reisen konnten – Schweden eines der gesuchtesten Ziele. So wurde in den fünfziger Jahren Schweden dank seiner eigenständigen städtebaulichen Leistungen wie auch seiner Wohnungspolitik seinerseits zum Lehrmeister für andere. Zu den erwähnten Beispielen trat bald das Muster für eine städtebauliche Sanierung unter Ausweitung des Geschäfts-

zentrums auf dem Stockholmer Norrmalm: die Fußgängerstraße der Sergelsgata mit der charakteristischen Reihung freiplastischer Bürohochhäuser, die zum Prototyp für manche Projekte in anderen Ländern wurde. Für das breite Interesse an der schwedischen Entwicklung war es auch von Bedeutung, daß das schwedische Sozialstaatsmodell – das inzwischen weitgehend zurückgefahren wurde – als „dritter Weg" zwischen Kapitalismus und Sozialismus internationale Aufmerksamkeit erweckte.

In den vierziger Jahren festigte sich offenbar auch das allgemeine Verständnis für die Bedeutung des Städtebaues; so wurde 1942 eine „Förening för Samhällsplanering" (Vereinigung für Gemeindeplanung) gegründet, die über die Fachleute hinaus die an den Aufgaben der Planung interessierten Kräfte zusammenfassen sollte. 1947 wurden in einem neuen Gesetz Planungs- und Bauvorschriften zusammengeführt und deutlich in ihrer Wirksamkeit gestärkt – gewiß auch unter dem Einfluß der sozialdemokratischen Reichtagsmehrheit und wohl auch mit dem Blick auf die gleichzeitigen umfassenden Regelungen, die in Großbritannien mit dem Town and Country Planning Act von 1947 erlassen wurden. Mit diesem Gesetz wurden die Gemeinden zur Aufstellung eines „Generalplanes" als Richtlinie für die Steuerung ihrer baulichen Entwicklung verpflichtet; wichtiger noch war die Bestimmung, daß geschlossene Bebauung (tätbebyggelse) in jedem Falle einen von der Gemeinde beschlossenen Plan voraussetzte. Die gemeindlichen Pläne bedurften allerdings der Genehmigung durch die Regierung; diese Regelung wurde später weitgehend zurückgenommen.

Im gleichen Jahr wurde auch der erste Städtebaulehrstuhl an der Technischen Hochschule Stockholm geschaffen und mit Uno Åhrén besetzt, der seit den dreißiger Jahren als Verfechter einer wissenschaftlich fundierten Stadtplanung eine bedeutende Rolle gespielt hatte und zeitweilig auch neben Markelius als Delegierter Schwedens bei den CIAM fungierte. Ein Schritt über die übliche Hochschulausbildung hinaus wurde im Jahre 1968 mit der Gründung des „Nordisk Institutet för Samhällsplanering" (Nordisches Institut für Gemeindeplanung) in Stockholm getan; es bietet Fachleuten aller skandinavischen Länder eine städtebauliche Nachausbildung. Voraussetzung für die Zulassung ist allerdings eine gewisse Erfahrung in der Planungspraxis.

In den fünfziger Jahren wandte man sich in der Sicherheit, nunmehr einen angemessenen Standard im Wohnungsbau erreicht zu haben, der Rationalisierung der Baumethoden zu; dementsprechend wurden die Formen strenger und schematischer, die Einheiten und damit auch der optische Maßstab größer. Diese Tendenz verstärkte sich in den sechziger Jahren, in denen sich der Wunsch nach mehr „Urbanität" – wie in Deutschland – mit der Vorstellung höherer Dichten verknüpfte.

Indessen wurde ein erheblicher Teil dieser verdichteten Wohnbebauung vom Markt nicht angenommen; mit den Leerständen wuchs die Kritik an dieser Entwicklung. Sie führte in den siebziger Jahren zusammen mit der allgemeinen Hinwendung zur Bewahrung und zur Ökologie in eine Situation, die Holm als „Vertrauenseinbruch" in der schwedischen Planung bezeichnet (1985, 9); es wurde mehr Rücksicht auf Marktbedingungen gefordert, ja zum Teil der Sinn der Planung überhaupt in Frage gestellt. Dabei handelte es sich offenbar nicht so sehr um einen Einfluß der gleichzeitigen britischen Deregulierungswelle unter Margaret Thatcher, zumal Schweden zu dieser Zeit eine sozialdemokratische Regierung besaß, als vielmehr um den Ausdruck eines allgemeinen Unbehagens an einer als steril erscheinenden, nicht ausreichend auf die Bedürfnisse der Bewohner eingehenden Planung, wie es sich auch in anderen Ländern zeigte. In gewisser Hinsicht wirkte sich dieser Stimmungsumschlag auch auf das 1986 beschlossene, seit 1987 gültige neue Planungsrecht aus, nach dem die Gemeinden nicht mehr an eine Genehmigung ihrer Planungen gebunden sind. Die Provinzverwaltung (Länsstyrelse) hat lediglich das Recht, Pläne bei Verstößen gegen nationale und Umweltbelange, gegen Sicherheit und Gesundheit zu beanstanden. Im übrigen setzt das Gesetz Ziele für die Umweltqualität und den haushälterischen Umgang mit den natürlichen Lebensgrundlagen und fordert erstmalig die Erörterung der Pläne nicht nur mit den Grundeigentümern, sondern auch mit den sonstigen Betroffenen.

Mehrere Autoren untergliedern rückblickend die Geschichte der schwedischen Stadtplanung nach dem Zweiten Weltkrieg in drei Phasen, deren erste, durch Optimismus und Experimentierfreudigkeit gekennzeichnet, um 1960 endet und durch eine großmaßstäblich-schematisierende Phase abgelöst wird, die man häufig als die des „Millionenprogramms" – des politischen Ziels, innerhalb weniger Jahre eine Million Wohnungen zu bauen – bezeichnet. Ihr folgt in den siebziger Jahren eine dritte Phase, die durch mehr Bürgerbeteiligung, mehr Markt, Rückkehr zu kleineren Maßstäben und Betonung ökologischer Gesichtspunkte gekennzeichnet ist. Die Parallelen zu den entsprechenden Veränderungen des „Planungsklimas" etwa in Großbritannien oder Deutschland liegen auf der Hand. Faßt man abschließend noch einmal den gesamten behandelten Zeitraum ins Auge, so zeigt sich, daß die fachlichen Einflüsse zunächst aus Deutschland, später aus Großbritannien und den USA – diese allerdings vorwiegend über die Literatur – eine beträchtliche Rolle gespielt haben; in diesen Ländern wurden aber auch die schwedischen Nachkriegsplanungen aufmerksam verfolgt und für eigene Entwicklungen ausgewertet. Beziehungen zur südlichen Hälfte Europas dagegen haben sich kaum ausgebildet, abgesehen von dem Interesse, das die moderne Richtung Le Corbusier entgegenbrachte. Daß man im Bereich des

Stockholmer Südbahnhofs – nach einem Wettbewerb – eine Planung des Katalanen Bofill verwirklicht hat, erscheint eher atypisch; indessen gibt es zu deren raumgreifender Geste gewisse Parallelen in früheren Großformen schwedischer Wohnbauten.
Andererseits scheint Schweden vom lateinischen Teil Europas aus kaum zu Kenntnis genommen zu werden. So bezog sich in der großen Ausstellung „La Ville" in Paris 1994 von den rund hundert Beiträgen zur „ville des architectes" ein einziger auf Schweden, und dieser auch nur zur Hälfte: eine Studie über Ralph Erskine mit einem im Katalog unbebilderten Hinweis auf die Wohnanlage Brittgården in Tibro neben dem ausführlicher dargestellten Byker-Gebiet in Newcastle. Darüber hinaus war ein Bericht über Eliel Saarinens Planung für Munkkiniemi-Haaga von 1915 der einzige Beleg dafür, daß der Norden überhaupt ins Blickfeld der Ausstellungsmacher gekommen war: gewiß eine gröbliche Unterbewertung des Beitrages, den der Norden – und insbesondere Schweden – zur Vielfalt und zur Qualität des europäischen Städtebaues geleistet hat.

Schweiz

In der Schweiz vollzog sich die Industrialisierung anfänglich dezentralisiert und trug deshalb nicht in gleicher Weise zum Stadtwachstum bei wie in den größeren europäischen Staaten. Die Agglomerationen von Zürich, Basel und Genf überschritten erst um die Jahrhundertwende eine Einwohnerzahl von 100.000 (Koch 1992, 74). Entsprechend geringer war zunächst der Druck der Probleme auf den Gebieten der Stadtentwicklung und des Wohnungswesens, doch kam es allmählich auch zum Bau von Mietskasernen und zur Ausprägung jener „steinernen Stadt", die zur Kritik herausfordern mußte.
Die Gesetzgebung auf baulichem Gebiet war traditionell Angelegenheit der Kantone; eine Bundesregierung mit nennenswerten Kompetenzen gab es erst seit 1848, und auf dem Gebiet der räumlichen Entwicklung wurde sie lange Zeit nicht tätig. Tatsächlich war ja auch der Planungsbedarf in den strukturell sehr unterschiedlichen Kantonen nicht einheitlich, so daß kein Bedürfnis für eine Bundesregelung bestand.
Einen gewissen nationalen Querverbund schufen allerdings die Fachleute, so vor allem der 1837 gegründete „Schweizerische Ingenieur- und Architekten-Verein" mit seiner „Zeitschrift über das gesamte Bauwesen". Die Einbeziehung des Städtebaues in dieses Bauwesen vollzog sich schrittweise und profitierte dabei von den Diskussionen in den stärker von Verstädterung betroffenen Ländern, namentlich von Deutschland. 1893 erschien erstmalig in der nun „Schwei-

zerische Bauzeitung" genannten Zeitschrift ein Artikel zum Thema „Praktische und ästhetische Grundsätze für die Anlage von Städten", der sich auf Stübbens im gleichen Jahre in Chicago gehaltenen Vortrag bezog (vgl. S. 130).
Bereits 1863 war für den Kanton Zürich ein Baugesetz erlassen worden, das außer der Festsetzung von Baulinien auch den Erlaß ergänzender Vorschriften zuließ und damit den Weg für „Quartiersbauordnungen" eröffnete. Diese konnten auch den Ausschluß bestimmter Nutzungen vorsehen; sie können also als Vorläufer einer Zonenbauordnung betrachtet werden (Koch 1992, 58).
Gleichwohl erschienen die bestehenden Regelungen nicht ausreichend für die Steuerung der sich ausdehnenden Bebauung; der Zürcher Ingenieur- und Architektenverein, angeregt durch das preußische Fluchtliniengesetz von 1875, schlug die Schaffung eines Bebauungsplans als Rechtsinstrument vor: „Dieser Bebauungsplan besteht einerseits in der Feststellung des Netzes der Hauptverkehrslinien und der bei fortschreitender Bebauung notwendigen freien Plätze, andererseits in der Einteilung der zwischen diesen Straßenlinien verbleibenden Flächen. [...] Die weitergehende Eintheilung ist jeweils nach dem Bedürfnis der näheren Zukunft vorzunehmen." (Koch 1992, 58)
Die textliche Anlehnung an die 1874 vom Verband deutscher Architekten- und Ingenieurvereine beschlossenen „Grundsätze für Stadterweiterungen" ist offenkundig. In der Tat statuierte das Baugesetz des Kantons Zürich von 1893 „für Ortschaften mit städtischen Verhältnissen" den Bebauungsplan als Rechtsinstrument.
Der Aufgeschlossenheit für die neuen Erfordernisse überlagerte sich bald eine Sicht der Dinge, die – analog zur Stimmung in anderen europäischen Ländern – in den radikalen Veränderungen des späten 19. Jahrhunderts vor allem einen Verlust an historischer Qualität und örtlicher Identität sah und den Rückgriff auf geschichtliche und regionale Charakteristika förderte. So wurde 1905 die Schweizerische Vereinigung für Heimatschutz, 1909 der Schweizerische Bund für Naturschutz gegründet; auch international stellte sich die Schweiz gern als Hort der Tradition und der Bodenständigkeit dar.
Im ersten Jahrzehnt des neuen Jahrhunderts allerdings verschärften sich die Wohnungsprobleme der Arbeiter und trugen zu innenpolitischen Spannungen bei. In städtebaulicher Hinsicht wurden Einflüsse aus dem Ausland spürbar, vor allem aus Deutschland, in dem dieses Jahrzehnt auf dem Gebiet des Städtebaues besonders fruchtbar war; auch der Gartenstadtgedanke fand Resonanz. Das Material des 1910 entschiedenen Wettbewerbs für Groß-Berlin wurde im folgenden Jahr im Rahmen einer vielbeachteten und von zahlreichen Vorträgen begleiteten „Zürcher Städtebauausstellung" gezeigt (Koch 1992, 126).

1901 wurde in Zürich erstmals für Neubaugebiete die offene Bauweise vorgeschrieben; die damit verbundene Ausnutzungsbeschränkung wurde 1904 durch Bundesgerichtsurteil als zulässig anerkannt. Für Winterthur wurde 1909 die offene Bauweise allgemein vorgeschrieben, um den Bau von Mietskasernen zu verhindern und für die Zukunft das Bild einer „Gartenstadt" zu sichern.
Mit der Landesausstellung 1914 war eine erste umfassende Städtebauausstellung verbunden, die von Hans Bernoulli – seit 1912 Lehrer für Städtebau an der Eidgenössischen Technischen Hochschule Zürich – und Carl Jegher organisiert war; sie zeigte Material zur geschichtlichen Entwicklung und zu aktuellen Problemen von über 20 Schweizer Städten in analysierender und vergleichender Form.

Das Zürich betreffende Material dieser Ausstellung wurde 1915 in Zürich gezeigt im Zusammenhang mit der Vorbereitung für einen im gleichen Jahr ausgeschriebenen, aber erst 1918 entschiedenen „Internationalen Wettbewerb für den Bebauungsplan der Stadt Zürich und ihrer Vororte". Dem 13köpfigen Preisgericht gehörten neben 9 Schweizern – darunter Hans Bernoulli – mit Joseph Brix, Hermann Jansen und Richard Petersen prominente deutsche Planer an; zu ihnen kam noch der Stadtbaurat von Köln, C. Rehorst. Auch bei den 31 Einsendungen beschränkte sich die Internationalität auf zürcherisch-ostschweizerische und deutsche Architektengruppen (Kurz 1990, 68); von diesen erhielten zwei einen Ankauf. Drei weitere Ankäufe und die fünf Preise gingen an Schweizer Teilnehmer (Koch/Malfroy 1995, 132).

1919 veröffentlichte die Zürcher Bauverwaltung einen „Schlußbericht" mit den wesentlichen Ergebnissen des Wettbewerbs, der als eine Art Handbuch den zeitgenössischen Stand des Städtebaues dokumentierte. In Zürich beeinflußte er Planung und Ausbau der Stadt bis in die fünfziger Jahre hinein, so auch die Eingemeindung von 1934. Dem Beispiel dieses Wettbewerbs folgten auch andere Schweizer Städte.

In der französischen Schweiz gründete Camille Martin, der in seiner Übersetzung Camillo Sittes von 1902 noch die mittelalterlichen Motive bevorzugt hatte (vgl. S. 150), 1920 in Genf ein „Bureau du plan d'extension" und bekannte sich 1927 in einer Schrift „Pour la grande Genève" zur funktionalen Auffassung der Moderne; er schlug ein Aktionsprogramm vor, das er wie folgt beschrieb: „Son activité se manifesterait avant tout sur le plan économique. Il considérait la ville, non comme un spectacle pour l'oeil, ou un décor, mais comme un instrument de la vie économique et social, comme un outil devant rendre des services pratiques à l'être humain." (Koch 1992, 127)

Eine vom Bund Schweizer Architekten 1928 veranstaltete „Schweizerische Städtebau-Ausstellung" in Zürich zeigte vergleichendes Material der zehn größten

Schweizer Städte, das anschließend von Bernoulli und Martin in dem Buch „Städtebau in der Schweiz" (1929) – einem Standardwerk seiner Zeit – zusammengefaßt wurde. Einen weiteren Anstoß erhielt die Moderne in der Schweiz durch die Gründung der „internationalen kongresse für neues bauen" (CIAM) in La Sarraz 1928; unter den Gründungsmitgliedern war die Schweiz neben Frankreich am stärksten vertreten (vgl. S. 194). So wurde auch die deutsche Fassung der 1933 beschlossenen „Charta von Athen" zuerst in der Schweiz veröffentlicht – im Rahmen der Schweizerischen Bauzeitung. Unter den Schweizer Beiträgen zu den verschiedenen Tagungen der CIAM ist insbesondere die Untersuchung über die Sanierung des Langstraßenquartiers in Zürich 1937 hervorzuheben (Steinmann 1979, 204f).

Zu den bemerkenswerten städtebaulichen Zeugnissen der neuen Bestrebungen zählen Hannes Meyers „Freidorf" bei Muttenz/Basel, die Mustersiedlungen Schorenmatten und Eglisee in Basel und die Werkbundsiedlung Neubühl in Zürich-Wollishofen. Dem Problem der Sanierung widmete Hans Bernoulli 1942 eine grundlegende Betrachtung unter dem Titel: „Die organische Erneuerung unserer Städte"; darin postulierte er die Überführung des Stadtbodens in öffentliches Eigentum und die quartiersweise Vergabe von Erbbaurechten, nach deren Heimfall das Quartier – ohne den bisher üblichen hohen Entschädigungsaufwand – zur Gänze neu strukturiert werden könne. Der von Bernoulli verwandte Begriff des „Organischen" kann als zeittypisch gelten (vgl. Reichow 1948); 1949 wurde im Zusammenhang mit dem 4. Schweizer Städtebaukongreß eine Ausstellung „Die Stadt als Organismus" gezeigt (Koch 1992, 170).

Den Blick auf eine großzügige überörtliche Planung eröffnete Armin Meili 1932 mit seiner Interpretation der Schweiz als einer „weit dezentralisierten Großstadt", die seither immer aktueller geworden ist. Das Jahr 1937 markierte zwei wichtige Schritte in diese Richtung: den ersten regionalen Richtplan für den gesamten Kanton Genf und die Bildung der schweizerischen Landesplanungskommission. Zum Planungsrecht ist anzumerken, daß in dieser Zeit die Bauzonenordnung vielerorts weiter differenziert und erstmalig das Steuerungsinstrument der „Ausnutzungsziffer" für das Maß der baulichen Nutzung in einem Wettbewerbsbeitrag propagiert wurde.

In der Nachkriegszeit gab es einige interessante Ansätze, sich demonstrativ von der Traditionsgebundenheit der Entwicklung zu lösen und mit einer neuen Stadt gleichsam ein Signal zu setzen – so der Entwurf einer Arbeitsgruppe unter Leitung von Ernst Egli für eine neue Stadt im Furttal, wichtiger noch die Anregung von Max Frisch, Lucius Burckhardt und Markus Kutter, die Landesausstellung 1964 zum Bau einer neuen Stadt zu nutzen; der Titel ihrer

Schrift „Achtung, die Schweiz" (1955) enthielt einen Appell, dessen Argumentation auch in Deutschland viel Beachtung fand.

Ein Beleg für die wachsende Bedeutung, die der räumlichen Planung beigemessen wurde, ist die Gründung des Instituts für Orts-, Regional- und Landesplanung an der Eidgenössischen Technischen Hochschule Zürich, das, gestützt auf das Wohnbauförderungsgesetz von 1965, wesentliche Grundlagen für die Planung in der Schweiz entwickelte.

Ein wichtiger rechtlicher Schritt war die aus dem Kampf gegen die wachsende Zersiedelung erwachsene Abgrenzung von „Baugebiet" und „Nichtbaugebiet", die zunächst auf der Grundlage von Kantonsgesetzen erfolgte. 1969 wurde die Schweizer Verfassung durch einen Artikel ergänzt, der dem Bund das Recht gab, durch Gesetz Grundsätze aufzustellen „für eine durch die Kantone zu schaffende, der zweckmäßigen Nutzung des Bodens und der geordneten Besiedlung des Landes dienende Raumplanung" (Koch 1992, 220).

Zu den städtebaulichen Leistungen, die im Ausland Interesse weckten, gehörten einerseits Neubauten wie die Berner Bahnhofsüberbauung, die dichte Reihenhaussiedlung Halen bei Bern oder der große Wohnkomplex „Le Lignon" bei Genf, andererseits Stadterneuerungsmaßnahmen in den zahlreichen historisch geprägten Altstädten des Landes. Gleichwohl nahm auch die Schweiz an der Kritikwelle gegenüber den Planungsergebnissen der sechziger Jahre und an den daraus erwachsenden Forderungen nach verstärkter Bürgerbeteiligung, offenerer Planung und Herausarbeitung von Alternativen teil. In den achtziger Jahren trat – analog zu den Entwicklungen in anderen Ländern – die Diskussion über die ökologisch vertretbare Planung in den Vordergrund; auch die Spannungen zwischen Denkmalpflege und historisierender Inszenierung machten sich in manchen Altstädten bemerkbar.

In der Folge der erwähnten Verfassungsänderung wurde 1979 das schweizerische Raumplanungsgesetz erlassen, das nunmehr den Rahmen für die kantonale Gesetzgebung bildet; es fordert den „haushältischen" Umgang mit Grund und Boden (das deutsche Baugesetzbuch von 1986 verlangt, „sparsam und schonend" mit ihm umzugehen). Mit einer Verordnung des Bundes von 1989 werden die Gemeinwesen aufgefordert, „sich bei der Nutzungsplanung auf eine Übersicht zum Stand der Erschließung und zum Stand der Nutzungsreserven im überbauten Gebiet abzustützen" (Koch 1992, 263), also auf die „Innenentwicklung" im Sinne der Stadterneuerung besonderes Gewicht zu legen. Unter diesem Blickwinkel ist auch eine Plankategorie interessant, für die es in anderen Ländern kaum Parallelen gibt: der Wohnanteilsplan, der innerhalb der Stadt – so etwa in Zürich – eine Differenzierung der Flächen nach dem Anteil an den zulässigen Nutzungen vornimmt, der dem Wohnen vorbehalten bleiben soll. Damit soll

einer unerwünschten Entmischung städtischer Nutzungen entgegengewirkt werden.
Insgesamt hat die föderative Struktur der Schweiz zu einer Vielfalt unterschiedlicher rechtlicher Regelungen ebenso wie zu zahlreichen Ansätzen für Plan-Zwischenstufen geführt. Das dem deutschen vergleichbare zweistufige Plansystem weist allerdings einen erheblichen Unterschied auf: während in Deutschland die „Eigentümerverbindlichkeit" auf die nur für Teilgebiete aufgestellten Bebauungspläne beschränkt ist, erstreckt sie sich in der Schweiz auch auf die das ganze Gemeindegebiet umfassenden Bauzonenpläne. So ist es verständlich, daß beispielsweise im Kanton Zürich neue Plantypen entwickelt worden sind – „Gestaltungspläne" und „Sonderbauvorschriften" –, die einvernehmlich durch Behörde und Investor erarbeitet werden und so in Teilgebieten mehr Flexibilität erlauben. In ihnen schlägt sich eine ähnliche Tendenz nieder, wie sie in Deutschland in den neuen Regelungen für „städtebauliche Verträge" und für „Vorhaben- und Erschließungspläne" zum Ausdruck kommt.

Spanien

Entwicklungen in der zweiten Hälfte des 19. Jahrhunderts

Um die Mitte des 19. Jahrhunderts begann mit der Entfestigung der großen Städte ein neuer Abschnitt in der Geschichte des spanischen Städtebaues. Wenn auch die Industrialisierung erst später einsetzte als im Kern Europas, so erforderte doch das Bevölkerungswachstum insbesondere in Madrid und Barcelona eine räumliche Ausdehnung der Städte.
Für den Raum um Barcelona, dessen Entfestigung 1854 genehmigt worden war, hatte der Ingenieur Ildefonso Cerdá bereits 1855 in staatlichem Auftrag eine topographische Kartierung vorgenommen; sein darauf gegründeter Erweiterungsplan wurde 1859 von der Zentralregierung in Madrid rechtgültig gemacht, obwohl die Stadt einen eigenen Wettbewerb veranstaltet und sich für den Entwurf von Rovira i Trias entschieden hatte. Cerdás „Plano de reforma y ensanche" sah neben großzügigen Straßendurchbrüchen durch die Altstadt – die nicht verwirklicht wurden – eine Erweiterungsfläche von 16 qkm vor, die mit 900 quadratischen, an den Ecken abgeschrägten Blöcken gefüllt werden sollte. „Ein einziges mächtiges Diagonalenkreuz durchschneidet die Achtecke mit heroischer Starrheit", schrieb Stübben 1924 in der dritten Auflage seines Buches; in den ersten beiden ist der Plan nicht erwähnt – offenbar, weil er Stübben erst gelegentlich eines Spanienbesuchs bekannt geworden war. Stübben

erwähnt auch, daß „das Blockgelände nur bis auf 25 m, von der Straße ab gerechnet, bebaut werden durfte – die älteste bekannte, obrigkeitlich vorgeschriebene Randbebauung mit freiem Blockinneren" (580). Indessen war dieser Gedanke einer aufgelockerten Bebauung – der Cerdás Schlagwort „rurizad lo urbano, urbanizad lo rural" (Verländlicht die Stadt, verstädtert das Land) entsprach – eben nicht in zwingende Rechtsvorschriften umgesetzt worden und inzwischen längst verlorengegangen – ebenso wie Cerdás ausführliche Überlegungen zur Verteilung öffentlicher Einrichtungen im Erweiterungsgebiet, die eine Art Quartiersbildung hätten bewirken können.

Außer in den Erläuterungen zu diesem Plan fanden Cerdás Gedanken auch in seinem umfangreichen – aber unvollständigen – Werk „Teoría general de la urbanización" ihren Niederschlag (vgl. S. 120). Es ist das erste Buch über den Städtebau mit einem wissenschaftlichen Anspruch; im Vorwort zum zweiten Band gibt Cerdá seiner Überzeugung Ausdruck, daß der Städtebau „una verdadera ciencia", eine wahrhafte Wissenschaft sei (Jürgens 1926, 312).

1860, ein Jahr nach Cerdás Plan für Barcelona, wurde auch für Madrid ein Erweiterungsplan genehmigt, entworfen von Carlos Maria de Castro, der dabei nach eigener Bekundung Anregungen von Cerdá aufgenommen hatte. Auch er ging von einem einheitlichen Quadratraster aus, nahm aber mehr Rücksicht auf die Führung der Ausfallstraßen und war präziser in der Ausweisung bestimmter Blöcke für Parks oder öffentliche Gebäude. Dem Erläuterungsbericht ist zu entnehmen, daß den verschiedenen Teilgebieten der Erweiterung je nach ihrer Lage zum Stadtkern unterschiedliche soziale Schichten zugeordnet werden sollten.

Erst einige Jahre später, 1864, wurde ein allgemeines Stadterweiterungsgesetz erlassen, das Enteignungsmöglichkeiten für die Verkehrswege schuf und finanzielle Erleichterungen und Anreize für die Durchführung bot; 1876 wurde es insofern novelliert, als die für die Erweiterungsgebiete zuständigen Kommissionen – offenbar zur Eindämmung der Spekulation – künftig allein aus Stadtratsmitgliedern bestehen mußten. 1892 wurde ein weiteres Gesetz für die Erweiterungen von Madrid und Barcelona erlassen, das später auch auf andere Städte ausgedehnt wurde; zwischen 1895 und 1920 machten Zaragoza, Valencia, Pamplona und Murcia davon Gebrauch.

Inzwischen jedoch hatte ein neuer städtebaulicher Gedanke in Spanien Aufsehen erregt, der bald auch internationale Aufmerksamkeit finden sollte: das Bandstadtkonzept des Madrider Straßenbahndirektors Arturo Soria y Mata, 1882 in der Zeitschrift „El Progreso" in einer Reihe von Artikeln dargestellt. Der Grundgedanke bestand darin, die Bebauung, beschränkt auf insgesamt etwa 500 m Tiefe, beiderseits eines Verkehrsbandes aufzureihen, das auch einen Schienen-

6 Neue Modelle für das Stadtwachstum. Das Konzept der Bandstadt von Arturo Soria y Mata (1882)

strang für den öffentlichen Verkehr aufnehmen sollte. Zugleich bot dieses Konzept den Vorzug, daß die offene Landschaft für die Bewohner jederzeit auf kurzem Wege erreichbar war – eine Qualität, die bei den großen konzentrischen Stadterweiterungen zwangsläufig verlorenging.
Aber es waren nicht nur funktionale, sondern auch sozialreformerische Überlegungen, die Soria motivierten. Ihm ging es – wie später Howard bei seinem Stadtmodell – um Verringerung der Dichte, um Verbesserung der Wohnverhältnisse, wie sein Artikel „La cuestión social y la Ciudad Lineal" von 1883 ausweist. So übernahm er auch fast wörtlich Cerdás Parole; bei ihm hieß sie „ruralizar la vida urbana, urbanizar el campo".
Die von ihm gegründete „Compañía Madrileña de Urbanización" konnte 1894 mit dem Bau der Bandstadt beginnen; jedoch hatte das ursprünglich als fast geschlossener Ring von 55 km Länge um Madrid konzipierte Band zunächst auf rund 5 km reduziert werden müssen – bei denen es dann auch blieb: eine Gartenvorstadt, die bald von der flächenhaften Ausdehnung der Stadt überspült wurde und heute kaum noch zu identifizieren ist. Man mag – angesichts späterer Erfahrungen mit großstädtischer Entwicklungsdynamik – fragen, ob nicht eine radiale gegenüber einer ringförmigen Entwicklung aussichtsreicher gewesen wäre, aber die Antwort bleibt Spekulation.
Im Jahre 1897 begründete die Compañía Madrileña de Urbanización eine eigene Hauszeitschrift „La Ciudad Lineal", die 1902 den Untertitel „Revista de urbanización, ingeniería, higiene y agricultura" erhielt und damit – zwei Jahre vor der deutschen Monatsschrift „Der Städtebau" – zu einer auch auf allgemeine städtebauliche Fragen gerichteten Zeitschrift wurde, die bis 1932 bestand.

Die erste Hälfte des 20. Jahrhunderts

Es scheint, als sei mit den beschriebenen Leistungen von Cerdá und Soria y Mata Spaniens Beitrag zum europäischen Städtebau für einige Zeit abgeschlossen; im ersten Viertel des 20. Jahrhunderts jedenfalls gibt es kaum spanische Fachveröffentlichungen und kaum ausländische Hinweise auf Spanien, abgesehen allerdings von dem internationalen Wettbewerb für die Stadterweiterung von Barcelona über den Cerdá-Plan hinaus, der im Jahre 1905 von dem Franzosen Léon Jaussely gewonnen wurde; das Ergebnis hat die tatsächliche Entwicklung allerdings nur in sehr begrenztem Maße beeinflußt.
Oskar Jürgens, Architekt und gründlicher Kenner der spanischen Verhältnisse, schrieb – vermutlich um 1920 – in einem posthum veröffentlichten Buch: „Während der lebendigen geistigen Bewegung, die in anderen Ländern auf

sämtlichen Gebieten des Städtebaues in der Folgezeit einsetzte, blieb Spanien, das zunächst allen vorausgegangen war, merkwürdigerweise ganz im Hintertreffen. Soweit es an solchen Fragen überhaupt Anteil nahm, bezog es seine Weisheit ziemlich urteilslos aus dem Ausland, hauptsächlich aus Paris, das besonders den Madridern in städtebaulicher Hinsicht auch heutigentags immer noch als das non plus ultra gilt. [...] In den wenigen Abhandlungen, die sich mit Städtebaufragen beschäftigen, findet man im allgemeinen mehr geistvolle Stimmungsmalerei als rein sachliche Erörterungen, wie denn überhaupt spanischer Wesensart fesselnde Darstellung weit mehr entspricht als trocken vorgetragene graue Theorie, wie die des in diesem Punkt ganz unspanischen Cerdá." (1926, 313f)

Auf rechtlichem Gebiet war 1895 ein Gesetz zur Erleichterung von Sanierungsmaßnahmen in Innenstädten erlassen worden, auf das sich Jürgens offenbar mit einem kritischen Kommentar bezieht: „In der ganzen die Fragen des Städtebaues berührenden Gesetzgebung kommt mehr der Drang nach Erneuerung, der in den letzten Jahren auf allen Gebieten des Lebens angestrebten regeneración, als Rücksicht auf die Erhaltung des Alten zum Ausdruck. [...] Es kann deshalb [...] nicht eindringlich genug auf den Wert einer verständigen Denkmalpflege und Erhaltung der alten Städtebilder für Bildung, Gemüt und Heimatliebe hingewiesen [...] werden." (1926, 311)

Nach der Jahrhundertwende fand auch die Gartenstadtbewegung in Spanien Resonanz, zumal sie im Gedankengut der „Ciudad Lineal" auf Verwandtes stieß; auch Camillo Sittes Thesen erfuhren durch die französische Übersetzung eine gewisse Verbreitung. Aus Barcelona wurde der Bibliothekar des Sozialmuseums, Cipriano Montoliu, 1910 zum Besuch der Städtebauausstellung nach Berlin entsandt (Jürgens 1926, 314); 1913 wurde sein Bericht „Las modernas ciudades y sus problemas a la luz de la Exposición de la Construcción Civica de Berlin" veröffentlicht, in dem er zugleich beklagte, daß Spanien auf der Berliner Ausstellung nur mit dem neuesten Erweiterungsplan von Barcelona vertreten gewesen sei, der zudem von einem Franzosen (L. Jaussely, vgl. S. 162) stamme. Ein Jahr zuvor hatte Montoliu unter dem Titel „La ciudad jardin" über Howards Gartenstadtkonzept berichtet und damit den Anstoß zur Gründung einer Gartenstadtgesellschaft in Barcelona („Sociedad Civica La Ciudad Jardin") gegeben. Jürgens zufolge wurde 1913 der Stadtverordnete Architekt Guillermo Busquets als Hörer an das Berliner Städtebauseminar entsandt und 1914 Stübben als Gutachter nach Barcelona eingeladen. 1920 unternahmen Vertreter der erwähnten „Sociedad Civica La Ciudad Jardin" eine Studienreise nach England, die das Konzept der Regionalplanung in spanischen Fachkreisen bekanntmachte.

1924 wurde ein Kommunalgesetz erlassen, das den Gemeinden ein hohes Maß an planerischer Selbständigkeit verlieh und im Verein mit dem königlichen Enteignungsdekret vom gleichen Jahre auch erheblich verbesserte Durchsetzungsmöglichkeiten bot; hierzu gehörte auch die weitgehende Abschöpfung von planungsbedingten Bodenwertsteigerungen und die Befugnis zur „Zonenenteignung" der an neue Straßen angrenzenden Bauflächen bis zu einer Tiefe von 25 bis 50 m. Heiligenthal kommentierte 1930: „Das Gesetz ist durchgreifend und ermöglicht zweifellos fruchtbare Arbeit. Wenn trotzdem spanische Fachleute ein Städtebaugesetz nach englischem oder französischem Muster fordern, so geschieht es wohl deshalb, weil das Kommunalgesetz viele Einzelfragen offen läßt und weil es den Gemeinden die Aufstellung und Durchführung der Pläne zwar ermöglicht, aber nicht zur Pflicht macht." (77)
Wieviel das Gesetz in der Praxis bewegt hat, ist schwer zu beurteilen; Alomar konstatiert in seinem Beitrag zur „Encyclopedia of Town Planning", die Jahre zwischen 1900 und dem Bürgerkrieg (1935) seien eine Zeit der Orientierungslosigkeit für die schnell wachsenden spanischen Städte gewesen; Monclús dagegen bezeichnet die ersten Jahrzehnte unseres Jahrhunderts als einen wesentlichen Abschnitt in der Entwicklung der spanischen Städte – trotz der Tatsache, daß die Steuerungsinstrumente der Stadtentwicklung keine nennenswerte Veränderung erfuhren (1992, 102).
Auf dem 11. Nationalen Architektenkongreß von 1926 wurde das Kommunalgesetz allerdings als nicht auf der Höhe der Zeit stehend kritisiert, zumal es keinen das ganze Stadtgebiet erfassenden Plan forderte. Als Ergebnis der Konferenz wurde das dringende Bedürfnis nach einem allgemeinen Planungsgesetz herausgestellt, das den neuen Konzepten der Stadt- und Regionalplanung Rechnung tragen müsse. Zugleich wurde das Thema der Regionalplanung, von dem katalanischen Architekten und Sekretär der Gartenstadtgesellschaft Rubió i Tuduri eingeführt, auf diesem Kongreß erstmalig ausführlich behandelt.
Um diese Zeit gab es mehrere städtebauliche Wettbewerbe für Erweiterungspläne unter ausländischer Beteiligung. So gewann Stübben 1926 einen Preis für die Stadterweiterung von Bilbao; auch Bünz hatte sich zusammen mit dem spanischen Architekten Mercadal an diesem Wettbewerb beteiligt. 1929 erhielt der Entwurf des spanischen Architekten Zuazo – nach Monclús „Schlüsselfigur des Städtebaues in den zwanziger Jahren" – und des Berliner Städtebauprofessors Hermann Jansen den ersten Preis in einem Wettbewerb um ein Entwicklungskonzept für die Madrider Stadtregion. 1930 wurde Le Corbusier von Sert und Torres Clavé zur Bearbeitung eines Planes für Barcelona (Plan Maciá) eingeladen (Mumford 1992), dessen Verwirklichung jedoch an der politischen Entwicklung scheiterte.

Der Übergang zur Republik 1931 brachte eine Intensivierung der städtebaulichen Diskussionen mit sich, bei denen die mit den CIAM verknüpfte Gruppe GATEPAC („Grupo de Arquitectos y Technicos Espanoles para el Progrés de la Arquitectura contemporánea") und ihr katalanisches Gegenstück GATCPAC eine führende Rolle spielten; diese entwickelte ein umfangreiches Konzept für eine regionale Dezentralisation im Raum Barcelona (Teran 1982, 94f).

Im Jahre 1932 begann – nach Kontakten mit dem London County Council – die Regionalplanung für Madrid, die offenbar in ständigem Kontakt mit dem Greater London Planning Committee weiterentwickelt wurde und 1939 zur Veröffentlichung eines Regionalplans führte (Wynn 1984, 128). Fernando Mercadal, Kenner der Entwicklung in anderen europäischen Ländern und Gründer von GATEPAC, spielte dabei eine maßgebliche Rolle.

1934, kurz vor Ausbruch des Bürgerkriegs, fand ein Städtekongreß in Gijon statt, der eine Reihe von Planungsempfehlungen verabschiedete. Sie forderten eine Planungspflicht der Gemeinden, die regelmäßige Revision städtebaulicher Pläne, Angaben von Art und Maß der Nutzung in den Plänen, Maßnahmen zur Bodenbewertung, Umlegung und Enteignung, und schließlich die Einrichtung von zentralen und regionalen Planungsbehörden für die übergeordnete Raumplanung.

An manche dieser Forderungen wurde nach dem Ende des Bürgerkriegs wieder angeknüpft, wenn auch das Franco-Regime einige Züge des deutschen und des italienischen Totalitarismus übernahm, sowohl in den Entwurfselementen – wie repräsentativen Achsen – als auch in einer propagandistisch zur Schau getragenen Stadtfeindlichkeit, der allerdings ebensowenig wie anderswo eine konsequente „Entstädterungspolitik" entsprach. So gilt auch der 1941 aufgestellte und 1946 genehmigte „Plan General de Urbanización de Madrid" im wesentlichen als Fortführung der Pläne von 1929 und 1931 (Wynn 1984, 132). Hier wurde erstmalig ein zweistufiges System entwickelt, das dann später in die allgemeine Gesetzgebung übernommen wurde: Der Generalplan sollte den Rahmen für das weitere Wachstum der Stadt darstellen und die Flächennutzung für das Gesamtgebiet zeigen; die Einzelpläne sollten dieser Struktur entsprechen und die Anordnung, Baumasse und Nutzung aller Gebäude und Freiflächen für ihr Teilgebiet zeigen.

Die zweite Jahrhunderthälfte

1949 wurde innerhalb des zum Innenministerium gehörigen Generaldirektorats für Architektur eine „Abteilung für Stadtplanung" mit weitgehenden Weisungsrechten errichtet; schon vorher waren innerhalb der Provinzen Planungsbehörden gebildet worden. Die wachsenden Probleme in den Städten führten zu Beratungen über ein neues Gesetz, das 1956 erlassen wurde und als „eines der vollständigsten und zeitgemäßesten Planungsgesetze in Europa" galt; dem Vernehmen nach stützte es sich auf entsprechende italienische, französische und belgische Regelungen (Wynn 1984, 136). Mit diesem „Ley del Régimen del Suelo y Ordenación Urbana" wurde ein hierarchisch-deduktives System geschaffen: Die Zentralregierung bestimmte „die Hauptrichtlinien der Stadtentwicklung", die Provinzpläne sollten „die Grundstruktur für die Stadtplanung in der Provinz" festlegen, und in diesem Rahmen waren dann die Gemeinden sowohl für die „Generalpläne" (mit weitgehender rechtlicher Verbindlichkeit) als auch für Detailpläne zuständig. Auch übergemeindliche Pläne im Sinne regionaler Zusammenschlüsse waren vorgesehen. Zugleich wurde eine Klassifizierung in „Stadtflächen", „städtische Reserveflächen" und „ländliche Flächen" vorgenommen und als Normalfall die Stadterweiterung in Gestalt von größeren Anlagen (poligonos) – etwa im Sinne der „Nachbarschaftseinheiten" – statuiert.

Die Wirklichkeit sah insofern anders aus, als weder die zentralen noch die provinzialen Planungsbehörden in der vorgesehenen Form funktionsfähig wurden, während die Gemeinden – teils unter dem Druck von Bauträgern, teils mit dem Ziel der Profilierung – unangemessen hohe Dichten in den Neubaugebieten zuließen, zumal das Gesetz die Bindung der Teilpläne an den Generalplan weit lockerer formuliert hatte als die Madrider Regelung von 1946. Die Ergebnisse waren also nicht so positiv wie erwartet; hinzu kamen sehr hohe Zuwanderungsraten in die Großstädte (in den frühen siebziger Jahren in Madrid und Barcelona jeweils über 100.000 jährlich), die naturgemäß Probleme schufen. Einen Ausweg suchte man in der 1970 eingeleiteten Entwicklung neuer Städte. Das Gesetz „dringlicher Entwicklung" (ACTURS) ermächtigte das Wohnungsbauministerium zur Enteignung großer Flächen für neue Städte unter Abkürzung der üblichen Rechtswege; offenbar besteht eine gewisse Parallele zu den britischen „Enterprise Zones" – auch in der fachlichen Kritik, die dieses neue Verfahren auf sich zog. Daß außerdem die Grundeigentümer dagegen waren, versteht sich; tatsächlich lief sich das Programm der „Neuen Städte" weitgehend tot. 1976 wurde das Gesetz von 1956 als „Ley del Suelo" novelliert und an die veränderten politischen Verhältnisse nach dem Ende des Franco-Regimes – insbesondere die gestärkten Kompetenzen der „Comunidades Autónomas" (den deutschen Bundesländern vergleichbar) – angepaßt. An die Stelle der bisherigen Provinzialpläne trat jeweils ein „Plan Director Territorial de Coordinación", der „den räumlichen Rahmen für die Ausführung der nationalen Wirtschafts- und Sozialplanung" bilden sollte. Zugleich band das Gesetz die örtlichen Teilpläne stärker an den Generalplan und setzte Standards für Grünflächen u.ä. fest. Eine wichtige Neuerung lag darin, daß das Gesetz erstmalig Sonderregelungen für die Planung von Sanierungsmaßnahmen traf. Auch für die Bürgerbeteiligung wurden weitgehende Vorschriften erlassen.

Mit der neuen Verfassung des Jahres 1978 ging die Zuständigkeit für die Planungs- und Baugesetzgebung auf die 17 autonomen Regionen über; Planungsbehörden sind einerseits die 50 Provinzen, andererseits die etwas über 8.000 Gemeinden Spaniens. Indessen besteht seit 1982 eine landesweite Planervereinigung, die „Asociación Española de Técnicos Urbanistas".

Eine Novellierung des „Ley del Suelo" von 1992 zielte auf eine Stärkung des Einflusses der Zentralregierung, die aber politisch nicht unumstritten ist. In der Praxis regt sich deutliche Kritik an der Schwerfälligkeit und mangelnden Flexibilität der Generalpläne (Vegara 1995) wie übrigens auch an der Rechtszersplitterung infolge unterschiedlicher Regelungen in den autonomen Regionen. Ein weiterer Kritikpunkt ist die ausschließliche Ausrichtung der Pläne auf die physische Entwicklung; für Barcelona wurde deshalb der „Plan General Metropolitano" aus dem Jahre 1976 ergänzt durch einen sozioökonomisch orientierten „strategischen Plan", der 1992 beschlossen wurde (Keyes et al. 1993, 55); die Analogie zu den deutschen „Stadtentwicklungsplänen" liegt auf der Hand.

2. Kapitel

Internationale Verflechtungen

Vorbemerkung

In diesem Kapitel wird der Versuch unternommen, den Wechselwirkungen nachzugehen, die sich aus den Einflüssen der Fachliteratur ebenso wie aus den Kontakten zwischen Fachleuten verschiedener Länder ergaben, und sie zu einem Überblick zusammenzufassen, der Gemeinsamkeiten und Unterschiede zwischen den Entwicklungen in den einzelnen Ländern erkennen läßt.
Es erscheint sinnvoll, diese unterschiedlichen Themenbereiche nicht nacheinander abzuhandeln, sondern ihre Verknüpfungen – und den jeweiligen „Zeitgeist" – dadurch deutlicher zu machen, daß sie für bestimmte Zeitabschnitte zusammengeführt werden. Dabei liegt es nahe, als Zäsuren zwischen solchen Abschnitten die Zeiten geringer fachlicher Kontakte zu wählen – die beiden Weltkriege also – und die Zeit bis 1918 in eine „Gründungsphase" und eine „Konsolidierungsphase" der städtebaulichen Disziplin zu gliedern. Gewiß lassen sich diese Phasen nicht scharf trennen, und sie decken sich zeitlich auch nicht in allen Ländern; so wird in den Forschungen über die Entwicklung der deutschen Stadtplanung meist das Jahr 1890 als eine Art Schwelle betrachtet, die von den ersten Anzeichen der Herausbildung einer neuen Disziplin zu einem Zeitabschnitt ihrer Konstituierung führt. Indessen liegt diese Schwelle in anderen Ländern deutlich später, und so erscheint es vertretbar, als Trennlinie die Jahrhundertwende zu wählen.
Einem Höhepunkt internationalen Konsenses in jener zweiten Phase – insbesondere in den Jahren von 1910 bis zum Kriegsausbruch 1914 – folgten die zwei Jahrzehnte zwischen den Kriegen, die einerseits einen Ausbau der internationalen Kontakte, andererseits aber – infolge der Einbruchs der „Moder-

ne" – eine stärkere Differenzierung der Zielvorstellungen mit sich brachten. Der Zeitabschnitt nach 1945 ist nicht nur rund doppelt so lang wie die vorangegangenen, in ihren wesentlichen Ereignissen weniger als ein Vierteljahrhundert umspannenden Phasen; er ist auch durch stärkere Brüche in der Vorgehensweise – und der gesellschaftlichen Einordnung – der Stadtplanung gekennzeichnet. Der geringere zeitliche Abstand erschwert eine gesicherte Beurteilung ebenso wie die wachsenden Fülle des Materials, die es zu überblicken und zu ordnen gilt.

Aus diesem Grunde ist die Darstellung dieses Zeitabschnittes uneinheitlich. Bis zum Beginn der sechziger Jahre wird den Entwicklungen in ähnlicher Weise nachgegangen wie bei den früheren Abschnitten, und eine homogene Forschungsarbeit hätte vielleicht mit dieser Schwelle abgeschlossen werden sollen. Indessen hat sich seither – zum Teil mitbedingt durch frühere Ansätze – eine Reihe von grenzüberschreitenden Entwicklungen vollzogen, die so eindeutig zum Kernthema dieser Arbeit gehören, daß sie nicht außer acht gelassen werden sollten. Allerdings konnten sie nur in großen Zügen – gleichsam holzschnittartig – dargestellt werden; um ihnen im einzelnen gerecht zu werden, bedarf es auch wohl einer größeren zeitlichen Distanz.

Für jeden dieser Zeitabschnitte wird also zunächst ein Überblick über die wichtigsten Beiträge aus den verschiedenen Ländern zur städtebaulichen Literatur gegeben; dabei müssen natürlich neben den eigentlichen Fachbüchern auch diejenigen Schriften ins Blickfeld kommen, die gleichsam „von außen" auf den Städtebau und sein Gedankengut eingewirkt haben; Ebenezer Howards Gartenstadtkonzept ist geradezu das klassische Beispiel für die Bedeutung von „Außenseitern". Soweit im gesetzten Rahmen möglich, werden die wichtigsten Werke inhaltlich und hinsichtlich ihrer Wirkung kurz charakterisiert. Übersetzungen in fremde Sprachen stellen gewiß den handgreiflichsten Beleg für solche Wirkungen dar; wie wichtig das Vorliegen von Übersetzungen für die Auseinandersetzung mit fremdem Gedankengut sein kann, zeigt die repräsentative Zitatensammlung des prominenten französischen Planers Robert Auzelle aus dem Jahre 1964, die gleichsam die Entwicklungsgeschichte der Stadtplanung aus französischer Sicht widerspiegelt. Der Blick nach

Bild 9

außen ist dagegen begrenzt: Von den 323 Zitaten stammt weniger als ein Zehntel – 31 – von 24 nichtfranzösischen Autoren, darunter 13 englisch- und 6 deutschsprachigen. Von allen zitierten Texten bestand aber offenbar bereits eine französische Übersetzung.
Andererseits sagt das Vorliegen einer Übersetzung nicht immer etwas über den wirklichen Einfluß einer Schrift aus. Vor allem in manchen kleineren europäischen Ländern gehört die Kenntnis fremder Sprachen so sehr zur Allgemeinbildung, daß Fachbücher im Original gelesen werden. Das trifft in Skandinavien für Englisch, zumindest bis zur Mitte dieses Jahrhunderts auch für Deutsch zu, in den Niederlanden für beides und wohl auch weitgehend für Französisch. Hier ist man also auf andere Indikatoren für die Verbreitung ausländischer Einflüsse angewiesen; so wird in einer geschichtlichen Untersuchung über die dänische Stadtplanung berichtet, daß in der Bibliothek des Kopenhagener Stadtbauamtes an ausländischen Büchern außer einem belgischen von 1894 lange nur deutschsprachige vorlagen; erst 1909 kam das erste englischsprachige hinzu (Knudsen 1988, 300). Vermutlich handelte es sich um die Werke von Buls und Unwin.
Allerdings sollte man nicht aus dem Auge verlieren, daß mit solchen Übersetzungen keineswegs immer ein zutreffendes Bild der städtebaulichen Verhältnisse im Ursprungsland vermittelt wird; Le Corbusiers „Urbanisme" war ebensowenig repräsentativ für den französischen Städtebau wie Frank Lloyd Wrights „When Democracy Builds" (deutsch: „Usonien") für den amerikanischen. Aber für manchen Verleger mag gerade das Ungewöhnliche solcher Thesen den Anstoß für die Übersetzung bieten.
Von Bedeutung sind vor allem solche Übersetzungen, die nur wenig später als das Original erschienen, also die zeitgenössische Praxis beeinflussen konnten. Die weit größere Zahl von Übersetzungen, die etwa seit 1960 aus historischem Interesse veröffentlicht wurden – wie z.B. Howard ins Italienische 1962, Garnier ins Deutsche 1992 – bleibt hier weitgehend außer Betracht.
Nicht minder wichtig als Bücher sind die Fachzeitschriften – vielleicht sogar insofern wichtiger, als sie binnen kürzerer Frist

wirken. Zudem fördern sie die Kontakte nicht nur durch ihre Verbreitung im Ausland, sondern auch durch ihre Informationen über ausländische Beispiele und Entwicklungen. Auch für Hinweise auf ausländische Ausstellungen und Kongresse wie auch auf Studienreisen ins Ausland sind Zeitschriften meist eine ergiebige Quelle. Eine umfassende Analyse der Zeitschrifteninhalte hätte indessen den Rahmen dieser Untersuchung überschritten, so daß sich die Aussagen eher auf Stichproben stützen müssen.

Internationale Kongresse und Ausstellungen sind es, die im jeweils zweiten Textteil innerhalb der einzelnen Zeitabschnitte im Vordergrund stehen; sie sind jene Kernstücke fachlicher Kommunikation, die von vornherein auf die Begegnung mit fremden Erfahrungen zugeschnitten sind. Die Gastländer solcher Kongresse bieten in der Regel zugleich Studienreisen für die Kongreßteilnehmer an; auch unabhängig davon stellten und stellen derartige Reisen wichtige Informationsquellen dar. Hinzu kommen Einflüsse, die sich durch Heranziehung ausländischer Planer ergeben – sei es im Gefolge internationaler Wettbewerbe, sei es auch durch unmittelbare Beauftragung –, und letztlich gehört auch die Wirkung informeller persönlicher Kontakte in diesen Bereich, für die es einige bemerkenswerte Beispiele gibt – wie etwa die Widmung des Dänen Steen Eiler Rasmussen in seinem Buch „London, the Unique City", die Raymond Unwin und Werner Hegemann galt.

So ergibt sich ein Netzwerk von internationalen Beziehungen, das die aus unterschiedlichen Mentalitäten, Traditionen und Ordnungssystemen erwachsenen nationalen Planungsansätze gleichsam überlagert und in gewissem Maße beeinflußt. Inwieweit solche Einflüsse – und die Gleichartigkeit der Sachprobleme – zu Gemeinsamkeiten der städtebaulichen Entwicklung führten und welche Unterschiede gleichwohl bestehen blieben oder sich gar stärker ausprägten, wird für die einzelnen Zeitabschnitte im jeweils dritten Textteil skizziert. Diese Darstellung ist bewußt knapp gehalten, weil sich sonst allzu viele Überschneidungen mit dem im letzten Kapitel behandelten Teilaspekten der Entwicklung ergeben hätten.

Von der Jahrhundertmitte bis 1900

Fachliteratur bis 1900

Stadtwachstum und Industrialisierung, eng miteinander verknüpft, prägten in Europa und Nordamerika spätestens seit der Mitte des 19. Jahrhunderts eine Entwicklung, die teils als Fortschritt, teils als Bedrohung empfunden wurde; beides schlug sich in der Literatur nieder. Diese Problematik wird auch in dem Kommentar des Wiener Kunsthistorikers Eitelberger von Edelberg spürbar, der einem im Zusammenhang mit der Wiener Ringstraßenplanung gehaltenen Vortrag entstammt: „Die Überzeugung, daß man in diesen Dingen einer höheren Gewalt gehorcht, stärkt die Kraft des Willens und fordert, da es müßig erscheint, über den Vorteil und Nachteil großer Städte zu sprechen, zum klaren Denken über die Bedingungen auf, unter denen das leibliche wie das geistige Wohl derselben gedeihen kann."(1858, 32f)

Stadtwachstum

Bild 1

So gab es Anstöße von engagierten Persönlichkeiten wie etwa dem Berliner Statistiker Ernst Bruch mit seiner Kritik an James Hobrechts Bebauungsplan: „Mit diesem Bebauungsplan und seinen zahl- und geistlosen Häuserquadraten soll die bauliche Zukunft Berlins identisch sein? Sie wäre danach wahrlich keine erfreuliche." (1870, 151) Zugleich nahm Bruch strukturelle Überlegungen zur dezentralen Stadtentwicklung um Jahrzehnte vorweg, indem er dem Bild Berlins als einer „ihre umkreisenden Planeten durch ihre Attraktionskraft fortgesetzt in ihr eigenes unbehülfliches, kolossales Volumen auflösenden ‚großartigen' Sonne" ein anderes gegenüberstellt, „in dem die Planeten ihre eigene Existenz bewahren, einen eigenen Gravitationspunkt bilden und sich mit ihren Trabanten dem großen, lockerer und leichter zusammengefügten Ganzen zwanglos einfügen." Hier taucht der später häufig benutzte – und mißbrauchte – Begriff des Trabanten erstmalig im städtebaulichen Zusammenhang auf (vgl. S. 289).

Bruch

Bild 5

Auch durch andere Einsichten qualifiziert sich Bruchs Artikel als erster deutscher Beitrag zur kritischen Diskussion der Stadtentwicklung im Industriezeitalter. Wenige Jahre später folgte „Arminius" (Gräfin Adelheid Dohna-Poninski) mit dem Buch

„Arminius"

119

"Die Großstädte in ihrer Wohnungsnot und die Grundlagen einer durchgreifenden Abhilfe", dem allerdings andere Schriften zur Wohnungsfrage – so Victor Aimé Hubers „Die Not der kleinen Leute in den großen Städten" (1857) – vorausgegangen waren. Die Verfasserin aber weitete das Thema ins Städtebauliche aus, indem sie „eine gesunden Theorie über die Architektur der Großstädte sowie der Städte überhaupt" (1874, 145) forderte und einen Grüngürtel als Erholungszone um die bestehenden Städte vorschlug, jenseits dessen erst wieder eine weitere bauliche Entwicklung zulässig sein sollte (146).

Richardson Nahezu gleichzeitig veröffentlichte der englische Arzt B.W. Richardson seine Schrift „Hygieia – a City of Health", nach seinen Worten „a theoretical outline of a community [...] guided by scientific knowledge that the perfection of sanitary results will be approached if not actually realised, in the coexistence of the lowest possible general mortality with the highest possible individual longevity". (1876)

Erste Fachbücher Gewiß waren solche Schriften wichtig für die Bewußtmachung der Probleme, doch konnte eine nachhaltige Einflußnahme auf das konkrete Geschehen erst von der Entwicklung einer Fachliteratur im engeren Sinne erwartet werden. Sie ging nur langsam vor sich und begann eigentümlicherweise nicht in England oder Frankreich, den industriellen Vorreitern, sondern in Spanien, Deutschland, Österreich und den Niederlanden. Bis zum Jahre 1890 gab es nur fünf Buchveröffentlichungen zum Städtebau im Sinne einer technisch-gestalterischen Aufgabe, wie sie sich unter den neuen Bedingungen der industriellen Gesellschaft stellte.

Cerdá Ildefonso Cerdás „Teoría General de la Urbanización" (1867) ist das erste Werk, das den Anspruch erhob, die historische Entwicklung der Siedlung darzustellen und zugleich Vorstellungen für deren künftige Steuerung zu präsentieren, die als Handlungsrichtlinien dienen könnten. Bekanntlich ist der zweite Band, dessen Thema die Planung selbst sein sollte, nicht erhalten – wenn er je geschrieben wurde; Cerdás Gedanken dazu können aber jedenfalls zum Teil aus seinem Erläuterungs-
Bild 2 bericht für den Erweiterungsplan von Barcelona entnommen werden. Hierzu kommentiert Jürgens (1925, 313):

„Es sind also allem Anscheine nach sehr wesentliche, vielleicht sogar die wertvollsten Teile ungeschrieben oder unveröffentlicht geblieben. Außerdem leidet die Schrift unter der Schwerfälligkeit ihrer Abfassung, der weitschweifigen [...] Ausdrucksweise und der reichlich weitgehenden, schulmeisterlich-pedantischen Zerlegung in zahlreiche Abschnitte und Unterabschnitte, die die Geduld des Lesers auf eine harte Probe stellen. Das hat wohl auch zum großen Teil mit dazu beigetragen, daß diese [...] höchst verdienstvolle Arbeit [...] auch im Lande selbst lange Zeit unbeachtet geblieben ist."
Gleichwohl gibt es für den heutigen Leser erstaunliche Einsichten, so vor allem in die Auswirkungen des Verkehrs bis hin zu der Vision, daß einst jedermann eine „Locomobile" vor seinem Haus haben werde.

Im Ausland blieb die Existenz des Werkes offenbar weitgehend unbekannt; Stübben erwähnt zwar in der dritten Auflage seines Hauptwerkes den Erweiterungsplan für Barcelona (1924, 580), führt jedoch in seiner höchst umfangreichen Bibliographie Cerdás Buch nicht auf – was bei Stübbens Neigung zur enzyklopädischen Vollständigkeit nur heißen kann, daß er von ihm nichts wußte.

Insofern ist also wohl Baumeisters Schrift „Stadterweiterungen in technischer, baupolizeilicher und wirtschaftlicher Beziehung" tatsächlich das erste fachliche Handbuch im engeren Sinne. Den drei Kapiteln, die jeweils einem dieser Aspekte gewidmet sind, ist ein weiteres über „Die Aufgabe im Allgemeinen" vorangestellt, Es beginnt höchst pragmatisch mit den Sätzen: „Zwei Aufgaben liegen bei einer Stadterweiterung vor: neue Wohnungen zu schaffen und den Verkehr zu erleichtern. Jede derselben muß sowohl innerhalb wie außerhalb der bebauten Fläche erwogen werden" (1876, 1), enthält aber auch den Hinweis, daß „eine richtige Stadterweiterung einen sehr wichtigen Bestandteil aller sozialen Reformen" bilde (14). Ästhetische Vorschriften indessen hält Baumeister für verfehlt, denn sie „haben den großen Nachteil, daß sie die Baulust beschränken. Denn was heißt Schönheit im vulgären Sinne? Sie heißt: das Bauen kostet mehr Geld." (265)*

Baumeister

---

* Zu dieser ökonomischen Betrachtungsweise könnte nicht nur Baumeisters Ingenieurausbildung, sondern auch seine Herkunft aus Hamburg beigetragen haben,

Sitte 13 Jahre später nannte Camillo Sitte in seinem Buch „Der Städte-Bau nach seinen künstlerischen Grundsätzen" Baumeister „den ersten und bisher einzigen Theoretiker des modernen Stadtbaues" (1889, 90), kritisierte aber heftig seine Abstinenz in der Behandlung künstlerischer Fragen. Schon der von Sitte gewählte Buchtitel macht deutlich, daß er in Baumeisters Reihe der „Beziehungen" eine Lücke sah. In erster Linie ging es Sitte um den städtebaulichen Raum, für den er die Vorbilder aber keineswegs nur im Mittelalter – wie später häufig unterstellt –, sondern auch in der Renaissance und im Barock sah. Auch war sein Ziel nicht die Kopie historischer Motive, wie Kritiker gelegentlich aus manchen Werken seiner Gefolgsleute schlossen, sondern vielmehr, „mit Bewußtsein dieselben Mittel wieder zu gebrauchen, welche in den Zeiten traditioneller Kunstübung die Bildner unbewußt auf rechter Fährte erhielten" (23). In Sittes Buch überlagern sich auf eigentümliche Weise fundamentale gestalterische Einsichten mit einer sehr zeitgebundenen Auffassung von Kunst als einer eher dekorativen Zutat zum sachlich Notwendigen: „... denn der Künstler braucht für seine Zwecke nur wenige Hauptstraßen und Plätze; alles Übrige mag er gerne dem Verkehr und den täglichen materiellen Bedürfnissen preisgeben." (98)

Stübben Ein Jahr nach Sittes Schrift, die weite Resonanz fand, legte
„Der Städtebau" Stübben ein enzyklopädisches Werk vor, das zwar auch Gestaltungsfragen einbezog, aber in seiner Grundhaltung eher Baumeisters pragmatischer Auffassung entsprach. Auf über 500 Seiten wurden in fünf großen Abschnitten Grundlagen des Städtebaues, Entwurf und Ausführung des Stadtplanes, die baulichen Anlagen unter und auf der Straße sowie die städtischen Pflanzungen behandelt, ergänzt durch den Abdruck von Gesetzen, Ortsstatuten, baupolizeilichen Verordnungen, Vereinsbeschlüssen und Gutachten zu städtebaulichen Fragen. Die Schlußbemerkung läßt bereits das Selbstverständnis der sich formenden neuen Disziplin erkennen: der Städtebau sei „eine

---

wie Fritz Schumachers Bemerkung andeutet: „Es gibt Hamburger, die, wenn ein baulicher Eindruck gut ist, zunächst nichts anderes denken als ‚Mein Gott, wie teuer', und deren wirtschaftliches Gewissen man vielleicht nur durch bauliche Reizlosigkeit ganz beruhigen kann." (1932[1], 9)

umfassende, fürsorgende Tätigkeit für das körperliche und geistige Wohlbefinden der Bürgerschaft; er ist die grundlegende praktische öffentliche Gesundheitspflege; er ist die Wiege, das Kleid, der Schmuck der Stadt." (514; vgl. S. 232)
Bezieht man nun allerdings Beiträge zu Zeitschriften und Sammelbänden in die untersuchte Literatur ein, so wird das Bild erheblich vielgestaltiger. Die früheste Quelle im 19. Jahrhundert, die Stübben in der Bibliographie seiner ersten Ausgabe aufführt – sie enthält mehr als 200 Titel –, ist ein Artikel „Théories des villes. Comment les villes se sont formées" aus dem Jahre 1854 in der „Revue Générale de l'Architecture et des Travaux Publics"; Autoren sind die Architekten Lenoir und Landry. Im „Résumé" heißt es:

Zeitschriftenbeiträge

„La disposition des plans de cités étant le résultat de deux actions combinées: l'intérêt public et l'intérêt privé, doit nécessairement porter l'empreinte de cette double paternité. L'action, sur la cité, du citoyen agissant sous l'influence de son ignorance de l'hygiène, ou de son individualité égoïste, et l'action de la commune, procédant en bonne mère dans l'intérêt de tous, ont dû, et ont en effet laissé à toutes les époques des traces nettement caractérisés. [...] Guidé ainsi par une étude rigoureuse des faits, on pourra définir et fixer pour l'avenir les dispositions *rationnelles* qui donneront satisfaction à tous les intérêts dans la fondation et le développement des villes."
Als eine gleichfalls sehr frühe Quelle nennt Stübben den Vortrag des Wiener Kunsthistorikers Eitelberger von Edelberg „über Städteanlagen und Stadtbauten", aus dem eingangs zitiert wurde. Erst in den siebziger und achtziger Jahren mehrten sich dann Artikel, die sich meist auf einzelne städtebauliche Maßnahmen, seltener auf allgemeine Fragen der Hygiene oder der Stadterweiterungen bezogen. Französische und in etwas geringerem Umfang englische Quellen haben beträchtlichen Anteil an der Bibliographie. Auch mehrere deutschsprachige Berichte behandeln ausländische Planungen, so für Rom und Riga; Stübben führt auch zwei eigene Beiträge über Stadterweiterungen in Paris und Ostende auf.

Bibliographie Stübben

Ein zweites Mal kommt Spanien ins Blickfeld mit einem städtebaulichen Konzept, das noch lange weiterwirken sollte – der Bandstadt. Der Madrider Straßenbahndirektor Arturo Soria y

Soria y Mata

Bild 6 Mata schlug vor, die Stadterweiterung Madrids in Gestalt eines – mittig durch eine Straßenbahn erschlossenen – ringförmigen Siedlungsstreifens vorzunehmen; der Gedanke wurde erstmalig 1882 in einem Zeitschriftenartikel veröffentlicht und bildete ab 1897 das Hauptthema einer eigens dafür gegründeten Zeitschrift: „la Ciudad lineal". Auch außerhalb Spaniens fanden sich Befürworter dieses Gedankens (vgl. S. 49 und 287).

Nachenius Bereits ein Jahrzehnt vor Stübben – 1880 – war die erste niederländische Veröffentlichung zum Städtebau erschienen – ein kleines Bändchen mit kaum mehr als fünfzig Seiten aus der Feder von H.W. Nachenius, „Ingenieur-Architekt zu Haarlem", betitelt „Bijdrage tot de kennis van den Stedenbouw – Eene populaire studie". In der Einleitung weist der Verfasser darauf hin (IV), daß auf verschiedenen Gebieten mit vereinten Kräften an der Lösung des wichtigen Problems unserer Tage gearbeitet werde, das man „stedenbouw" nennen könne (wobei das niederländische „stedenbouw" den Bau von Stätten, nicht eigentlich von Städten bedeutet). Unter diesem Begriff will der Autor nicht nur den Bau neuer Städte oder Stadterweiterungen, sondern auch die Verbesserung alter Stadtteile verstanden wissen; außer einigen niederländischen Zeitschriften nennt er als Quelle „das verdienstvolle Werk von Baumeister: Stadterweiterungen ...". Die weiteren Abschnitte gehen auf die Gliederung in Stadtteile, das Straßennetz (einschließlich der Plätze), Bauland und Gebäude, Fluchtlinien und Wasserversorgung ein und münden in Empfehlungen für das Entwerfen von Stadtplänen, die sich allerdings lediglich auf das Straßennetz beziehen. Der Autor erwartet für die Zukunft die ausführlichere Behandlung aller dieser Fragen in einem Handbuch.

Valckenier Kips 1894 erschien in der literarisch-kulturell orientierten niederländischen Zeitschrift „De Gids" ein Artikel über Stadterweiterung, der sich stark an deutschen Quellen – Baumeister, Sitte, Stübben, Henrici – orientierte und seine Abbildungen weitgehend von Sitte übernahm. Der Autor J.H. Valckenier Kips, städtebaulich engagierter Jurist, sah eine zeitliche Abfolge in den Aufgaben des Ingenieurs – Anordnung von Nutzungsbereichen und Verkehrslinien –, des Architekten – künstlerische Ausgestaltung des so entwickelten Systems – und des Juristen: Verwirklichung. Er beklagte die mangelhaften Regelungen des niederländischen Rechts und wies auf die französischen und belgischen Gesetze zur Zonenenteignung, auf den gerade eingebrachten Entwurf zum preußischen Umlegungsgesetz und auf das preußische Fluchtliniengesetz von 1875 als Vorbilder hin.

Das letzte Jahrzehnt des Jahrhunderts war allgemein durch einen Zuwachs an städtebaulicher Fachliteratur gekennzeichnet, in Deutschland vor allem in Gestalt städtebaulicher Beiträge in der „Deutschen Bauzeitung" – in der auch Kontroversen, so zwischen Stübben und Henrici, ausgetragen wurden – und im „Zentralblatt der Bauverwaltung". Ein Blick auf die Inhaltsverzeichnisse läßt erkennen, wie sich in den achtziger Jahren die Begriffe „Stadtanlagen", „Bebauungsplan" und „Stadterweiterung", später dann „Städtebau" als Gliederungskategorien durchsetzten und zunehmend mehr Raum innerhalb dieser Zeitschriften beanspruchten. Auch die Vierteljahresschrift des in Städtebaufragen sehr aktiven „Deutschen Vereins für öffentliche Gesundheitspflege" (vgl. S. 35) enthielt viele Beiträge zur Städtebaureform. *Zeitschriften*

Die wachsenden Dimensionen städtebaulicher Überlegungen werden auch daran deutlich, daß in den neunziger Jahren erstmalig Wettbewerbe für die Entwicklung des ganzen Stadtgebietes – im Gegensatz zu begrenzten Erweiterungsgebieten wie zuvor in Mannheim (1872) und Straßburg (1878) – ausgeschrieben wurden: für Wien und für München. Sie wurden beide 1893 entschieden und fanden ihren Niederschlag in den genannten Zeitschriften wie auch in Publikationen von Preisträgern. Otto Wagner, neben Stübben Gewinner des Wiener Wettbewerbs, veröffentlichte seinen Erläuterungsbericht unter dem Kennwort seines Entwurfs „Artis sola domina necessitas" (1894), während Karl Henrici, einer von vier gleichbewerteten Preisträgern in München, sein Konzept in einem imaginären Zwiegespräch zwischen der „Stimme der Zeit" und dem „Realisten" (dem Planverfasser) darlegte. Der Titel der Veröffentlichung „Preisgekrönter Konkurrenzentwurf..." mag dazu beigetragen haben, daß in manchen Schriften anderer Autoren Henrici als „erster Preisträger" bezeichnet wurde (so bei Heiligenthal und bei Prager; auch Brix und die Collins lassen nicht erkennen, daß es noch weitere Preisträger gab), obwohl *Wettbewerbe* *Bild 7*

Henrici	das Preisgericht ihm als einzigem den Preis nicht einstimmig zuerkannte, wie das Protokoll der Sitzung im Münchner Stadtarchiv belegt. Ein Jahr später publizierte Henrici einen Vortrag, dessen Titelfrage: „Von welchen Gedanken sollen wir uns beim Ausbau unserer deutschen Städte leiten lassen?" zunächst die etwas überraschende Antwort erfährt: „Rechte echte deutsche Gedanken, deutsche Empfindung, deutsche Selbstlosigkeit, deutscher Gemein- und Familiensinn, deutsche Poesie, deutsche Sinnigkeit, deutsche Gemütlichkeit, deutsche Pietät und deutscher Humor sollen uns leiten bei dem Ausbau unserer Städte." (1904, 1) Inhaltlich werden im wesentlichen die auf Sitte zurückgehenden Gestaltungsgrundsätze behandelt; am Schluß steht der Appell, „das Erbe der Väter zu retten [...] und auf dieser reichen Grundlage mit frohem Selbstbewußtsein weiter zu bauen." (16) Auch der Städtebau gab also im Kaiserreich Anlaß zu nationalem Pathos.

Buls	1893 veröffentlichte der Brüsseler Bürgermeister Charles Buls, der als Goldschmied begonnen hatte und achtzehn Jahre lang an der Spitze der Stadt stand, eine kleine Schrift unter dem Titel „L'esthétique des villes", die wohl auch als Reaktion auf die harten Eingriffe in die Stadtstruktur unter seinem Vorgänger zu verstehen ist (vgl. S. 27). Im Jahre 1898 erschien eine deutsche Übersetzung („Die Ästhetik der Städte"), 1899 eine englische in einer amerikanischen Zeitschrift, 1903 eine italienische; eine Neuauflage von 1981 enthält auch einen niederländischen Text. Seine städtebaulichen Gestaltungsvorstellungen sind denen Sittes verwandt, dessen vier Jahre älteres Buch Buls aber offenbar nicht gekannt hat. Seine besonderen städtebaulichen Verdienste liegen in der „bewahrenden Erneuerung" der „Grand'Place" und anderer historischer Bereiche Brüssels; er stand in enger Verbindung mit Stübben, der seine Amtsniederlegung 1899 zum Anlaß nahm, seine Verdienste in der „Deutschen Bauzeitung" ausführlich zu würdigen. Eine Bemerkung in Buls' Schrift nimmt Jane Jacobs' Kritik an der Stadterneuerung um fast sieben Jahrzehnte vorweg: „Die Verfertiger großartiger Pläne denken niemals an die Leiden der kleinen und bescheidenen Leute, die sie unter den Trümmern

ihrer Wohnungen zermalmen, sobald die Hacke des Zerstörers ihr Werk beginnt." (1898, 43)
Eine weitere häufig unter dem Namen von Buls aufgeführte Schrift „La construction des villes" (1895) ist die Übersetzung des 1893 von Stübben bei einem internationalen Ingenieurkongreß anläßlich der Weltausstellung in Chicago gehaltenen Vortrags: „Practical and Aesthetic Principles for the Laying Out of Cities". Die englische Fassung erschien in einer amerikanischen Fachzeitschrift, die deutsche in der „Zeitschrift des Österreichischen Ingenieur- und Architektenverbandes" (1893, 441–447).

Erwähnenswert ist ferner ein weiterer Vortrag Stübbens im Rahmen des Berliner Schinkelfestes 1895 – „Der Bau der Städte in Geschichte und Gegenwart" –, in dem er aus der früheren Schrift des „kunstsinnigen und kunstgeübten Bürgermeisters von Brüssel, Ch. Buls" mehrere Stellen im französischen Originaltext zitierte und positiv hervorhob. In Stübbens zusammenfassender Darstellung der neueren städtebaulichen Entwicklung wurden auch ausländische Einflüsse gewürdigt: „Vor 25 Jahren konnte noch in Berlin der Bebauungsplan von berufener Seite als eine rein baupolizeiliche Maßnahme erklärt werden. Ernst Bruch hat dann in seinen Aufsätzen in der Deutschen Bauzeitung über ‚Berlins Zukunft und den Bebauungsplan' das öffentliche Gewissen wachgerufen, von England kamen Wasserversorgung und Entwässerung, aus Paris und Brüssel lernte man eine tatkräftige Umgestaltung und Stadtverschönerung kennen, das preußische Fluchtliniengesetz wurde erlassen, die Eisenbahnen drangen in die Städte hinein, Straßenbahnen und Stadtbahnen durchfahren sie. R. Baumeister und C. Sitte schrieben ihre schönen Werke, die großen Stadterweiterungen von Wien, Straßburg, Mainz und Köln stellten ungewohnte Aufgaben, der Deutsche Verein für öffentliche Gesundheitspflege wurde nicht müde in der Aufstellung und Begründung von Lehrsätzen, und mehrere Wettbewerbe um städtische Bebauungspläne zogen die praktischen und künstlerischen Fragen ins allgemeine Interesse." (1895, 10f)

Stübben: Vortrag 1895

Selbst zu einem „postmodernen" Problem bietet dieser Vortrag einen Kommentar: „Aber nicht können wir einfach die Städte und Stadtbilder vergangener Zeiten wiederholen wollen; wir können nicht die Vergangenheit bestehlen, wie Semper sagt, um die Zukunft zu belügen." (11)

Fritsch Mit dem Buch von Theodor Fritsch „Die Stadt der Zukunft" (1896) wurde erstmalig wieder – nach der frühindustriellen Vision von Buckingham („Victoria") – ein diagrammatisches Stadtmodell entwickelt; weder Baumeister noch Sitte noch auch Stübben hatte sich so weit vorgewagt. Ihm folgte 1898 Howards Gartenstadtkonzept, wenn auch zunächst unter einem Titel, der den städtebaulichen Bezug nicht erkennen ließ: „To-Morrow. A Peaceful Path to Real Reform." Seine Wirkung wird im Rahmen des nachfolgenden Zeitabschnitts zu erörtern sein.

Einfluß auf Howard? Für eine von Fritsch unterstellte und manchmal – so von Hercher (1906, 20) – vermutete Beeinflussung Howards durch Fritsch gibt es keine Belege. Tatsächlich gleichen sich die Konzepte auch nur in der Forderung nach dauerndem gemeindlichen Obereigentum am Grund und Boden und in der repräsentativen Mitte eines kreis- oder halbkreisförmigen Nutzungsdiagramms, das bei Fritsch im Gegensatz zu Howard ein deutliches Abbild der Klassengesellschaft darstellt. Zudem sind weder Howards Vorstellungen zur Wohndichte noch der Gedanke einer dauernden Größenbegrenzung der Stadt bei Fritsch wiederzufinden. Wenn dieser sich also im Vorwort zur zweiten Auflage beklagte, daß seine Gedanken ohne Namensnennung von Howard aufgegriffen worden seien – bis hin zum allgemeinen Lamento, daß deutsche Ideen erst nach dem Umweg über das Ausland Beachtung fänden –, so wird man dem kaum folgen können, zumal Fritsch sich in jener zweiten Auflage vom seinem eigenen Großstadtkonzept abwandte und den Zug aufs Land propagierte, damit sich eher Gedanken von Howard annähernd.

Skandinavien In den nordischen Ländern finden sich im 19. Jahrhundert noch keine Buchveröffentlichungen zum Städtebau, wenn man von Lindhagens Zusammenstellung von Musterstadtplänen (1875, vgl. S. 93) absieht. Indessen hatte bereits 1859 Edelsvärd einen Modellplan in einer Zeitschrift veröffentlicht; auch von Sundius – dem ersten Schweden, der sich als Stadtplaner zu profilieren suchte (Hall 1991[1], 184) – gibt es Veröffentlichun-

gen über seine Planungen vor allem in den siebziger und achtziger Jahren (vgl. S. 93).
Während sich vor der Jahrhundertwende weder in Frankreich noch in Italien eine im engeren Sinne städtebaubezogene Literatur abzeichnete, bemühte sich in Spanien Soria y Mata weiter um die Verbreitung des Bandstadtgedankens und machte ihn zum Hauptthema der 1897 gegründeten Zeitschrift „La ciudad lineal", die sich als „offizielles Organ der Compañía Madrileña de la Urbanización" bezeichnete, in gewissem Sinne also die erste Städtebauzeitschrift darstellte. Die Collins sprechen in diesem Zusammenhang von Arturo Sorias „heroischer Anstrengung, die Spanier mit dem Konzept einer wissenschaftlichen und umfassenden Planung für die Zukunft bekanntzumachen" (1965, 118).

La ciudad lineal

Internationale Kontakte bis 1900

Das 19. Jahrhundert ist zwar gekennzeichnet durch eine schnelle Zunahme internationaler Kongresse, wie aus den einschlägigen Dokumentationen hervorgeht, aber der Städtebau galt offenbar noch nicht als ein Sachgebiet, das zu solcher Art internationalen Austausches hätte Anlaß geben können. Zumindest taucht dieser oder ein ähnlicher Begriff unter den Kongreßtiteln nicht auf.
Verwandte Themen indessen wurden auf einer Reihe von Kongressen behandelt, insbesondere Fragen der öffentlichen Gesundheitspflege und des Wohnungswesens, manchmal auch bereits in Verbindung miteinander. Sutcliffe (1981) gibt hierüber eine umfassende Übersicht, aus der einige Sachverhalte hervorgehoben seien. So führten die im Jahre 1848 in verschiedenen Städten auftretenden Choleraepidemien dazu, erstmalig 1851 einen „Internationalen Gesundheitskongreß" abzuhalten; zwei Jahre später fand der erste internationale Kongreß über Statistik statt, „der Beginn einer zunehmend ergiebigen internationalen Zusammenarbeit bei der Sammlung und Interpretation von Gesundheitsstatistiken." (Sutcliffe, 165)
Auch die Wohnungsreform gewann unter solchen Gesichtspunkten internationales Interesse; so wurde bei der Londoner

Internationale Kongresse

Wohnungs- und Sozialreform

Weltausstellung 1851 ein Modellwohnhaus gezeigt. Die Pariser Weltausstellungen von 1856, 1862 und 1867 wurden von dem Ingenieur und Sozialreformer Frédéric Le Play organisiert, der 1856 die „Association internationale d'économie sociale" gegründet hatte. Gestützt auf sozialwissenschaftliche Erhebungen, stellte er den Einfluß der Industrialisierung auf das Familienleben dar (Meller 1995, 296). Insbesondere die Ausstellung von 1867 „sicherte der Sozialreform einen hervorgehobenen Platz bei internationalen Ausstellungen"; Patrick Geddes, der allerdings erst die nächste Pariser Ausstellung 1878 besuchte, bezeichnete sie als das erste Beispiel einer „civic exhibition", der er großen Wert für die Bildung eines bürgerschaftlichen Bewußtseins beimaß (Sutcliffe 1981, 165). Le Play und Geddes stimmten überein in der hohen Bewertung der Umwelt in ihrer Wirkung auf die Gesellschaft; die von Le Play formulierte Dreiheit: „Lieu, travail, famille" wandelte Geddes zu der in die Planungsgeschichte eingegangenen Trias „Place, Folk, Work".

Hygiene, Wohnungswesen — 1876 wurde in Brüssel der erste der Internationalen Kongresse für Hygiene und Statistik abgehalten; ab 1889 folgten im zweijährigen Rhythmus internationale Kongresse für Wohnungswesen, bei denen es in erster Linie um „habitations à bon marché" – so auch die französische Bezeichnung des Kongreßthemas – ging.

Denkmalschutz — Um die gleiche Zeit rückte auch der Schutz von Baudenkmalen in vielen Ländern so weit ins öffentliche Interesse, daß er zum Gegenstand internationaler Kongresse werden konnte; der erste dieser Art fand im Rahmen der Pariser Weltausstellung von 1889 statt (Meller 1995, 299).

Chicago 1893 — Erwähnt werden muß in diesem Zusammenhang auch die Weltausstellung in Chicago 1893 – „World's Columbian Exhibition" –, deren Einfluß auf den amerikanischen Städtebau wiederum zu Rückwirkungen auf Europa führte. Auf einem im Rahmen der Ausstellung veranstalteten internationalen Ingenieurkongreß referierte Stübben über praktische und ästhetische Grundsätze des Städtebaues (vgl. S. 127).

„Art public" — Im Jahre 1898 fand in Brüssel ein Kongreß statt, den die Collins als den Beginn der großen internationalen Tagungen zu städtebaulichen Themen bezeichnen: der erste „Congrès

international de l'art publique", an dem – vermutlich auf Einladung des Brüsseler Bürgermeisters Buls (vgl. S. 126f) – auch Stübben teilnahm; er referierte zum Thema „Principes à suivre pour la création des quartiers nouveaux" (Collins 1965, 85/92). Die deutschen Bauzeitschriften nahmen keine Notiz von dem Kongreß; das „Zentralblatt der Bauverwaltung" erwähnte zwar den Internationalen Architektenkongreß von 1897 und ebenso 1898 den Internationalen Schiffahrtskongreß – beide in Brüssel –, aber die „Art public" lag offenbar den Bauleuten zu fern, um aufgenommen zu werden.

Auch die Einflußnahme von Fachleuten auf die Entwicklung in anderen Ländern hielt sich noch in engen Grenzen; bekannt ist das Beispiel des englischen Ingenieurs William Lindley, der sich als Berater für den Bau einer Eisenbahnlinie in Hamburg aufhielt, als 1842 ein Großbrand einen erheblichen Teil der Innenstadt zerstörte; bei der Erarbeitung der Pläne für den Wiederaufbau und mehr noch für die Einrichtung einer Schwemmkanalisation spielte er eine wichtige Rolle. Später wirkte er auch in Frankfurt am Main. Im Jahre 1887 berichtete die „Deutsche Bauzeitung" über eine Einladung des Berliner Stadtbaurats James Hobrecht nach Japan zur fachlichen Beratung der kaiserlichen Regierung. *Auslandsaufträge*

Studienreisen zur fachlichen Information scheint es in nennenswertem Umfang auch erst nach der Jahrhundertwende gegeben zu haben; einige Vorläufer aber finden sich bereits in den neunziger Jahren wie etwa Horsfalls Besuch in Deutschland 1897 (Sica 1978, III, 23). Wie in diesem Fall, so ist der Hinweis auf ausländische Erfolge bis heute ein probates Mittel, im eigenen Lande die Handlungsbereitschaft zu fördern. *Studienreisen*

Gemeinsamkeiten und Unterschiede bis 1900

Der Überblick über die Entwicklung in den einzelnen Ländern und über die Anfänge der städtebaulichen Literatur hat gezeigt, daß es durchweg die mit dem Wachstum der Städte verbundenen hygienischen Mißstände waren, die den stärksten Anstoß zum Handeln gaben. Zentrale Wasserversorgung und Schwemmkanalisation waren allenthalben die wichtigsten *Probleme des Stadtwachstums*

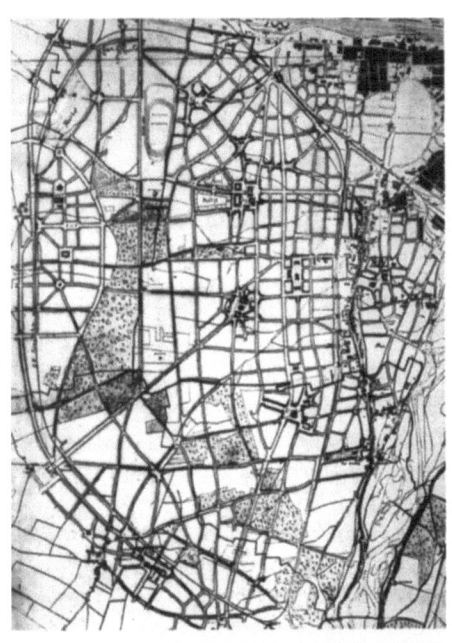

7 Neue Modelle für das Stadtwachstum: Ausschnitt aus dem Plan von Karl Henrici mit den kennzeichnenden Stadtteilmärkten aus dem Münchner Stadterweiterungswettbewerb (1893)

8 Die Wirklichkeit der Stadtausdehnung: Bild einer englischen Industriestadt mit typischen „Bye-Law"-Reihenhäusern

Schritte zur Bekämpfung dieser Mißstände, aber auch ein besserer Ausbau der Stadtstraßen und die Verbesserung – oder notfalls Beseitigung – ungesunder Wohnungen gehörten dazu. Institutionell gab es dafür unterschiedliche Regelungen; so mußte manchen örtlichen Baukommissionen ein Arzt angehören. Als erste gesetzliche Maßnahme auf diesem Gebiet gilt der britische „Public Health Act" von 1848, dicht gefolgt vom französischen Sanierungsgesetz von 1850. In Deutschland leistete zweifellos der Deutsche Verein für öffentliche Gesundheitspflege den bedeutendsten Beitrag zur Bewußtmachung der hygienischen Probleme und zum Erlaß entsprechender staatlicher und örtlicher Vorschriften.

Das französische Gesetz von 1850 – erstmalig auf die Sanierung bestehender Wohnungen gerichtet – wurde allerdings außer in Paris und einzelnen anderen Großstädten wie Lyon kaum angewandt (vgl. S. 47, S. 245). Wirksamer waren offenbar die durch einzelne besonders prekäre Situationen ausgelösten örtlichen Sanierungsgesetze, so für vier britische Städte in den sechziger Jahren (vgl. S. 59), für Neapel 1885, für Prag 1893. In Belgien gab es wie in Frankreich ein vorwiegend auf die Sanierung zugeschnittenes allgemeines Gesetz von 1867, das vor allem zur Umgestaltung des Brüsseler Stadtkerns genutzt wurde (vgl. S. 27); eine ähnliche Handhabe bot das italienische Enteignungsgesetz von 1865. In den anderen Ländern Europas – so auch in den deutschen Staaten – war wohl tatsächlich der Anteil offenkundig ungesunder Wohnungen geringer (Fehl 1995, 25); jedenfalls wurde hier anscheinend noch kein Bedürfnis für gesetzliche Regelungen gesehen.

Wohnungs-sanierung

Die Ausdehnung der Städte war zwar eine allen europäischen Ländern gemeinsame Erscheinung, doch gab es Unterschiede in der Intensität und im zeitlichen Ablauf des Wachstums. Ebenso unterschiedlich war das Maß obrigkeitlicher Steuerung dieses Wachstums. In den meisten deutschen Staaten wie auch in Skandinavien wurden – durch überwiegend in den siebziger Jahren erlassene Gesetze – die Gemeinden zur Aufstellung rechtsverbindlicher Baulinienpläne ermächtigt, die einen Rahmen für künftige Erweiterungen setzen konnten; demgegenüber waren die Eingriffsmöglichkeiten britischer Städte in die auf privater Grundlage sich vollziehenden Stadterweiterungen er-

Stadterweiterung

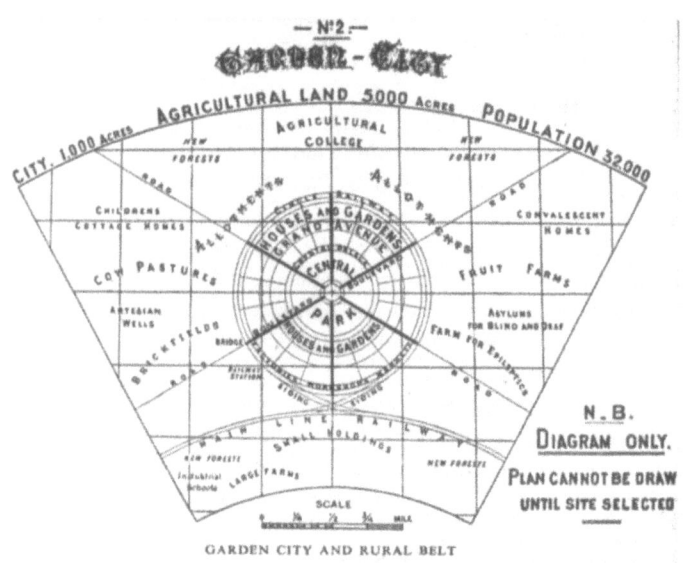

9 Neue Modelle für das Stadtwachstum: Strukturkonzept der von Ebenezer Howard propagierten „Gartenstadt" (1898/1902)

10 Die Bebauungsform der „Gartenstadt": Häusergruppe in der 1904 gegründeten ersten Gartenstadt Letchworth

heblich geringer. Erste „Grundzüge für Stadterweiterungen" stellte der Verband deutscher Architekten- und Ingenieurvereine 1874 – also drei Jahre nach der Reichsgründung – auf. Ansätze zur räumlichen Differenzierung der Boden- und Gebäudenutzung bot zunächst die – auch in den erwähnten „Grundzügen" empfohlene – Abgrenzung von Gewerbegebieten. Bald kam der Wunsch hinzu, die Nutzungsintensität in Neubaugebieten gegenüber den alten Stadtkernen zu senken und damit zu räumlich differenzierten Bauvorschriften zu kommen. Er führte in Deutschland um 1890 zu den Zonen- oder Staffelbauordnungen, den Vorläufern einer an der Nutzungsstruktur orientierten Stadtgliederung, die sich erst im neuen Jahrhundert durchsetzte. *Nutzungsgliederung*

Die Verantwortung für den technischen Ausbau der Städte lag in allen Ländern nach englischem und französischem Vorbild bei den Ingenieuren des Bau- und Vermessungswesens, die deshalb durchweg die ersten „Planungsfachleute" stellten. Der Anspruch der Architekten auf Mitwirkung am Planentwurf – bei Sitte – oder auf die gesamte Plangestaltung – bei Stübben, Henrici, Fischer – begann sich in Deutschland im letzten Jahrzehnt des 19. Jahrhunderts durchzusetzen, in den meisten anderen Ländern erst nach der Jahrhundertwende (vgl. S. 265). *Fachkräfte*

In welchem Umfang die von Fachleuten erarbeiteten Pläne Wirklichkeit wurden, hing maßgeblich von der Bereitschaft der zuständigen Behörden ab, sich dafür zu engagieren. In der Regel waren dies die Kommunalverwaltungen, deren Kompetenzen in den nördlichen Ländern Europas meist weiter reichten als im südlichen Teil. Hervorgetreten sind in dieser Hinsicht außer dem Brüsseler Bürgermeister Buls (vgl. S. 27) und dem Stockholmer Kommunalpolitiker Lindhagen (vgl. S. 93) auch Oberbürgermeister mehrerer deutscher Großstädte, vor allem Franz Adickes in Frankfurt. In anderen Ländern standen meist die schwächere Position der kommunalen Selbstverwaltung und ihre mangelnde Ausstattung mit fachkundigem Personal einer solchen Profilierungsmöglichkeit im Wege. Besonders von britischer Seite wurden mehrfach das breite Handlungsfeld und die Effizienz deutscher Kommunalverwaltungen hervorgehoben (Horsfall 1904). *Kommunalverwaltung*

Von 1900 bis 1918

Fachliteratur 1900 – 1918

Fachzeitschriften Im ersten Jahrzehnt des zwanzigsten Jahrhunderts mehrten sich die Belege dafür, daß der Städtebau sich als eigenständige Disziplin zu konstituieren begann. Zu ihnen gehört in erster Linie die Begründung von Fachzeitschriften, deren es 1910 in Europa vier gab:
- die bereits 1897 gegründete „Ciudad lineal", die 1902 den Untertitel „Revista de urbanización, ingegniería, higiene y agricultura" erhielt und damit von einer reinen Werbungszeitschrift für das Bandstadtkonzept zu einer allgemeiner städtebaulich orientierten Zeitschrift wurde,
- seit Januar 1904 die Monatsschrift „Der Städtebau" mit den Verlagsorten Berlin und Wien, initiiert von Camillo Sitte, der allerdings noch vor Erscheinen des ersten Heftes starb, und Theodor Goecke,
- seit Oktober 1904 „The Garden City" als Organ der britischen „Garden City Association", die mit ihrer Umbenennung in „Garden Cities and Town Planning Association" 1907 im Jahre darauf auch den Titel ihrer Zeitschrift entsprechend änderte,*
- seit 1910 die Vierteljahresschrift „Town Planning Review" im Gefolge der Gründung des ersten Städtebaulehrstuhls in Großbritannien an der Universität von Liverpool, ermöglicht durch die Lever-Stiftung.

„Der Städtebau" Das Interesse, das deutsche Stadtplanung im Ausland fand, sicherte auch der Zeitschrift „Der Städtebau" Beachtung. Unwin bezog sich in „Town Planning in Practice" mehrfach auf sie und übernahm als Beispiel für stadträumliche Wirkungen in einer Kleinstadt den Beitrag über Buttstedt aus dem Jahrgang 1907 mit fast allen Abbildungen (1922, 117ff). Andererseits berichtete „Der Städtebau" in zahlreichen Notizen, aber auch in längeren Artikeln über die städtebauliche Situation und die

---
* Im Gegensatz dazu haben die Mitteilungen der Deutschen Gartenstadtgesellschaft nicht die Resonanz einer eigentlichen Fachzeitschrift gewonnen.

Entwicklungen im Ausland, vor allem über Großbritannien und die Vereinigten Staaten – neben dem stets präsenten Österreich-Ungarn, das durch den Mitbegründer Sitte unmittelbar mit der Zeitschrift verbunden war. Frankreich trat demgegenüber deutlich zurück; erst 1909 wurden zwei Artikel von Hénard über Entwicklungen in und um Paris veröffentlicht. Einen beträchtlichen Raum dagegen nahmen Hinweise auf Skandinavien ein; der Stockholmer Stadtplaner Hallman berichtete mehrfach über Entwicklungen in Schweden und Finnland, und Goecke widmete dem internationalen Wettbewerb für Helsingborg, der zuvor auch in der Zeitschrift angekündigt worden war, einen ausführlichen Bericht, in dem er dem Ergebnis vorbildhafte Bedeutung auch für Deutschland beimaß. Indessen fehlten Spanien und Italien – bis auf einen Bericht über historische italienische Ortsbilder – ebenso wie der Osten Europas. Ausführliche Würdigung erfuhr die britische Planungsgesetzgebung von 1909; hervorgehoben wurden vor allem die Verfahrensvereinfachungen, das Enteignungsrecht und die Wertzuwachsbesteuerung. „Der Städtebau in England dürfte durch das Gesetz eine mächtige Förderung erfahren." (1912, 52)

Einem einzigen Stadtplaner widmete die Zeitschrift im Zeitraum bis 1918 einen vollständigen Artikel: es war Hendrik Petrus Berlage mit seinen Planungen für Den Haag und Amsterdam (1916, 112ff). In der Folgezeit – zwischen Kriegsende und 1929, als die Zeitschrift der Wirtschaftskrise zum Opfer fiel – war es übrigens wiederum nur einer, und wiederum ein Ausländer: der Finne Eliel Saarinen (1920, 21ff). Kein deutscher Städtebauer wurde dieses Vorzugs gewürdigt.   *Berlage*

Ein Blick auf die ersten vier Jahre der „Town Planning Review" bis zum Ersten Weltkrieg zeigt gleichfalls einen beträchtlichen Anteil von Berichten aus dem oder über das Ausland, wobei die Vereinigten Staaten mit über einem Drittel quantitativ deutlich an erster Stelle standen; rund die Hälfte machten Beiträge über Deutschland, Frankreich, Belgien und Österreich zu annähernd gleichen Teilen aus, während auf Italien und drei außereuropäische Teile des Empire je ein Artikel entfiel.   *Town Planning Review*

Die deutschen Buchveröffentlichungen zum Städtebau spiegelten im ersten Jahrzehnt des Jahrhunderts unterschiedliche Tendenzen wider. In der Nachfolge Camillo Sittes standen Hen-   *Henrici* / *Baumeister* / *Hocheder* ricis „Beiträge zur praktischen Ästhetik im Städtebau", eine Sammlung von zum großen Teil schon aus dem vorangegangenen Jahrzehnt stammenden Arbeiten. Einen breiteren Querschnitt der Auffassungen bot eine Veröffentlichung des Verbandes deutscher Architekten- und Ingenieurvereine, der sich 1906 – 32 Jahre nach der Verabschiedung seiner „Grundsätze für Stadterweiterungen" – zu „Grundsätzen des Städtebaues" äußerte, wobei sich die Spannungen zwischen den städtebaulichen Ansprüchen von Ingenieuren und Architekten in den beiden Hauptreferaten – von Baumeister und Hocheder – und in der gleichfalls dokumentierten anschließenden Diskussion abbildeten.

Simmel
Gurlitt
Schumacher

Kurz vorher hatte die Dresdner Städteausstellung von 1903 (vgl. S. 155) Anlaß zu zwei wichtigen Sammelbänden gegeben – einem vorbereitenden unter dem Titel „Die Großstadt" (1903), deren wohl bedeutendster Beitrag, Georg Simmels Essay über „die Großstädte und das Geistesleben", auch in fremde Sprachen übersetzt wurde, und einer zweibändigen Dokumentation (1904), in deren Textband die Beiträge von Cornelius Gurlitt und Fritz Schumacher – beide Professoren an der Technischen Hochschule Dresden – den Stand des Städtebaues zu Beginn des Jahrhunderts umrissen. Schumachers Thema bezog sich zwar auf die Architekturaufgaben der Städte, doch widmete er einen großen Teil des Textes der städtebaulichen Gestaltung. Bei Gurlitts Behandlung des Städtebauthemas fällt auf, daß er nicht mit dem bis dahin vorherrschenden Thema der Stadterweiterung, sondern mit den Problemen der Innenstädte begann – ein Zeichen für das wachsende Interesse an einer ganzheitlichen Betrachtung der Stadt und die Sorge um ihren historischen Kern. Auch der Beitrag zum Thema „Baupolizei" nahm ausführlich und kompetent auf städtebauliche Fragen Bezug.

Städtebau-
Seminar Berlin

Ein wahres Kompendium des städtebaulichen Wissens und Denkens der Zeit stellen indessen die „Städtebaulichen Vorträge" aus dem städtebaulichen Seminar der Technischen Hochschule Berlin-Charlottenburg dar, beginnend mit dem Jahre 1908; „the scope of its lectures on city building has probably never been surpassed" (Collins 1965, 93). In diesem Rahmen berichtete Stübben 1911 ausführlich über den englischen, 1915

– mitten im Kriege – nicht minder eingehend über den französischen Städtebau. In diesen Vorträgen wurde auch Howards Gartenstadtkonzept mehrfach behandelt, nachdem es 1907 durch seine Übersetzung als „Gartenstädte in Sicht" allgemein bekannt geworden war. „In Sicht" klingt maritim – wollte die Übersetzung auf der Woge der damaligen Flottenbegeisterung reiten? Die diesem Konzept zugrunde liegende kulturkritische Reaktion auf die stürmische Expansionsphase des späten 19. Jahrhunderts spiegelte sich auch auf andere Weise: in Schultze-Naumburgs „Kulturarbeiten" (1906) und in der Betonung von „Heimatschutz und Landschaftspflege" – so auch ein Buchtitel (Gradmann 1910). Die Verknüpfung des Gartenstadtgedankens mit anderen Reformbestrebungen jedenfalls aus deutscher Sicht wird aus einer englischen Karikatur deutlich, in der sich zwei deutsche Besucherinnen im neu gegründeten Letchworth enttäuscht zeigen, daß die Bewohner nicht alle barhäuptig und in Sandalen daherkommen (Miller 1992, 70).

Gartenstädte in Sicht

Ein wichtiges Thema blieb auch, wie schon vor der Jahrhundertwende, das des qualitativ und quantitativ angemessenen Wohnungsbaues für die ärmeren Schichten der Bevölkerung – meist als „Arbeiterwohnungsbau" bezeichnet. Einen besonderen Rang nahm dabei Rudolf Eberstadt mit seinem „Handbuch des Wohnungswesens und der Wohnungsfrage" (1909) ein, das ihm internationale Beachtung eintrug – so die Einladung zu einem Referat beim Londoner Städtebaukongreß von 1910 (vgl. S. 157) und anläßlich der Gründung des britischen Town Planning Institute dessen Ehrenmitgliedschaft. Eberstadt berichtete übrigens in der Zeitschrift „Der Städtebau" mehrfach ausführlich und kritisch über Fachliteratur – auch solche aus dem Ausland (1913, 1915, 1917).

Eberstadt

Zu den wichtigsten Zeitdokumenten gehört gewiß Werner Hegemanns zweibändige Darstellung des Städtebaues „nach den Ergebnissen der allgemeinen Städtebauausstellungen in Berlin und Düsseldorf" (1913), in die offenkundig manches an subjektiver Interpretation und Wertung eingeflossen ist. Während der erste Band ausschließlich Berlin behandelte, wurden im zweiten die Themen „großstädtisches Verkehrswesen" und „Freiflächen" unter Heranziehung vieler ausländischer Beispiele

Hegemann

erörtert. Von knapp 400 Seiten waren allein Paris 90, London 45 gewidmet; Wien, Budapest, Stockholm und mehrere amerikanische Städte kamen mit kürzeren Hinweisen hinzu. Eine ganze Reihe von kurzen Zitaten ergänzte den Text, unter ihnen zwei von Walt Whitman als Niederschlag von Eindrücken, die Hegemann aus seiner Begegnung mit Amerika gewonnen hatte. Ein weiteres Zitat – von Benjamin Marsh – entstammte dessen „Introduction into City Planning" (1909):
„Eine Stadt ist nicht gesünder, als die höchste Sterblichkeitsziffer in irgend einem Stadtteil oder Häuserblock anzeigt; und eine Stadt ist nicht schöner als ihre häßlichste Mietskaserne. Die Hinterhöfe einer Stadt und nicht ihre Schmuckplätze sind der wahre Maßstab ihres Wertes und ihrer Kraft." (1913, 114) Im Originaltext heißt es „... no city is more healthy than the highest death rate in any ward or block and [...] no city is more beautiful than its most unsightly tenement. The back yard of a city and not its front lawn is the real criterion for its standard and its efficiency." (1909, 27)

Marsh und Ford

Das Buch von Marsh – mit einem Kapitel über „The Technical Phases of City Planning" von George B. Ford – enthielt unter dem Titel „Various Kinds of City Sections" eine Übersetzung aus Stübbens „Der Städtebau", ein weiteres Kapitel „City Planning in Frankfort-on-the-Main" und Beispiele von Planungsgesetzen und Bauordnungen zahlreicher europäischer Länder. Dem Text sind auf der inneren Umschlagseite „Some Reflections" in der Form kurzer Aphorismen vorangestellt, darunter „The German city planning may be bad for the written but is very good for the human constitution" – wobei die deutsche Übersetzung „Verfassung" den gleichen Doppelsinn aufweist.

„German Planning"

Der Begriff des „German Planning" war offenbar etwa seit der Jahrhundertwende in Großbritannien und den USA gängig und spielte dort eine wichtige Rolle für die Etablierung eines planerischen Berufsverständnisses, wenn auch die Übertragbarkeit dieses Ansatzes nur in Grenzen gegeben war (Phillip, 1996). Für England wurde kürzlich festgestellt: „... in the 1909 Housing, Town Planning etc. Act, we see brought together not only all the ideas of the Victorians about sanitary conditions, but also new ideas from the continent, which were called at the time ‚German Planning'. (In 1914 a new name had to be found.)" (Crow 1993, 63).

Bruno Möhring, Rudolf Eberstadt und Richard Petersen, Träger des dritten Preises in dem großangelegten Wettbewerb für den Berliner Raum, veröffentlichten ihre Arbeit unter dem Titel: „Groß-Berlin: ein Programm für die Planung der neuzeitlichen Großstadt". Es ist der erste deutsche Buchtitel, in dem der Begriff der Planung – wie auch der des Programms – im städtebaulichen Zusammenhang auftauchte (1910).

„Planung"

Eine bedeutende Rolle spielten weiterhin – wie schon vor der Jahrhundertwende – die hygienischen Bestrebungen im Städtebau. Die fortlaufenden Aktivitäten des Deutschen Vereins für öffentliche Gesundheitspflege wurden ergänzt durch die Schrift „Die Hygiene des Städtebaues" (Nußbaum 1907) und durch eine Schriftenreihe „Die Assanierung der Städte in Einzeldarstellungen" (ed. Weyl, 1908–1908), in der Paris, Wien, Zürich, Kopenhagen, Köln und Düsseldorf dargestellt wurden. Einen anderen Aspekt des gleichen Themas behandelte Martin Wagner in seiner 1915 veröffentlichten Schrift: „Städtische Freiflächenpolitik". Er stellte ihr das Motto voran: „The problem of the last generation was to provide gas and water; the problem of the next is to provide light and air." Als Urheber des Zitats wird ohne weitere Quellenangabe „Muirhead" genannt. Vermutlich hat Wagner den lapidaren Spruch aus der „Introduction to City Planning" von Marsh und Ford übernommen, aus der auch das von Hegemann herangezogene Zitat stammt; allerdings ist auch dort keine nachprüfbare Quelle angegeben – lediglich der Zusatz „Professor".

Nußbaum
M. Wagner

1908 nahm der Kunsthistoriker Albert Erich Brinckmann mit dem Buch „Platz und Monument" eines von Sittes Hauptthemen – allerdings aus anderer Sicht – auf; damit und mit mehreren weiteren Schriften über historische Stadtbaukunst begründete Brinckmann seinen Ruf als kritischer Beobachter und Interpret städtebaulicher Gestaltung.

Brinckmann

Schließlich verdient im Rahmen der deutschen Fachliteratur noch ein Beitrag Erwähnung, den Reinhard Baumeister zu Beginn seines neunten Lebensjahrzehnts für eine Festschrift zum 25jährigen Regierungsjubiläum Wilhelms II. verfaßte. Er stellt einen Rückblick auf die städtebauliche Entwicklung in diesem

Baumeister
Rückschau

Zeitabschnitt dar und belegt Baumeisters umfassenden Überblick über das Fachgebiet (vgl. S. 233).

Otto Wagner Aus Österreich kamen in dieser Zeit zwei bemerkenswerte Beiträge zur Städtebauliteratur: 1911 Otto Wagners „Die Großstadt. Eine Studie über diese" und 1912 Eugen Faßbenders „Grundzüge der modernen Städtebaukunde". Wagner legte einen geometrisch-schematischen Entwurf für einen Wiener Bezirk vor, der an Cerdás Blockraster für Barcelona anklingt und *Bild 12* nur als Antithese zu Sittes Gedanken verstanden werden kann. Man könnte ihn als eine Illustration zu Lotzes vier Jahrzehnte älteren Thesen über die „Schönheit der großen Stadt" interpretieren (vgl. S. 300).

Faßbender Faßbender indessen betonte nachdrücklich Sittes Verdienste und präsentierte eine umfassend angelegte, systematisch gegliederte und dabei relativ knappe Schrift – weitaus konzentrierter als Stübbens enzyklopädisches Werk und insofern im Grunde das erste handliche Städtebaulehrbuch. Bei aller Sachlichkeit bleibt der Geist der Zeit, das Bewußtsein einer „hohen Mission des Städtebaues" (vgl. S. 238, Bardet: „la haute mission des urbanistes") spürbar, „deren Erfüllung von der weittragendsten Bedeutung für die Menschheit ist" (4). Ausländische Entwicklungen werden nur zweimal gestreift – mit positivem Vorzeichen das Gartenstadtkonzept und die englischen Arbeitersiedlungen, mit negativem die amerikanischen Wolkenkratzer.

Howard Die britische Planungsliteratur der ersten beiden Jahrzehnte des neuen Jahrhunderts stand zunächst im Zeichen von Ho-
Bild 9 wards 1898 erstmalig veröffentlichtem Stadtkonzept, für das mit der zweiten Auflage 1902 die Bezeichnung „Gartenstadt" gewählt wurde und sich überraschend schnell auch international durchsetzte, obwohl (oder weil?) die Grundgedanken dieses Konzepts im Begriff der Gartenstadt nicht anklingen: die auf Dauer begrenzte Einwohnerzahl der Stadt, die für ein volles städtisches Leben ausreichen, aber zugleich die Nähe zur Natur sichern sollte, und das bodenrechtliche Modell des gemeindlichen Obereigentums. Gewiß erlauben die vorgesehene Grundstücksgrößen von 180 bis 240 qm jeweils Hausgärten im Gegensatz zur typischen „Bye-law"-Anordnung mit kleinen Hinterhöfen, aber das ist im Grunde sekundär. Offenbar war der

"Garten" ein werbewirksamer Begriff – aber vielleicht liegt in seiner Betonung auch ein Grund dafür, daß trotz der positiven Aufnahme des Buches auch im Ausland jene Grundgedanken dort kaum ernsthaft verfolgt worden sind. Der deutschen Übersetzung von 1907 unter dem Titel "Gartenstädte in Sicht" folgten Kampffmeyers "Die Gartenstadtbewegung" (1908) und zahlreiche Beiträge verschiedener Autoren zu diesem Gedanken. In Frankreich veröffentlichte Benoît-Lévy 1904 "La cité-jardin", in Spanien 1912 Montoliu "La ciudad jardin". In England selbst erschienen zum gleichen Thema, von den Publikationen der Garden City Association abgesehen, Bücher von Sennett – "Garden Cities in Theory and Practice" 1905 –, von Culpin – "Garden City Movement up to Date" – und von Purdom – "The Garden City" 1913 und "The Garden City after the War" 1917. Purdom war auch eines der führenden englischen Mitglieder in der 1913 gegründeten "International Garden Cities and Town Planning Association" und persönlich beteiligt an der Entwicklung von Letchworth und Welwyn (vgl. S. 181). 1918 folgte Frederic Osborns Schrift "New Towns after the War", die übrigens 1942 unter dem gleichen Titel mit geringen Veränderungen neu aufgelegt wurde – der Schutzumschlag aktualisiert durch das Bild eines brennenden Straßenzuges nach einem Luftangriff.

Bücher zur Gartenstadt

Um die Jahrhundertwende erwuchs aus den sich mehrenden internationalen Kontakten (vgl. S. 153–164) ein zunehmendes Interesse an den in Deutschland praktizierten Methoden der Stadterweiterung mit den Werkzeugen von Fluchtlinienplan und Bauordnung, aber auch an den Leistungen der Städte in der Bereitstellung von Infrastruktur und der Förderung städtischer Betriebe; die Wortprägung "municipal socialism" macht deutlich, als wie ungewöhnlich ein solches Vorgehen empfunden wurde. Einen Markstein in dieser Hinsicht bildet das Buch von Horsfall: "The Improvement of the Dwellings and Surroundings of the People: The Example of Germany" (1904). Drei Jahre später bemerkte er bei einem Kongreß der Garden City Association in London: "The Saxony Government in 1900 profited by the experience of the rest of Germany and passed

Horsfall

what is regarded as the best housing law in the world."* Daß Horsfall sich auch in weiteren Ländern umschaute, belegt ein Zeitschriftenartikel aus dem Jahre 1907, in dem er eine teilweise Übersetzung des schwedischen Städtebaugesetzes von 1874 lieferte.

Geddes Im Jahre 1904 trat Patrick Geddes mit einer Veröffentlichung über „City Development", ein Jahr später mit der Schrift „Civics: As Applied Sociology" hervor; in ihr heißt es: „This is the age of cities, and all the world is city building [...] In a dim sort of way many persons understand that the time has come when art and skill and foresight should control what so far has been left to chance to work out; that there should be a more orderly conception of civic action; that there is a real art of city making, and that it behoves this generation to master and practise it." (Pepler 1955, 19)

1915 folgte dann Geddes' umfassendes Werk „Cities in Evolution", in dem er seine Gedanken zur Entwicklung der Stadt, zu ihren Wesenszügen und zu der Art darlegt, wie Planung sich ihr zu nähern und sich mit ihr auseinanderzusetzen habe.

Unwin Zwischen 1909 und 1917 erschienen mehrere weitere Schriften mit „Town Planning" im Titel; keine aber hat so viel Resonanz und so weite Verbreitung gefunden wie Raymond Unwins „Town Planning in Practice" aus dem Jahre 1909. Unwin zielt weniger auf technische Vollständigkeit als Baumeister und Stübben; seine Gestaltungsbeispiele gehen mehr auf die Alltagsaufgaben des Städtebaues ein als die Sittes. Gegenüber den gelegentlich etwas pathetischen deutschen Formulierungen zum Wesen der Stadtplanung sind Unwins Aussagen nüchterner und pragmatischer, aber auch deutlich vom Bewußtsein sozialer Verantwortung geprägt.

Kunst im Städtebau Kennzeichnend für Unwins Auffassung von der Rolle der Kunst in der Stadtplanung ist sein Hinweis im einleitenden Kapitel „Of Civic Art as the Expression of Civic Life" (1909, 4): „Professor Lethaby has well said, ,Art is the well-doing of what needs doing'. We have in a certain niggardly way done what

---

* So zitiert in einem Brief von Cornelius Gurlitt vom 6.3.1914 an Geheimrat Dr. Rumpelt als den Autor des erwähnten Gesetzes. (Sächs. Hauptstaatsarchiv, Ministerium des Innern, Nr. 11345/14)

needs doing, but much that we have done has lacked the
insight of imagination and the generosity of treatment which
would have constituted the work well done; and it is from
this well-doing that beauty springs."
Der Gegensatz zu Sittes Auffassung, die Kunst das Städtebauers
könne sich auf wenige Hauptstraßen und -plätze beschränken,
dabei aber auf Tore und Triumphbögen nicht verzichten, ist
unverkennbar. „Das gut machen, was gemacht werden muß"
– in der schon ein Jahr nach dem Original erschienenen deutschen Übersetzung von MacLean heißt es leider verfälschend:
„das schön machen, was gemacht werden muß".

Das Buch läßt auch erkennen, wie sich nach den ersten Jahren eines internationalen, insbesondere eines deutsch-britischen Austauschs der ausländische Städtebau aus britischer Sicht darstellte. Unwin erkennt dem Buch von Horsfall „The Example of Germany" (1904) und den nachfolgenden konkreten Kontakten einen größeren Einfluß auf die Akzeptanz der gemeindlichen Planung – wie sie sich im „Housing, Town Planning etc. Act" von 1909 niederschlug – zu als Howards Gartenstadtkonzept (3) und erwähnt an anderer Stelle „Dr. Stübben, welchem alle Städtebauer so sehr viel verdanken" (35). In dem Kapitel „Über die Eigenart von Städten" halten sich die historischen Stadtpläne aus England, Frankreich und Deutschland annähernd die Waage, während zeitgenössische Pläne außer aus Philadelphia ausschließlich aus sieben deutschen und zwei österreichischen Städten gewählt sind. Auch in den weiteren Abschnitten überwiegen die deutschen Beispiele, wobei Unwin seine stadträumlichen Erwägungen bevorzugt am Beispiel Rothenburgs darstellt. Paris dient als Beispiel für gestalterische und für verkehrliche Aspekte großstädtischer Planung; auch Hénards Kreisverkehrsvorschlag wird gewürdigt.

Im Text weist Unwin auf Sittes Verdienste hin, warnt aber deutlich vor dogmatischen Positionen: „Wir werden gut tun, gegenwärtig die Aufstellung bestimmter Lehrsätze für unsere Theorie zu vermeiden, in engster Fühlung mit den tatsächlichen Erfordernissen zu bleiben und zufrieden sein, wenn wir auf einfache und praktische Weise den uns entgegentretenden Bedürfnissen derjenigen, die in den geplanten Städten und Vor-

Bild 8

Unwins Blick aufs Ausland

Kein Dogma!

Von wem zu lernen?

orten wohnen sollen, in ansprechender Weise Form und Ausdruck geben können." (81). Aufschlußreich ist auch Unwins Einleitung zur zweiten Auflage der deutschen Übersetzung (1922), in der er auf die „großen internationalen Städtebauausstellungen 1910 in Berlin, Düsseldorf und London" hinweist, die „Gelegenheit geboten [haben], den Städtebau aller großen Länder der Welt vergleichsweise in einer Art zu studieren, die vor der Veröffentlichung dieses Buches unmöglich war" (XX). Am Ende der Einleitung sieht Unwin jedoch nur zwei Länder, von denen Großbritannien etwas lernen könne, in beiden Fällen aber mit deutlichen Vorbehalten: „Wenn es daher zu hoffen ist, daß wir viel von der Weitzügigkeit der Behandlung lernen, die in den großen Städtebauplänen Amerikas zum Ausdruck kommt, so können wir von der deutschen Schule eine größere Berücksichtigung der sich aus den Unebenheiten und anderen architektonischen Eigenschaften der Lage ergebenden Gelegenheiten und eine höhere Einschätzung der Möglichkeiten, welche der Städtebau für die Schöpfung schöner architektonischer Gebäudegruppen bietet, lernen, eine Seite der Städtebaukunst, die in mancher der amerikanischen Arbeiten nicht augenscheinlich ist. Andrerseits werden wir gut tun, wenn wir deutsche Arbeiten zum Zweck der sorgfältigen Anpassung des Planes an die Lage studieren, uns der natürlichen und zweckmäßigen Rolle zu erinnern, die Formensinn und symmetrische Entfaltung bei der architektonischen Gruppierung spielen, und durch das sorgfältige Studium der klassischen und Renaissance-Entwürfe die Wichtigkeit schätzen lernen, einfache, geordnete, weite Entwurfslinien festzuhalten, charakteristische Erscheinungen, die in vielen deutschen Plänen fehlen, wo der Entwerfende manchmal die für die Gesamtwirkung ausschlaggebenden Elemente seiner Kunst zu vernachlässigen scheint zugunsten einer übertriebenen Konzentration auf eine etwas gezwungene malerische Wirkung bei der Behandlung des nebensächlichen Details." (XXIV) Offenbar geht der komplizierte Satzbau, der erhebliche Ansprüche an die Geduld des Lesers stellt, auf das Bemühen des Übersetzers zurück, so nahe wie möglich am Original zu bleiben.

Auch die Interpretation der Planungsaufgabe zeugt von einer *„Common sense"*
Klarsicht, die manchen späteren Planern nicht gegeben war:
„Es muß also des Entwerfenden erste Pflicht sein, seine Stadt und ihre Lage, die Bevölkerung und ihre Bedürfnisse zu studieren. Es ist nicht zu befürchten, daß dieser Weg zu Entwürfen führt, die Gemeinplätze darstellen, die Flügel der Phantasie beschneidet oder gar die größte Wirkung dem Hergebrachten oder Trivialen unterordnet. [...] Es wäre nicht richtig zu behaupten, daß bei dieser Arbeit die praktischen Erwägungen den künstlerischen vorangehen oder umgekehrt; sie sind eine von der anderen abhängig und müssen gemeinsam ausgearbeitet werden. Aber der Unterschied zwischen beiden ist, daß die praktischen Erwägungen oft fixiert werden können, wohingegen der künstlerische Ausdruck wechselnde Formen annehmen kann. Die Abwässer werden nicht bergauf laufen, um dem schönsten Plan zu dienen, noch werden dem herrschsüchtigsten Projektmacher zuliebe die Menschen dahin gehen, wohin sie nicht wollen, oder sich abhalten lassen, dahin zu gehen, wohin sie gehen müssen, oder den kürzesten Weg zu wählen, um zu ihrem Ziel zu gelangen." (83f)

Der Architekt Inigo Triggs, der sich – teils unterstützt durch *Triggs*
ein Stipendium des Royal Institute of British Architects – gründlich auf dem Kontinent umgesehen hatte, veröffentlichte 1909 – im gleichen Jahr wie Unwin – ein umfangreiches Buch unter dem Titel „Town Planning – Past, Present, and Possible", das in erster Linie darauf zielte, stadtgestalterischen Erwägungen in Großbritannien mehr Gewicht zu verleihen; dazu wurden Paris und Rom, aber auch Berlin und Wien als positive Beispiele herangezogen. Für die aktuellen Probleme sah Triggs allerdings die Vorbilder vor allem in den USA und in Deutschland; Fachliteratur gebe es fast ausschließlich in Deutschland und Frankreich. An Autoren nannte er zunächst Stübben, Sitte und die Zeitschrift „Der Städtebau", denen er sich besonders verpflichtet wisse, ferner Hénard, Buls und den Amerikaner Robinson. Er lobte den Münchner Wettbewerb von 1893: „A fine scheme was evolved to deal with the probable developments of at least a century" (16) – eine Bemerkung, die man heute, nach Ablauf dieses Jahrhunderts, mit mildem Lächeln lesen dürfte.

Im Kapitel „Town Expansion" gab Triggs jeweils kurze Übersichten über die städtebaulichen Fortschritte in den USA, Frankreich und Deutschland, wobei für dieses vor allem die städtische Bodenpolitik, die Zonengliederung („which is hardly likely to find favour in this country"), Bauordnungen und Umlegungsgesetze als wesentliche Elemente hervorgehoben wurden (40–46, 174–184). Dazu wurden der Kölner Zonenplan, das Prinzip des Henrici-Planes für München und zwei „Arbeiterkolonien" durch Abbildungen erläutert, wie übrigens auch der Wiener „Wald- und Wiesengürtel".

Mawson Das Buch mit dem kaum übersetzbaren Titel „Civic Art" (1913) hätte nach Angabe seines Autors, des Landschaftsgestalters Thomas Mawson, zunächst nur Parks und Boulevards behandeln sollen, sei aber „durch die zwingende Kraft der Umstände" ausgeweitet worden auf das umfassendere Thema der Civic Art, das als „die Ästhetik der Stadtplanung" definiert wird. Obwohl der Autor sich gegen den „gleichmacherischen Formalismus der französischen Ecole des Beaux Arts" wandte, sind seine Entwürfe voller „Achsen" und Boulevards – mit einer Baumassenanordnung, die stark an Burnhams Plan für Chicago und an Otto Wagners Großstadtstudie erinnert. An der deutschen Entwicklung kritisierte er folgerichtig die „informellen", malerischen Entwürfe, die er mit dem – in dieser Hinsicht sehr gemäßigten – Fluchtlinienplan für die Ulmer Weststadt belegt (71), wie auch die heraufkommenden Tendenzen zur „Sachlichkeit" – beides „will never find a welcome on this side of the Channel". Insgesamt aber vertrat er sehr solide Grundsätze: Gründliche Untersuchung der Stadt, Vorrang praktischer Erwägungen vor ästhetischen, umfassendes Studium für Stadtplaner, Ablehnung jedes Dogmatismus, gestützt auf ein Zitat von Eberstadt: „There is nothing absolute in town building. You must observe and give in everywhere." (11)

Fockema 1912 erschien in Utrecht aus der Feder des dortigen Beige-
Andreae ordneten (wethouder) J.P. Fockema Andreae ein Handbuch „De hedendaagsche Stedenbouw" („Der heutige Städtebau"), das auf knappem Raum die verschiedenen Aspekte der Stadtplanung systematisch abhandelte – insofern vergleichbar mit dem gleichzeitig erschienenen Buch von Faßbender „Grundzüge der modernen Städtebaukunde". Auf eine Darstellung der ver-

schiedenen zu berücksichtigenden Belange – Verkehr, Hygiene, soziale und wirtschaftliche Aspekte, Technik, Recht, Geschichte, Ästhetik und Finanzen – folgen Hinweise auf die jeweiligen örtlichen Besonderheiten. Ein weiteres Kapitel unter dem Titel „Der Städtebauer an der Arbeit; die wichtigsten Aufgaben" ist Entwurfsregeln für das Straßennetz und die Grachten, für Plätze und Grünflächen gewidmet; ein kurzer Abschnitt behandelt auch die Gartenstädte – „tuinsteden".

In Frankreich hat – so René Jullian in seinem Kommentar zu Tony Garniers „Cité industrielle" – die intellektuelle Auseinandersetzung mit Fragen des Städtebaues die ersten Architekten um das Jahr 1900 erfaßt (1990, 10). Die Académie des Beaux Arts habe sich Fragen moderner Stadtplanung vollständig verschlossen, während die Ecole des Beaux Arts ihnen gegenüber etwas offener gewesen sei. Immerhin ist es bemerkenswert, daß sich vier Träger des Prix de Rome aus den ersten Jahren des neuen Jahrhunderts auf städtebaulichem Gebiet hervortaten: Tony Garnier, Henri Prost, Léon Jaussely und Ernest Hébrard.

Frankreich um 1900

Schon vor der Jahrhundertwende waren von dem 1890 gegründeten Musée social städtebauliche Impulse ausgegangen, die sich mit der Gründung der Sektion Stadt- und Sozialhygiene im Jahre 1908 noch verstärkten. Indessen fanden sie offenbar wenig Niederschlag in der Literatur, abgesehen von Zeitschriftenbeiträgen insbesondere zur öffentlichen Gesundheitspflege oder auch zu spezifischen örtlichen Themen. Auch die Zusammenstellungen französischer Fachliteratur, die sich in einer Reihe städtebaulicher Schriften finden, bestätigen diesen Eindruck. So enthält die entsprechende Auflistung in der zweiten deutschen Ausgabe von Unwins „Grundlagen des Städtebaues" (1922), die von dem renommierten französischen Planer A. Augustin Rey betreut wurde, abgesehen von Hénards „Etudes sur la transformation de Paris" in erster Linie Schriften zur Hygiene und zu städtischen Freiflächen. Erwähnt wird auch Georges Benoît-Lévy, dessen Veröffentlichungen – wie die von Georges Risler – der Verbreitung des Gartenstadtgedankens dienten. Lewis Mumford (1961) erwähnt in seiner sehr umfangreichen Bibliographie ein Buch von Bellet und Darville (1914) mit dem etwas umständlichen Titel „Ce que doit être

Französische Fachliteratur

la cité moderne. Son plan, ses aménagements, ses organes, son hygiène, ses monuments et sa vie" und charakterisiert es als „Querschnitt durch anerkannte Verbesserungen vor dem Ersten Weltkrieg".

Übersetzung Sittes ... Aufschlußreich ist auch die Auswahl, die Auzelle in seiner Sammlung von Zitaten zum Städtebau getroffen hat; das früheste von ihm erwähnte Fachbuch ist Camillo Sittes Werk in der französischen Übersetzung als „L'art de bâtir des villes" von 1902, das früheste in französischer Sprache geschriebene Buch das des belgischen Landschaftsplaners van der Swaelmen „Préliminaires de l'art civique", das 1916 in den Niederlanden erschien – und im Jahre darauf von Stübben in der Deutschen Bauzeitung sehr kritisch besprochen wurde; über das Buch von Agache, Auburtin und Redout „Comment reconstruire nos cités détruites" fand Stübben ein erheblich positiveres Urteil (DBZ 1917, 211ff).

... in verfälschter Form Auch die Sitte-Übersetzung wurde nicht in Frankreich selbst veröffentlicht, sondern in Genf; mit ihr hat es indessen eine besondere Bewandtnis, wie George und Christiane Collins (1965) ausführlich nachweisen. Die Übersetzung des Schweizer Architekten Camille Martin, der in der Genfer Stadtplanung tätig war, sei ein „vollständig anderes Buch, nicht nur schlecht übersetzt, sondern Gedanken vertretend, die Sittes Grundsätzen diametral entgegengesetzt sind. Nichts hat mehr dazu beigetragen, den Namen Sittes mit den kurzsichtigen malerischen Techniken seiner Anhänger zu verwechseln. Zieht man die weite Verbreitung der französischen Ausgabe in Betracht, so könnte kaum ein abscheulicheres literarisches Verbrechen eines Übersetzers gegen seinen Autor begangen werden." (63f) Überbetonung mittelalterlicher Gestaltungselemente zu Lasten des Barock, Ersatz der auf Wien bezogenen Beispiele durch französische und flämische (übrigens in einer dem Original fernen, vom Jugendstil geprägten Darstellungsweise; G.A.), Veränderung sowohl in der Abfolge des Textes als auch in seiner tatsächlichen Aussage sind die Hauptvorwürfe, die die Collins erheben. In einer zweiten Auflage von 1918, konzipiert mit dem Blick auf den Wiederaufbau in Nordfrankreich, „entfernte Martin sorgfältig alle Hinweise auf Sittes deutschstämmige Her-

kunft, wie etwa das Wort Wien in des Verfassers Unterschrift zum Vorwort". (Collins 1965, 65)
Der Einfluß dieser Übersetzung war vor allem deshalb groß, weil auch in vielen anderen Ländern französische Sprachkenntnisse verbreiteter waren als deutsche; so stammt auch Unwins Bekanntschaft mit Sittes Gedanken aus der Lektüre der französischen Übersetzung (Miller 1992, 60). Auch Le Corbusiers pauschale Ablehnung Sittes – „die Religion des Eselswegs" – dürfte auf Martins Übersetzung zurückzuführen sein (1929, 9f).

Das Jahr 1910 – in dem in Deutschland erstmalig „Planung" im Titel einer Fachschrift auftauchte – gilt als Geburtsjahr des Begriffs „urbanisme"; im „Bulletin de la Société Neuchâteloise de Géographie" veröffentlichte der Lyoner Wissenschaftler Clerget einen Artikel unter dem Titel „L'urbanisme, étude historique, géographique et économique". Hier ist der Begriff also im Sinne eines diziplinenübergreifenden Forschungsfeldes definiert; bereits im folgenden Jahre wurde er bei der Gründung der „Société française des architectes urbanistes" auch planungsbezogen verwandt.

Urbanisme

Unwins „Town Planning in Practice" – unter dem Titel „Etude pratique des plans de ville" – lag 1914 in einer vervielfältigten Übersetzung von Henri Sellier (dem städtebaulich interessierten Bürgermeister von Suresnes) vor. In Buchform erschien es im Jahre 1922, herausgegeben von Léon Jaussely (Zucconi 1992, 254).

Übersetzung Unwins

Auch das erste originäre französische Städtebaubuch, das Auzelle in seiner Bibliographie aufführt, stammt nicht aus französischer Feder, sondern von einem Amerikaner: George B. Ford, der sein Architekturstudium 1900 in Harvard mit dem „Bachelor" abgeschlossen und 1907 das Architekturdiplom der „Ecole des Beaux Arts" in Paris erworben hatte. Nach seiner Rückkehr veröffentlichte er 1909 gemeinsam mit B. Marsh „An Introduction to City Planning" und hielt von 1912 bis 1914 die ersten Planungskurse an der Columbia University ab (Adams und Hodge 1965, 43–51). 1913 referierte er bei der 5. National Conference on City Planning in Chicago über „The City Scientific" als notwendige Ergänzung zum bisher im Vordergrund stehenden Ziel der „City Beautiful" (Der Städ-

George B. Ford

151

tebau 1913, 95). Über sein Wirken in Frankreich ist im Rahmen des nächsten Zeitabschnitts zu berichten.

Garnier Vorher allerdings – von Auzelle überraschenderweise nicht erwähnt – war Tony Garniers „Cité industrielle" (1917) veröffentlicht worden, wenn auch erst über ein Jahrzehnt nach ihrem
Bild 13 Entwurf als „Prix-de-Rome"-Arbeit. Sie gilt als eines der frühen Zeugnisse der Moderne – vielleicht mit mehr Recht hinsichtlich der „sachlichen" architektonischen Formensprache, die vollständig auf das gängige französische Repertoire stadtgestalterischer Repräsentation verzichtet, als hinsichtlich des städtebaulichen Strukturkonzepts, dessen Prämisse – eine wirtschaftlich auf ein einziges großes Industriewerk orientierte Stadt – ebensowenig überzeugt wie die von Stadt und Werk isolierte Lage des Bahnhofs und die damit erreichte strenge Nutzungstrennung, in der manche Kommentatoren eine Vorwegnahme der Charta von Athen sehen. Auch der Zuschnitt der Wohngebiete mit Parzellen von 15 x 15 m und mit einem Erschließungsflächenanteil von über 40% – errechnet aus den von ihm exakt angegeben Straßenbreiten – konnte kaum als zukunftsweisend gelten.

Italien In Italien erschien 1905 „La città moderna" von Antonio Pedrini, nach dem Urteil Sicas ein Handbuch des Gesundheitsingenieurwesens, durchdrungen von einem trockenen und mechanischen Positivismus und zudem ein Wust schlecht geordneter Informationen (1978, 62), während das Werk von Aristide Caccia „Costruzione, trasformazione e ampliamente delle città" von 1915 weitgehend eine Übersetzung und Adaptierung von Stübbens „Städtebau" darstellt. Allerdings hatte es schon vorher Übersetzungen gegeben, so von Buls 1903 „L'estetica delle città" und von Sitte 1907 – jedenfalls partiell – von Monneret de Villard: auch ein Referat von Stübben, gehalten 1911 beim IX. Internationalen Architektenkongreß in Rom, erschien in italienischer Übersetzung. Wichtiger für die Entwicklung eines städtebaulichen Verständnisses in Italien waren aber wohl die beiden Artikel von Gustavo Giovannoni „Vecchie città ed edilizia nuova" und „Il diradamento edilizio dei vecchi centri" (1913), die „traditionell als die ersten Beiträge zum Entstehen städtebaulicher Theorien in Italien gelten" (Piccinelli 1992, 33). Ausgelöst durch den „piano regolatore" für Rom aus dem

Jahre 1911, setzten sie sich ebenso wie die Schrift „Sulla conservazione della bellezza di Roma e sullo sviluppo della città moderna" (1916) von Marcello Piacentini für die Erhaltung historischer Bereiche in Rom ein. Gewiß dürfen in einem solchen Überblick die Futuristen nicht unerwähnt bleiben, so wenig die Architekturvisionen Antonio Sant'Elias mit den konkreten städtebaulichen Problemen der Zeit zu tun haben mochten. Aber sie sind nicht minder kennzeichnend für die eigentümliche Aufbruchsstimmung dieser Epoche als das futuristische Manifest, das die Stadt mit einer „gigantischen Baustelle" gleichsetzt.

Futurismus

In Spanien war der Ertrag städtebaulicher Literatur in dieser Phase bescheidener als zuvor. Jürgens (1926, 314) erwähnt „das 1908 geschriebene Büchlein" von Pedro Núñez Granés „Ideas generales sobre la urbanización de los alrededores de las grandes urbes", das seinerseits das Fehlen entsprechender spanischer Arbeiten beklagt. Dem traditionell starken französischen Einfluß überlagerten sich bald weitere: Eine Rezension (1903) und eine teilweise Übersetzung ins Spanische (1905) – aus der französischen Ausgabe von 1902 – machten Sittes Werk bekannt (Escolano 1992, 25); der Bibliothekar Cipriano Montoliu veröffentlichte 1912 „La ciudad jardin", eine Schrift über Howards Gartenstadtkonzept, und 1913 „Las modernas ciudades y sus problemas a la luz de la Exposición de la Construcción Civica de Berlin", einen Bericht über die Berliner Städtebauausstellung von 1910 (Terán 1982, 40).

Spanien

Internationale Kontakte zwischen 1900 und 1918

Eine Rolle von zunehmender Bedeutung für den internationalen Austausch spielten weiterhin Kongresse und Ausstellungen, die häufig auch miteinander verbunden waren. Als erster Kongreß mit einer deutlich städtebaulichen Zielsetzung wurde im vorigen Abschnitt der Brüsseler „Congrès de l'art public" erwähnt; ein weiterer Kongreß unter dieser Bezeichnung wurde 1900 in Paris, ein dritter 1905 in Lüttich abgehalten, offenbar ohne in Deutschland nennenswerte Resonanz zu finden; lediglich zum letztgenannten findet sich eine kurze Notiz in der Zeit-

Kongresse und Ausstellungen

schrift „Der Städtebau" (1905, 126). Danach scheint das Interesse an diesem Thema erloschen zu sein, zumal es in Frankreich eher als ein belgisches Anliegen angesehen wurde (Gaudin 1992, 52).

London 1904 Indessen erhielten Kongresse für Hygiene und für Wohnungswesen, schon vor der Jahrhundertwende üblich, danach eine deutlichere städtebauliche Komponente; als erste im eigentlichen Sinne städtebauliche Veranstaltung internationalen Charakters muß wohl der internationale Gartenstadtkongreß in London 1904 gelten, auch wenn der gleiche Anspruch für den Londoner Kongreß von 1910 und den Genter Städtekongreß von 1913 erhoben wird. Jener Gartenstadtkongreß war „eine recht bescheidene Angelegenheit, bei der die wichtigsten nichtbritischen Redner Georges Benoît-Lévy und Josuah Strong, Präsident des Institute of Social Service in New York, waren". Er mündete in einen Appell an die Fondation Rothschild, eine Gartenstadt in Frankreich zu gründen (Sutcliffe 1981, 168). Im gleichen Jahre wurde von französischer Seite die „Association Générale des Hygiénistes et Techniciens Municipaux" gegründet: ihr erster internationaler Kongreß in Lüttich 1905 unterstrich die Eigenständigkeit der belgischen und der welschschweizer Positionen (Meller 95, 303f).

Hygiene- Gleichfalls im Jahre 1904 wurde die „Commission permanente
Ausstellung des Congrès internationaux d'Hygiène de l'Habitation" gegründet, gefolgt 1907 von der Gründung des „Office international d'Hygiène Publique" in Rom. Die Verknüpfung hygienischer Fragen mit dem Städtebau, seit der Mitte des 19. Jahrhunderts offenkundig, hatte schon in den Resolutionen des Deutschen Vereins für öffentliche Gesundheitspflege deutlichen Ausdruck gefunden; auch die vielbeachtete Hygiene-Ausstellung des Jahres 1911 in Dresden räumte dem Städtebau einen beträchtlichen Anteil ein. „Es ist wohl das erste Mal, daß eine Hygiene-Ausstellung sich so ausführlich mit Fragen des reinen Städtebaues befaßt, wie es die Dresdener Ausstellung tut," kommentierte die Zeitschrift „Der Städtebau" (1911, 95). Zu den Besuchern der Ausstellung gehörte der Bürgermeister von Lyon, Edouard Herriot (vermutlich begleitet von seinem Stadtbaurat Tony Garnier); 1912 berichtete Herriot darüber in einer Zeitschrift unter dem Titel „Les leçons de l'Exposition d'Hygiène de Dresde";

der erste Abschnitt trägt die Überschrift: „De l'art à la science" (vgl. S. 232ff). Diese Ausstellung hat Herriot offenbar auch zur Veranstaltung der Städtebauausstellung von 1914 in Lyon – der ersten internationalen in Frankreich – angeregt (Sutcliffe 1981, 190).

Acht Jahre vor der Hygiene-Ausstellung war Dresden bereits Schauplatz der ersten deutschen „Städteausstellung" gewesen, die als große Leistungsschau der deutschen Städte angelegt war und an der sich 82 Städte mit Ausstellungsmateriel und 47 weitere mit finanzieller Förderung beteiligten. Auf Anregung des Reichskanzlers von Bülow wurden zur Eröffnung Einladungen an fast alle europäischen Hauptstädte sowie New York, Washington und Philadelphia versandt (Wuttke 1904, XXXI); im Bericht heißt es dann, daß „eine große Zahl deutscher und einige ausländische Städte, unter ihnen Paris, Wien, Petersburg, Christiania und Prag [...] Vertreter gesandt" hätten. Die Ausstellung zog zahlreiche ausländische Besucher an; so berichtete der Stockholmer Stadtplaner Hallman über sie in einer schwedischen Zeitschrift. Sie betonte vor allem die Leistungen des städtischen Hoch- und Tiefbaues und der städtischen Betriebe, wies aber auch einen umfangreichen städtebaulichen Teil auf; auf die beiden im Zusammenhang mit der Ausstellung veröffentlichten Bücher wurde bereits eingegangen (S. 138). Zugleich bot sie den Rahmen für eine Veranstaltung, auf der Deutsche Städtetag begründet wurde (Wuttke 1904, 1).

Dresden 1903

Im Jahre 1906 richtete das Royal Institute of British Architects den 7. internationalen Architektenkongreß aus; im städtebaulichen Teil der dazugehörigen Ausstellung wurde Unwins Werk „Seite an Seite mit dem so anerkannter Meister des Städtebaues ausgestellt wie Joseph Stübben, Charles Buls und Eugène Hénard" (Miller 1992, 139). Es wurden demnach auch Pläne aus Deutschland, Belgien und Frankreich gezeigt – ein Beleg für die internationalen Verbindungen, die zu dieser Zeit in der Fachwelt bereits bestanden.

London 1906

Die beiden ersten großen Städtebauausstellungen in Europa fanden im gleichen Jahre 1910 in Berlin und London statt; die Berliner war wesentlich veranlaßt durch den städtebaulichen Wettbewerb für Groß-Berlin, wurde von Werner Hegemann vorbereitet und kommentiert und zeigte viel Material aus dem

Berlin 1910

Bild 14

Ausland – mit den Schwerpunkten Paris und London, aber auch mit amerikanischen Beispielen. Unwin besuchte im Frühjahr die Ausstellung und entlieh sich einen großen Teil für die von ihm zu organisierende Londoner Ausstellung (Miller 1992, 139).

London 1910
Ausstellung

So ist es kein Wunder, daß in Berichten über die vom Royal Institute of British Architects ausgerichtete Londoner Ausstellung die Fülle deutscher Beiträge hervorgehoben wurde – von Groß-Berlin bis zum Modell der Gartenstadt Hellerau, das – so Miller – die zentrale Halle beherrscht habe (140). Allerdings hätten Burnhams City-Beautiful-Pläne für Chicago „die Schau gestohlen". Britische Beiträge zeigten Gartenstädte und Vororte, Ansätze einer „British school of civic design" und – als ungewohntes Element – die Ergebnisse des „Edinburgh Civic Survey", die Geddes selbst erläuterte, wie Abercrombie berichtet:

„... it is safe to say that the modern practice of planning in this country would have been a more lamentary thing if it had not been for the Edinburgh room and all that this implied. It was a torture chamber to those simple souls that had been ravished by the glorious perspectives or heartened by the healthy villages shown in the other and ampler galleries. Within this den sat Geddes, a most unsettling person, talking, talking, talking ... about anything and everything. The visitors could criticise his show – the merest hotch-potch – picture postcards – newspaper cuttings – crude old woodcuts – strange diagrams – archeological reconstructions; these things, they said, were unworthy of the Royal Academy – many of them not even framed – shocking want of respect; but if they chanced within the range of Geddes' talk, henceforth nothing could medicine them to that sweet sleep which yesterday they owed. There was something more in town planning than met the eye." (1943, 128f)

London 1910
Kongreß

Mit der Londoner Ausstellung war ein internationaler Kongreß verbunden, der über 1250 Teilnehmer anzog und vom Veranstalter als erster internationaler Städtebaukongreß überhaupt bezeichnet wurde. Neben drei amerikanischen und drei französischen Organisationen (Sutcliffe 1981, 171) wurden auch der Bund Deutscher Architekten (vertreten durch H. Berlepsch-

Valendas) und der Verband deutscher Architekten- und Ingenieurvereine (vertreten durch J. Stübben) aufgeführt. Unter den – überwiegend britischen – Vortragenden waren auch auswärtige Fachleute, so Augustin Rey und Eugène Hénard aus Frankreich, Daniel Burnham und Mulford Robinson aus den USA und Rudolf Eberstadt aus Deutschland. Allerdings lag das Schwergewicht bei Gestaltungsfragen; die Erörterung von Themen wie „Hygiene, Arbeiterwohnungen, Verwaltung, Verkehr, Bodenwerte u.ä." sollte ausdrücklich vermieden werden (Sutcliffe 1981, 172).

1912 folgte in Düsseldorf eine „Städte-Ausstellung", die Hegemann in seine Dokumentation der Berliner Ausstellung einbezog (vgl. S. 139). Auch mit ihr war ein Kongreß verbunden, den die Veranstalter als „Ersten Kongreß für Städtewesen" bezeichneten. Zu drei Themengruppen – Städtebau; städtische Betriebe; Pflege der Kunst, Wissenschaft und Wohlfahrt in den Städten – wurden insgesamt fast fünfzig Referate gehalten. Englisch und Französisch waren neben Deutsch als Kongreßsprachen zugelassen; vier Referate – darunter eines in englischer Sprache – berichteten über städtebauliche Erfahrungen in England, den Niederlanden und den USA.

Düsseldorf 1912

Für einen internationalen Baukongreß in Leipzig (vgl. Goecke 1914) hatte Gustav Langen eine Ausstellung vorbereitet, die dann als „Wanderausstellung" zum Grundstock des „Deutschen Archivs für Siedlungswesen" wurde; mit ihm wirkte Langen vor allem in den zwanziger Jahren auf die städtebauliche Diskussion in Deutschland ein.

Leipzig 1913

Im gleichen Jahre organisierte die Handelskammer von Nancy gemeinsam mit der „Société Industrielle de l'Est" eine Ausstellung zum Thema der „Cité Moderne" und eine Vortragsreihe, die offenbar in der deutschen Fachpresse keinen Niederschlag fanden. Stübben allerdings erwähnte später die Veranstaltung in seinem Überblick über den Einfluß des deutschen Städtebaues im Ausland (1923, 222; vgl. S. 174).

Nancy 1913

Die Resonanz des Londoner Kongresses dürfte mit dazu beigetragen haben, daß Abercrombie 1911 in der „Town Planning Review" den Ruf nach einer internationalen Stadtplanervereinigung erhob und daß 1913 in London die „International Garden Cities and Town Planning Association" gegründet wur-

Internationaler Verband

de, aus der – nach einigen Namensänderungen – der heutige „Internationale Verband für Wohnungswesen, Städtebau und Raumordnung" (International Federation for Housing and Planning; Fédération internationale pour l'habitation, l'urbanisme et l'aménagement des territoires) hervorging. Die Vereinigung veranstaltete im Jahre 1914 zwei Kongresse – im Februar in Paris und im Juli in London; dieser wurde von 250 Teilnehmern aus 15 Ländern besucht. Wochen später brachte der Erste Weltkrieg die meisten internationalen Fachkontakte zum Erliegen.

Wohnungs- Die Zeitschrift „Der Städtebau" enthielt neben vielen Hinweisen auf weitere Kongresse auch manchen ausführlichen Bericht dazu, so über den 1908 abgehaltenen 8. Internationalen Wohnungskongreß in London; er wurde als „spezifisch englisch" bezeichnet, „das heißt in seiner ganzen Veranstaltung viel praktischer und viel weniger theoretisch-akademisch als seine sämtlichen Vorgänger" (1908, 47). Vom 9. Kongreß, der 1910 in Wien stattfand, wurde die Zahl von 1329 Teilnehmern gemeldet (1911, 24).

Den Haag 1913 Der 10. Kongreß, 1913 in Den Haag/Scheveningen abgehalten, beschäftigte sich besonders eingehend mit der „Verbesserung und Beseitigung schlechter Wohnungen" und der „Verbesserung der Wohnverhältnisse auf dem Lande"; hierzu waren Berichte von den Teilnehmerländern erbeten worden – mit vorgegebener Gliederung und dem Appell, sich auf „facts and figures" zu konzentrieren. So sollte zum ersten der genannten Themen eingegangen werden auf
– Verbesserung schlechter Wohnungen,
– Beseitigung verbeserungsunfähiger Wohnungen,
– insbesondere Zonenenteignung ungesunder Stadtviertel,
– die Besitzer (Zuschüsse und Entschädigungen),
– die Bewohner (Ersatzwohnungen).
In der in Den Haag vorliegenden Dokumentation finden sich zu den beiden genannten Hauptthemen Berichte aus Dänemark, Deutschland, Großbritannien, den Niederlanden, Österreich, Schweden und der Schweiz; sieben weitere Länder hatten nur zu je einem der Themen berichtet. Zu diesen über 400 Druckseiten kommt noch ein einzelner Bericht über Wohnungsüberfüllung aus Österreich; das weitere Kongreßthema

der Stadterweiterung, zu deren rechtlicher Regelung ebenfalls ein Fragenkatalog aufgestellt worden war, ist leider nicht dokumentiert.

Ein Aspekt, der in der deutschen Städtebaugeschichte wenig Beachtung findet, ist die Verknüpfung der städtebaulichen Bestrebungen mit der Friedensbewegung des frühen 20. Jahrhunderts, die allerdings in England und vor allem in Frankreich und Belgien ausgeprägter war als in Deutschland; Sutcliffe (1981, 167) weist auf die engen Beziehungen zwischen der Friedensbewegung und den Gartenstadtbestrebungen in Frankreich hin.

*Friedens-
bewegung*

In diesen Zusammenhang gehört auch der „Erste internationale Städtekongreß", der 1913 in Gent stattfand und von dem Belgier Paul Otlet als „Congrès international de l'art de construire les villes et l'organisation de la vie municipale" konzipiert war (Meller 1995, 305). Er war letztlich auf die Bildung einer Internationalen Städteunion gerichtet – ein Ziel, das ebenso wie die geplanten Nachfolgekongresse dieser Art dem Kriegsausbruch 1914 zum Opfer fiel. Über den Kongreß und die ihn begleitende Ausstellung berichteten Goecke in „Der Städtebau" (1914, 70–73), Geddes und Abercrombie in der „Town Planning Review" (1913, 78–94 und 206–218). Danach waren 22 Regierungen und 150 Städte vertreten; der deutsche Beitrag war allerdings „das Werk einer freien Vereinigung, da das Deutsche Reich die Beteiligung abgelehnt hatte" (Goecke). Abercrombie würdigte den Kongreß als ersten wirklich „städtebaulichen" und erhoffte sich von ihm ein internationales Weiterwirken zur Förderung der Stadtplanung. „The toasts on this occasion, which were proposed by the representatives of the principal countries of Europe, were a testimony to the cordial feelings that exist internationally between those who are studying the advancement of city welfare" (207).

*Gent 1913
Kongreß*

Der Kongreß tagte in zwei parallelen Abteilungen, deren Themen einerseits der Städtebau und andererseits die „Organisation des städtischen Lebens" waren; auch hier wurden aber Fragen von städtebaulichem Interesse wie städtische Bodenpolitik (von deutschen Referenten), die Besteuerung des Bodenwertzuwachses und die Finanzierung des Stadtverkehrs erörtert. Für die Städtebauabteilung hatte es einen vorbereitenden Katalog von

Fragen gegeben, über die jeweils einzelne Teilnehmer berichteten. Als deutsche Referenten werden Joseph Stübben – über Straßenausbau wie auch über den Bebauungsplan von Rom – und Karl Ernst Osthaus – über die Entwicklung des künstlerischen Sehens im Städtebau – genannt; ferner drei Briten, im übrigen überwiegend Franzosen und Belgier. Empfehlungen des Kongresses bezogen sich auf die Beachtung des Charakters der heimischen Bauweise beim Bau neuer Stadtviertel, die Berücksichtigung der Besonnung und die Schaffung abgestufter Bauordnungen. Goecke folgerte daraus, „daß die Ausbeute der Verhandlungen keine allzu reichliche gewesen ist; reichlicher wird sie aber auf internationalen Kongressen auch kaum jemals ausfallen. Der Hauptzweck dieser Veranstaltungen wird immer mehr die Pflege persönlicher Beziehungen, die Aussprache über die Fragen allgemeiner Natur bleiben." Es scheint, daß diese Einsicht auch achtzig Jahre später noch ebenso gültig ist wie seine Beobachtung, es sei „bei solchen Gelegenheiten schon fast zur Unsitte geworden, daß bekannte Namen als Redner angemeldet werden, die nachher nicht erscheinen" (73).

Gent 1913 Hohes Lob indessen spendete Goecke der von Geddes orga-
Ausstellung nisierten (und im Deutschen Hause untergebrachten) Städtebau-Ausstellung – sie sei der Schwerpunkt des Kongresses gewesen. Geddes (1913, 78–93) berichtete ausführlich und eindringlich über ihr Konzept mit drei Hauptthemen: Bildern großzügigen Städtebaues am Beispiel von Hauptstädten – London und Paris, Berlin, Wien und Rom –, Darstellungen der sozialen Entwicklung in den Städten, und dem Plädoyer für das Kennenlernen der eigenen Stadt und das bürgerschaftliche Engagement für sie im Sinne des angelsächsischen Begriffs „Civics". Es handelte sich dabei um eine erweiterte Fassung jener Ausstellung, die Geddes auch schon 1910 in London anläßlich des damaligen Kongresses gezeigt hatte; Abercrombie erwähnte ihren gleichwohl viel geringeren Umfang gegenüber dem Gesamtrahmen der Londoner wie der Berliner Ausstellung von 1910, fügte aber hinzu, niemand, der ein wirkliches intellektuelles Interesse am Städtebau habe, könne im Zweifel sein, welche die wertvollste sei (216).

Begriffsprobleme Abercrombie wies auch auf Verständigungsschwierigkeiten hin: so sei die Diskussion über die These, man brauche einen Plan für eine Stadt erst ab 10.000 Einwohnern, den Engländern nahezu unbegreiflich erschienen, bis sie gemerkt hätten, daß „die lateinischen Rassen [...] darunter einen Stadtplan verstanden, der durch strenge Symmetrie und monumentale Pracht" gekennzeichnet sei, was für die Engländer höchst selten etwas mit Stadtplanung zu tun habe (211f).

Im Juli 1914 fand schließlich die bereits erwähnte internationale Städtebauausstellung in Lyon statt, von der Sutcliffe – gestützt auf französische Quellen – berichtet, daß Herriot bei einer vorbereitenden Reise zu deutschen Städten nur auf „frostige, unkooperative Höflichkeit" gestoßen sei (1981, 190). Andererseits kündigte „Der Städtebau" 1913 die Veranstaltung mit zwei Notizen an und teilte 1914 mit, daß für die Vorbereitung des deutschen Beitrags zu dieser Ausstellung eine Gruppe namhafter Fachleute zusammengetreten sei (64) und daß bereits zwölf deutsche Städte ihre Beteiligung zugesagt hätten (108); das scheint mit dem Vorigen schwer vereinbar zu sein. *Lyon 1914*

Eine weitere Quelle internationalen Austausches waren die sich nach der Jahrhundertwende mehrenden Studienreisen von Einzelpersonen, von fachlich interessierten Gruppen oder auch von politischen Delegationen. Beispielsweise wurden in „Der Städtebau" 1909 (19) zwei Studienreisen nach England angekündigt – eine durch die Deutsche Gartenstadtgesellschaft organisiert, die andere als „soziale Studienreise" bezeichnet. An dieser nahmen offenbar 200 Personen teil, denn im folgenden Jahrgang wurde ihre Wiederholung – diesmal in zwei Gruppen mit je 100 Personen – angekündigt (12). Schon vorher waren mehrere Studienreisen englischer Fachleute zu deutschen Großstädten unternommen worden; Patrick Geddes berichtete in „Cities in Evolution" (1915) über eine 1908 vom National Housing Reform Council organisierte Reise nach Deutschland und bemerkte im anschließenden, „German Organisation" überschriebenen Kapitel: „Let us set about fully surveying the problem, meditating and testing the policy; and soon it might be the turn of German town planners to cross from Rhine to Clyde." (73) Einen deutlichen Anstoß zu solchen Studienreisen hatte übrigens die Schrift von T.C. Horsfall „The Improvement of the Dwellings and Surroundings of the People: The Example of Germany" gegeben (vgl. S. 143). *Studienreisen*

Eine Delegation der Stadt Lyon bereiste 1911 mehrere deutsche Städte, um sich über das kommunale Krankenhauswesen zu informieren, eine weitere besuchte 1914 Howard und die neu begründete Gartenstadt Letchworth. Von einem früheren Besuch einer Lyoner Delegation in Manchester berichtet Sutcliffe als amüsante Anekdote, daß der Versuch der Verständigung in Esperanto an der unterschiedlichen Aussprache gleicher Wörter gescheitert sei (1981, 176).

Auslandsstudium und Büroarbeit

Eine wichtige Quelle der Information stellt auch das Studium im Ausland dar; verschiedentlich waren es ausländische Absolventen deutscher Hochschulen, die die Kenntnis deutscher Fachbücher und deutscher Verfahrensweisen in ihre Heimatländer trugen, wie etwa der Norweger Sverre Pedersen, der in Hannover studiert hatte (vgl. S. 81). Entsprechendes trifft gewiß auf Großbritannien und Frankreich zu; so wurde der Amerikaner George B. Ford offenbar durch sein Studium an der Ecole des Beaux Arts in Paris zu seinem Engagement für die kriegszerstörten Städte Nordfrankreichs nach 1918 angeregt. Ähnliches gilt für die Mitarbeit in ausländischen Planungsbüros wie die von Ernst May bei Raymond Unwin in London kurz vor den Ersten Weltkrieg.

Wettbewerbe

Nicht minder bedeutend als Medium des Austausches zwischen verschiedenen Ländern sind internationale Wettbewerbe und daraus folgende – oder auch unmittelbar vergebene – Planungsaufträge. Den Wettbewerb für Barcelona 1905 gewann der französische Architekt Léon Jaussely, Träger des Prix-de-Rome, von seinem römischen Studienaufenthalt aus; einen weiteren Preis erhielt der Schwede Per Olof Hallman. Im Jahre 1909 fanden internationale Wettbewerbe für Groß-Berlin – an dem Jaussely gleichfalls teilnahm, jedoch ohne eine Auszeichnung zu erhalten* – und für Kopenhagen statt; hier wurde der Deutsche Carl Strinz mit einem an Sittes Prinzipien orientierten Entwurf Sieger. Bei solchen Wettbewerben wurde die Internationalität in der Regel dadurch unterstrichen, daß auch ausländische Fachleute in das Preisgericht einbezogen wurden – so Stübben bei

---

* Im Katalog der Ausstellung „La ville" (Paris 1994) ist einer der von Jaussely eingereichten Pläne für den Berliner Wettbewerb abgebildet mit dem Zusatz: 2^e Prix (171). Dies trifft nicht zu; alle vier Preise gingen an deutsche Teilnehmer.

einem finnischen Wettbewerb, Goecke bei dem für Helsingborg. Viel Beachtung fand der 1911 ausgeschriebene Wettbewerb für die neue australische Hauptstadt Canberra; 137 Entwürfe aus 14 Ländern wurden eingereicht. Den ersten Preis errang der Amerikaner Walter B. Griffin, gefolgt von dem Finnen Eliel Saarinen und dem Franzosen Donat-Alfred Agache. Saarinen war in diesen Jahren auch als Berater für Budapest tätig; Stübben wurde – wie vorher Charles Buls – von 1911 bis 1914 mehrfach zur städtebaulichen Beratung nach Rom eingeladen und später zum Ehrenmitglied der „Associazione artistica fra i cultori di architettura di Roma" ernannt. Offenbar auf Anstoß des belgischen Königs plante Stübben (1920, 130) im Auftrag der belgischen Regierung für Antwerpen; auch für weitere belgische Städte entwickelte er Pläne, die auf den umfassenden Umbau der Innenstädte zielten (Fehl 1994, 9). Auch in Barcelona war Stübben beratend tätig.

Beratungen und Aufträge

Im Jahre 1908 wurde der Berliner Stadtbaurat für Hochbau, Ludwig Hoffmann, anläßlich eines griechischen Staatsbesuchs in Berlin zur Aufstellung eines Bebauungsplanes für Athen aufgefordert, den er 1910 fertigstellte. Hoffmann, der nicht für die – in Berlin vom Tiefbauamt betreute – Stadtplanung zuständig war, lieferte einen ziemlich schematischen Plan, der von den neuen Gestaltungsrichtungen nach der Jahrhundertwende noch kaum etwas erkennen läßt. Nach ihm erhielt der britische Planer Thomas A. Mawson einen Auftrag für einen umfassenden Stadtplan, aber seine Planung blieb ebenso wie die Hoffmanns ohne nennenswerte praktische Auswirkungen. Zu erwähnen bleibt gerade in diesem Zeitabschnitt die umfangreiche Tätigkeit europäischer Stadtplaner in anderen Erdteilen – Lutyens in Indien, Agache in Südamerika, Prost in Nordafrika, Hegemann in den USA; dieses Thema liegt indessen außerhalb des Rahmens der vorliegenden Studie.

Ein weiterer Beleg internationaler Bekanntheit und Hochschätzung ist die Kooptierung durch ausländische Fachorganisationen, wie die erwähnte Ehrung Stübbens in Rom. So verlieh das britische Town Planning Institute bei seiner Gründung im Jahre 1914 die Ehrenmitgliedschaft den Deutschen Brinckmann, Eberstadt und Stübben – einem Kunsthistoriker, einem Wohnungswirtschaftler und einem Stadtplaner –, den franzö-

Ehrenmitgliedschaften

Zum Geist der Zeit sischen Architekten Hénard und Rey sowie dem schwedischen Stadtplaner Lilienberg: Den Deutschen wurde sie allerdings nach Kriegsausbruch aberkannt; erst 1922 wurde dieser Schritt zurückgenommen (Cherry 1972, 60/73). So erweist sich in der Rückschau der Zeitabschnitt zwischen Jahrhundertwende und Erstem Weltkrieg als besonders fruchtbar für die Entwicklung eines länderübergreifenden Verständnisses der städtebaulichen Aufgaben und der Wege zu ihrer Lösung. Gerade daß die damit verknüpften Hoffnungen durch den Krieg weitgehend zunichte gemacht wurden, mag jene Zeit manchmal in verklärendem Licht erscheinen lassen; gleichwohl dürfte Helen Meller (1995, 307) das Besondere ihrer Atmosphäre zutreffend umreißen: „For a brief moment, charity, self-interest and welfare had been brought into an international town planning movement aimed at securing the greatest good for the future."

Gemeinsamkeiten und Unterschiede 1900 – 1918

Stadtplanung als Disziplinin In der Zeit zwischen 1900 und dem Ausbruch des Weltkriegs 1914 formte sich die neue Disziplin der Stadtplanung zumindest im Bewußtsein der ihr zugewandten Fachleute. Die ersten Fachzeitschriften, die ersten nationalen und internationalen Kongresse, die ersten großen Städtebau-Ausstellungen, die ersten städtebaulich orientierten Lehrstühle an den Hochschulen, große Hauptstadtwettbewerbe wie für Kopenhagen 1908, für Berlin 1910, für Canberra 1911: dies alles sind Belege für eine Entwicklung, die MacLean in seinem Vorwort zur deutschen Übersetzung von Unwins „Town Planning in Practice" – vielleicht ein wenig euphorisch – beschrieb: „Städtebau ist seit einigen Jahren bei uns zur Disziplin geworden. Sozialwissenschaftler, Architekten, Kunstästhetiker und Ingenieure tragen die Resultate ihrer Wissenschaft und praktischen Erfahrungen zur gemeinsamen Lehre vom Städtebau zusammen." (1910, III; vgl. S. 144)

Berufsverbände Weitere Zeichen für die Konsolidierung der neuen Stadtplanungsdisziplin setzte die Gründung berufsständisch geprägter Vereinigungen – der „Société Française des Urbanistes" 1911, des britischen „Town Planning Institute" 1914, des „American Institute of Planners" 1917, der „Freien Deutschen Akademie des Städtebaues" 1922 (vgl. 264f).

Dem Streben nach einem gemeinsamen Berufsverständnis entsprach das Ringen um eine theoretische Durchdringung der neu erkannten Aufgabe städtebaulicher Planung. Es schlug sich sowohl in einer Fülle von Definitionsversuchen als auch in dem Bemühen nieder, einen geeigneten Begriff für diesen Arbeitsbereich zu finden. Während im deutschen Sprachraum der mit den Buchtiteln von Sitte (1889) und Stübben (1890) allgemein eingeführte Begriff „Städtebau" lange Zeit beherrschend blieb und erst allmählich – erstmalig 1910 in einem Buchtitel – ein Gegenstück im Begriff der „Planung" oder „Stadtplanung" fand, setzte sich „town planning" in Großbritannien seit 1905, „urbanisme" in Frankreich seit 1910 durch. Allerdings wurde der französische Begriff zunächst im Sinne einer „Stadtwissenschaft" gebraucht (vgl. S. 151); nach wie vor schließt er auch die Stadtforschung ein. Bei dem Bemühen um eine angemessene Definition des Arbeitsfeldes ging es in aller Regel um die beiden Begriffe der Wissenschaft und der Kunst und ihr Verhältnis zueinander (vgl. S. 231ff).

Begriffe

Ein früher Versuch, die Beiträge verschiedener Nationen zur städtebaulichen Entwicklung herauszuarbeiten, findet sich bei Abercrombie (1913, 98ff), der von einer bemerkenswerten zeitlichen Übereinstimmung der ersten Bemühungen auf diesem Gebiet, aber auch von unterschiedlichen Ansätzen verschiedener Nationen spricht:

Abercrombie: Ländervergleich

„Nations have specialised, as it were, according to their temperaments, and both legal enactments and spontaneous artistic or voluntary movements have crystallised their idiosyncrasies. [...] There has been a great deal of loose and hurried study of one nation by another. [...] It is indeed exceedingly difficult during these congresses, exhibitions, and hurried visits to grasp the whole significance of what one hears and sees. Stimulating and instructive though they be, they give rise to many misconceptions owing to a lack of comparative study."

Seine anschließenden vergleichenden Betrachtungen leitete Abercrombie mit einem Blick auf Deutschland ein:

"Germany presents by far the greatest bulk of material for this comparative international study. It has concretely achieved more modern Town Planning than any other country (for France has been almost quiescent during the past 25 years) and its city organisation is as elaborately thorough as the Teuton mind can make it."

Der Artikel behandelt außer Deutschland auch Frankreich, England und die USA in vergleichbarer Ausführlichkeit, während Belgien, Schweden und Italien nur jeweils ein kurzer Absatz gewidmet ist. Bei der Darstellung deutscher Stadtplanung hob Abercrombie die Bauzoneneinteilung, die Fürsorge für historische Stadtkerne und die Grunderwerbspolitik einiger deutscher Städte hervor; kennzeichnender noch schien ihm die Sorgfalt, mit denen Planungsmaßnahmen vorbereitet zu werden pflegten. Kritisch sah er – Eberstadt zitierend – die Mietskaserne, aber der letzte Satz des Deutschland gewidmeten Abschnittes enthält dann doch ein mildes Urteil:

Bild 8 "On the whole, as compared with the advantage of the English one-family house set in an unrelieved monotony of dreary streets, Germany has the tenement barrack in a wide street, with some park, play space, or promenade always at hand – there is an absence of meanness and an insistence on the cheerfulness of city life in the beer-garden, municipal band, etc.; some serious attempt is made at studying the art of city life." (102)

Für Frankreich schien Abercrombie die Neigung zur formellen und monumentalen Gestaltungsplanung kennzeichnend; er wies aber auch auf Hénards Verkehrsstudien, das Musée social und die historischen Forschungen zur Stadtgeschichte hin. Als Hauptmerkmale Englands galten ihm die weitgehende Planlosigkeit der Stadterweiterungen, die geringe rechtliche und fachliche Kompetenz der Stadtverwaltungen, andererseits aber im positiven Sinne das Gartenstadtmodell einschließlich der Gartenvorstadt. Kennzeichnend für die Stadtplanung in den Vereinigten Staaten schließlich erschienen Abercrombie "Grid and Graft", also der Straßenraster – dem er die englische Planlosigkeit bei weitem vorzog – und die Korruption in der Stadtverwaltung. Als weitere Elemente hob er monumentale Projekte, soziologische Untersuchungen und die "wissenschaftliche Vor-

11 Die Bebauungsform der „Gartenstadt": Lageplan der Krupp-Siedlung „Margarethenhöhe" in Essen (1909) von Metzendorf

12 Geometrische Antithese zum „malerischen" Städtebau: „Großstadtstudie" für den XXI. Wiener Bezirk von Otto Wagner (1911)

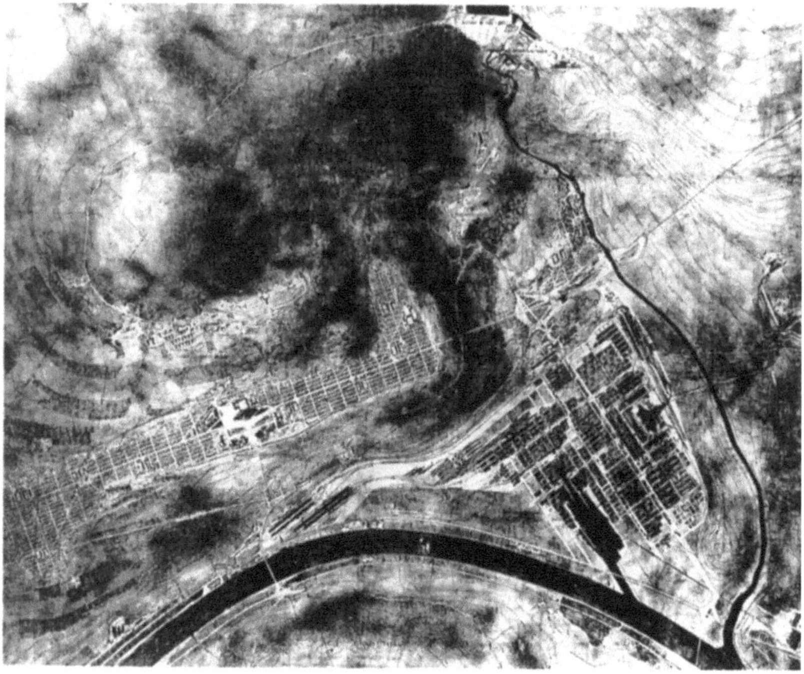

13 Ein neues „Idealstadt"-Konzept mit radikaler Trennung von Wohn- und Arbeitsstadt: Tony Garniers Entwurf „Une cité industrielle" (1904/1917)

14 Ansätze zum „monumentalen" Städtebau: Wettbewerbsentwurf von Bruno Schmitz u.a. (4. Preis) für Groß-Berlin 1910. Blick nach Nordwesten, im Vordergrund der Spreebogen

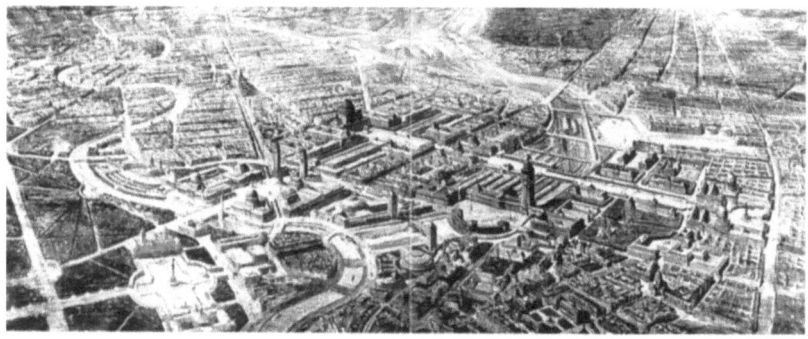

sorge für die Erholung", also die Grünflächenpolitik amerikanischer Städte, hervor.

Ein Blick auf die Planungskonzepte läßt erkennen, daß der Gartenstadtgedanke Anhänger und Befürworter in vielen Ländern fand, wenn auch das, was außerhalb Englands als „Gartenstadt" oder „cité jardin", als „tuinstad", „hageby" oder „trädgårdsstaden" entstand, allenfalls den Charakter einer Gartenvorstadt nach dem Vorbild von Hampstead Garden Suburb besaß. Hellerau bei Dresden – trotz der zugeordneten Arbeitsstätte der Deutschen Werkstätten – und Rüppurr bei Karlsruhe nicht anders als Enskede bei Stockholm waren vorstädtische Wohnanlagen ohne jene Eigenständigkeit, die Howard erstrebt und in Letchworth auch – im Grundsatz – erreicht hatte. Hinzu kam, daß das kontinentale Bodenrecht dem Gedanken des gemeindlichen Obereigentums ferner stand als das britische, in dem die Erbpacht (leasehold) traditionell einen festen Platz hatte.

Garten(vor)städte

Bild 11

Bild 10

Allgemein zeigte sich das Bestreben, den Wohnungsbau nicht allein durch die Förderung des preiswerten Einfamilienhauses, sondern auch durch höhere Ansprüche an die Qualität der Geschoßwohnungen zu verbessern. Gesetzliche Regelungen wie das niederländische „Woningwet" von 1901 und das preußische Wohnungsgesetz von 1918, die Einführung rückwärtiger Baulinien zur Sicherung von Freiflächen im Blockinneren und erhöhte Anforderungen an Gebäudeabstände und Hofflächenanteile seien als Beispiele genannt.

Wohnungsbau

Bild 15
Bild 16

Ein weiterer gemeinsamer Zug läßt sich in der zunehmenden Tendenz erkennen, Gesamtpläne für die räumliche Stadtentwicklung aufzustellen – sei es auf dem Wege über städtebauliche Wettbewerbe oder als behördliche Leistung. Neben stadtgestalterische Visionen nach Art von Burnhams Plan für Chicago oder von Bruno Schmitz' Wettbewerbsentwurf für Berlin traten dabei Konzepte der Flächennutzungsstruktur bis hin zu ersten übergemeindlichen Planungen im Sinne des Parksystems für Boston und Umgebung oder des von Robert Schmidt vorgeschlagenen Generalsiedlungsplanes für den Regierungsbezirk Düsseldorf – also den Westteil des Ruhrgebiets.

Gesamtpläne

Selbst auf dem schwerfälligen rechtlichen Gebiet gab es internationale Einflüsse. Die Amerikaner übernahmen das „Zoning"

Planungsrecht

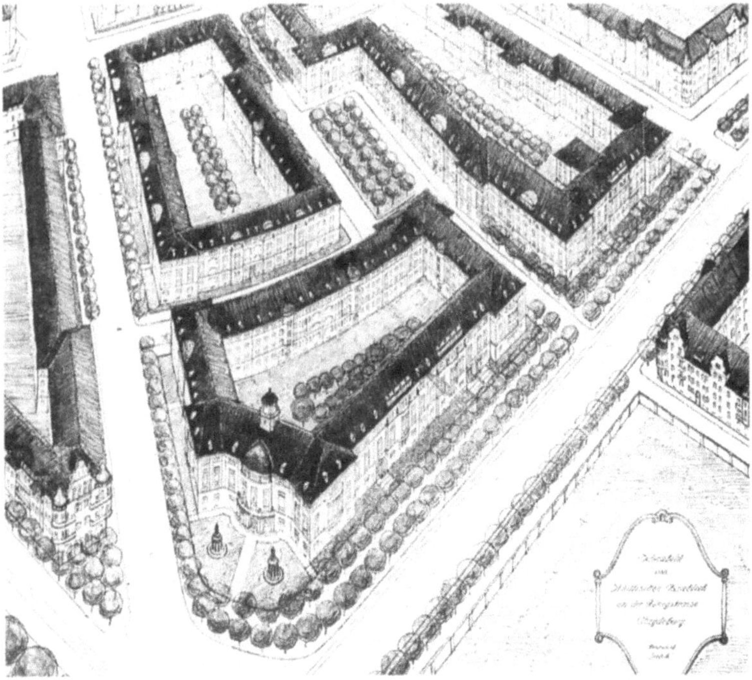

15 „Reformierte" Wohnblöcke mit inneren Freiflächen und auf räumliche Wirkungen gerichteter Straßenführung (Magdeburg 1915)

16 Reformierter Wohnungsbau im „informellen" Straßensystem großen Maßstabs: Entwurf von Eliel Saarinen für den neuen Stadtteil Munkkiniemi-Haaga bei Helsinki (1915)

in ihr Planungsinstrumentarium – wenn auch weniger unter dem Gesichtspunkt eines rationalen Ordnungssystems der Stadt als unter dem der Sicherung privater Immobilienwerte gegenüber einem Wertverlust durch Einbruch anderer Nutzungen. Auch in Großbritannien machte sich im „Housing, Town Planning etc. Act" von 1909 der Einfluß deutscher Verfahrensweisen und rechtlicher Regelungen bemerkbar (vgl. S. 60, S. 140).

Von 1919 bis 1945

Fachliteratur 1919 – 1945

Die ersten Jahre nach dem Kriegsende sind in Deutschland durch eine Fülle städtebaulicher Veröffentlichungen gekennzeichnet, die angesichts der schwierigen politischen und wirtschaftlichen Situation zunächst überraschend erscheinen mag. Aber auch hier könnte zutreffen, was für andere kulturelle Bereiche häufig als These vorgetragen wird: daß das im Kriege aufgestaute kreative Potential sich, von den Einschränkungen befreit, in diesen Jahren entlud. Noch aus der Kriegszeit selbst stammen Theodor Fischers „Sechs Vorträge über Stadtbaukunst", die 1917 für einen an der Westfront geplanten Fortbildungskurs verfaßt und erst nach dem Kriege veröffentlicht wurden – ein kleines Büchlein mit einer Fülle wichtiger Einsichten und Aussagen; als „reale Grundelemente des Städtebaues" werden „die Wohnfrage, die Verkehrsfrage und die Anpassung an die Natur" genannt (1920, 15).

Literaturfülle

In vielen Schriften wird etwas von der Stimmung des Neubeginns in der ersten deutschen Republik spürbar. „Wir stehen an der Schwelle einer neuen Zeit" – dieser erste Satz in Paul Wolfs „Städtebau – das Formproblem der Stadt in Vergangenheit und Zukunft" (1919) ist kennzeichnend dafür. Das Buch setzt sich sehr konkret mit den Sachfragen der Stadtplanung – keineswegs nur mit der Form – auseinander, mündet aber eigentümlicherweise in die These: „Im monumentalen Bauwerk, in der Monumentalstadt erreicht die Kultur ihren höchsten Punkt." Eine ähnliche Faszination durch formale Visionen spricht auch aus Bruno Tauts idealistisch-romantischen Schrif-

Visionen

Bild 14

ten „Die Stadtkrone" (1919) und „Die Auflösung der Städte oder: Die Erde eine gute Wohnung oder auch: der Weg zur Alpinen Architektur" (1920).

Gurlitt 1920 veröffentlichte Cornelius Gurlitt sein Alterswerk, das „Handbuch des Städtebaues", ein umfassend angelegtes Kompendium – nicht von gleicher Materialfülle wie Stübbens Buch (das übrigens 1924 in einer dritten, nur wenig veränderten Auflage erschien und dabei heftige Kritik der Jüngeren auf sich zog), aber klarer und eingängiger in der Herausarbeitung der grundsätzlichen Fragen (vgl. S. 234, 263, 318).

Schumacher Im gleichen Jahre erschien Fritz Schumachers „Kulturpolitik" mit einem langen Beitrag über „Kulturprobleme der Großstadt", in dem Schumacher nach einem Jahrzehnt städtebaulicher Praxis als Hamburger Hochbaudirektor ein umfassendes Bild der städtebaulichen Aufgaben – und ihrer Begrenzungen – entwickelte, das er zwei Jahrzehnte später mit geringfügigen Änderungen erneut publizierte. Auch heute noch trifft es weitgehend zu; selbst die gegenwärtig so beliebte „public-private partnership" ist dem Sinne nach schon angesprochen, wenn es im Zusammenhang mit der Siedlungsentwicklung heißt: „Man muß davor warnen, die Lösung der vorliegenden Fragen einseitig den Gemeinden zuzuschieben; weit natürlicher und lebensvoller wird das Ergebnis sein, wenn sich die Macht privater Initiative mit den öffentlichen Machtmitteln zu diesem Ziele vereint." (105f; 1940: 61)

Heiligenthal Ein Jahr später veröffentlichte Roman Heiligenthal, Magistratsbaurat in Berlin, ein noch weiter ausgreifendes Werk mit der einleitenden Begründung, daß „eine Darstellung des Städtebaues als einheitliche wirtschaftliche, rechtliche und technisch-künstlerische Disziplin [...] bisher in der so reichhaltigen deutschen Siedlungsliteratur [fehlte]". Seine doppelte Promotion als Dr.Ing. und Dr.rer.pol. bot ihm den Ansatz für eine umfassende Darstellung der Wirtschaftsfaktoren in der Stadtentwicklung; entsprechend heißt der Untertitel „ein Handbuch für Architekten, Ingenieure, Verwaltungsbeamte und Volkswirte". Der Titel „Deutscher Städtebau" überrascht auf den ersten Blick mit seiner nationalen Eingrenzung, rechtfertigt sich aber aus der Beschränkung auf den deutschen Raum in Geschichte, Recht und Verwaltungsstruktur. In weiteren Ver-

öffentlichungen hat sich Heiligenthal auch sehr gründlich mit ausländischen Verhältnissen, insbesondere mit den unterschiedlichen Regelungen des Planungsrechts, auseinandergesetzt.
Damit ist die Reihe deutscher städtebaulicher Veröffentlichungen in den frühen zwanziger Jahren längst nicht erschöpft; sie reicht weiter von A.E. Brinckmanns „Stadtbaukunst" (1920) über die „Städtebaukunst" von Hermann Ehlgötz (1921) und – alle folgenden aus dem gleichen Jahre – den mehr für Ingenieure bestimmten „Städtebau" von Otto Blum, Gustav Schimpff und Wilhelm Schmidt, die „Grundbegriffe des Städtebaues" von Karl A. Hoepfner bis zum ersten Buch über Stadterneuerung von Otto Schilling, das den aus heutiger Sicht befremdlich klingenden, aber aus der Begriffsgeschichte verständlichen Titel „Innere Stadterweiterung" trug. Das Buch setzte sich eingehend mit den wichtigsten Auswirkungen des Stadtwachstums auf die Stadtkerne – der Citybildung und dem Absinken der Wohnqualität – auseinander und führte dazu zahlreiche Fallstudien an – neben acht „reichsdeutschen" auch Straßburg, Zürich und Paris. Wie Heiligenthal wollte der Autor mit seiner Veröffentlichung eine Lücke in der Fachliteratur füllen: „Die Wiederunterbringung großer Bevölkerungsmassen während und nach der Sanierung, Entwicklung der Boden- und Mietpreise, Deckung der bedeutenden Kosten, Erhaltung alter Baudenkmäler, die Gestaltung neuer Bauten bilden eine Reihe ineinandergreifender Fragen, die in jedem Einzelfall mangels eines geeigneten Handbuches nur schwer zu übersehen waren." Cornelius Gurlitt begrüßte das Buch in seinem dazu verfaßten Vorwort als Ergänzung seines eigenen „Handbuchs".
Gleichfalls unmittelbar nach dem Kriege – 1920 – entstand als zweite deutsche Städtebauzeitschrift die von Cornelius Gurlitt und Bruno Möhring – zunächst halbmonatlich, später monatlich – herausgegebene „Stadtbaukunst alter und neuer Zeit", anfänglich mit Bruno Tauts „Frühlicht" als Beilage. Ab 1922 enthielt sie auch die Mitteilungen der neu gegründeten „Freien Deutschen Akademie des Städtebaues". Thematisch ähnlich ausgerichtet, war sie kleiner im Format und weniger reichlich illustriert als „Der Städtebau". Dessen Untertitel – anfangs „Monatsschrift für die künstlerische Ausgestaltung der Städte nach ihren wirtschaftlichen, gesundheitlichen und sozialen

Weitere Autoren und Themen

Zeitschrift „Stadtbaukunst"

Grundsätzen", ab 1917 mit dem Zusatz „mit Einschluß der ländlichen Siedelungsanlagen und des Kleinwohnungsbaues" – wurde unter Hegemanns Leitung 1925 umgewandelt in „Zeitschrift für Stadtbaukunst, städtisches Verkehrs-, Park- und Siedlungswesen"; ab 1928 entfiel dieser Zusatz wieder.

Deutsche Einflüsse auf das Ausland 1920 machte Stübben die Entwicklung des deutschen Städtebaues seit der Reichsgründung und dessen Einfluß auf das Ausland zum Thema eines Vortrages, der im Wortlaut in der „Stadtbaukunst" (1920) und in einer Kurzfassung in der Deutschen Bauzeitung (1920, aus ihr die Zitate) publiziert wurde. Er belegt Stübbens umfassenden Überblick über das städtebauliche Geschehen der Vorkriegszeit in vielen Ländern, der sich auch auf zahlreiche persönliche Kontakte und Erfahrungen stützte. Mag auch der deutsche Einfluß manchmal überbewertet erscheinen, so räumte Stübben doch auch Wechselwirkungen ein: „Englische Wohnkultur und Wohnungsfürsorge wirkten bei uns vorbildlich. Vom deutschen Städtebau lernten die Engländer. [...] Unsere Rivalen haben seit jener Zeit unter Führung des ‚Royal Institute of British Architects' und der von der Liverpooler Universität gestützten Zeitschrift ‚The town planning review' in zielbewußter Arbeit sehr große Fortschritte gemacht." Und weiter: „Wir haben [Frankreich] reichlich das erstattet, was wir von dort im ersten Jahrzehnt nach der Reichsgründung und in früheren Zeiten entnommen haben. [...] Erst um 1910 gewannen die englische Gartenstadtbewegung und die deutsche Entwicklung auch in Frankreich Boden. Letztere unter besonderer Mitwirkung des ‚Musée social' in Paris und eines seiner Leiter Georges Risler, der auf einer Städtebau-Ausstellung in Nancy im Jahre 1913 ausdrücklich dem deutschen Städtebau die Palme zuerkannte."

Während die österreichische und die schweizerische Entwicklung als „der unseren gleichlaufend, sich gegenseitig befruchtend" bezeichnet wurden – unter Erwähnung von Sitte, Mayreder, Faßbender, Otto Wagner und anderen –, sah Stübben in fast allen europäischen Ländern deutsche Einflüsse am Werk: Buls und Berlage, Giovannoni und Busquets, Unwin und Triggs, Hallman und Saarinen wurden alle in diesem Sinne erwähnt, wobei Stübben bei des letzteren Plan für Helsingfors allerdings „eine Wiederannäherung an französische Motive" feststellt.

War die deutsche Fachliteratur zum Städtebau in jenen ersten Nachkriegsjahren ungemein reichhaltig und vielgestaltig, so hatte dieses Phänomen jedoch in den anderen europäischen Ländern kaum Parallelen. Im gleichen Zeitraum erschien in Frankreich – folgt man den Literaturlisten von Auzelle und Rey – nur ein Buch, das den Anspruch auf eine umfassende Darstellung der Stadtplanungsfragen erhob – von dem Amerikaner George B. Ford, dessen Beziehung zu Frankreich im Rahmen des vorangegangenen Zeitabschnitts erläutert wurde.

Frankreich

Ford war zu Kriegsende mit dem amerikanischen Roten Kreuz nach Frankreich gereist, um dort als Berater für den Wiederaufbau zerstörter Orte Nordfrankreichs zu wirken; so erarbeitete er einen Plan für den Aufbau von Reims, der allerdings im wesentlichen unverwirklicht blieb. Die Zeitschrift „Der Städtebau" veröffentlichte dazu zwei Kommentare recht unterschiedlichen Tenors. 1920 heißt es in einer kurzen Meldung, Ford sei in seine Heimat zurückgekehrt, „infolge nationalistischer Treibereien [...]. Ford galt als das Haupt des sogenannten ‚Urbanismus', der modernen rationellen Stadtbaukunst amerikanischen Gepräges, und wurde als solches bekämpft. Während dieser Urbanismus die zerstörten Siedelungen der Norddepartements nach modernen Grundsätzen aufbauen wollte, ohne damit die historischen Züge der alten Städte zu zerstören, haben sich die sogenannten Passéisten mit den Archäologen verbündet und fordern eine stilgerechte Wiederherstellung des historischen Status quo. Sie scheinen nun zu siegen." (1920, 119) Wurde hier Fords Arbeitsrichtung deutlich positiv beurteilt, so äußerte sich im nächsten Heft der Herausgeber de Fries sehr kritisch zu Fords Plan für Reims: Er habe über den Stadtorganismus „das Netz eines sehr kaltherzigen und nüchternen Systems gelegt", das die Franzosen nicht mit Unrecht abgelehnt hätten (1921, 21).

G.B. Ford in Reims

Während seines Aufenthalts in Frankreich also veröffentlichte Ford sein Buch, dessen Titel „L'urbanisme en pratique" genau die Formulierung aufnimmt, die Raymond Unwin elf Jahre zuvor gewählt hatte: „Town Planning in Practice". Die Untertitel bringen weitere Erläuterungen: „Précis de l'urbanisme dans toute son extension – Pratique comparé en Amérique et en Europe". Auch die Position des Autors wird auf dem Ti-

G.B. Ford als Autor

telblatt verdeutlicht: „Architecte diplômé par le Gouvernement Français. Urbaniste-Conseil de la Ville de New York. Directeur du Bureau de Reconstruction en France de la Croix-Rouge Américaine."

Buchinhalt In der Tat ist das Buch pragmatisch und ohne theoretische Ambitionen angelegt: ausgehend von Verkehrsfragen behandelt Ford die einzelnen Teilbereiche stadtplanerischer Tätigkeit (deren Definition auf S. 233 zitiert wird). Das Schwergewicht liegt auf der Darstellung amerikanischer Verhältnisse und Erfahrungen; der im Buchtitel angekündigte Vergleich mit der europäischen Praxis bezieht sich zwar in erster Linie auf Frankreich, doch wird auch auf britische, gelegentlich auch auf deutsche Verhältnisse und Vorschriften hingewiesen; Ford hatte die Berliner Ausstellung von 1910 besucht. Indessen treffen nicht alle Aussagen zu; so kannte das deutsche Recht die ihm zugeschriebene „Zonenenteignung" nicht (155), und auch die Aussage über die uneingeschränkte Macht deutscher Behörden klingt etwas überzogen: „En Allemagne, les autorités compétentes en matière d'urbanisme ont des pouvoirs absolument arbitraires, au point de pouvoir imposer leurs idées" (157). Seine abschließende Warnung, die Planung von allen Einflüssen der Politik fernzuhalten, muß man wohl vor dem Hintergrund des seinerzeitigen Systems amerikanischer Kommunalpolitik sehen, das die Verwaltung zur Beute der in den Kommunalwahlen jeweils siegreichen Partei werden ließ; an Abercrombies Bemerkung zu „grid and graft" (S. 166) sei erinnert.

Joyant Als erstes systematisch aufgebautes Stadtplanungs-Handbuch aus französischer Feder ist wohl das zweibändige Werk „Traité d'urbanisme" (1923) von Edouard Joyant, Inspecteur Général des Ponts et Chaussées, anzusehen, das mehrere Auflagen erfuhr; sein Hauptgewicht lag auf einer eingehenden Behandlung technischer und rechtlicher Aspekte (mit zahlreichen Gesetzestexten) und auf Beispielen historischer Platzgestaltung.

Le Corbusier In eklatantem Gegensatz zu Fords nüchterner Auseinandersetzung mit der Vielfalt städtebaulicher Themen und Joyants trockener Systematik steht das fünf Jahre später erschienene Buch von Le Corbusier „L'urbanisme" (1925) mit seinem visionären Schwung, seiner kompromißlos modernen Formensprache und seiner eindrucksvollen Rhetorik. Es brachte den

Französisch-Schweizer Charles-Edouard Jeanneret – so sein ursprünglicher Name – mit einem Schlag in die vorderste Front der nach Neuem suchenden Städtebau-Theoretiker; sein technisch-rationales Stadtmodell schien zeitgemäßer als Bruno Tauts Entstädterungsvisionen. In einer Zeit, die schwer am ungeliebten Erbe des 19. Jahrhunderts trug, mochte vielen der radikale Bruch mit der städtebaulichen Vergangenheit, wie er etwa im „Plan Voisin" – der Übertragung von Le Corbusiers abstraktem Modell auf Paris – zum Ausdruck kam, als Vorbedingung einer besseren Zukunft erscheinen. Das Interesse, das diese Überlegungen auch im Ausland fanden, läßt sich an der relativ schnellen Übersetzung des Werkes ablesen: 1929 erschien die deutsche unter dem Titel „Städtebau" ebenso wie die englische als „The City of Tomorrow" – diese in deutlichem Gegensatz zu Le Corbusiers Zeitmaßstab, der sein Modell „Une ville contemporaine" genannt hatte.

Bild 17

Zuvor waren zwei weitere städtebauliche Fachbücher in Frankreich herausgekommen, von denen das Ausland offenbar kaum Notiz nahm. 1927 erschien „La ville moderne" von Michel Dikansky, einem Ukrainer, der in Deutschland studiert und bis zum Beginn seines sechsten Lebensjahrzehnts in Rußland als Stadtplaner gewirkt und publiziert hatte, ehe er 1919 nach Frankreich emigrierte und dort wiederum beruflich tätig wurde. Über die Hälfte des Buches war dem Stadtverkehr gewidmet – mit zahlreichen Beispielen auch aus anderen Ländern; etwas zufällig folgten Kapitel über die Krise des Wohnens, die Freiflächen, den täglichen Arbeitsweg, die Wohnung unserer Tage und den Anstieg der Bodenkosten. Im Schlußkapitel propagierte Dikansky im Grunde für die Großstadt ein Trabantenstadtmodell mit relativ geringen Dichten – einen Gedanken also, der um diese Zeit in verschiedenen Ländern im Vordergrund stand – und hob das Verdienst Frankreichs als „le pays initial de l'urbanisme comme science indépendante" hervor. „L'étude des problèmes liés à cette nouvelle science a atteint en France une perfection atteinte nul part ailleurs. Seul, Paris a la gloire de posséder une école consacrée spécialement aux hautes études urbaines." (149)

Dikansky

Offenbar galt dieses Lob in erster Linie dem, was – vom Begriffsinhalt des „urbanisme" umfaßt – im Deutschen eher als

Lavedan
Poëte

„Stadtforschung" bezeichnet würde, und auf diesem Gebiet hatte das Frankreich der zwanziger Jahre mit Pierre Lavedan und Marcel Poëte in der Tat bedeutende Wissenschaftler aufzuweisen. Bei Marcel Poëte, dem Stadthistoriker mit starkem soziologischen Einschlag, drängt sich der Vergleich mit Patrick Geddes auf. Seit 1919 gab er die Zeitschrift „La vie urbaine" heraus, hatte mit „Une vie de cité" eine vielgepriesene Geschichte der Stadt Paris geschrieben und 1929 seine „Introduction à l'urbanisme" veröffentlicht, in der das Verständnis der Stadt als eines vielfach verflochtenen, historisch gewachsenen gesellschaftlichen Gefüges im Vordergrund stand, in dem alles mit allem zusammenhängt: „Tout tient à tout" (1929, 3, vgl. S. 235).

Rey, Pidoux, Barde Ein Jahr zuvor war das Werk von A. Augustin Rey, Justin Pidoux und Charles Barde mit dem anspruchsvollen Titel „La science des plans de villes" erschienen. Das wissenschaftliche Element konzentrierte sich auf die Begründung der Kernthese, alle Gebäude müßten auf eine „axe héliothermique" ausgerichtet sein, die den beiden Gebäudefronten eine gleichmäßige Sonneneinstrahlung sichern solle. Für Paris wurde diese Gebäuderichtung mit einer um 19° aus der Nordrichtung noch Osten verschobenen Orientierung ermittelt; die „Wissenschaft der Stadtplanung" reduzierte sich damit weitgehend auf Besonnungsfragen. So ist es verständlich, daß Gaston Bardet (1948, 302) in seiner Bibliographie die Schrift mit dem lakonischen Zusatz aufführt: „Compilation et théorie fausse à la base".

Reaktionen auf Le Corbusier Geht man den Reaktionen auf Le Corbusiers Thesen nach, so mußten diese natürlich bei Praktikern ebenso wie bei kritischen Geistern auf Skepsis stoßen; so wandte sich Gurlitt 1929 nachdrücklich gegen den „Despotismus, mit dem die einstigen Bewohner in eine, wenngleich wohlwollend geschaffene, Wohnung gepreßt werden sollen" und macht noch eine Reihe weiterer Vorbehalte geltend (1929, 200). Noch deutlicher wurde Gaston Bardet, Planer und Schwiegersohn von Marcel Poëte, in einer Auseinandersetzung mit Le Corbusiers späterer Veröffentlichung „La Cité radieuse". „Dans cet ouvrage, comme dans les précedents, M. Le Corbusier pose admirablement le problème, élève la voix comme s'il était ‚mis au centre de tout, comme un écho sonore', mais ne résout rien. Presque

aucune de ses solutions est applicable à des villes concrètes ..."
Bardet berichtete, sein Artikel sei von zwei Zeitschriften abgelehnt worden, ehe ihn die „Revue d'Administration Communale" 1937 akzeptiert habe (1946, 181).
Gaston Bardet trat seit der Mitte der dreißiger Jahre mit zahlreichen Fachartikeln an die Öffentlichkeit; viele von ihnen sind in dem 1946 erschienenen Buch „Pierre sur Pierre" enthalten. 1941 faßte er seine Gedanken in dem Werk „Problèmes d'urbanisme" zusammen, dem 1945 „L'urbanisme" und 1949 „Mission d'urbanisme" folgten. Bei Bardet stand die Auseinandersetzung mit der Sozialstruktur als städtebauliche Aufgabe im Vordergrund; unter dieser Prämisse befürwortete er eine differenzierte Stadtgliederung ähnlich dem angelsächsischen Nachbarschaftskonzept (vgl. S. 293). Die wachsende Dringlichkeit der Sanierungsprobleme spiegelt sich in einem 1937 veröffentlichten dreibändigen Werk: „L'assainissement des agglomerations" von Pierre Koch.

Bardet
Koch

In Spanien wurde 1926 Camillo Sittes Hauptwerk als „Construcción de ciudades según principios artísticos" in der Übersetzung von Emilio Canosa veröffentlicht, die von den Collins als originalgetreueste gelobt wird (1965, 58). Es traf allerdings offenbar in eine Zeit des Umbruchs, in der auch in Deutschland Sittes Gedanken nicht mehr als aktuell galten. Escolano (1992, 27) weist darauf hin, daß die Zeitschrift „Arquitectura" 1927 das Werk nur knapp und eher skeptisch besprach, während im gleichen Jahre Arbeiten von Otto Bünz und Hermann Jansen offenbar mehr Anteilnahme erfuhren. An Übersetzungen ins Spanische nennt Terán (1982, 605f) ferner für 1930 „Städtebau und Landesplanung" von Bünz und für 1936 „Town and Country Planning" von Abercrombie.

Spanien

Im Jahre 1929 erschien die Dissertation von Emilio de la Vara Ortiz „El urbanismo en sus aspectos histórico y doctrinal", die zwar weit in die Vergangenheit ausgreift, aber dem spanischen Anteil an der neueren Geschichte kaum Beachtung schenkt; wohl werden die „Ensanches" für Barcelona und Madrid wie auch das Konzept der „Ciudad lineal" erwähnt, doch bleiben ihre Urheber ungenannt – im Gegensatz zu Baumeister, Sitte und Stübben, Unwin und Triggs, Lavedan und Le Corbusier. Als einziger weiterer Beitrag zur planungsbezogenen Li-

de la Vara
Ortiz

teratur in spanischer Sprache wird ein Text von Carrera Justíz aufgeführt: „Preliminares de ciencia municipal. Urbanismo." (1922)

Giralt Casadesús Als „Schlüsselfigur des katalanischen Städtebaues in den ersten Jahrzehnten des Jahrhunderts" galt Ricardo Giralt Casadesús, der Korrespondierendes Mitglied der Freien Deutschen Akademie des Städtebaues war und Übersetzungen von Arbeiten Gurlitts, Möhrings, Paul Wolfs und Eberstadts vornahm; sie blieben allerdings unveröffentlicht (Escolano 1992, 27).

Jürgens Ein weiteres Bindeglied zwischen deutschem und spanischem Städtebau bildete Oskar Jürgens' Bericht über „Spanische Städte, ihre Entwicklung und Ausgestaltung", 1926 posthum veröffentlicht, als deren Hauptzweck der Autor es einleitend bezeichnete, „die klaffende Lücke zu füllen, die sich hinsichtlich der Städte Spaniens im einschlägigen Schrifttum aller Länder äußerst störend bemerkbar macht". Den Beschreibungen von 27 Städten und der Darstellung vieler städtebaulicher Teilaspekte – wobei den Plätzen der größte Raum gewidmet wird – folgt eine zusammenfassende Übersicht über den „Stand der Wissenschaft und Kunst des Städtebaues, der Denkmalpflege und des Heimatschutzes".

Unwins Nachwirkung Die britische Städtebauliteratur der zwanziger Jahre war spürbar weniger reichhaltig als die des vorangegangenen Jahrzehnts. Dies könnte seinen Grund darin haben, daß Unwins „Town Planning in Practice", das mehrere Auflagen erfuhr – auch die deutsche Übersetzung wurde 1922 mit einigen Ergänzungen neu aufgelegt –, inzwischen zu einem Standardwerk geworden war, das als umfassend gültige Aussage, gleichsam als „das letzte Wort" im Städtebau galt. So klingt es auch aus der Laudatio, die Unwin 1938 bei der Verleihung der „Ebenezer Howard Memorial Medal" zuteil wurde: „To speak of planning was to speak of Unwin", stellte der für den Städtebau zuständige Gesundheitsminister Walter Elliot im Rückblick auf die vergangenen Jahrzehnte fest (Miller 1992, 1). Lediglich C.B. Purdom, der 1917 bereits die Nachkriegsperspektiven des Gartenstadtgedankens erörtert hatte, trat 1925 mit einem größeren Werk hervor: „The Building of Satellite Towns" – im Untertitel bezeichnet als „A Contribution to the Study of Town Development and Regional Planning". Purdom erläuterte Howards Konzept und betonte insbesondere dessen regionalplanerische Komponente; als beispielgebend auf diesem Gebiet galten ihm der „Regional Survey" für New York und der Siedlungsverband Ruhrkohlenbezirk. An Beispielen für das Wirken des Gartenstadtgedankens im Ausland zeigte er – außer Soria y Matas Bandstadt als Vorläufer – Hellerau bei Dresden und zwei Stadtkonzepte von Paul Wolf, ferner Hilversum und Vreewijk aus Holland und zwei Planungen Sverre Pedersens (vgl. S. 81) aus der Umgebung Trondheims – „probably the nearest to true Garden City development of any of those we are considering" (39).

Bei weitem den größten Raum nahm die ausführliche Beschreibung der Entstehung und Entwicklung von Letchworth und Welwyn ein, an der Purdom unmittelbar beteiligt war. Die Kernthese hieß: „In this country as in countries abroad, we are now at a parting of the ways in town building. We can either allow the old system, or lack of system, to continue [...]; or we can make a radical change of method, employing our resources of science and technical skill to make new towns to meet our developing economic requirements and to give greater satisfaction to our social sense." (9) Die Gründung einer Gartenstadt-Kommission durch Gesetz soll den zweiten Weg sichern; ein Plan, den Purdom zuerst 1920 veröffentlicht hatte, zeigt zwei Dutzend Satellitenstädte um London und ging in die Ahnengalerie der „New Towns Policy" nach dem Zweiten Weltkrieg ein.

Purdom

Der englische Städtebau dieser Zeit war Gegenstand des Buches „Stedebouw" (1926) aus der Feder des niederländischen Stadtplaners J.M. de Casseres; dieser hatte zeitweise in Deutschland studiert und bekundete in seinem Buch auch seine Verbundenheit mit Paul Wolf, den er ebenso zitierte wie einige andere deutsche Quellen (vgl. S. 77). Das Buch erwuchs aus einem Studienaufenthalt in England, der ihn mit mehreren Städten, aber vor allem mit Patrick Abercrombie in Verbindung brachte; dieser steuerte ein langes Vorwort zu dem Buch bei, in dem es heißt (XVI): „Es ist eine glückliche Erscheinung, daß der Städtebau und das damit so eng verbundene Wohnungswesen Gegenstände internationaler Zusammenarbeit geworden sind. Dieses Buch ist ein deutlicher Beweis, daß keine Zollmauern

De Casseres

bestehen zwischen den Städtebauern, die auf der ganzen Welt ernsthaft arbeiten, um vernünftige Grundlagen für das Leben der Menschheit zu schaffen."

„Regionaler Städtebau" Als Hauptkennzeichen des englischen Städtebaues sah de Casseres einerseits die Betonung des „Civic survey", andererseits die Gliederung des städtebaulichen Arbeitsfeldes in Stadtgründung („Gartenstädte"), Stadterweiterung, Stadtverbesserung (Sanierung), „site planning" – also im deutschen Sprachgebrauch Bebauungsplanung – und „regional planning". Das besondere Interesse des Autors galt offenkundig dem letztgenannten Thema; er nannte es „Regionaler Städtebau" – „ein neuer Begriff für ein neues Gebiet der städtebaulichen Arbeit" – und ging vor allem auf die englischen Ansätze dazu ein, erwähnte allerdings auch den Siedlungsverband Ruhrkohlenbezirk und dessen wesentlich straffere Organisation.

Planologie Hatte de Casseres in diesem Buch noch über die mangelnde Präzision der Begriffe „stedebouw", Städtebau, Town Planning und urbanisme geklagt, so propagierte er drei Jahre später in einem Zeitschriftenartikel „Grondslagen der Planologie" einen neuen, ihm treffend erscheinenden Begriff mit einer eigentümlichen Entstehungsgeschichte (vgl. S. 77) und mit dem Ziel der deutlichen Abgrenzung gegenüber dem Bauen, der Architektur. Als Aufgabe der Planologie wird die räumliche Ordnung des Wohnens, des Arbeitens, der Erholung und des Verkehrs bezeichnet – analog zu den im Vorjahr verkündeten „Funktionen" der „internationalen kongresse für neues bauen", die allerdings in dem Artikel unerwähnt bleiben. Von den Maßstabsebenen der Planung galt dem „streek" – der Region – das besondere Interesse des Autors, aber darüber hinaus zielte er auf den nationalen, ja auf den internationalen Plan.

Regionalplanung Im Jahre 1928 erschien das erste deutsche Buch, das die – im heutigen Sinne Regionalplanung zu nennende – Landesplanung mit im Titel führte (Otto Bünz, Städtebau und Landesplanung), allerdings kaum Aussagen zu diesem Thema enthielt und auch im übrigen eine recht vordergründige Aufreihung von Handwerksregeln darstellte. 1930 veröffentlichte W.H. McLean – nicht identisch mit dem Unwin-Übersetzer – das erste englische Buch, in dessen Titel „regional planning" auftauchte.

England Die dreißiger Jahre waren eine fruchtbare Zeit für die englische

Fachliteratur; ihnen entstammen mehrere städtebauliche Schriften von Thomas Adams, Thomas Sharp und Patrick Abercrombie. Gegen Ende des Jahrzehnts läutete der „Barlow Report" – „on the distribution of industrial population", also mit einem landesplanerischen Thema – einen neuen Zeitabschnitt ein, in dem sich mit dem Gedanken einer durch Planung zu schaffenden besseren räumlichen Ordnung große Hoffnungen auf eine Neugestaltung Großbritanniens nach Kriegsende verknüpften. Das wachsende öffentliche Interesse schlug sich auch in vermehrten Publikationen über Planungsfragen nieder: das 1940 erschienene „Town Planning" von Thomas Sharp wurde in einer Viertelmillion Exemplaren verbreitet (Cherry 1974, 130); nach dem Kriege gab es auch eine deutsche Übersetzung.

In den zwanziger Jahren wies die schwedische Fachliteratur eine Reihe von Arbeiten zur Geschichte der Stadtplanung auf, die offenbar erst nach dem Zweiten Weltkrieg – dann aber sehr vielfältig – Nachfolge fanden. Zu Beginn der dreißiger Jahre spiegelte sich die Rezeption der städtebaulichen Moderne in mehreren Schriften. Das Stichwort dafür gab Gunnar Asplund mit der Stockholmer Bauausstellung von 1930 und dem Schlagwort „Akceptera" – der Aufforderung also, die Moderne zu akzeptieren; Uno Åhrén gehörte auch literarisch zu den prominentesten Verfechtern der neuen Richtung.

Schweden

In der italienischen Fachliteratur zwischen den Kriegen spielten weiterhin Giovannoni und Piacentini als prominente Autoren der Vorkriegszeit eine wichtige Rolle. 1935 erschienen zwei auf eine generelle Darstellung der Stadtplanung gerichtete Schriften von Fabrichesi – „Urbanistica ed edilizia italiane" und von Chiodi – „La città moderna. Tecnica urbanistica". Chiodi griff mit seinen Abbildungen von Stadtplänen, Stadtkernen und Wohngebieten weit überwiegend auf ausländische – meist deutsche – Beispiele zurück; auch England, Holland, selbst Norwegen kamen ins Blickfeld, während Frankreich fast ganz außer Betracht blieb. Wichtige Beiträge lieferte auch Luigi Piccinato (Tintori 1989, 266); er gilt neben Plinio Marconi für Italien als Pionier einer als eigenständige Disziplin verstandenen Stadtplanung. Zur Diskussion um ein neues Planungsgesetz trugen drei Artikel von Virgilio Testa (1934) bei, die sich aus technischer wie aus juristischer Sicht mit den gesetz-

Italien

lichen Regelungen in Preußen, Sachsen und Bayern auseinandersetzten (Tintori 1989, 327).

Brunner; Einen bemerkenswerten Beitrag zur deutschsprachigen Fach-
Fachzeitschriften literatur leistete 1925 der Österreicher Karl Brunner mit dem Buch „Baupolitik als Wissenschaft", das den Städtebau als „Grenzgebiet zwischen Bautechnik und Sozialökonomie" behandelte und sich mit den Einflüssen der Bevölkerungs-, der Wirtschafts- und der Kulturpolitik auf den Städtebau auseinandersetzte. Von 1926 bis 1928 gab er – in einem Münchner Verlag – die Zeitschrift „Baupolitik" heraus, in der auch Schumacher und Hoepfner schrieben; ab 1929 wurde sie zur Beilage in „Der Städtebau", bis dieser ein Jahr später seinerseits zur Beilage von „Wasmuths Monatsheften" schrumpfte. Auch die „Stadtbaukunst" fiel 1931 der Wirtschaftskrise zum Opfer.

Deutsche In Deutschland erbrachten die späten zwanziger und die frühen
Literatur dreißiger Jahre noch eine beträchtliche Zahl städtebaulicher
um 1930 Veröffentlichungen; erwähnt seien Hans Ludwig Sierks mit zwei Büchern, deren Schwerpunkt bei Verkehrsfragen lag, und Gustav Langen mit seinem „Deutschen Siedlungsarchiv" und seiner Werbung für die „Umsiedlung" der Bevölkerung Deutschlands in Kleinstädte. Zu nennen ist auch die starke städtebauliche Komponente des Buches „Die Wohnungswirtschaft in Preußen" (Hirtsiefer 1929), das im Kapitel „Der Städtebau als neue Disziplin" die Grundgedanken des seinerzeitigen Entwurfs zu einem (nicht verabschiedeten) preußischen Städtebaugesetz darlegte und zudem auf knappem Raum ein Kompendium der Planungsgrundsätze und der rechtlichen Mittel zu ihrer Verwirklichung bot (49ff, 439ff).

Weltwirtschafts- Mit den Auswirkungen der Weltwirtschaftskrise aber und deut-
krise licher noch mit dem Beginn der nationalsozialistischen Herrschaft wurde es stiller. Außer den genannten Fachzeitschriften verstummte auch die von Ernst May initiierte Zeitschrift „Das neue Frankfurt" als Sprachrohr der Moderne; es erschienen indessen noch die beiden Veröffentlichungen der „internationalen kongresse für neues bauen" mit den Ergebnissen des Frankfurter und des Brüsseler Kongresses „Die Wohnung für das Existenzminimum" (1931) und „Rationelle Bebauungsweisen" (1931). Beide enthielten, dem Charakter der Kongresse

entsprechend, Beispiele aus verschiedenen Ländern, wenn auch der deutsche Anteil deutlich überwog.

Kurz zuvor – 1929 – hatte Roman Heiligenthal seinem „opus magnum" ein kleineres, aber inhaltsreiches Buch „Städtebau und Städtebaurecht" folgen lassen, in dem er einen ausführlichen Überblick über das Planungsrecht zahlreicher europäischer Länder wie auch der Vereinigten Staaten und der verschiedenen Teilstaaten des Deutschen Reiches gab. Eine umfangreiche Sammlung von Berichten unterschiedlicher Autoren über den Stand von Städtebau und Wohnungswesen in verschiedenen Ländern veröffentlichte Bruno Schwan 1935 als Dokumentation eines zwei Jahre zuvor in Berlin abgehaltenen internationalen Kongresses. *Internationale Studien*

Im „Dritten Reich" war die Städtebauliteratur wenig ergiebig – gewiß mitbedingt durch die Tatsache, daß den rigorosen Steuerungsansprüchen der Machthaber keine eindeutige städtebauliche Konzeption entsprach (vgl. Lane 1968). Aus konkurrierenden Leitvorstellungen erwuchsen Widersprüche, wie etwa die Diskrepanz – für die es übrigens eine Parallele im faschistischen Italien gab (vgl. S. 70) – zwischen der lautstark verkündeten antistädtischen Ideologie („Blut und Boden") und der tatsächlichen wirtschaftlichen Stärkung der Städte im Zuge der Kriegsvorbereitungen, ganz zu schweigen von den Monumentalplänen für die „Führerstädte". *„Drittes Reich"*

Die Fachleute reagierten unterschiedlich auf die neue Situation. Martin Wagner, der 1929 noch den Sieg der Großstadt über die „falschen Freunde des flachen Landes" konstatiert und begrüßt hatte, wandte sich 1934 in einer kleinen Schrift „Die neue Stadt im neuen Land" deutlich gegen die „Großstadt der Ich-Zeit" und redete der „Wir-Zeit" und der Kleinstadt das Wort. Dies und einiges andere mag man als Konzession an die – gewiß ungeliebten – neuen Machthaber ansehen, durch die Wagner ihnen sein neues städtebauliche Leitbild schmackhaft machen wollte: eine „Stadt-Land-Stadt" von 25.000 Einwohnern, gebildet aus fünf „Stadtschaften" mit je 5.000 Einwohnern – wer dächte da nicht an Howards „Town-Country" und die sechs „wards" der Gartenstadt mit gleichfalls je 5.000 Einwohnern? Daß Wagner statt eines konzentrischen Modells *Martin Wagner*

Überwindung der Stadt?

eine Bandstadt vorschlug – in deutlicher Nähe zu den Thesen Ludwig Hilberseimers –, berührt den Grundgedanken nicht. Die Schlußsätze der Schrift allerdings lassen wieder die Verknüpfung mit den Visionen der klassischen Moderne erkennen: „Die alten Städte sinken immer tiefer in die Dunkelkammer überlebter Lebensformen. Nur drei Generationen haben diese Städte erlebt: In der ersten Generation (von 1870 bis 1900) waren sie unangreifbar. In der zweiten Generation (von 1900 bis 1930) griffen mutige Männer sie an. In der dritten Generation (von 1930 bis 1960) werden sie überwunden sein. Das neue Bild der neuen Stadt steht bereits vor unseren Augen: formhaft, menschlich und ökonomisch."

Feder Rechenberg

Erst 1939 gab es so etwas wie ein „offizielles" Städtebaubuch, in dieser Eigenschaft ausgewiesen durch den Verfassernamen Gottfried Feder, zeitweilig Staatssekretär und seinerzeit Professor an der Technischen Hochschule Berlin. Zwar wird dabei die Kleinstadt von 20.000 Einwohnern als ideale Stadtgröße propagiert – wiederum eine späte Nachfolge Howards unter anderen Prämissen –, aber das Buch enthält insofern sachlich einen neuen Ansatz, als der Schwerpunkt bei einer gründlichen quantitativen Erfassung aller wichtigen Merkmale in bezug auf Versorgung und Infrastruktur lag – daher der Untertitel: „... aus der Struktur der Bevölkerung". Diesen Ansatz hatte Feders Assistent Rechenberg schon 1935 mit der Schrift „Die günstigste Stadtgröße" – einem Vorläufer der „Schwellentheorie" – eingeleitet und 1940 mit „Das Einmaleins der Siedlung" fortgeführt.

Schumacher Wetzel

Im Kriege erschienen kaum bemerkenswerte Veröffentlichungen; erwähnt seien die Schriften von Fritz Schumacher, der 1933 von den neuen Machthabern als Oberbaudirektor von Hamburg entlassen worden war, über „Probleme der Großstadt" (1940) und von Heinz Wetzel, Städtebauprofessor an der TH Stuttgart über „Wandlungen im Städtebau" (1942). Schumachers Buch stimmt weithin wörtlich mit seinem zwei Jahrzehnte älteren Text über „Kulturpobleme der Großstädte" überein, ist nur durch ein kurzes Kapitel über die inzwischen entwickelte „Landesplanung" erweitert und distanziert sich von der herrschenden Ideologie dadurch, daß er sie praktisch unerwähnt läßt – bis auf einen Satz über die neuen Möglichkeiten einer einheitlichen Willensbildung (33). Demgegenüber macht Wetzel ihr deutliche Konzessionen – vielleicht als Kompensation für einige kritische Aussagen.

Internationale Kontakte 1918 – 1945

Die Normalisierung der internationalen Beziehungen nach dem Ersten Weltkrieg bedurfte einiger Jahre. Die „International Garden Cities and Town Planning Association" nahm ihre Kongresse wieder auf, aber zunächst ohne deutsche Beteiligung; 1919 wurde der dritte Kongreß in Brüssel, 1920 der vierte in London abgehalten. Die Protokolle der ersten Vorstandssitzungen nach dem Kriege zeigen ein deutliches britisches Übergewicht: die erste protokollierte Sitzung im November 1919 weist nur fünf – ausschließlich britische – Teilnehmer aus; bei der zweiten im Januar 1920 waren es neun Briten, darunter Ebenezer Howard und Raymond Unwin. Im September 1920 tagte der Vorstand in Brüssel unter Howards Vorsitz; nur ein weiterer Brite hatte den Kanal gequert, während vier Franzosen – darunter Marcel Poëte –, ein Belgier und ein Norweger das Gremium vervollständigten; ein weiterer Franzose (A. Rey) hatte abgesagt.

Internationale Kongresse

1922 hielt der Verband zwei Tagungen ab – im März in London, im Oktober in Paris –, die beide in erster Linie dem Thema der „Gartenstädte" gewidmet waren. Dabei wurde in der Bezeichnung des Verbandes das Wort „Association" durch „Federation" ersetzt – offenbar im Hinblick auf die Tatsache, daß es sich weniger um einen Zusammenschluß von Personen als von Landesorganisationen handelte. So wurden anläßlich der Pariser Tagung B. Kampffmeyer und A. Otto als Vertreter der Deutschen Gartenstadtgesellschaft in den Verbandsrat gewählt. Allerdings berichtete der niederländische Vertreter Scheffer vom Pariser Kongreß, daß er nach dem Eingangsreferat von Henri Sellier, dem in Städtebaufragen engagierten Bürgermeister von Suresnes und langjährigen Vorstandsmitglied des Verbands, „wegen politischer Schwierigkeiten zwischen England und Frankreich" abgebrochen worden sei.

London, Paris 1922

Göteborg 1923 1923 verließ der Verband erstmalig das Dreieck London-Paris-Brüssel mit dem 7. Kongreß in Göteborg, Die Initiative dazu ging von Albert Lilienberg aus, Göteborgs Erstem Stadtingenieur, dessen internationales Renommee auch in seiner Mitgliedschaft im britischen Town Planning Institute und in der Freien Deutschen Akademie des Städtebaues zum Ausdruck kam. Göteborg galt zu dieser Zeit in städtebaulicher Hinsicht vor Stockholm als fortschrittlichste Stadt Schwedens (Rådberg 1988, 210). Am Kongreß nahmen 300 Personen aus 22 Ländern teil. Zum ersten Mal wurde unter den Kongreßthemen „regional planning" – damals im deutschen Sprachgebrauch „Landesplanung" – aufgeführt: „Die Entwicklung von neuen Städten und Industriezentren unter besonderer Berücksichtigung der Landesplanung." Ein weiteres Hauptthema war „Die Gartenstadtbewegung in ihrer Beziehung zur gegenwärtigen Wirtschaftslage."

Göteborg Ausstellung Gleichzeitig fand eine Städtebauausstellung statt, an der sich 16 Länder beteiligten; „sie stand im Zeichen der Gartenstadt" (Rådberg 1988, 112). Zu den Ausstellungsgegenständen gehörten neuere skandinavische Planungen, Pläne für Groß-Berlin und für das Ruhrgebiet, Unterlagen über den Regionalplan für New York und zahlreiche britische Wohnungsbauvorhaben der Nachkriegszeit (Miller 1992, 227). Die britische Abteilung wurde von Raymond Unwin, die deutsche von Gustav Langen organisiert, der nach eigener Bekundung auch zur Materialordnung für die Ausstellung beigetragen hat (1928, 270); die Gesamtleitung lag bei Werner Hegemann, der darüber in einer speziellen Publikation berichtete (1925). In der deutschen Fachliteratur schlug sich die Göteborger Ausstellung außerdem in der Veröffentlichung eines Vortrags nieder, den der Dresdener Städtebau-Professor Adolf Muesmann anläßlich der Dresdener Städtebauwochen 1924 gehalten hatte. Dieser hob in erster Linie – mit zahlreichen Namensnennungen – den schwedischen, aber auch den holländischen und den englischen Beitrag hervor und wies auf das besondere Interesse hin, das überörtliche Planungen wie die des Ruhrsiedlungsverbandes und englischer Kommunalverbände gefunden hätten: die Landesplanung zeichnete sich als neues Aufgabengebiet ab und wurde zum Hauptthema des nächsten Kongresses erkoren.

Zu diesem – achten – Kongreß versammelten sich 1924 in Amsterdam 500 Teilnehmer; die Namensänderung in „International Federation for Town and Country Planning and Garden Cities" deutet eine gewisse Gewichtsverschiebung an. Das inhaltliche Konzept des Kongresses stammte von A. Hudig, dem Geschäftsführer des „Nederlandsche Instituut voor Volkshuisvesting en Stedebouw"; den Eröffnungsvortrag hielt der Delfter Städtebauprofessor Granpré-Molière. Zentrales Thema mit 12 Referaten war „Regional Planning in Relation to Large Cities"; von deutscher Seite berichteten der Hamburger Oberbaudirektor Fritz Schumacher über Grünpolitik für die Großstadt-Umgebung und der Direktor des Siedlungsverbands Ruhrkohlenbezirk, Robert Schmidt, über diesen Verband; weitere Referenten kamen aus Großbritannien (Raymond Unwin, Patrick Abercrombie und C.B. Purdom), aus Frankreich, den Niederlanden und den USA. Drei weitere Referate waren dem Nebenthema „Parkanlagen und Erholung" gewidmet. Der Kongreß gab wesentliche Impulse für die Entwicklung der Regionalplanung in den Niederlanden (Bosma 1993, 178); auch der preußische Minister für Volkswohlfahrt Hirtsiefer (1929, 53) bezog sich in seinen städtebaulichen Ausführungen auf dessen Ergebnisse.*

Amsterdam 1924

Die Veröffentlichung über diesen Kongreß gibt übrigens alle Referate und Diskussionsbeiträge in der vom Vortragenden gewählten Sprache wieder, so daß beispielsweise die Beiträge der Niederländer teils deutsch, teils englisch erscheinen. Interessant sind die Nuancen der viersprachigen Kongreßbezeichnung: „Internationale Städtebautagung", „International Town Planning Conference", „Conférence internationale de l'aménagement des villes" (also noch nicht „urbanisme"), „Internationaal Stedebouwcongres".

Kongreßbericht

Beim nächsten Kongreß 1925 in New York waren 26 Länder vertreten; Howard wurde als Präsident wiedergewählt. Das ein-

New York 1925

---

* Hirtsiefer war übrigens Mitglied des Verbandes und wurde bei einer Ratssitzung 1930 in London zum Ratsvorsitzenden gewählt. Er muß dort nicht gerade Verbindlichkeit ausgestrahlt haben, denn in einem Privatbrief Unwins über diese Sitzung heißt es: „... A very rude Prussian Minister, and about 15 other foreign delegates ..." (Miller 1992, 228).

leitende Hauptreferat „Progress in Planning" hielt G.B. Ford – heute würde man ihn als „keynote speaker" bezeichnen –, der nach seiner Tätigkeit in Frankreich nunmehr Präsident der National Conference on City Planning und des American City Planning Institute war; zugleich saß er dem Rat (Council) des Internationalen Verbandes vor. Einen deutschen Beitrag zum Tagungsthema lieferte Brix unter Hinweis auf das in Vorbereitung befindliche preußische Städtebaugesetz (das jedoch über den Entwurf nicht hinausgelangen sollte), ein anderes Thema – „arterial roads" – bearbeitete er gemeinsam mit dem Briten Pepler. Weitere Themen umfaßten den „New York Regional Plan", Dezentralisierung innerhalb von Regionen – mit einem Beitrag von Heiligenthal über wirtschaftliche Grundlagen der Dezentralisation –, die Planung unbebauter Flächen – hierzu sprach Stübben über „die Anordnung der Grünflächen in und bei Städten" –, Verkehrsfragen und einige spezifisch amerikanische Themen. Neben weiteren Amerikanern waren Unwin und Purdom aus Großbritannien unter den Referenten.

Vizepräsidenten Einen Eindruck von der Internationalität, aber auch von der Zusammensetzung der nationalen Vertretungen vermittelt die Liste der Vizepräsidenten und der anwesenden Verbandsratsmitglieder: es sind 15 Vizepräsidenten, alle aus verschiedenen Ländern, aufgeführt, darunter so bekannte Namen wie Hendrik Petrus Berlage für die Niederlande und Eliel Saarinen für Finnland. Deutscher Vizepräsident war von 1924 bis 1929 Robert Schmidt, Direktor des Siedlungsverbandes Ruhrkohlenbezirk und von 1929 bis 1934 Präsident der „Freien Deutschen Akademie des Städtebaues".

Verbandsrat Im Verbandsrat stellten die Deutschen mit neun Mitgliedern
1925 die größte Delegation, dicht gefolgt von den Franzosen mit acht. Australien mit fünf und Dänemark mit drei Mitgliedern hoben sich aus den zwölf anderen Ländern heraus, die je zur Hälfte mit einem oder zwei Mitgliedern vertreten waren. Die Deutschen wiederum waren von sieben verschiedenen Organisationen entsandt: von der Deutschen Gartenstadtgesellschaft B. Kampffmeyer und A. Otto, von der Freien Deutschen Akademie des Städtebaues J. Brix, vom Bund deutscher Architekten C. Gurlitt und C.J. Mangner, von der Vereinigung der Architekten- und Ingenieurvereine J. Stübben, von der Vereinigung

der technischen Oberbeamten deutscher Städte K.A. Hoepfner, vom Siedlungsverband Ruhrkohlenbezirk R. Schmidt und vom Deutschen Archiv für Siedlungswesen G. Langen; das Archiv war als „Wanderausstellung" im Anschluß an die Internationale Baufachausstellung in Leipzig 1913 von Langen begründet worden und stellte eine bemerkenswerte Sammlung von Planungsunterlagen dar, deren gleichartige Aufbereitung als Vorläufer der später durch van Eesteren entwickelten CIAM-Planzeichen gelten kann.

Offenbar wuchs das Interesse an internationalen Begegnungen weiter an; beim 10. Kongreß 1926 in Wien fanden sich über 1000 Teilnehmer aus 34 Ländern ein. Eine weitere Namensänderung markierte die Einbeziehung des Wohnungswesens, aber auch das Zurücktreten des Gartenstadtgedankens: „International Federation for Housing and Town Planning"; „Internationaler Verband für Wohnungswesen und Städtebau". Auch dieser Kongreß war mit einer Ausstellung verbunden, an der sich 18 Länder beteiligten. Das Generalthema hieß „Der Bodenbesitz (land tenure) und seine Beziehung zu Stadt- und Landesplanung"; hierzu gab es insgesamt fünf deutsche Beiträge neben dem des damals in Deutschland tätigen Schweizers Hans Bernoulli. In der Verbandsratssitzung stellten die Deutschen wiederum die größte „Landesgruppe", gegenüber dem Vorjahr verstärkt um die Professoren Fischer, Jansen und Muthesius als BDA-Vertreter sowie je einen Angehörigen von vier neu aufgetretenen Organisationen – dem Kleinwohnungsverband, dem Reichsverband der Wohnungsfürsorge-Gesellschaften, dem Deutschen Verein für Wohnungsreform und der Kommunalen Vereinigung für Wohnungswesen; in dieser Erweiterung schlug sich offenbar die Einbeziehung des Wohnungswesens in den Verband nieder. Vermutlich gab es in den meisten anderen Ländern weit weniger mit Städtebau und Wohnungswesen verknüpfte Organisationen; sonst wären die starken Unterschiede zahlenmäßiger Repräsentanz im Verbandsrat kaum zu erklären. Die wachsende Teilnehmerzahl fand nicht nur Zustimmung; so kritisierte Ockert an der Wiener Tagung das Überhandnehmen „politischer Tendenzen und Schlagworte zum Nachteil der wissenschaftlichen Behandlung der städtebaulichen Fragen" und beklagte das Verfahren, Referate nicht mehr vorzutragen,

Wien 1926

Kritik

sondern vorab zu verschicken und gleich in eine Diskussion einzutreten, die häufig dem Niveau der Referate nicht entspreche – eine Problematik, die auch der Gegenwart nicht fremd ist. Abhilfe sah er in einer Beschränkung der Teilnehmer „auf Kreise, die wirklich wertvoll und sich ihrer Verantwortung bewußt sind" (1928, 9).

Paris 1928 Zum 11. Kongreß 1928 in Paris versammelten sich gleichwohl 1300 Teilnehmer aus 47 Ländern; nach Howards Tod wurde Unwin zum Präsidenten gewählt. Auf deutscher Seite waren Stephan Prager, Friedrich Paulsen, Ernst May, W. Koeppen und R. (so in den Verbandsakten, zweifellos aber Jürgen) Brandt aus der Hamburger Bauverwaltung unter den Referenten; dieser berichtete (DBZ 1928, 550) kritisch über die mit dem Kongreß verbundene Ausstellung, bei der ein systematischer Aufbau vermißt worden sei. Kontroversen über die Bedeutung des Wohnungswesens führten zur Abspaltung des „Internationalen Verbandes für Wohnungswesen" („International Housing Association"; „Association internationale de l'habitation"), entstanden aus der „Housing Section" des Verbandes mit dem Niederländer Wibaut als Präsidenten, dem Deutschen Hans Kampffmeyer als Generalsekretär und dem Sitz in Frankfurt am Main.

Rom 1929 Dem nunmehr zweijährigen Turnus entsprechend fand der 12. Kongreß der „Federation" 1929 in Rom statt; unter den Themen tauchten erstmalig die planungsbezogene Forschung und der Umgang mit historischen Altstädten auf. Als deutsche Referenten werden Paul Wolf, Jobst Siedler, Roman Heiligenthal, Robert Schmidt und Franz Knipping genannt – neben dem unermüdlichen Stübben, der im 85. Lebensjahr stand.

1931 – 1935 Dem folgte 1931 der 13. Kongreß in Berlin, auf dem neben Verkehrsfragen erstmalig die Sanierung von Slums erörtert wurde; hierzu lieferten Jürgen Brandt und der Altonaer Stadtbaurat Gustav Oelsner die deutschen Beiträge. Weitere Referate wurden von deutschen Teilnehmern zur Wohnungswirtschaft, zu Verkehrsfragen und zur städtebaulichen Ausbildung gehalten. Offenbar war es die Weltwirtschaftskrise, die 1933 keinen Kongreß zustande kommen ließ; der nächste fand erst 1935 in London statt. Auch hier spielte das Thema der Slumsanierung eine wichtige Rolle neben der Planung auf dem Lande und

der Erhaltung der Landschaft („Planned Rural Development and the Preservation of the Countryside").
Der 15. Kongreß in Paris 1937, bei dem Themen der Landes- und Regionalplanung, des Kleinwohnungsbaues und des Vergleichs von Hoch- und Flachbau erörtert wurden, brachte eine Wiedervereinigung mit dem „Internationalen Verband für Wohnungswesen"; beim 16. Kongreß 1938 in Mexico City stand der Wohnungsbau in tropischen und subtropischen Zonen im Vordergrund. Hier wurde erstmalig ein Deutscher – der Stuttgarter Oberbürgermeister Strölin – zum Präsidenten gewählt; Paula Schäfer, nachmals in den fünfziger Jahren zentrale Figur des „Deutschen Verbandes für Wohnungswesen und Städtebau", wurde Sekretärin. Der 17. Kongreß 1939 in Stockholm stand bereits im Schatten der drohenden Kriegsgefahr; Reinhold Niemeyer – damals Vorsitzender der Deutschen Akademie für Städtebau, Reichs- und Landesplanung (so seit 1934 der neue Name der „Freien Deutschen Akademie des Städtebaues") – referierte über Städtebau und Nahverkehr, ein Beigeordneter des Gemeindetages über die verwaltungsmäßigen Grundlagen der Landesplanung.

1937 – 1939

Als internationale Organisation bot dieser Verband in den zwanziger und dreißiger Jahren gewiß die wichtigste und wirksamste Plattform für den Austausch zwischen den Ländern. Daneben sind allenfalls die „internationalen kongresse für neues bauen", besser bekannt unter der Abkürzung ihrer französischen Bezeichnung CIAM, zu nennen, für die allerdings ganz andere Voraussetzungen galten. Hier ging es um eine zunächst kleine Gruppe fortschrittlicher Architekten, die – so Walter Gropius – „inmitten einer Welt voll von Verwirrungen und Planlosigkeit das Bedürfnis fühlte, sich zusammenzuschließen, um die vielseitigen Probleme, vor die sie sich gestellt sah, in ein Gesamtbild einzuordnen" (Hoffmann 1957, 226). Zur neuen, „funktionalen" Sicht gehörte auch die Auseinandersetzung mit dem Städtebau, der schon im Gründungsmanifest von La Sarraz 1928 angesprochen wurde: „Stadtbau ist die Organisation der Funktionen des kollektiven Lebens. Er kann niemals durch ästhetische Überlegungen bestimmt werden, sondern allein durch funktionelle Folgerungen."

CIAM

La Sarraz Diese Gründungserklärung wurde von 22 Architekten aus acht europäischen Ländern unterzeichnet, unter ihnen sechs Schweizer (einschließlich des am Dessauer Bauhaus tätigen Hannes Meyer) und fünf Franzosen; Vertreter weiterer Länder – wie Schweden – waren an der Gründung beteiligt. Die Briten stießen erst später hinzu. Mit Beginn der nationalsozialistischen Herrschaft kam die deutsche Beteiligung praktisch zum Erliegen; in England verstand sich die 1934 gegründete MARS-Gruppe (Modern Architectural Research Group), in der auch der aus Deutschland emigrierte Arthur Korn maßgeblich mitwirkte, als nationale CIAM-Vertretung. In Frankreich spielte ASCORAL (Assemblée de constructeurs pour une renovation architecturale) und in Spanien GATEPAC (Grupo de Arquitectos y Technicos Españoles para el Progrés de la Arquitectura Contemporánea) mit dem katalanischen Gegenstück GATCPAC die entsprechende Rolle.

CIAM 1929, Nach dem Kongreß von 1929 über „die Wohnung für das
1930, 1933 Existenzminimum" in Frankfurt war der Brüsseler Kongreß 1930 dem Thema „rationelle Bebauungsweisen" gewidmet; der Amsterdamer Stadtplaner van Eesteren folgte dem Schweizer Professor Moser als Präsident. Der nächste Kongreß, zunächst in Rußland vorgesehen und dann wegen der Absage von dort auf eine Seereise zwischen Marseille und Athen verlagert, hatte „die funktionale Stadt" zum Thema. Hierzu wurden insgesamt 33 Städte untersucht; Italien stellte mit 5 Städten den größten Anteil, gefolgt von Deutschland und den Niederlanden mit je vier; auch drei amerikanische und zwei asiatische waren darunter. Für deren analytische Darstellung hatte eine Arbeitsgruppe unter Vorsitz von van Eesteren einheitliche Schwarzweiß-Signaturen festgelegt – gewiß unter Nutzung seiner Ar-
Bild 18 beiten für den Amsterdamer „Algemeen Uitbreidingsplan" (vgl. S. 76).

Charta Das Ergebnis des Kongresses, die „Charta von Athen", ist eine
von Athen Sammlung analytischer und normativer Thesen zur Stadt und deren Planung, von der mehrere Fassungen bestehen (Hoffmann 1957, 226). In Deutschland gab es zunächst kaum Reaktionen darauf, während in der Schweiz der vollständige deutsche Text der Charta veröffentlicht wurde (vgl. S. 101). Als weitere deutschsprachige Aussage zur Charta veröffentlichte Fred Forbat

1936 einen resümierenden Artikel unter dem Titel „Die funktionelle Stadt" in der griechischen Fachzeitschrift „Technika Chronia".

Am bekanntesten ist wohl die von Le Corbusier publizierte und interpretierte, auf dem französischen Text basierende Fassung der Charta geworden; eine englische wurde 1942 von Sert, eine deutsche 1957 von Hoffmann veröffentlicht. In der „fachöffentlichen" Meinung wird die Bedeutung der Charta häufig überschätzt; einerseits konnte sie bis zum Zweiten Weltkrieg mangels entsprechender Veröffentlichungen kaum mehr wirksam werden, und andererseits enthielt sie auch inhaltlich nicht eigentlich ein neues Konzept, sondern kodifizierte nur, was in den fortschrittlichen Stadtplanungsämtern der zwanziger Jahre weithin praktiziert wurde – in Amsterdam, in Frankfurt, in Hamburg und anderswo.*

Bedeutung der Charta

Im Verfolg der „Feststellungen" der Charta sollten auf dem folgenden Kongreß 1937 in Paris auch Fragen der Stadtsanierung behandelt werden; das Spektrum der hierzu vorgelegten Arbeiten reichte von einem Projekt Le Corbusiers für den Neuaufbau eines vollständig abzubrechenden Areals in Paris (Ilot insalubre N° 6) bis zu einer detaillierten Untersuchung eines Quartiers in Zürich durch die Schweizer Gruppe, in der auch die Erhaltungswürdigkeit von Gebäuden dokumentiert wurde (Steinmann 1979, 204ff).

CIAM 1937

Wenngleich Josef Stübben – insbesondere nach Veröffentlichung der dritten Auflage seines inzwischen ein Dritteljahrhundert alten Buches – als Vertreter einer überholten Städtebauauffassung viel Kritik erfuhr, wirkte er auch in diesem Zeitabschnitt noch auf zahlreichen Kongressen – auch als Referent – mit, und noch in seinem neunten Lebensjahrzehnt errang er den ersten Preis in einem Wettbewerb für Bilbao. Hermann Jansen – nach Goecke Inhaber des Städtebaulehrstuhls an der Technischen Hochschule Berlin – gewann gemeinsam mit dem Spanier Zuazo den Wettbewerb für die Gesamtplanung von Madrid und plante auch in Ankara wie im norwegischen Bergen.

Auslandstätigkeit

---

* Entgegen der vor allem durch Giedion hochstilisierten Selbstdarstellung der CIAM bemerkte van der Woud (1983, 142), daß die CIAM als Organisation keinen Beitrag von Bedeutung zum Vorkriegsstädtebau geleistet habe.

Gleichfalls in Norwegen, auf dem Balkan und in außereuropäischen Ländern wirkte Josef Brix, ebenfalls Professor in Berlin und nach Gurlitt Präsident der „Freien Deutschen Akademie des Städtebaues".

Ansehen im Ausland Zu den Persönlichkeiten mit internationalem Ruf gehörte auch Werner Hegemann – ab 1925 Herausgeber der Zeitschrift „Der Städtebau" –, dessen besonderes Interesse dem Austausch zwischen Deutschland und den Vereinigten Staaten galt: „a fully cosmopolitan planner" nach Sutcliffe (1981, 174). Als schönes Zeichen internationaler Verbundenheit hat der Däne Steen Eiler Rasmussen sein Buch über London – „the unique city" – Werner Hegemann und Raymond Unwin gewidmet. Rasmussen gehörte seinerseits zu den international tätigen und anerkannten Stadtplanern. Neben seiner maßgeblichen Rolle in Dänemark (vgl. S. 31) publizierte er u.a. in „Der Städtebau" (1926 und 1927) und war als Gastprofessor in England und in den USA tätig. Sein Buch „Towns and Buildings" behandelt souverän eine Reihe wichtiger Aspekte der Stadtbaugeschichte und der aktuellen Stadtplanung. Zu den im Ausland angesehenen deutschen Stadtplanern gehörten auch Robert Schmidt und Fritz Schumacher, ebenso wie Ernst May und Walter Gropius, zumal sie im „Internationalen Verband für Wohnungswesen und Städtebau" oder in den „internationalen kongressen für neues bauen" aktiv mitwirkten.

Le Corbusier Le Corbusiers internationale Reputation ist gewiß mitbedingt durch seine maßgebliche – wenn auch nicht offiziell führende – Rolle in eben dieser Gruppe, mehr noch wohl durch den revolutionären Elan seiner Entwürfe – und durch seine Wortgewalt. Als Planungsberater wirkte er in den frühen dreißiger Jahren in Barcelona, aber das internationale Prestige galt gewiß mehr dem Architekten als dem Stadtplaner, der die Stadt immer nur als Architekturproblem, nicht aber als gesellschaftliches Phänomen gesehen hatte.

Unwin Dagegen war es bei Raymond Unwin ausschließlich der Städtebau, der ihn zur weithin anerkannten Autorität über Großbritannien hinaus hatte werden lassen: außer der Universität Manchester verliehen ihm Prag, Toronto, Trondheim und Harvard die Ehrendoktorwürde; mehrere ausländische Institutionen schmückten sich mit ihm als ihrem Mitglied. Zu ihnen gehörte auch die „Freie Deutsche Akademie des Städtebaues", bei deren Generalversammlung 1923 – ein Jahr nach ihrer Gründung – er über „Hochhaus und Kraftwagen" referierte – mit durchaus kritischen Untertönen. Zu Beginn bekundete er mit dem Dank für die Einladung sein „Vergnügen [...] zu sehen, daß trotz aller Schwierigkeiten, mit denen Ihr Land gegenwärtig zu kämpfen hat, Sie versuchen, die Bewegung zur Hebung des Städtebaues lebendig zu erhalten, in der Ihr Land in der Vergangenheit solche führende Rolle gespielt hat" (Unwin 1924, 23).

Die „Freie Deutsche Akademie des Städtebaues" – als Zusammenschluß von Fachleuten in der Rechtsform des Vereins – wies nach dem Mitgliederverzeichnis von 1924 unter der Präsidentschaft von Cornelius Gurlitt innerhalb Deutschlands 36 ordentliche und rund 120 außerordentliche Mitglieder auf und gliederte sich in vier Arbeitsgemeinschaften – die märkische, sächsische, bayerische und schlesische, später ergänzt durch eine nordwestliche und eine niedersächsische Arbeitsgemeinschaft. Hinzu kamen 21 „Mitglieder deutscher Zunge" aus Österreich, der Schweiz und Böhmen sowie vier Ausländer – Berlage, Lilienberg, Saarinen und Unwin – als korrespondierende Mitglieder. Ehrenmitglieder waren Stübben und Henrici (die einander in den neunziger Jahren heftig befehdet hatten).

Städtebau-Akademie

Um 1930 – infolge der Wirtschaftskrise im eigenen Lande ohne Perspektiven – gingen zahlreiche deutsche Planer wie Ernst May, Werner Hebebrand, Walter Schwagenscheidt, Hans Blumenfeld in die Sowjetunion, um dort am Aufbau mitzuwirken – begleitet von dem Niederländer Mart Stam und dem Schweizer Hannes Meyer, die beide zuvor in Deutschland gewirkt hatten. Stam war an der Weißenhofsiedlung beteiligt und hatte die Siedlung Hellersdorf in Frankfurt gebaut; Meyer hatte 1928 von Gropius die Leitung des Dessauer Bauhauses übernommen.

Nach Rußland

Allerdings wurden die Wirkungsmöglichkeiten der Fachleute aus dem Westen schon sehr bald stark eingeengt, so daß 1937 die meisten das Land wieder verlassen hatten. Der Einbruch des Nationalsozialismus ließ manchen die Weiterreise der Heimkehr vorziehen; so ging Ernst May nach Kenya, Hans Blumenfeld in die USA und später nach Toronto. Weitere Stadtplaner von Format verließen Deutschland nach 1933 – Ludwig

Auszug aus Deutschland

Hilberseimer, Arthur Korn, Gustav Oelsner, Martin Wagner, auch der lange in Deutschland tätige Ungar Fred Forbat, um nur einige der bekannteren zu nennen. Nach 1933 erhielt der stadtplanerisch einflußreiche Park Commissioner von New York, Robert Moses, so viele Hinweise deutscher Emigranten, wie man es „bei uns" (besser) mache, daß er für sie den Ausdruck „The Beiunskis" prägte.

Gemeinsamkeiten und Unterschiede 1918 – 1945

Verfall des Konsenses

In der Zeit zwischen den Kriegen begann – trotz der regelmäßigen internationalen Kongresse und sonstiger Kontakte und trotz einer wachsenden Fülle von Fachliteratur – die große Gemeinsamkeit abzubröckeln, in der sich die Stadtplaner der Vorkriegszeit verbunden gefühlt hatten. Das lag nicht in erster Linie an den nationalen Besonderheiten im gesetzlichen und administrativen Bereich, sondern vor allem am schwindenden Konsens der Fachleute, der bis zum Ersten Weltkrieg noch weitgehend gegeben war. Zwischen radikalen Neuerern und evolutionär gesonnenen Reformern tat sich ein breites Spektrum auf; Françoise Choay (1965) kennzeichnet die beiden Flügel – vielleicht allzu vereinfachend – als „progressistes" und „culturalistes". Einig waren sich beide Richtungen immerhin in dem Urteil, daß der Städtebau des späten 19. Jahrhunderts, in Deutschland meist verallgemeinernd „gründerzeitlich", in England „Victorian" genannt, ein Irrweg – mehr: ein Sündenfall – gewesen sei. Ihn und seine Auswirkungen galt es zu bekämpfen – sei es durch radikale Abkehr von allen Zeugnissen dieser Zeit, sei es durch das Bemühen um schrittweise Reform ihrer Mängel.

Revolution oder Reform

So ist es verständlich, daß das Bekenntnis zu Revolution oder Reform die Praxis stärker prägte als nationale Besonderheiten: so haben beispielsweise Hendrik Berlage und Fritz Schumacher einerseits, Le Corbusier und Ludwig Hilberseimer andererseits in den zwanziger Jahren miteinander mehr gemeinsam als mit den Landsleuten der jeweils anderen Richtung.

Stärkeres Gewicht des Staates

Anders als die zwanziger waren die dreißiger Jahre weithin durch die Bereitschaft geprägt, eine stärkere Führungsrolle des

Staates zu akzeptieren, gewiß mitbedingt durch die Weltwirtschaftskrise ab 1929. Das zeigt sich nicht nur am Faschismus und Nationalsozialismus in Italien und Deutschland, sondern auch am New Deal Roosevelts – dessen Planungsberater Tugwell die Planung als „vierte Gewalt" institutionalisieren wollte – und an der Aufgabenstellung für die „Barlow Commission" in Großbritannien (vgl. S. 62), die von vornherein eine starke staatliche Einflußnahme auf die „distribution of the industrial population" und damit auf die räumliche Gesamtentwicklung in Großbritannien ins Auge faßte.

Es ist bemerkenswert, daß zumindest zwei aus diesem Denkansatz erwachsene Gesetze – erlassen 1942 in Italien unter dem faschistischen Regime und 1943 in Frankreich unter der Vichy-Regierung – jahrzehntelang unter demokratischen Regierungen ihren Dienst getan haben, ohne offenbar wesentlicher Veränderungen zu bedürfen. Gewiß gab es Ergänzungen und Differenzierungen, aber in ihren Grundzügen haben sie das Planungsgeschehen in diesen Ländern langfristig bestimmt (vgl. S. 52, S. 70). *Planungsgesetze*

Zwischen den Kriegen gewann auch der wissenschaftliche Ansatz an Boden: Bestandsaufnahmen physischer, wirtschaftlicher und gesellschaftlicher Gegebenheiten galten nunmehr – in der Nachfolge von Geddes' „survey before plan" – als Grundvoraussetzungen jeder sinnvollen Planung. Ein vielbeachtetes Beispiel dafür sind Schumachers Plangrundlagen für den hamburgisch-preußischen Planungsraum, die Mumford in der Bibliographie seiner „Culture of Cities" 1938 anerkennend hervorhebt – im positiven Vergleich mit dem quantitativ weit aufwendigeren „Regional Survey" für New York und Umgebung. Von einer ähnlich exemplarischen Wirkung war die Arbeit am Amsterdamer „Algemeen Uitbreidingsplan" von 1935, dessen wissenschaftliche Grundlagen Lohuisen zu verdanken sind. So ist es sicher kein Zufall, daß gerade in den Niederlanden der Begriff des „Planologen" – als eines der Planung zugewandten Wissenschaftlers – geprägt worden ist (vgl. S. 77) und sich dort konsolidiert hat. *Systematik der Planung*

Bild 18

Auch für die übergemeindliche Planung gibt es in den Niederlanden wie in Großbritannien mit den „Joint Town Planning Advisory Committees" früh systematische Ansätze. Insgesamt *Überörtliche Planung*

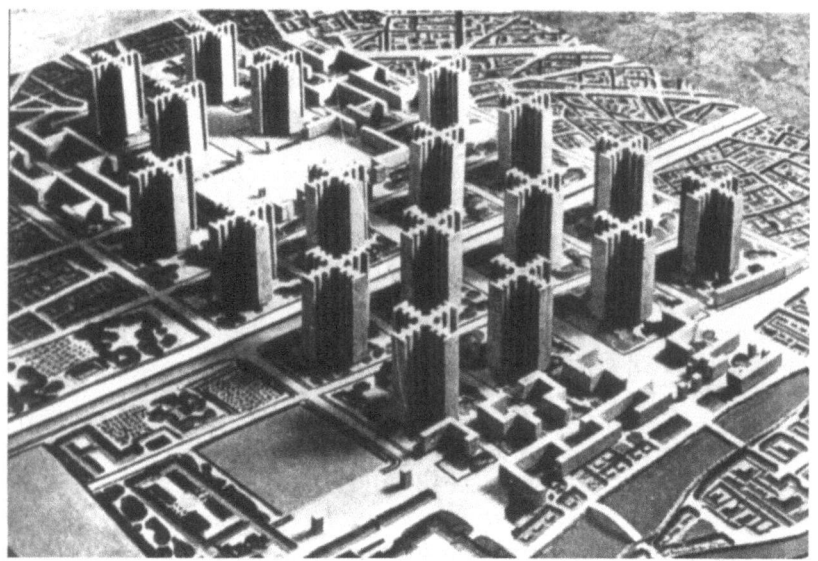

17 Der radikale Bruch mit der historischen Stadt: Le Corbusiers Plan für die Umgestaltung von Paris (1923), „Plan Voisin", benannt nach dem Sponsor, dem Flugzeugfabrikanten Voisin

18 Evolutionäres Entwicklungskonzept auf wissenschaftlicher Grundlage: Planung für Amsterdam-Süd nach dem „Allgemeinen Erweiterungsplan" von 1935 (van Eesteren)

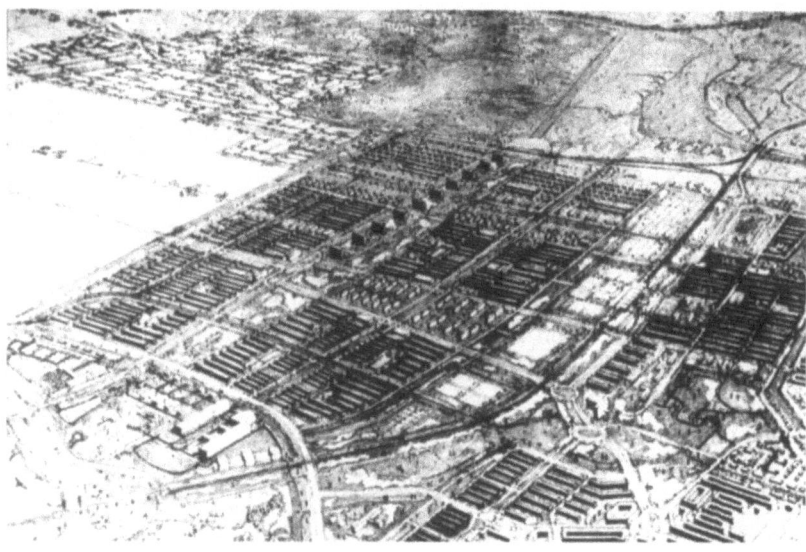

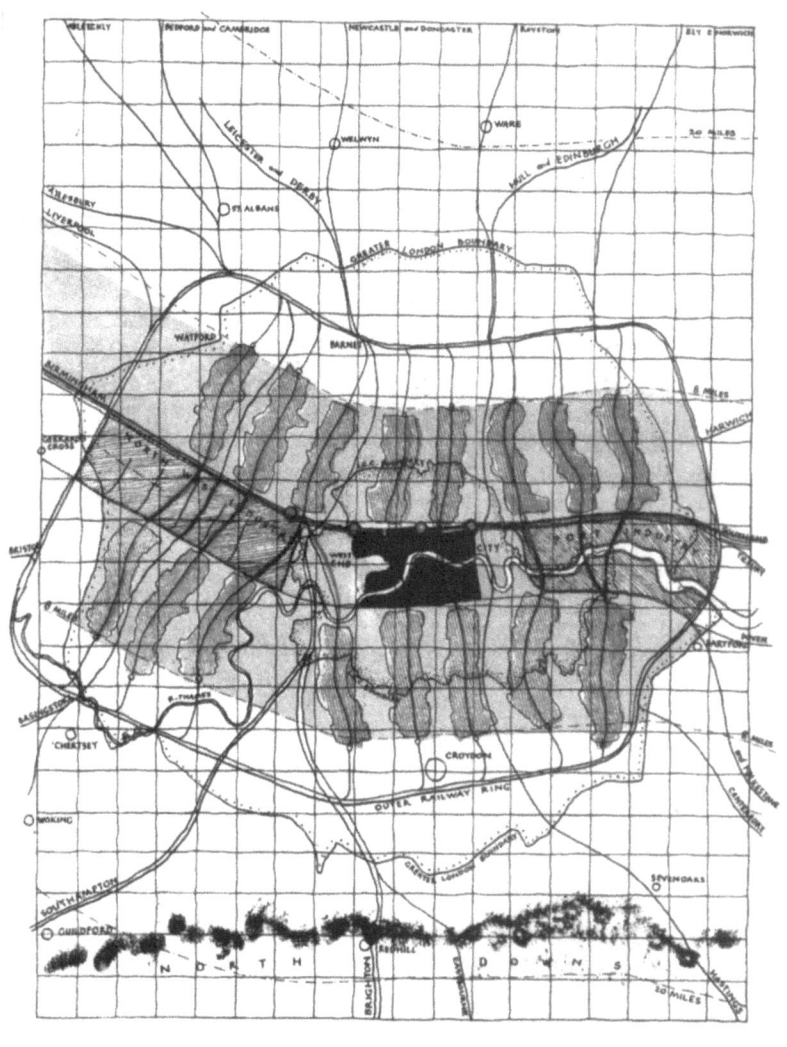

19 Revolutionäres Entwicklungskonzept für eine Metropole: Plan der MARS-Gruppe für die Umgestaltung Londons (1938)

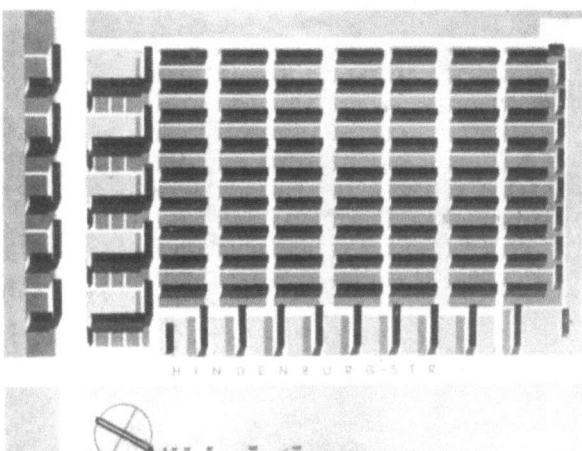

20 Komposition Hof, Block und Zeile im Wohngebiet Hamburg-Jarrestadt. Entwurf: Fritz Schu- macher auf der Grundlage eines Wettbewerbsentwurfs von Karl Schneider (1928–1930)

21 Kompromißloser Zeilenbau als „rationelle Bebauungsweise": Wohngebiet Frankfurt-Westhausen von Ernst May (1929–1931)

22 Ein Hauch von Futurismus: Wohnquartier „Gratte-Ciel" in Villeurbanne bei Lyon von Môrice Leroux (1928)

muß wohl der Siedlungsverband Ruhrkohlenbezirk als eine besondere Pionierleistung auf diesem Gebiet gelten, zumal er 1920 etwas verwirklichte, was erst in den sechziger Jahren in größerem Rahmen „entdeckt" wurde: die Einbeziehung der „gesellschaftlichen Kräfte" – Arbeitgeber und Gewerkschaften – in das planerische Entscheidungsgremium. So galt der Ruhrsiedlungsverband auch im Ausland als vorbildlich, und er hat gewiß auch für die international nicht minder anerkannte Tennessee Valley Authority einige Anregungen gegeben. Daneben verdienen die Landesplanungen – in der heutigen Terminologie handelte es sich um „Regionalplanung in Verdichtungsräumen" – um Hamburg, in Mitteldeutschland und in Oberschlesien Erwähnung.

Bodenrecht Als eine zentrale Frage sinnvoller städtebaulicher Entwicklung hatte sich in der Zwischenkriegszeit das Problem der Entschädigung für solche Grundstücke herausgestellt, die in den Erweiterungsbereichen der Städte nicht als Bauland ausgewiesen wurden: muß ein „Erwartungswert" entschädigt werden? Die verschiedenen Ansätze auf diesem Gebiet, die allerdings erst nach 1945 Gestalt gewannen, werden im dritten Kapitel ausführlich erörtert.

Zur Stadtstruktur Die inhaltliche Seite der Stadtplanung ist durch eine intensive Suche nach der „richtigen" Stadtstruktur gekennzeichnet. Während im britischen Städtebau das „Gartenstadtmodell", zunehmend als „Satellitenstadt" bezeichnet, nach wie vor als sinnvollste Antwort auf das Großstadtwachstum galt, richtete sich die deutsche Fachdiskussion vor allem auf die Nutzungs- und Verkehrsstruktur des zusammenhängenden Großstadtgefüges, wie es sich etwa in den Diagrammen von Roman Heiligenthal, Paul Wolf oder Fritz Schumacher darstellt. Allerdings gab es daneben auch Befürworter der „Umsiedlung" in Kleinstädte wie Gustav Langen oder später – unter der Prämisse des Nationalsozialismus – Gottfried Feder.

Rolle der Wohnung Der zweite – und vielleicht noch bedeutendere – Ausgangspunkt städtebaulicher Ordnungsvorstellungen war die Wohnung, vor allem die sinnvolle – funktionelle – Gestaltung der „Kleinwohnung", also der für die ärmeren Bevölkerungsschichten geeigneten und erschwinglichen Wohnung. Als eine ihrer we-

Bild 20 sentlichsten Qualitäten wurde ihre städtebauliche Einordnung

– Besonnung, Belichtung, Wohnruhe, Freiflächenzugang – erkannt; in den Themen des 2. und 3. CIAM-Kongresses – „Die Wohnung für das Existenzminimum" und „Rationelle Bebauungsweisen" – spiegelt sich diese Einsicht. So kann man sagen, daß der Städtebau der zwanziger Jahre maßgeblich von der Sorge für die Wohnung bestimmt wurde, während andere Aspekte – etwa das Arbeitsstättengefüge oder das Stadtzentrum – weniger Aufmerksamkeit erfuhren.

Bild 21

Nach 1945

Fachliteratur nach 1945

In der städtebaulichen Literatur der ersten Nachkriegsjahre spiegeln sich die unterschiedlichen Situationen in den verschiedenen Ländern. Die britischen Veröffentlichungen sind von hoffnungsvoller Zukunftsgewißheit geprägt; in Frankreich erkennt man das Bestreben, den neuen Anfang auch für die Stadtplanung zu nutzen, während sich in Deutschland zunächst ein etwas verworrenes Bild von Rückbesinnung, Aufbruchsstimmung und Pragmatismus bietet.

Spannweite

Hervorzuheben sind aus diesen Jahren die Schrift von Roland Rainer „Städtebauliche Prosa" (1948), deren Titel bereits den vom Verfasser erstrebten Realitätsbezug verdeutlicht, und Josef Umlaufs Buch „Vom Wesen der Stadt und der Stadtplanung" (1951), das in seiner gedanklichen Durchdringung städtebaulicher Kernfragen durchaus den grundlegenden Betrachtungen Fritz Schumachers zu diesem Thema an die Seite zu stellen ist.

Rainer, Umlauf

Rainers Buch mit dem Untertitel „Praktische Grundlagen für den Aufbau der Städte" ist im Kern ein Plädoyer für den „verdichteten Flachbau", enthält aber auch wichtige Überlegungen zur Stadtstruktur und zeigt zahlreiche ausländische Beispiele aus beiden Bereichen. Umlauf geht nicht nur den Möglichkeiten, sondern auch den Grenzen der Planung nach und arbeitet sehr deutlich heraus, was sie von der – auf das einzelne, in sich abgeschlossene Werk gerichteten – Architektur trennt.

Reichow- Missionarischer kommt Hans Bernhard Reichows „Organische
Hilberseimer Stadtbaukunst" (1948) daher, in der viele plausible Überlegungen mit einem eigentümlichen Dogmatismus, einer Art Ausschließlichkeitsanspruch überlagert sind; in dieser Hinsicht ist Reichow Ludwig Hilberseimer – Bauhausmeister bis 1933, seit 1938 Professor in Chicago – vergleichbar, dessen 1944 erschienenes Buch „The New City" Reichow gekannt haben dürfte; die von beiden Autoren propagierten Typen von Nachbarschaftseinheiten unterschieden sich nur unwesentlich. Die Zeitschrift „Baurundschau" hatte Hilberseimers Buch im Rahmen ihrer Auslandsberichte 1947 ausführlich dargestellt; eingehend wurde auch über die britischen Entwicklungen – teils seitens englischer Autoren – berichtet.

Abel Aus der Fülle der deutschen städtebaulichen Schriften der ersten Nachkriegszeit sei noch Adolf Abels dreisprachige Schrift „Regeneration der Städte / des villes / of towns" erwähnt (1950), deren Hauptanliegen die Schaffung sicherer Fußwege zu und in den Stadtzentren war – allerdings im Blockinneren, während der historische Straßenraum dem Fahrverkehr überlassen werden sollte. In München hat dieser Gedanke zu einigen reizvollen Passagen geführt – zumeist zwischen Straßen, die heute ohnehin für den Fahrverkehr gesperrt sind.

Bernoulli Einen wichtigen Beitrag zur deutschsprachigen Städtebauliteratur stellt Hans Bernoullis Schrift „Die Stadt und ihr Boden" (1946) dar, in der er seine vier Jahre früher veröffentlichten Gedanken zur „organischen Erneuerung unserer Städte" konsequent fortführte und zur Begründung seiner These nutzte, der gesamte Grund und Boden des Siedlungsraumes gehöre in gemeindliches Obereigentum und solle nur auf dem Wege des Erbbaurechts privaten Nutzern zur Verfügung stehen. Auzelle erwähnt eine Übersetzung ins Französische, die bereits 1947 durch einen Dokumentationsdienst vorgenommen wurde, also vielleicht nicht in den Buchhandel gelangte; 1951 lag eine Übersetzung ins Italienische vor: „La città e il suolo urbano".

Mittelbach Erwähnenswert ist ferner Arno Mittelbachs Schrift „Vom Städtebau zur lokalen Raumordnung" (1947), nicht nur wegen des hier gebotenen handfesten Rüstzeugs für den Praktiker mit Orientierungswerten, Rechtshandhaben und Verfahrensregeln, sondern auch wegen des Bemühens um einen neuen Begriff, der die Einengung auf die Stadt und auf das Bauen überwinden sollte. Auch im 1966 erschienenen „Handwörterbuch der Raumforschung und Raumordnung" finden sich die wichtigsten Aussagen zur Stadtplanung unter dem Stichwort „Gemeindliche Raumordnung". Indessen hat sich dieser sachlich durchaus sinnvolle Begriff nicht durchsetzen können, vor allem wohl, weil nach dem Grundgesetz die „Raumordnung" in die Rahmenkompetenz des Bundes fiel, so daß diese Bezeichnung auf das Planen in Ländern und Gemeinden nicht mehr anwendbar schien.

Auch in Frankreich gab es einen ähnlichen – und gleichermaßen erfolglosen – Versuch, mit einem neuen umfassenden Begriff die Bindung an die Stadt zu lösen, die im „urbanisme" anklingt: Maurice-François Rouge schlug vor, die planerische Ordnung des Raumes künftig „Géonomie" zu nennen, wobei er als Vorzug auch die weitgehende Übertragbarkeit dieses Begriffes auf andere Sprachen betonte. Dieser Gedanke, nach Rouges Bekundung 1940 im Offiziersgefangenenlager in Mainz gefaßt, wurde 1947 in einer Schrift „La géonomie ou l'organisation de l'espace" veröffentlicht.

Rouge

In diese Zeit fielen mehrere Äußerungen zur Stadtplanung in Frankreich, unter denen die Bücher von Gaston Bardet wohl als die gewichtigsten anzusehen sind. Bardet hatte schon 1942, also zur Zeit der Vichy-Regierung, ein Buch mit dem Titel „Problèmes d'urbanisme" veröffentlicht; 1945 folgte „L'urbanisme", 1949 als umfangreichstes der drei Werke „Mission de l'urbanisme", in dessen Titel – wie im Text – etwas von jenem Sendungsbewußtsein mitschwingt, das auch in anderen Ländern die Stadtplaner der ersten Jahrhunderthälfte beflügelt hatte. Das Buch nahm das ganze Spektrum der städtebaulichen Aufgaben ins Blickfeld, legte aber besonderen Nachdruck auf die Erfassung und Berücksichtigung der Sozialstruktur.

Bardet

Weitaus enger, eher funktionalistisch-schematisierend in ihren Modellvorschlägen ist die Schrift von Pierre Antoine (1946): „Principes d'urbanisme"; im gleichen Jahre äußerte sich auch Le Corbusier – während des Krieges zeitweilig eng mit der Vichy-Regierung liiert – zur städtebaulichen Situation mit der Schrift „Propos d'urbanisme", die bald danach als „Grundfragen des Städtebaues" (o.J.) in deutscher, als „Concerning Town

Antoine, Le Corbusier

207

Planning" 1948 in englischer Sprache erschien, ebenso wie „The Home of Man" als Übersetzung von „Maison des hommes" von Le Corbusier und F. de Pierrefeu.

Garnier Seither hat es Übersetzungen von französischen Städtebautexten in Buchform – zumindest in die deutsche Sprache – anscheinend nicht mehr gegeben, abgesehen von der sehr späten Veröffentlichung von Tony Garniers „Cité industrielle" (1989), die – wie die 1969 erschienene Veröffentlichung in englischer Sprache – lediglich einen historisch-archivalischen Nachholbedarf befriedigt.

Britische Die britische Literatur dieser Jahre war stark durch den Auf-
Literatur bruch in das neue Planungszeitalter geprägt; eine große Rolle für die Praxis spielten die vom jeweils zuständigen Ministerium (dessen genaue Bezeichnung mehrfach wechselte) herausgegebenen Richtlinien (Manuals) und die bereits im Kriege erschienenen Schriften von Abercrombie und Sharp; der Greater London Plan von Abercrombie und Forshaw wurde – allerdings gekürzt – auch in deutscher Sprache veröffentlicht. Im Jahre 1947 publizierte Dickinson „City Region and Regionalism", eine frühe Analyse zu einem Thema, das bald an Bedeutung zunehmen sollte.

Purdom 1949 erschien das im vorigen Abschnitt erwähnte Buch von
– Welwyn – Purdom „The Building of Satellite Towns" in neuer, vollständig überarbeiteter Fassung, den „Erbauern der Neuen Städte" gewidmet und um eine Darstellung der Entwicklungen in Richtung auf die „New Towns Policy" erweitert. Neben dem Stolz, dieser Entwicklung mit Letchworth und Welwyn Garden City den Weg gewiesen zu haben, wird die Erbitterung darüber spürbar, daß an die Stelle der privaten Entwicklungsgesellschaft für Welwyn nunmehr eine staatliche „Development Corporation" treten sollte. Der Vorsitzende der „Welwyn Garden City Ltd." beklagte sich in seinem Vorwort heftig, daß der Minister keinen Argumenten zugänglich gewesen sei, und entwickelte düstere Zukunftsperspektiven für das Ergebnis solcher staatlicher Steuerung: „lifeless, extravagant, and ineffective". Neu war der Satz in Purdoms Text: „We can no longer leave the subject (i.e. town planning) to architects and engineers, we must bring the citizen into it so that he may share responsibility." Die Bürgerbeteiligung kündigte sich an.

Angesichts der massiven Kritik an der Übernahme von Welwyn durch eine staatliche „Development Corporation" ist es nicht ohne Ironie, daß Purdom 15 Jahre später in „The Letchworth Achievement" darstellte, wie die Gründung einer öffentlich-rechtlichen „Corporation" durch Gesetz das letzte Mittel war, die privatrechtliche „Company", die der kapitalistischen Spekulation anheimzufallen drohte, abzulösen und damit die Gründungsidee der ersten Gartenstadt zu retten.

Purdom – Letchworth –

Einen deutlichen Bezug auf die New Towns nahm auch Frederick Gibberd mit dem Buch „Town Design", das eine Lücke füllen sollte: „There has, of course, been a spate of books on town planning, but town planning is but a prelude to town design; there are excellent books on civic design, but they stop short of such vital contemporary problems as the placing of factories in the urban scene; and there are innumerable books on such subjects as houses, flats and roads, but these consider their subjects in isolation rather than as integral parts of town design."

Gibberd

Es ging ihm um die visuelle Qualität der Stadt, „the Urban Scene", um „Town design" als Kunst, aber unter Würdigung der diesem Komplex zugrunde liegenden funktionalen, sozialen, wissenschaftlichen und technischen Aspekte. In vier Abschnitten wurden der Entwurf der Gesamtstadt, die zentralen Bereiche, Gewerbe und Wohnungswesen behandelt, jeweils zunächst in allgemeiner Form und dann an analysierten Beispielen. Die Beispiele für Gesamtpläne und Gewerbegebiete sind ausschließlich britisch, bei den zentralen Bereichen überwiegen historische Plätze in Italien, und von den acht Wohngebietsbeispielen stammt je eines aus der Schweiz und aus Schweden. Zwei der vier Gesamtpläne beziehen sich auf „New Towns", darunter Harlow, das von Gibberd selbst entworfen wurde und tatsächlich unter den Neuen Städten der ersten Welle einen besonderen Ruf genoß.

Die wachsenden Verkehrsprobleme lösten Reaktionen in verschiedenen Ländern aus; am bekanntesten ist wohl der „Buchanan Report" unter dem Titel „Traffic in Towns" (1963, deutsche Übersetzung 1964) geworden. Hans Bernhard Reichow prägte mit seinem Buchtitel „Die autogerechte Stadt" (1959) ein Schlagwort, das später in einer ganz anderen als

Buchanan Reichow

der von ihm intendierten Bedeutung verwendet wurde – im pejorativen Sinne einer vollständigen Anpassung der Stadt an die ungehemmte Nachfrage nach dem Gebrauch des Autos, während Reichow noch eine verträgliche Einordnung des Automobils in das Stadtgefüge vorgeschwebt hatte. Es verdient übrigens Erwähnung, daß der von Reichow hartnäckig propagierte Kreisverkehr an Knotenpunkten – jahrzehntelang von der deutschen Verkehrsplanung gemieden zugunsten einer geregelten vielspurigen Kreuzung – sich in den neunziger Jahren auch in Deutschland wieder durchzusetzen beginnt, nachdem er in den Niederlanden, der Schweiz und Frankreich zunehmend üblicher geworden war; die Briten hatten sich nie von ihrem „Roundabout" getrennt.

Göderitz *Rainer* *Hoffmann*
1957 erschien in Deutschland ein Buch, das gleichsam als Zusammenfassung der damals allgemein anerkannten städtebaulichen Grundsätze gewertet werden kann und wohl auch so gemeint war: „Die gegliederte und aufgelockerte Stadt" von Johannes Göderitz, Roland Rainer und Hubert Hoffmann. Es gründete sich auf Vorarbeiten aus der letzten Phase des Krieges; eine erste Fassung war unter dem gleichen Titel mit dem Zusatz „Forschungsarbeit der Deutschen Akademie für Städtebau, Reichs- und Landesplanung" noch 1945 gedruckt worden (Geist u. Kürvers 1989, 120; Textvergleich 1945/57 571–77). Der neuen Situation angepaßt, stellte das Buch ein Strukturmodell der Stadt als Muster hin, das weitgehend mit der Realität der gleichzeitig entstehenden „New Towns" in England – wie

Bild 26
etwa Harlow oder Stevenage – übereinstimmte. Aber es sollte sich bald herausstellen, daß das Buch eher das Ende der Gültigkeit solcher Grundsätze markierte – in ähnlicher Weise, wie das zur „Internationalen Bauausstellung" vom gleichen Jahre neu erbaute Hansaviertel in Berlin Höhepunkt und Ende einer Gestaltungsrichtung bezeichnete, deren Leitvorstellung die Anordnung freiplastischer Baukörper im „fließenden Raum" war – gleichsam die städtebauliche Version von Le Corbusiers Definition der Architektur als „jeu savant, correcte et magnifique des formes sous la lumière" (vgl. S. 305).

Cullen
Es war vor allem der Verlust des städtischen Raumes, der sehr bald als gestalterische Fehlentwicklung kritisiert wurde und eine Gegenbewegung auf den Plan rief; einer ihrer Protagonisten

wurde Gordon Cullen, dessen Buch „Townscape" (1961) in gewisser Weise als zeitgemäße Übertragung von Sittes Anliegen in die zweite Hälfte des 20. Jahrhunderts betrachtet werden kann.

Eine tiefergehende Unzufriedenheit mit dem Gang der Dinge äußerte sich literarisch zunächst in Schriften von „Außenseitern" – Publizisten wie Wolf Jobst Siedler („Die gemordete Stadt" 1963) oder Jane Jacobs („The Death and Life of Great American Cities" 1961, deutsche Übersetzung 1964, italienische 1969), Sozialwissenschaftlern wie Hans Paul Bahrdt („Die moderne Großstadt" 1960) oder Alexander Mitscherlich („Die Unwirtlichkeit unserer Städte" 1965) – und griff dann auch auf die Fachliteratur über, die hier im einzelnen nicht mehr zu verfolgen ist. Das Buch von Jane Jacobs verband zutreffende Beobachtungen städtischen Lebens mit einer heftigen Kritik an der gängigen Stadterneuerungspolitik der USA, die in der Tat meist mehr auf Bodenwertsteigerung als auf soziale Ziele ausgerichtet war, und obwohl die daraus abgeleiteten Planungsvorschläge höchst fragwürdig waren, übte es starken Einfluß auf die Entwicklung der Stadterneuerung in Europa aus.

Siedler
Jacobs
Bahrdt
Mitscherlich

Ging es hier also eher um eine polemische Schrift, die ihren „Kairos" gefunden hatte, so gab es eine Anzahl fachlicher Beiträge aus den Vereinigten Staaten, die gleichfalls nachhaltig auf die europäische Fachdiskussion einwirkten. Das trifft vor allem auf die Schriften von Kevin Lynch zu, dessen „Image of the City" mehrfach übersetzt wurde (deutsch 1969, italienisch 1969); seine Kategorisierung der städtischen Gestalteelemente – path, node, landmark, edge, district – diente als Rahmen für eine Fülle europäischer Studien zur Stadtgestalt. Zudem hatte Lynch durch seine Methode der Bürgerbefragung dem Verdacht entgegengewirkt, Stadtgestaltung sei ein elitäres Geschäft der Fachleute. Ähnlich einflußreich wurde auch das Buch von Colin Rowe und Fred Koetter „Collage City" (1978), unter dem gleichen Titel in deutscher Sprache veröffentlicht (1984), das gleichsam eine Rechtfertigung der zeitbedingt heterogenen Stadtgestaltung darstellte.

USA:
weitere Literatur

Mit den sechziger Jahren setzte eine geradezu explosionsartige Vermehrung der städtebaulichen Literatur ein, die hier nicht mehr in ihren Einzelheiten verfolgt werden kann. Vereinfachend

Die sechziger Jahre und danach

211

kann man sagen, daß die Literatur dieses Jahrzehnts weitgehend von dem Vertrauen in die Möglichkeit rationalen und koordinierten Planens – und Handelns – und damit in die Gestaltbarkeit der Zukunft geprägt wurde. Kennzeichnend sind Buchtitel wie „Entwicklungsplanung in Stadtregionen" (Lenort 1961) oder „Urban and Regional Planning. A Systems Approach" (McLoughlin 1969); die theoretische Durchdringung des planerischen Vorgehens war ein zentrales Thema. Bald zeigten sich aber auch andere Tendenzen wie etwa in Aldo Rossis „Architettura della Città" (1966), in der die Qualität der Architektur als Sinn der Stadt postuliert wurde (1973, 90). Die weite Resonanz dieses Buches – das ins Englische, Französische und Deutsche übersetzt wurde – erklärt sich gewiß zum Teil aus der Ermüdung an der vorherrschenden funktional-strukturellen Interpretation der Stadt, die vielen zu unanschaulich sein mochte, zumal ihre gestalterischen Ergebnisse bald auf Kritik stießen. Auch die „Wiederentdeckung" der Vergangenheit und der Einbruch der Postmoderne in den siebziger Jahren trugen zur weiteren Auffächerung der städtebaulichen Literatur bei, die sich seither jedem verallgemeinernden Urteil entzieht.

Internationale Kontakte nach 1945

Kongresse Nach dem Zweiten Weltkrieg bedurfte es einiger Jahre, ehe sich auch im fachlichen Bereich normale Beziehungen zwischen den ehemaligen Kriegsgegnern wiederherstellten, zumal unter der Militärregierung die Reisemöglichkeiten für Deutsche beschränkt waren. So scheint es beim zweiten Nachkriegskongreß des „Internationalen Verbandes für Wohnungswesen und Städtebau" in Zürich 1948 – der erste hatte 1946 in Hastings stattgefunden – noch kaum deutsche Teilnehmer gegeben zu haben, während 1950 in Amsterdam bereits eine stattliche Anzahl von Fachleuten aus der Bundesrepublik und aus Österreich teilnahm; auch Ausstellungsbeiträge über Wien und über deutsche Städte weist die Chronik aus. Die Themen dieser und der folgenden Kongresse waren breit gestreut und berührten die verschiedensten Gebiete des Städtebaues und des Wohnungswesens, aber auch die überörtliche Planung kam mehrfach ins Blickfeld. Lissabon, Edinburgh, Wien und Lüttich waren die nächsten Orte der nunmehr im Zweijahresturnus abgehaltenen Weltkongresse. In Lüttich wurde 1958 der Name in „International Federation for Housing and Planning" geändert, mit dem Wegfall des Wortes „town" also der Anspruch auf die Einbeziehung der Regional- und Landesplanung erhoben. Dem entsprachen im Deutschen und im Französischen neue Zusätze – „Raumplanung" (später „Raumordnung") einerseits und „Aménagement des territoires" andererseits. Nach wie vor bietet der Verband eine wichtige Plattform für internationale Kontakte.

Auch die „Congrès Internationaux de l'Architecture Moderne" nahmen nach dem Kriege ihre Tätigkeit wieder auf, wenn es auch offenbar größere Meinungsverschiedenheiten gab als zuvor. Auf dem ersten Nachkriegskongreß in Bridgewater 1947 übernahm Sert – inzwischen in den USA tätig – die Präsidentschaft von van Eesteren; es folgten Kongresse in Bergamo 1949 und Hoddesdon 1951. Hier hieß das Thema „The core" – Indiz eines stärkeren Interesses am städtischen Leben und einer Hinwendung zum Bestand. Nach dem Kongreß in Aix-en-Provence 1953 leitete das Treffen in Dubrovnik 1955 mit dem Hervortreten des „Team X" (Team Ten) die Auflösung der CIAM ein, deren städtebaulicher Beitrag in der Nachkriegszeit deutlich weniger ins Gewicht fiel als zuvor (Mumford 1992).

Die CIAM

Inzwischen hatten sich zahlreiche weitere Kontakte auf dem Wege über gruppenweise organisierte oder individuelle Studienreisen in andere Länder ergeben. Den deutschen Fachleuten erschienen zunächst die vom Kriege nicht unmittelbar betroffenen Länder interessant, in denen Städte- und Wohnungsbau jedenfalls in gewissem Umfang hatten weiter entwickelt werden können – die Schweiz und Schweden. Wer indessen stärker an den Grundsatzfragen der Planung interessiert war, mußte von dem Geschehen in Großbritannien fasziniert sein. Hier hatte man bereits im Kriege begonnen, die Planungsfragen umfassend neu zu durchdenken, und der New Towns Act von 1946, mehr noch der „Town and Country Planning Act" von 1947 hatten eine grundlegend neue Rechtsentwicklung eingeleitet, der mit der Gründung von neuen Städten – einem sied-

Studienreisen

lungspolitischen Neuansatz ohne Vorgang, vergleichbar allenfalls mit der späteren israelischen Siedlungspolitik – bereits Tatsachen gefolgt waren.

Einfluß der Besatzungsmächte:
Großbritannien Entsprechend ausgeprägt war das Verständnis der britischen Besatzungsmacht für die Aufbaufragen in deutschen Städten, und eines der häufig gezeigten Beispiele für neue städtebauliche Gestaltungsprinzipien, die Hochhausgruppe am „Grindelberg" in Hamburg, geht auf ein Projekt der britischen Behörden zurück, das für Wohnungen von Angehörigen der britischen Zonenverwaltung bestimmt war. Erst die Entscheidung für die „Zweizonenhauptstadt" Frankfurt machte daraus ein deutsches Bauvorhaben. Es ist sicher auch kein Zufall, daß der Musterentwurf für die Aufbaugesetze der Länder – der „Lemgoer Entwurf" – in der britischen Zone entwickelt wurde.

USA Die amerikanische Militärregierung lud 1946 Walter Gropius als Berater in Wiederaufbaufragen in ihre Besatzungszone ein und förderte den Austausch durch Einladungen deutscher Stadtplaner in die USA; auch die Rolle der Informationszentren, also der Amerikahäuser und – in der britischen Zone – der „Brücke" verdient Erwähnung.

Frankreich Die Franzosen nahmen in ihrer Besatzungszone nur geringen Einfluß auf die städtebauliche Entwicklung; immerhin förderten sie eine umfassende Neuplanung für Mainz durch Marcel Lods, einen prominenten Vertreter der Moderne – die allerdings auf dem Papier blieb – und richteten einen „Conseil supérieur de l'architecture et de l'urbanisme" mit französischen und deutschen Mitgliedern ein, der sich zu städtebaulichen Problemen – so etwa zur Aufbauplanung für Trier – empfehlend äußerte. Eine von der französischen Militärregierung veranlaßte Ausstellung über französische Architektur und Stadtplanung betonte nachdrücklich die Moderne, indem sie Arbeiten von Auguste Perret, Le Corbusier, Marcel Lods und André Lurçat in den Vordergrund rückte; zudem enthielt sie eine – auch im Katalog wiedergegebene – deutsche Übersetzung der Charta von Athen.

Sowjetunion Demgegenüber hatte sich der Städtebau in der sowjetisch besetzten Zone weitgehend an russischen Vorbildern zu orientieren – sowohl hinsichtlich der Stadtstruktur als auch in der Baugestaltung; eigenständigen Kräften blieb nur wenig Raum.

Diesen Entwicklungen kann hier nicht nachgegangen werden; auf die Arbeiten von v. Beyme, Durth und Kadatz zu diesem Thema wurde an anderer Stelle hingewiesen. Die städtebaulichen Kontakte zwischen beiden Teilen Deutschlands kamen – von einer „Tauwetterphase" um 1955 abgesehen – fast vollständig zum Erliegen und belebten sich erst wieder allmählich in den späten achtziger Jahren infolge des Abkommens über „wissenschaftlich-technische Zusammenarbeit".

Das wachsende Maß internationalen Zusammenwirkens im Rahmen der Vereinten Nationen und verwandter Organisationen bot auch auf stadtplanerischem Gebiet neue Ansätze zum Austausch; das „United Nations Center for Housing and Planning" und Kongresse wie die „Habitat"-Konferenzen in Vancouver 1976 und Istanbul 1996 seien als Belege genannt. Auch bei der „Organisation for Economic Cooperation and Development" (OECD) und selbst bei der „Konferenz für Sicherheit und Zusammenarbeit in Europa" (KSZE) kamen gelegentlich Stadtplanungsfragen ins Blickfeld. Die Vorläuferorganisationen der Europäischen Union haben ihren Vereinheitlichungsdrang bisher nicht auf das Gebiet der Stadtplanung ausgedehnt, sind dazu indessen durch den Vertrag von Maastricht seit dem 1.10.1993 befugt. Inwieweit es sinnvoll ist, den sehr unterschiedlichen „Planungskulturen" der einzelnen europäischen Länder einen gemeinsamen Rahmen zu geben, wird sicher lange strittig bleiben, auch wenn die unterschiedlichen Organisationsstrukturen und Gesetzesregelungen einer grenzüberschreitenden Planung noch manche Schwierigkeiten entgegensetzen. Auf der professionellen Ebene haben sich die nationalen Planerverbände zu einer gemeinsamen Interessenvertretung gegenüber der Europäischen Union zusammengefunden.

Einflüsse der UNO

Auch der „Internationale Verband für Wohnungswesen, Städtebau und Raumordnung" dient weiterhin mit Kongressen und Publikationen dem Ziel des internationalen Austauschs. Aus seinem „standing committee of professional planners" entsprungen, hat sich 1965 eine weitere Organisation mit internationalem Anspruch gebildet, die „Internationale Gesellschaft der Stadt- und Regionalplaner" mit noch deutlicherer Konzentration auf Planungsfragen in Stadt und Region. Raumwissenschaftlichen Fragen mit starker Betonung der mathematisch

Internationale Vereinigungen

orientierten Nationalökonomie geht die internationale „Regional Science Association" nach. Mit dem Ziel wechselseitigen Austausches wurde 1987 die „Association of European Schools of Planning" (AESOP) gegründet.

Ausstellungen Dem Ausstellungswesen in diesen Jahrzehnten nachzugehen,
„Interbau" würde den Rahmen dieser Arbeit sprengen; aus dem kaum übersehbaren Feld seien nur zwei Ereignisse hervorgehoben, deren internationale Resonanz dies rechtfertigen mag: die „Interbau" – internationale Bauausstellung – in Berlin 1957, mit dem der deutsche Städtebau sich nach dem Kriege gleichsam „zurückmeldete", und die große Ausstellung „La Ville", 1994 im Pariser Centre Pompidou gezeigt, die den ganzen in dieser Arbeit betrachteten Zeitraum überdeckt und den Anspruch eines repräsentativen Überblicks über die Entwicklung dieses Themas in der Malerei wie in der Architektur erhebt.

Berlin 1957 Die „Interbau" fand auf dem fast völlig zerstörten Areal des Berliner Hansaviertels – am Nordwestrand des Tiergartens – statt und demonstrierte die damals herrschende Stadtvision
Bild 28 der Moderne: freistehende Baukörper in geometrisch klaren Formen, im „fließenden Raum" aufeinander bezogen, ohne eigentlich „Raum" zu bilden (vgl. S. 305). Viele renommierte Architekten aus der ganzen westlichen Welt waren eingeladen, sich mit einem Gebäude zu beteiligen: von Alvar Aalto aus Finnland bis zu Oscar Niemeyer aus Brasilien reichte die geographische Spannweite, während die Architektursprache nur geringe Unterschiede aufwies. Die eigentliche „Ausstellung" war weitgehend eine Leistungsschau des Neuaufbaues deutscher Städte; unübersehbar in großen Lettern die Parole: „Parlamentarier aller deutschen Länder vereinigt euch: schafft neues Bau- und Bodenrecht!" Bis dahin sollte es allerdings noch drei Jahre dauern.

„La Ville" Die Ausstellung „La Ville" unterscheidet drei Entwicklungs-
Paris 1994 phasen, die durch die Jahre 1918 und 1945 voneinander getrennt sind; in jeder werden nebeneinander die „Stadt der Künstler" und die „Stadt der Architekten" präsentiert. Bei dieser überwiegen im ersten Zeitabschnitt bei weitem Beiträge aus dem deutschen Städtebau, im zweiten halten sie sich mit italienischen die Waage, dicht gefolgt von sowjetrussischen, im dritten bilden Frankreich, Italien und Deutschland zu fast glei-

chen Teilen die Spitzengruppe. Großbritannien kommt weit weniger ins Blickfeld, der europäische Norden fehlt so gut wie ganz (vgl. S. 98).

Aufschlußreicher noch ist, daß für den ersten Zeitabschnitt durchweg bedeutende und geschichtlich wirksame Planungen vorgeführt werden – von Soria y Mata bis zu Fritz Schumacher –, während im zweiten bereits die spektakulären – und meist wirkungslos gebliebenen – Projekte wie El Lissitzkys „Wolkenbügel" ebenso viel Gewicht erhalten wie die verwirklichten (Amsterdam-West oder Frankfurt-Römerstadt). Die Nachkriegszeit wird dann vollends von eher skurrilen Papierprojekten nach dem Muster von Archigram oder Yona Friedman beherrscht, neben denen der reale Städtebau dieser Zeit weitgehend zurücktritt. Urteilsschwäche der Ausstellungsmacher, durch zu geringe zeitliche Distanz bedingt? Oder ein Indiz dafür, daß spektakuläre Architekturprojekte, die sich für eine Ausstellung eignen, in aller Regel keine ernstzunehmende Lösung für die Probleme der heutigen Großstadt bieten? Das würde den Eindruck bestätigen, den man aus den vom Deutschen Architekturmuseum und von der Frankfurter Allgemeinen Zeitung veranlaßten Architektenentwürfen für das vereinigte Berlin – 1991 ausgestellt in Frankfurt (Lampugnani 1991) – gewinnen mußte.

*Architekten-
visionen und
Stadtplanung*

Gemeinsamkeiten und Unterschiede nach 1945

Nach 1945 ging es in den am meisten von Kriege betroffenen Ländern zunächst um Neuaufbau in den zerstörten Bereichen. Die Aufgaben waren ähnlich, die Ansätze zu ihrer Bewältigung sehr unterschiedlich. In Großbritannien stand die große Chance im Vordergrund, die ein solcher Neuaufbau auf der Grundlage zeitgenössischer Erkenntnisse und Wertungen bot; demgemäß war die Bereitschaft groß, sich von alten Strukturen – so auch von historischen Stadtgrundrissen – zu trennen, wie dies die Neuplanungen der Stadtkerne in Coventry und Plymouth exemplarisch zeigen (vgl. S. 63). Ganz ähnlich stellt sich der Neuaufbau des Rotterdamer Zentrums dar, wenngleich die wäh-

*Neuaufbau
oder
Wiederaufbau?
Großbritannien*

*Bild 24
Bild 25*

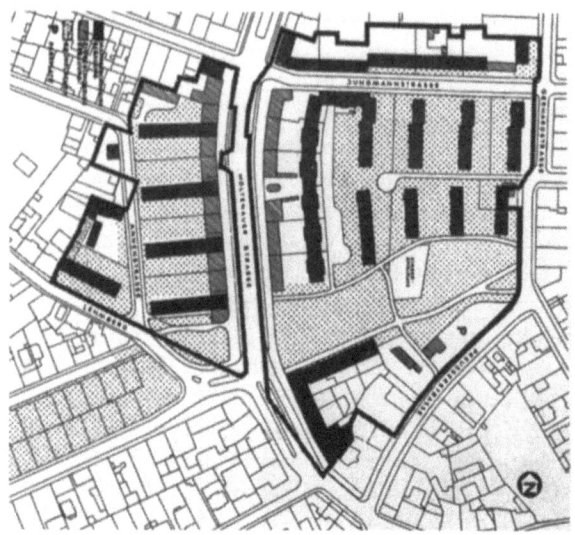

23 Neuaufbau eines kriegszerstörten Wohngebiets in Kiel (Herbert Jensen) um 1950: Umgestaltung der Baublöcke zur Zeilenreihung

24 Abschied vom alten Stadtgrundriß: Planung für den Neuaufbau des Stadtkerns von Coventry ab 1945 (Hugh Wilson)

25 Abschied vom alten Stadtgrundriß: Neuaufbau des Stadtkerns von Rotterdam (Lijnbaan) ab 1945 (van den Broek und Bakema)

26 Nachbarschaftsgliederung und Zentrenhierarchie: Strukturplan der „New Town" Harlow nordöstlich von London ab 1948 (F. Gibberd)

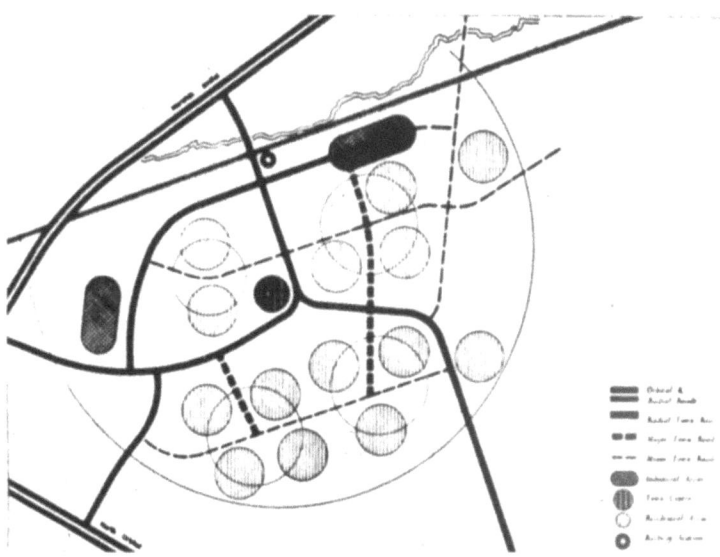

27 Bremen/Neue Vahr als Beispiel für die großen Neubaugebiete der späten fünfziger und der sechziger Jahre „auf der grünen Wiese" (Säume und Hafemann)

28 Freiplastische Baukörper im „fließenden Raum": Gebäudeanordnung im Berliner Hansaviertel. Neuaufbau nach Kriegszerstörung im Rahmen der Internationalen Bauausstellung 1957

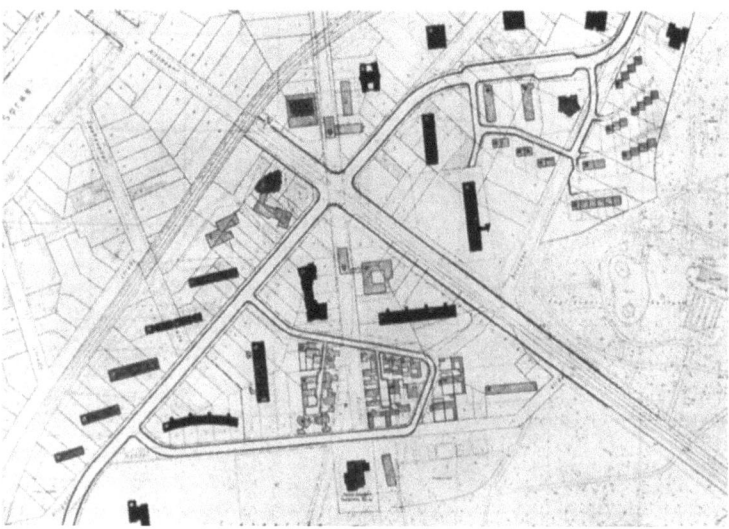

rend des Krieges begonnene Neuplanung zunächst traditionelleren Linien folgte.

Auch in Deutschland fanden sich weithin ähnliche Gedanken und Vorschläge, die Kriegszerstörungen zum Ausgangspunkt eines umfassenden städtebaulichen Neubeginns zu machen; zahlreiche Wettbewerbsbeiträge legen davon Zeugnis ab. Ihnen standen jedoch vielerorts Anhänger eines traditionsgebundenen Wiederaufbaues gegenüber, die das gewohnte und liebgewonnene Bild der Stadt so weit wie möglich wiederhergestellt sehen wollten. Entsprechend unterschiedlich waren die jeweiligen Planungsvorschläge und die auf sie bezogenen politischen Aufbauentscheidungen in den einzelnen Städten. Allgemein stand natürlich umfassenden Veränderungen des Stadtgefüges das Gewicht dessen entgegen, was die Zerstörungen überdauert hatte – die Straßen- und Leitungsnetze einerseits, die Strukturen des Bodeneigentums andererseits. So kam es – anders als in der DDR – kaum zu großflächigen Neuordnungen; dabei waren es auch bei weitgehender Zerstörung weniger die Stadtkerne, die radikal umgestaltet wurden, als frühere Wohngebiete; ein Musterbeispiel dieser Art bietet das Berliner Hansaviertel, Schauplatz der „Interbau" von 1957.

Deutschland (Westteil)

Bild 23
Bild 28

In Frankreich gab es zwar einzelne Beispiele eines „modernen" Wiederaufbaues – Le Havre von Auguste Perret, Maubeuge von André Lurçat –, aber im übrigen blieb man durchweg näher am Gewohnten. Der Vorschlag von Le Corbusier für eine radikale Umgestaltung der zerstörten Städte St. Dié und La Rochelle scheiterte am Widerstand der betroffenen Bevölkerung; die Gesamtsituation wird offenbar treffend durch eine überlieferte Bemerkung des damaligen Aufbauministers Claudius-Petit gekennzeichnet, er sei fest entschlossen, Frankreich modern aufzubauen, und er wisse hinter sich vierzig Millionen Franzosen – die dagegen seien (vgl. S. 53). Ähnliches trifft wohl auch auf die in Belgien vorherrschende Grundhaltung zu.

Frankreich

Ein Blick auf die zur Verfügung stehenden Rechtswerkzeuge zeigt noch größere Unterschiede. Die Briten zogen mit mehreren neuen Gesetzen die Konsequenzen aus einem kontinuierlichen und intensiven Nachdenken über die künftigen Erfordernisse und besaßen damit ein wirksames Instrumentarium,

Planungsrecht: Großbritannien

wenn es auch nicht gelang, das Entschädigungs- und Wertsteigerungsrecht (compensation and betterment) dauerhaft zu regeln (vgl. S. 64 und S. 258ff).

Deutschland In Deutschland lag die legislative Zuständigkeit zunächst bei den 1946 gegründeten Ländern, die sich fast alle angesichts der verworrenen Rechtslage zum Erlaß eines Aufbaugesetzes entschlossen. Das Bundesbaugesetz von 1960 brachte zwar eine Rechtsvereinheitlichung, aber in der Sache kaum Neues – außer dem wichtigen Schritt, nicht nur Grundeigentümern, sondern jedermann das Recht einzuräumen, zu Plänen Anregungen und Bedenken vorzubringen.

Frankreich In Frankreich genügte offenbar das unter der Vichy-Regierung 1943 erlassene Gesetz auch den Anforderungen des Wiederaufbaues; erst in den späten fünfziger Jahren wurden weitere Rechtsvorschriften erlassen, die neue bodenrechtliche Zugriffsmöglichkeiten schufen und ein zweistufiges Plansystem – ähnlich dem deutschen – einführten (vgl. S. 53).

Italien Auch in Italien wurde zunächst kein Bedürfnis für gesetzliche Neuregelungen gesehen; für den Neuaufbau kriegszerstörter Bereiche wurde sogar das Gesetz von 1942 durch administrative Ausnahmeregelungen weitgehend außer Kraft gesetzt, um dem „freien Spiel der Kräfte" mehr Raum zu geben (vgl. S. 71).

Niederlande In Rotterdam erwies sich ein unmittelbar nach der Zerstörung des Stadtkerns 1940 erlassenes Enteignungsgesetz (ähnlich dem Verfahren in Hamburg nach dem Großen Brand von 1842) als wichtige Voraussetzung für die Neugestaltung dieses Gebietes.

Stadterneuerung Sehr bald nach dem Kriege aber trat eine neue Aufgabe in den Vordergrund, die sich bereits früher abgezeichnet hatte, aber noch kaum ernsthaft in Angriff genommen worden war: die Auseinandersetzung mit dem überkommenen Baubestand, vor allem mit den zahlreichen Bauten des späten 19. Jahrhunderts, die „städtebauliche Mißstände" aufwiesen, weil sie den „allgemeinen Anforderungen an gesunde Wohn- und Arbeitsbedingungen" nicht entsprachen (so die Formulierungen des bundesdeutschen Städtebauförderungsgesetzes von 1971). Diese Aufgabe wurde zunächst in den vom Krieg nur mittelbar betroffenen Ländern in Angriff genommen – in den USA und in Schweden –, sehr bald dann auch in Großbritannien, wo

Sanierung schon lange auf der Tagesordnung gewesen war. In Deutschland liefen die ersten Sanierungsmaßnahmen in den sechziger Jahren an, aber ein darauf zugeschnittenes Gesetz wurde erst 1971 erlassen (vgl. S. 324).

Die meisten Umgestaltungspläne dieser Art gingen zunächst in allen Ländern vom Modell eines vollständigen Gebäudeabbruchs und einer Umgestaltung von Parzellenzuschnitt und Erschließungsanlagen aus; nur in Frankreich wurde schon 1962 ein Gesetz erlassen, das sich auf die erhaltende Erneuerung historischer Altstädte bezog (vgl. S. 54). Die „Mietskasernen" des späten 19. Jahrhunderts galten indessen allgemein als unbedeutend und abbruchwürdig, bis auch hier – zunächst durch soziale Probleme ausgelöst – ein Meinungsumschwung zugunsten einer erhaltenden Erneuerung eintrat. Meist wurden dabei Hinterhäuser und Seitenflügel abgebrochen, um Belichtung und Besonnung der Wohnungen zu verbessern. Gute Beispiele für solche Sanierungen finden sich in Skandinavien, den Niederlanden und Deutschland – wo 1976 das Rechtsinstrument der „Erhaltungssatzung" eingeführt wurde –, auch in Schottland mit dem hohen Miethausanteil seiner Städte, während in England häufig alte Reihenhäuser in ähnlicher Weise modernen Ansprüchen angepaßt wurden.

Flächensanierung oder erhaltende Erneuerung

Bild 38
Bild 39

Mit dem Schwerpunktwechsel zur Stadterneuerung mußte sich auch die Forderung nach mehr Bürgerbeteiligung verstärken, denn solche Veränderungen im Bestand greifen anders und tiefer in das Leben vieler Stadtbewohner ein als die bis dahin überall vorherrschende Stadterweiterung. In Großbritannien war es der Bericht des „Skeffington Committee" („People and Planning", HMSO 1968), der das Thema erstmalig umfassend behandelte; in Deutschland wurde die Bürgerbeteiligung im Städtebauförderungsgesetz von 1971 und allgemeiner in der Baugesetznovelle von 1976 verankert.

Bürgerbeteiligung

Zuvor schon, in den sechziger Jahren, hatte eine neue Sicht der Planungsaufgaben Raum gewonnen, die sich in verschiedenen Ländern nahezu gleichzeitig abzeichnete: die Vorstellung nämlich, daß Gesellschaft und Wirtschaft planender Steuerung nicht nur zugänglich, sondern auch bedürftig seien und daß die räumliche Planung daher in ein solches Gesamtkonzept gesellschaftsbezogener Planung eingeordnet werden müsse. Zu-

Integrative Planung

gleich sollte sie aktiver, durchführungsorientierter werden und deshalb mit der Investitionspolitik der öffentlichen Hand enger verknüpft sein. Neue Begriffe wie Stadtentwicklungsplanung und comprehensive planning kennzeichneten die Erwartung, man könne durch eine theoretische Abstützung der Planung zu gesicherten Prognosen, zu widerspruchsfreien Zielsystemen und zu darauf gegründeten koordinierten Maßnahmenprogrammen gelangen (vgl. S. 239f).

Theoriewelle Diese Erwartung war eng mit einer Erscheinung verknüpft, die man als „Theoriewelle" bezeichnen könnte. Sie ging aus von den Vereinigten Staaten, begann in den fünfziger Jahren mit einigen durchaus praxisnahen Ansätzen, kulminierte in den sechziger Jahren und schwappte auch nach Europa über, wobei sich die Deutschen offenbar am aufnahmebereitesten erwiesen, jedenfalls mehr als die Briten und die Franzosen. Bis in die frühen siebziger Jahre war das Planungsklima weitgehend von der Faszination durch den Computer und den ihm gemäßen quantitativen Methoden geprägt: das Vertrauen in diese Methodik bestärkte den Glauben, „die Zukunft im Griff" zu haben.

Klimaumbruch Indessen zeigte sich bald, daß diese Erwartungen überhöht waren; das Schwinden der Hoffnungen auf eine „Machbarkeit" der Zukunft wie die Einsicht in die „Grenzen des Wachstums" und die Gefährdungen der Umwelt führten zu einem Umbruch im Planungsklima. Inzwischen war die europäische Zusammenarbeit sowohl im Europarat als auch in der (engeren) europäischen Gemeinschaft soweit gefestigt, daß sich solche Veränderungen unmittelbar auf der europäischen Ebene manifestierten – beispielsweise in Gestalt des vom Europarat ausgerufenen Denkmalschutzjahres 1975 unter der Parole „Eine Zukunft für unsere Vergangenheit". Hier handelte es sich einerseits um den Niederschlag bereits allenthalben erkennbarer Tendenzen, andererseits um einen kräftigen Schub zu deren Stärkung (vgl. S. 241).

Konkurrenz der Städte Die wachsende Integration Europas hat zweifellos mit dazu beigetragen, daß die Entwicklungspolitik der europäischen Großstädte, insbesondere derer, die sich als Metropolen fühlen, zunehmend von einem grenzüberschreitenden Wettbewerbsdenken geprägt wird. In letzter Zeit hat sich diese Tendenz durch die wachsende „Globalisierung der Märkte" noch verstärkt. Dieses Konkurrenzdenken drängt auf kurzfristig ablesbare Erfolge; übereinstimmend klagen die Planer verschiedener Nationalitäten, daß man mit langfristigen Erwägungen im Rat kaum Resonanz finde, während die Einwerbung spektakulärer Ereignisse wie Olympischer Spiele, Weltausstellungen und dergleichen weit mehr Faszination auf die Politiker ausübe. Demgegenüber steht das Bekenntnis der Politik zur Notwendigkeit einer nachhaltigen Entwicklung, das gleichfalls europaweit verkündet, wenn auch nur in bescheidenem Maße umgesetzt wird. Ein Antrieb zu solcher Umsetzung könnte in der Erwartung liegen, daß nur diejenigen Städte künftig Spitzenkräfte der Wirtschaft werden an sich binden können, die ein besonders gutes Angebot an „weichen Standortfaktoren" – Bildung, Kultur, Freizeit und vor allem Umweltqualitäten – aufzuweisen haben. So jedenfalls lauten manche Prognosen – und darin könnte dann vielleicht ein Beitrag zu der allenthalben als Zukunftsaufgabe beschworenen „Versöhnung von Ökonomie und Ökologie" liegen.

Ökonomie und Ökologie

3. Kapitel

Entwicklung von Einzelaspekten

Vorbemerkung

Im vorangegangenen Kapitel wurde für die vier untersuchten Zeitabschnitte jeweils in großen Zügen dargestellt, welche Unterschiede und Gemeinsamkeiten die städtebauliche Entwicklung in den betrachteten Ländern Europas kennzeichnen. Im folgenden sollen einige wichtige Aspekte der Stadtplanung über den gesamten Berichtszeitraum hinweg unter dem gleichen Gesichtspunkt erörtert werden.

Eine sehr wichtige Rolle spielt dabei die Interpretation der Stadtplanung selbst, also das Verständnis ihrer Aufgaben, ihrer Arbeitsweise und ihrer Einordnung in das Gefüge der Gesellschaft. Hier sind es vor allem die Aussagen der Fachleute, aus denen sich Kontinuität und Wandel dieses Verständnisses ablesen lassen; ihnen ist der erste Abschnitt gewidmet. Dagegen spiegelt die im zweiten Abschnitt behandelte Entwicklung des Planungsrechtes eher die Bewertung dieses Aufgabengebietes in Politik und Öffentlichkeit, denn von deren Einschätzung vor allem hängt es ab, welches rechtliche Instrumentarium für die Verwirklichung von Planungen bereitgestellt wird. In dessen Veränderungen werden also auch Wandlungen des „Zeitgeistes" sichtbar.

Einen weiteren Themenkomplex bildet die Entwicklung des Berufsstandes der Stadtplaner. Hier werden zunächst sein Herauswachsen aus verwandten Berufen und die Aussagen über die zu fordernden spezifischen Qualifikationsmerkmale der Planer erörtert; der Wandel dieser Anforderungen im Zeitablauf gibt wichtige Aufschlüsse über Veränderungen im Verständnis der Planung. Eng verknüpft damit sind Fragen der akademischen Ausbildung zum Stadtplaner, deren Erörterung gleichwohl einen selbständigen Abschnitt rechtfertigt.

Schließlich ist der Inhalt der Planung selbst zu betrachten, und hier wurde eine Gliederung gewählt, die zwar nicht ganz frei ist von Überschneidungen, aber doch die wichtigsten Teilgebiete heraushebt und jeweils für sich zu verfolgen erlaubt. Dabei erschienen vier Schwerpunkte für eine derartige Betrachtung besonders aussagekräftig:
– die Frage nach der Rolle der Theorie in der Stadtplanung und ihrem Verhältnis zur Praxis,
– die Entwicklung von Grundsätzen und Modellvorstellungen für die Steuerung der städtischen Nutzungsstruktur,
– der Wandel von Grundsätzen und Leitvorstellungen für die städtebauliche Gestaltung,
– die Entwicklung von Zielen und Verfahren des Stadtumbaues und der Stadterneuerung.

Auch bei diesen Themen kann es sich naturgemäß nur darum handeln, einen Überblick über die Hauptlinien der Entwicklung zu geben – allenfalls mit einigen punktuellen Vertiefungen, vor allem soweit es sich um Sachverhalte von exemplarischer Bedeutung handelt. Auch kann nicht der Anspruch auf eine gleichgewichtige Behandlung der Entwicklungen in den einzelnen Ländern erhoben werden; in der Regel gibt die Darstellung des Geschehens in Deutschland gleichsam den Rahmen ab, in den sich die Hinweise auf Ereignisse und Tendenzen in anderen Ländern einordnen. Indessen finden sich in einzelnen Ländern sehr spezifische Beiträge zu bestimmten Themen, die deshalb ausführlicher erörtert werden, so etwa in Großbritannien die Rolle der berufsständischen Vereinigung oder auch die Auseinandersetzung mit der Erfassung planungsbedingter Bodenwertsteigerungen.

Auch bei der Darstellung der genannten Einzelaspekte wurde versucht, grenzüberschreitende Einflüsse und Tendenzen gegenüber den jeweiligen landesinternen Entwicklungen besonders herauszuarbeiten.

*Selbstverständnis und gesellschaftliche Einordnung
der Stadtplanung*

Die Entwicklung der Stadtplanung vollzog sich in einer dem Fortschritt zugewandten Gesellschaft, die weitgehend dem freien Spiel der Kräfte vertraute. Wenn der Anspruch erhoben wurde, im öffentlichen Interesse durch Planungsmaßnahmen in dieses Kräftespiel einzugreifen, so mußte er präzise begründet werden, mußte dieses neue Tätigkeitsfeld in seinem Umgriff und in seiner Ausprägung definiert und zugleich gerechtfertigt werden. Es galt den Grund für ein gemeinsames Selbstverständnis der Stadtplaner zu legen und sich als Disziplin eigener Art inmitten vieler anderer Fachgebiete Anerkennung zu verschaffen.

*Anspruch einer
neuen Disziplin*

Aus der Fülle der Belege zu diesem Thema stehen in diesem Abschnitt diejenigen im Vordergrund, die sich auf die Abgrenzung des neuen Fachgebietes, seine wesentlichen Inhalte und Methoden sowie auf seine Rolle in der Gesellschaft beziehen. Im Zusammenhang mit der wissenschaftlichen Komponente des Planens werden zwangsläufig auch die Wandlungen im Theorieverständnis der Disziplin berührt. Da ihre Behandlung jedoch diesen Abschnitt überfrachtet hätte, wurde dem Aspekt der Theorie ein eigener Abschnitt gewidmet (vgl. S. 276ff).

Fachaussagen

Zwar gibt es manche Zeugnisse eines missionarischen Strebens, die Gesellschaft durch die Gestaltung der Umwelt zu verändern, aber im allgemeinen ist die fachliche Sicht keineswegs unabhängig von der Einschätzung der Planungsaufgabe im öffentlichen Bewußtsein. Die wenigsten Veränderungen in der Auffassung vom Wesen und von den Schwerpunkten der Planung lassen sich allein aus fachlichen Disputen und Einsichten ableiten; Reaktionen der Öffentlichkeit oder auch Veränderungen im politischen Klima und im allgemeinen Lebensgefühl spielen in der Regel eine wichtige Rolle. Diesen Zusammenhang gilt es im Auge zu behalten, wenn man dem Selbstverständnis der sich formenden Planungsdisziplin und seinen Wandlungen nachgeht.

*Öffentliches
Bewußtsein*

Als erster postulierte Ildefonso Cerdá 1867 mit seinem Buchtitel „Teoría general de la urbanización" eine allgemeine Theorie der Stadtplanung – oder vielleicht treffender übersetzt: des

Cerdá 1867

Siedlungswesens. Im Vorwort zum zweiten Band schrieb Cerdá: „In dem Maße, in dem ich meine Studien und Forschungen vertieft habe, bin ich jeden Tag mehr davon überzeugt, daß das Siedlungswesen (urbanización) eine wahrhafte Wissenschaft ist."

Definition 1890 Eine umfassende Beschreibung dieser „Wissenschaft" – wenn auch ohne Benutzung dieses Begriffs und eher im Sinne der Absteckung eines Tätigkeitsfeldes – lieferte Stübben (1890, 514f): „Der Städtebau ist nicht bloß die Gesamtheit derjenigen Bauanlagen, welche der städtischen Bevölkerung den Wohnungsbau und den Verkehr, so wie dem Gemeinwesen die Errichtung der öffentlichen Gebäude ermöglichen; der Städtebau schafft nicht bloß den Boden und den Rahmen für die Entwicklung der baulichen Einzeltätigkeit: sondern er ist zugleich eine umfassende, fürsorgende Tätigkeit für das körperliche und geistige Wohlbefinden der Bürgerschaft; er ist die Wiege, das Kleid, der Schmuck der Stadt. Einem sehr großen Teile der Bevölkerung wird erst durch das, was wir Städtebau nennen, ein großer Teil der äußeren Annehmlichkeiten des Lebens zugeführt; seine Schöpfungen sind für den Armen ebenso wie für den Reichen. Wir erblicken im Städtebau eine Betätigung der ausgleichenden Gerechtigkeit, eine Mitwirkung an der Beseitigung sozialer Mißstände und somit eine einflußreiche Mitarbeit an der sozialen Beruhigung und Wohlfahrt."

Definition 1904 Ein Jahr zuvor hatte Camillo Sitte mit seiner Streitschrift für das künstlerische Element im Städtebau die Abkehr von einer rein ingenieurmäßig verstandenen Straßenplanung eingeleitet, und in der Folgezeit erwuchs aus vielen Beiträgen und Diskussionen eine Interpretation der Stadtplanung in Deutschland, die sich recht gut in der Einleitung zum ersten Heft der von Camillo Sitte und Theodor Goecke 1904 begründeten Zeitschrift „Der Städtebau" spiegelt:
„Der Städtebau ist die Vereinigung aller technischen und bildenden Künste zu einem großen geschlossenen Ganzen; [...] der Städtebau hat nicht bloß individuellen und kommunalen Interessen zu dienen, sondern hat geradezu volkstümliche und allgemein staatliche Bedeutung. Der Städtebau ist eine Wissenschaft, der Städtebau ist eine Kunst mit ganz bestimmten

Zielen der Forschung, ganz bestimmten großen Aufgaben praktischer Ausführung."
Diese „Doppelnatur" von Wissenschaft und Kunst wurde in der Folgezeit – bis in die Gegenwart hinein – in den verschiedensten Variationen zum Kernstück der meisten Aussagen über das Wesen städtebaulicher Planung. Allerdings finden sich auch immer wieder einige zurückhaltendere, pragmatischere Darstellungen des Fachgebietes wie die von Reinhard Baumeister (1914, 514f):

Baumeister 1914

„Die allgemeine Aufgabe des Städtebaues besteht darin, für eine Gesamtheit von Wohn- und Arbeitsstätten nebst zugehörigen öffentlichen Gebäuden die unserem Kulturstand entsprechenden Grundlagen zu schaffen, sowie die gemeinsamen Einrichtungen für den Verkehr, für die körperliche und geistige Erholung, für die Wasserversorgung und Entfernung der Abfallstoffe vorzusehen. [...] Hierbei sind nun mancherlei Rücksichten zu nehmen: technische, ästhetische, gesundheitliche, soziale und wirtschaftliche. Der Städtebau ist somit ein aus mehreren Wissensgebieten emporwachsendes Gebilde."

Im Grunde ist hier alles vorweggenommen, was die „internationalen kongresse für neues bauen" anderthalb Jahrzehnte später über die „Funktionen" der Stadt aussagten – nicht ganz so griffig, aber dafür genauer und differenzierter.

Britische Aussagen zum Wesen und zur Aufgabe der Stadtplanung in dieser Zeit sind ähnlich pragmatisch, wie Unwins Äußerungen (S. 144f) belegen; auch die Einschätzung ihrer sozialpolitischen Bedeutung entspricht annähernd der in Deutschland vertretenen. Die früheste Definition der Stadtplanung in französischer Sprache, die Auzelle (1964, 11) für zitierenswert hält, stammt von dem Amerikaner G.B. Ford (1920):

Unwin und Ford

„L'urbanisme est la science et l'art d'appliquer la prévoyance pratique à l'élaboration et au contrôle de tout ce qui entre dans l'organisation matérielle d'une agglomération humaine et de ce qui l'entoure. Cela comporte la correction des fautes du passé par des reconstructions et des aménagements appropriés."

Ford war bereits vor dem Kriege in den USA als Verfechter einer „City Scientific" – im Gegensatz zur „City Beautiful", die damals nach dem Vorbild des Chicago-Plans von Burnham viel Furore machte – hervorgetreten.

Aufbruch um 1900 Zu diesem Zeitpunkt war die Großstadt längst ins Kreuzfeuer nicht nur der konservativen Kritik geraten: schon vor der Jahrhundertwende, heftiger noch danach, wurden ihr Gestaltverlust, ihre Versteinerung, ihre Naturferne und die in ihr sich verschärfenden sozialen Spannungen beklagt und dem ungehemmten und kaum gesteuerten Wachstum zur Last gelegt. Zugleich waren es wohl ganz allgemein die rapiden Veränderungen der vertrauten Umwelt, die um die Jahrhundertwende zu deutlichen Reaktionen führten: Lebensreform, Jugendbewegung, Heimatschutz, Denkmalpflege bereiteten einen Boden, auf dem Gegenbilder der Großstadt gediehen, die Utopien von Morris und Bellamy, neue Stadtkonzepte wie die von Fritsch und Howard, an Altes anknüpfende Gestaltungsgrundsätze wie die Sittes und Unwins.

Quellen der Disziplin So erwuchs die neue Disziplin des Städtebaues im Grunde aus einer Gegenposition gegen die zeitgenössische Stadt. In Deutschland speiste sie sich aus den unterschiedlichen Quellen des städtischen Ingenieurwesens, des Strebens nach Wohnungs- und Sozialreform, des baupolizeilichen Ordnungsdenkens und der Architektenansprüche an künstlerische Gestaltung; in den meisten anderen Ländern gab es ähnliche Mischungen – allenfalls mit einer bescheideneren Rolle der Baupolizei.

Sendungsbewußtsein Diese Quellen – Peter Hall (1988) fügt ihnen noch die des Anarchismus hinzu – prägten die Stadtplanung des ersten Jahrhundertviertels im Sinne einer Reformbewegung, gekennzeichnet durch eine Art berufsständischen Sendungsbewußtseins, das den Planer als Vorreiter der Ordnung in einer Welt widerstrebender Tendenzen sah. Kaum je kommt dieses Bewußtsein klarer zum Ausdruck als in Cornelius Gurlitts Alterswerk, dem „Handbuch des Städtebaues", in dem es heißt: „Die ungeheure Verantwortung beruht eben darin, daß des Städtebauers Werk das Dauerhafteste im Gesamtleben der Nation ist. Er darf seine Pflichten den kommenden Geschlechtern gegenüber nie vergessen. Er muß den Mut haben, sich der ‚praktischen Leute' zu erwehren, die nach dem Augenblicksbedürfnis urteilen. Er soll ihnen auf dem Grunde sorgsamen Erwägens aufgebaute Darlegungen entgegenhalten, was die Bedürfnisse einer nahen und fernen Zukunft sein werden. Er ist den Söhnen für die Kurzsichtigkeit der Väter verantwortlich." (1920, 3)

Wesentliche Quelle dieses Verantwortungsgefühls war das soziale Engagement der Stadtplaner, das mit der Vorstellung verknüpft war, durch die Gestaltung der Umwelt auf die Gesellschaft einwirken zu können – ein nobles, aber manchmal mit überhöhten Erwartungen befrachtetes Motiv. In Frankreich waren es vor allem das Musée social und Marcel Poëte (vgl. S. 48 und S. 178), in Großbritannien Patrick Geddes und Raymond Unwin (vgl. S. 144ff), in Deutschland – wie verschiedentlich gezeigt – eine ganze Reihe von Autoren, die diesen Aspekt hervorhoben.   *Soziales Engagement*

Von Marcel Poëte, der das Feld des „urbanisme" als „à la fois science et art" bezeichnete, stammt eine bemerkenswerte Interpretation des wissenschaftlichen Aspekts (1929, 2): „Celle-ci porte sur les conditions et les manifestations d'existence et de dévellopement des cités. Elle est une science d'observation. Elle repose sur des faits bien constatés, que l'on compare les uns aux autres, afin de les classer, puis en dégager, sinon des lois – le mot est trop fort, appliqué à des phénomènes humains – au moins des données générales."   *Une science d'observation*

So formierte sich im ersten Drittel des 20. Jahrhunderts, gefördert durch Kongresse und Ausstellungen, ein weitgehender internationaler Konsens, insbesondere zwischen Deutschland und Großbritannien, über Rolle und Aufgaben der Stadtplanung. Hoepfner, Professor in Karlsruhe, schrieb 1928: „Städtebau ist Stadtplanung – town planning: zielbewußtes, programmatisches Arbeiten und Wirken, wie es sich aus der Entwicklung der ‚Städte' zu sozialen Organismen als unentbehrlich ergeben hat." (1928, 58)   *Internationaler Konsens*

Die Lehre vom Städtebau sah er dreifach gegliedert (1928, 197):   *Gliederung der Lehre*

„1. Die Grundbegriffe des Städtebaues. Hierin ist Klarheit zu schaffen darüber, was gebraucht wird und anzustreben ist.
2. Die Konstruktionslehre. Sie hat anzugeben, wie man die Formbildungen findet, die dem Bedarf am weitgehendsten entsprechen.

3. Die Städtebaupolitik. Sie hat Klarheit zu schaffen, was von dem Erstrebenswerten ausführbar ist und welche Mittel und Wege zu bahnen und einzuschlagen sind, um das tatsächlich zu erreichen, was nach Zweck und Form als erstrebenswert erkannt ist."

Rolle der Politik Hier ist – nach Schumachers Betrachtungen über Kulturpolitik (1920) und Brunners Arbeit über „Baupolitik als Wissenschaft" (1925) – die Politik angesprochen, aber allein im instrumentalen Sinne, als Werkzeug der Planverwirklichung. Eine analoge Sicht findet sich einige Jahre später in einer nordamerikanischen Quelle, wenn auch aus der Feder des Briten Thomas Adams, übrigens des ersten Präsidenten des Town Planning Institute: „City and town planning is a science, an art and a movement of policy concerned with the shaping and guiding of the physical growth and arrangement of towns in harmony with their social and economic needs. We pursue it as a science to obtain knowledge of urban structure and services and the relation of its constituent parts and processes of circulation; as an art to determine the layout of the ground, the arrangement of land uses and ways of communication and the design of the buildings on principles that will secure order, health, and efficiency in development; and as a a movement of policy to give effect to our principles." (1935, 21).

Eine „lenkende Hand" Das Planungsverständnis der ersten Jahrhunderthälfte erscheint treffend formuliert in der Aussage des britischen Planers Patrick Abercrombie (1943, 27):
„Town and Country Planning seeks to proffer a guiding hand to the trend of natural evolution as a result of a careful study of the place itself and its external relationships. The result is to be more than a piece of skilful engineering or satisfactory hygiene or successful economics. It should be a social organism and a work of art." (1933, 27)

Bezug zur Soziologie Dem „sozialen Organismus" galt in der Tat die besondere Aufmerksamkeit der Planer, angeregt nicht nur durch die gängige Kritik an der „Entwurzelung" und der „Anonymität" des Städters, sondern auch durch Aussagen bedeutender Sozialwissenschaftler in vielen Ländern (so Simmel 1903, Cooley 1909, Geddes 1915, Park 1925). Erschien vielen das Modell der in der Größe begrenzten „Gartenstadt" als Schlüssel zur Lösung der „Großstadtfrage", so glaubten andere – realistischer Gesonnene – nicht an die Möglichkeit einer Auflösung der Großstädte und erstrebten statt dessen deren Gliederung in „überschaubare Einheiten" mit einer „ausgewogenen Bevölkerungsstruktur" (auch dies „Schlüsselbegriffe" der Zeit). Daraus erwuchs in den dreißiger Jahren nicht nur das Konzept der „Nachbarschaftseinheit", sondern auch das Bemühen um eine Annäherung an die Soziologie, in der die Planer eine Art Bauherrnersatz zu finden hofften – zu einer Entwicklung also, die sich nach dem Kriege fortsetzte. Indessen stieß sie auf immer weniger Gegenliebe der Soziologen, die solchen normativen Ansatz als unwissenschaftlich scheuten und das Bemühen der Planer, das ihnen als „Sozialmontage" galt, eher skeptisch betrachteten.

Der tatsächliche Bauherr der Planung – die politische Entscheidungsinstanz – tauchte lange Zeit in den Fachdiskussionen der Planer allenfalls am Rande auf. Politik galt vielmehr, wie erwähnt, in erster Linie als Mittel der Planverwirklichung, und so erschien es als Aufgabe der Planer, die Politik zu diesem Zweck in Bewegung zu bringen. Nach wie vor gründete sich das Selbstverständnis der Stadtplaner in dieser ersten Jahrhunderthälfte durchweg auf das negative Urteil über die Stadt des späten 19. Jahrhunderts, die es unter sozialen, funktionalen und gestalterischen Gesichtspunkten umfassend zu reformieren galt. Die Stadt war krank und bedurfte des Arztes: in einer derartigen Expertenrolle fand sich der Stadtplaner gern wieder.

Der Planer als „Arzt"

Als wesentliches Werkzeug zu solcher Gesundung erschien – neben konkreten Sanierungsmaßnahmen – die Schaffung eines planerischen Rahmens, etwa eines Generalbebauungsplanes oder eines Master Plan, der die künftig wirksamen Entwicklungskräfte möglichst reibungslos in sich aufzunehmen vermochte. Das wurde aber weniger als politische Aufgabe denn als Ergebnis einer fachlich fundierten „Synthese" gesehen; sie sollte zu dem „richtigen", zukunftsweisenden Plan führen. Von der Politik wurde eine Bestätigung dieses Planes erwartet; sollte sie ausbleiben, so wurde eben der „richtige" Weg verfehlt. Diese Auffassung war insofern nicht so überheblich oder technokratisch, wie sie heute erscheinen mag, als die Politik ihrerseits der Stadtplanung wenig Beachtung schenkte. Die Gesetzgebung – nicht nur in Deutschland – reagierte auch unter Problemdruck

Der „richtige" Plan

nur sehr langsam auf die neuen Anforderungen und sah sie weit eher als technisch-administrative denn als gesellschaftspolitische Aufgaben an.

Neuaufbau als Chance

Dieses Grundverständnis beherrschte auch die ersten Nachkriegsjahre, in denen die Planer – gerade in den vom Kriege schwer betroffenen Ländern – die im Neuaufbau liegenden Chancen als besondere Herausforderung empfanden. Sehr eindringlich – wenn auch ein wenig pathetisch – hat Gaston Bardet diese Aufgabe formuliert (45/47, 50):
„Retrouver les cadres à la taille de l'homme, leur hiérarchie, leur grandiose fédération, y faire vivre tous les hommes, dans les meilleures conditions possibles de confort soit, mais en vue de leur épanouissement spirituel, telle est la haute mission des urbanistes."

Schöpferisches Gestalten

Noch einmal warf um diese Zeit Fritz Schumacher die Frage auf, ob Städtebau Wissenschaft, Technik oder Kunst sei. Er ging auf die vorbereitende Arbeit „topographischer, naturkundlicher, juristischer, soziologischer und volkswirtschaftlicher Natur" ein, die manchmal als Hauptsache erscheinen könne. „Und doch ist das, wovon die Rede ist, sofern es richtig behandelt wird, in seinem eigentlichen Kern eine Kunst. [...] Wissenschaft, Gesetz und Verwaltung können nur Hilfsorgane des schöpferischen technischen Gestaltens sein." (1951, 7f)

Art, craft, science

Gewiß bedarf es einer weiten Interpretation des Kunstbegriffs, um jenes „schöpferische technische Gestalten" einzubeziehen, und sie liegt offenbar auch einer sehr viel jüngeren Definition der Planung aus amerikanischer Quelle zugrunde, die auf originelle Weise das Verhältnis zu Wissenschaft und Handwerk – dem planerischen Alltagsgeschäft – umreißt: „Planning is an art, striving by scientific methods to improve the craft." (Dyckman 1969, 300)

Überwindung des Schematismus

Im gleichen Jahr schrieb der italienische Kunstwissenschaftler Giulio Carlo Argan – zeitweilig Bürgermeister von Rom – zu dieser Frage: „Die Diskussion um das Wesen der Urbanistik, ob sie Kunst oder Wissenschaft sei, ist sinnlos. Sinnlos ist sie, weil die Unterscheidung und Entgengensetzung der beiden Kategorien Kunst und Wissenschaft von keinem Interesse mehr für uns ist. Sie gehört einem überholten kulturellen Schematismus an und dient keiner Klärung, sondern nur der Verwir-

rung der Ideen. Die Urbanistik ist eine neue Disziplin, die
die Überwindung dieses Schematismus voraussetzt, oder die,
genauer gesagt, ihn selbst aufstellt und im Prozeß ihrer eigenen
Entwicklung überwunden hat." (1989, 257)
Auch wenn in vielen Aussagen führender Stadtplaner die Planung als Teamarbeit definiert wurde – mit dem „Städtebauer"
in der Dirigentenrolle –, galt sie doch durchweg weiterhin als
Expertenaufgabe, dem Allgemeinwohl verpflichtet und den Niederungen der Tagespolitik enthoben. Die Leistungen im Neuaufbau der zerstörten Städte in Deutschland und England –
dort auch der Bau vieler neuer Städte – wurden mit Stolz als
Ergebnis dieser Arbeitsweise gewertet.

Teamarbeit

Aber um 1960 regte sich hier wie dort Kritik – nicht nur am
Wiederaufbau, sondern auch an der bisher gültigen Grundauffassung der Planung, und die sechziger Jahre führten – mit
bemerkenswerter Parallelität in den Ländern Europas – zu einer
Reihe wichtiger Änderungen des Denkansatzes: zu einem „Paradigmenwechsel", wie man heute gern sagt.

Kritik
und Umbruch

Dieser Wandel hatte offensichtlich etwas mit der wachsenden
Einsicht in die politische Komponente der räumlichen Planung
zu tun. Zum einen nämlich erkannte man, daß die planerische
Entscheidung auf einem Auswahlvorgang beruht, bei dem es
nicht nur die „eine richtige Lösung" gibt, sondern verschiedene
Handlungsalternativen, deren Wirkungen durchaus unterschiedlichen Bewertungen zugänglich sind (Davidoff und Reiner 1962); dies gab einen starken Anstoß zur Weiterentwicklung
der Planungstheorie (vgl. S. 276ff).

Planung als
Auswahl aus
Alternativen

Zugleich wurde immer deutlicher, daß es jene „natürliche Entwicklung", von deren Lenkung Abercrombie gesprochen hatte,
im Grunde nicht gibt, daß vielmehr wirtschaftliche und soziale
Prozesse längst von einer Fülle menschlicher Eingriffe überlagert
und so zumindest teilweise gesteuert werden – und dies häufig
in einem Sinne, der den Bemühungen um räumliche Ordnung
zuwiderläuft. Die Diskussionen um das Bodenrecht hätten diesen Sachverhalt bereits verdeutlichen können, aber tatsächlich
trat er erst in den sechziger Jahren wirklich ins öffentliche
Bewußtsein.

Steuerung der
Entwicklung

Als Folge bildete sich in dieser Zeit die Vorstellung einer Planung
heraus, die räumliche, soziale und wirtschaftliche Fragen ge-

Integriertes
Planen

meinsam ins Blickfeld nimmt, um sie mit einer integrierten Entwicklungspolitik im Zusammenhang zu lösen. Belege für diesen neuen Denkansatz finden sich nahezu gleichzeitig in mehreren Ländern – auch im Vokabular, wie „Entwicklungsplanung", „comprehensive planning", „corporate planning", „planification", „urbanisme opérationnel" anzeigen. Durch entsprechende organisatorische Veränderungen suchte man vielerorts diesem Konzept einer umfassenden Planung Rechnung zu tragen, so in vielen deutschen Städten durch Stadtentwicklungsämter oder -dezernate.

Planungs-euphorie

Die beiden skizzierten Tendenzen verstärkten einander und förderten die Zuversicht in Politik und Planung, mit der räumlichen auch die sozioökonomische Entwicklung steuern und so die Zukunft im Sinne bestimmter Ziele formen zu können. In der theoretischen Auseinandersetzung mit solchen Planungsansätzen, insbesondere in der Anwendung von Simulationsmodellen zur Abbildung realer Wechselwirkungen machten die Vereinigten Staaten den Vorreiter (vgl. S. 280ff); quantitative Methoden zur Entscheidungsfindung standen hoch im Kurs.

Bürger-beteiligung

In der gleichen Zeit, in der „mehr Wissenschaft" in die Planung eindrang, wurde aber auch „mehr Demokratie" gefordert; seit der Mitte der sechziger Jahre war der Ruf nach Bürgerbeteiligung bei der Planung unüberhörbar geworden, und um 1970 bemühte man sich in vielen Ländern um entsprechende organisatorische Regelungen. Neben einem aus höherer demokratischer Sensitivität erwachsenen Mitspracheanspruch der Bürger war dabei auch eine konkrete Entwicklung im Spiel: in vielen Ländern nämlich verlagerte sich das Schwergewicht der städtebaulichen Aufgaben von Neuerschließungen auf freier Fläche zum Stadtumbau im Inneren, zur Stadterneuerung – auf ein Feld also, in dem das Dasein der Bewohner auf ganz andere, unmittelbarere Weise betroffen wurde als bei Stadterweiterungen (vgl. S. 314ff).

Planer und Politik

Unter solchen Umständen mußte sich auch das Selbstverständnis der Planer ändern; sie erkannten ihre Einbindung in die Politik und damit auch den Verlust ihrer missionarischen Sonderstellung als Hüter des Allgemeinwohls. Das mußte zu Konflikten zwischen der Rolle des Politikberaters und der des unparteiischen Experten führen, in der die Planer sich bisher wohlgefühlt hatten. Denn ganz so einfach, wie es manche Politiker sahen und wie es sich Markus Kutter 1955 bei der Tagung „Der Stadtplan geht uns alle an" gemacht hatte, war es nun wieder nicht: „Der Techniker löst die Fragen, aber stellt sie nicht, die Gesellschaft stellt die Fragen, aber löst sie nicht, sondern nimmt die vom Techniker erarbeitete Lösung als ihren Absichten entsprechend an oder lehnt diese eben ab." So schlüssig diese These klingt, so wenig erfaßt sie die vielschichtige Rolle des Experten in der demokratischen Willensbildung.

Schon in den frühen siebziger Jahren wurde die Wachstums- und Machbarkeitseuphorie durch den „Ölschock" und die vom Club of Rome vermittelte Einsicht in die „Grenzen des Wachstums" stark erschüttert. Zugleich begannen die Erfahrungen zu zeigen, daß ein umfassendes rationales Handeln in der Wirklichkeit vielen Hindernissen begegnet. Die Möglichkeiten zur vollständigen Erfassung von Handlungsalternativen, zur rationalen Auswahl aus ihnen auf der Grundlage verläßlicher Wirkungsprognosen und zur Koordination des Verwaltungshandelns erwiesen sich als bescheidener, als man erwartet hatte, und so wurden die Ansprüche bald zurückgeschraubt. *Ernüchterung*

Mit der Enttäuschung der hochgespannten Erwartungen, von denen die integrierte Entwicklungsplanung begleitet worden war, setzte eine eigentümliche Suche nach Halt in einer neu interpretierten Vergangenheit ein. Diese schien ein Element der Identität, der Selbstvergewisserung in einer Zeit wachsender globaler Konzentrations- und Angleichungstendenzen zu bieten. „Von der Gegenwart enttäuscht und ohne Zutrauen in das Künftige befriedigte die Gesellschaft ihr Utopiebedürfnis durch Geschichte" (Huse 1990, 87f). *Vergangenheitsbezug*

Die achtziger Jahre boten wiederum ein anderes Bild – und auch das mit großen Ähnlichkeiten in den europäischen Ländern. Es ist gekennzeichnet durch eine Tendenz zur Deregulierung und Privatisierung, wie sie am deutlichsten in Großbritannien auftrat, das sich ja zumindest seit dem Ende des Zweiten Weltkriegs als Avantgarde perfektionierter Stadtplanung gefühlt hatte. Auch in Deutschland und in Schweden zeigten sich die gleichen Tendenzen, wenn sie auch minder radikal umgesetzt wurden. An die Stelle des früheren Vertrauens in eine sozialpolitisch motivierte Interventionspolitik der öffentlichen Hand *Deregulierung* trat die Skepsis gegenüber Verwaltung, Bürokratie und Regiebetrieben. Privatisierung griff auf vielen Gebieten Platz, die bisher unter der Prämisse des Allgemeinwohls unangefochtenes Wirkungsfeld der Behörden gewesen waren.

Planen mit Privatrecht So wurde bald allenthalben das Bestreben erkennbar, Regelungen außerhalb der Gesetze und außerhalb hoheitlichen Eingreifens zu treffen: Entwicklungsträger und Fördergesellschaften, privatrechtlich organisiert, aber im öffentlichen Auftrag handelnd, finden immer mehr Interesse; auch interkommunale Zusammenarbeit lebt offenbar mehr von Absprachen als von hoheitlichen Regelungen. Zunehmend scheint es sich für die öffentliche Gewalt nicht so sehr darum zu handeln, dem Markt über einen Rahmen hinaus Ziele zu setzen, als vielmehr selbst durch geeignete Kanäle am Marktgeschehen teilzunehmen und es zu beeinflussen. So ist auch die seit den frühen achtziger Jahren ablaufende Diskussion um die Rolle der „public-private partnership" zu erklären – Niederschlag der Hoffnung, den privaten Investor für ein Denken und Handeln auch in den Kategorien des Allgemeinwohls zu gewinnen.

Stadt als Unternehmen Das wiederum hängt mit einer neuen, in vielen europäischen Ländern spürbaren Tendenz zusammen: der Interpretation der Städte als große Dienstleistungsunternehmen. Zwar ist diese Auffassung nicht vollständig neu; „Daseinsvorsorge" betrieben die Städte schon im 19. Jahrhundert. Aber die heute propagierte Vorstellung der Stadt als Unternehmen, der Stadtverwaltung als Management reicht weiter; die Sorge muß sich aufdrängen, der „Bürger" könnte zugunsten des „Kunden" aus dem Blickfeld geraten.

Ökologie Ob diese Tendenzen allerdings geeignet sind, der ökologischen Herausforderung eines verantwortungsbewußten Umgangs mit den natürlichen – und den räumlichen – Ressourcen gerecht zu werden, muß bezweifelt werden. Die Dringlichkeit dieses Anliegens wird in den meisten europäischen Ländern gespürt, wenn auch noch erhebliche Unterschiede bestehen, was seine Verankerung im öffentlichen Bewußtsein und seine Berücksichtigung in der praktischen Politik angeht. Im nördlichen und im mittleren Europa scheint die Bereitschaft, die ökologischen Probleme ernst zu nehmen, bereits weiter entwickelt zu sein als im Süden, aber auch dieser Bereitschaft folgen Taten nur sehr zögernd.

Rückblick

Überschaut man den Wandel der Vorstellungen, die sich auf die Ziele und Wirkungsmöglichkeiten der Stadtplanung und auf die Rolle der Planer beziehen, so bietet sich ein wechselvolles Bild. Immer wieder einmal gibt es neue Konzepte und neue Parolen, von denen die Stadtplaner sich anspornen oder gar faszinieren lassen – bis sich dann nach einiger Zeit herausstellt, daß auch sie nicht der Weisheit letzter Schluß sind, so daß nach neuen Wegen gesucht wird. Gewiß ist dies häufig mitbedingt durch den Wandel sozialer, wirtschaftlicher oder technischer Voraussetzungen, der ein anfangs überzeugend wirkendes Konzept überholt – wie etwa das der „Nachbarschaftseinheit". Manchmal löst auch ein zunächst erfolgreich scheinender Planungsansatz unerwartete – oder zumindest unterschätzte – Nebenwirkungen aus, die das Ergebnis beeinträchtigen oder gar das ganze Konzept in Mißkredit bringen. Die großmaßstäblichen Hochhaussiedlungen, der „Renner" der sechziger Jahre, bieten dafür Anschauungsmaterial.

Gründe des Wandels?

Es wäre eine Aufgabe für sich, der Frage nachzugehen, wie solche Zeitstimmungen zustande kommen, wer sie „macht" und warum sie häufig so unkritisch aufgenommen werden. Man könnte dahinter den gern zitierten Generationenkonflikt vermuten – die Söhne müssen es eben anders machen als die Väter –, aber vielleicht liegt der Grund eher in der Selbstüberschätzung des Menschen im „technischen Zeitalter", der meint, für jedes Problem einen Lösungsweg zeigen zu können – und nach dessen Fehlschlag einen anderen Ansatz mit den gleichen Hoffnungen befrachtet, anstatt daraus Einsichten in die Grenzen der „Machbarkeit" zu gewinnen und mehr Bescheidenheit zu lernen.

Ausblick

Die Hoffnung, durch bessere Städte zu einer besseren, einer harmonischen und solidarischen Gesellschaft beitragen oder gar hinführen zu können, die in der ersten Jahrhunderthälfte und zumindest im Jahrzehnt danach die Planer beflügelte, ist weitgehend erlahmt; dementsprechend ist ihr ursprüngliches Sendungsbewußtsein einer nüchterneren Vorstellung gewichen, die dem Planer eher die Aufgabe des Politikberaters – und dies zunehmend in der Rolle des „Managers" oder „Vermittlers" – zuweist. Daß dies in einer so wechselvollen Zeit das letzte Wort bleibt, ist wenig wahrscheinlich. Aber zumindest gegenwärtig erwartet man offenbar von der Planung nicht so sehr die Wegweisung in eine „schöne neue Welt" als vielmehr Beiträge zur Abwehr künftiger Gefährdungen, die vor allem auf ökologischem Gebiet gesehen werden. Der international erkennbare neue Schwerpunkt eines auf „sustainability", auf „nachhaltige" oder „zukunftsfähige" Entwicklung gerichteten Planens macht das deutlich.

Zur Entwicklung des Stadtplanungsrechts

Rechtsgrundlagen der Planung Jede Auseinandersetzung mit der Geschichte der städtebaulichen Planung stößt zwangsläufig auf die Frage, auf welche Weise dieses Aufgabenfeld in den einzelnen Ländern ins öffentliche Bewußtsein trat und wie sich im Liberalismus des 19. Jahrhunderts die politische Bereitschaft formte, rechtliche Regelungen für eine Steuerung der räumlichen Entwicklung – auch wenn sie den Wünschen der Grundeigentümer zuwiderlief – zu schaffen.

Preußen: ALR 1794 Die Grundhaltung des 19. Jahrhunderts wird bereits erkennbar im preußischen „Allgemeinen Landrecht" von 1794: „In der Regel ist jeder Eigentümer, seinen Grund und Boden mit Gebäuden zu besetzen oder seine Gebäude zu verändern, wohl befugt".(§ 65 I 8) Die damit statuierte „Baufreiheit" wird jedoch im folgenden Satz eingeschränkt: „Doch soll zum Schaden oder zur Unsicherheit des gemeinen Wesens oder zur Verunstaltung der Städte und öffentlichen Plätze kein Bau und keine Veränderung vorgenommen werden." Schaden und Unsicherheit vom Gemeinwesen abzuwehren, ist Polizeiaufgabe – und so war es in den deutschen Ländern durchweg die staatliche Baupolizei, der eine entsprechende Überwachung der baulichen Entwicklung oblag. Genau besehen, gilt dieser Grundsatz noch heute; alle Veränderungen im Planungsrecht lassen sich letztlich darauf zurückführen, daß sich Erkenntnisse und Vorstellungen von dem, was dem Gemeinwesen zu Schaden oder Unsicherheit gereichen könne, gewandelt und ausgeweitet haben.

Wie dargelegt, waren es in allen Industrieländern zuerst hygienische Mißstände, die als bedrohlich empfunden wurden; sie hingen eng mit den schlechten Wohnbedingungen der ärmeren Bevölkerungsschichten in den Städten zusammen. Aus ihnen in erster Linie erwuchs die Bereitschaft zu obrigkeitlichen Eingriffen, wobei vielfach neben philanthropischen Motiven auch die Sorge vor revolutionären Ausbrüchen mit im Spiel war. Besonders deutlich trat diese Wurzel der Stadtplanung in England hervor; dort waren die städtebaulichen Reformansätze seit dem Public Health Act von 1848 maßgeblich durch den Wunsch nach Verbesserung der Wohnverhältnisse geprägt. So waren es im Großbritannien des 19. Jahrhunderts vor allem Sanierungs- und Wohnungsgesetze, die im Sinne städtebaulicher Verbesserungen wirkten (vgl. S. 59).   *England 1848*

In Frankreich wurde 1850 das erste Gesetz erlassen, das sich auf die Sanierung von Wohngebäuden bezog, allerdings auf vom Eigentümer selbst genutzte Wohnungen nicht anwendbar war. Zwar wurde es außerhalb von Paris – wo es als Instrument für Haussmanns Stadtumbau diente – nur wenig angewandt, bildete aber immerhin die Rechtsgrundlage für den großen Straßendurchbruch in Straßburg kurz vor dem Ersten Weltkrieg. Dort gehörte es zum fortgeltenden Recht auch während der Zugehörigkeit Elsaß-Lothringens zu Deutschland (Schilling 1921, 51), und das zu einem Zeitpunkt, zu dem es in Frankreich bereits aufgehoben war (Huguenay 1950, 247). Das Gesetz erlaubte, „acquérir la totalité des propriétés comprises dans le périmètre des travaux à effectuer", also die Zonenenteignung; darauf beruhte auch seine Rolle als „l'arme légal essentiel de Haussmann" (vgl. S. 47).   *Frankreich 1850*

Auch in Belgien wurde 1858 ein ähnliches Gesetz erlassen, das ebenfalls die Zonenenteignung sanierungsbedürftiger Viertel ermöglichte; 1867 wurde seine Anwendung auf weitere städtebauliche Aufgaben bis hin zur Anlegung neuer Stadtteile ausgedehnt (Heiligenthal 1930, 78f). Es war das Hauptwerkzeug für die tiefgreifenden Umgestaltungen in Brüssel im letzten Drittel des 19. Jahrhunderts (vgl. S. 27).   *Belgien 1858-1867*

In ähnlicher Weise war das italienische Enteignungsgesetz von 1865 (legge sulle espropriazioni per causa d'utilitá pubblica), das gleichfalls eine Zonenenteignung vorsah und lange Zeit   *Italien 1865* die Rechtsgrundlage für Sanierungen, Straßendurchbrüche und ähnliche Maßnahmen darstellte, wesentlich durch hygienische Erfordernisse bestimmt; allerdings mußte für die Sanierung von Neapel 1885 ein Sondergesetz zur Beschleunigung der Durchführung erlassen werden (vgl. S. 68).

Wohnungsreform Im Zuge der Industrialisierung stellte sich in allen Ländern das Problem der unzureichenden Wohnungsversorgung in den Städten, das vielfach zum Ruf nach besseren rechtlichen Regelungen für den Wohnungsbau führte. Auch in Deutschland spielte dieser Aspekt eine gewichtige Rolle; die Argumente der Wohnungsreformer trugen viel dazu bei, die Bedeutung einer besseren städtebaulichen Ordnung ins öffentliche Bewußtsein zu rücken. Zugleich prägten sie in hohem Maße das Aufgabenverständnis der Städtebauer; so bezeichnete Hegemann die „würdige Befriedigung des Wohnbedürfnisses im weitesten Sinne des Wortes" als „erste(n) und letzte(n) Zweck des Städtebaues" (1911, 10).

Ordnungsstreben Von ähnlicher Bedeutung war jedoch wohl auch das Streben nach einer räumlichen Ordnung des Stadtwachstums, das sich seit den siebziger Jahren des 19. Jahrhunderts manifestierte. Solches Ordnungsdenken, gelegentlich als spezifisch deutsche Eigenschaft apostrophiert (vgl. S. 166), wurde gewiß gestützt durch das traditionell hohe Selbstwertgefühl jedenfalls der größeren deutschen Städte, das teils aus jahrhundertelanger reichsstädtischer Selbständigkeit erwachsen war, teils wohl auch an die geordneten Stadterweiterungen landesfürstlicher Residenzen anknüpfte. Es ist sicher kein Zufall, daß auch in den deutschen Städtebaugesetzen des 20. Jahrhunderts der Begriff der „Ordnung" eine zentrale Rolle spielt.

Kernthema *Gesundheit* Gleichwohl wird man für das 19. Jahrhundert verallgemeinernd sagen können, daß überall die Vorsorge für die Gesundheit das Hauptmotiv für den Erlaß gesetzlicher Regelungen war; so ist sie auch im schwedischen Städtebaugesetz von 1874 – neben Verkehr, Feuersicherheit und Schönheit – als Hauptziel für die aufzustellenden Pläne genannt. Demgemäß traten überall die darauf gerichteten Ingenieuraufgaben in den Vordergrund: die Versorgung mit Wasser und Gas sowie die Ableitung der Abwässer – ein Bereich, in dem England das Vorbild für den Kontinent darstellte. Damit erschienen Umbau und Ausbau der Städte weithin als technische Angelegenheiten und wurden auch von der Politik – der staatlichen wie der kommunalen – kaum anders beurteilt. Allerdings erweiterten sich bald die hygienischen Ansprüche insofern, als sie auch die Belichtung und Belüftung der Wohnungen einbezogen; so wurden für Abstandsvorschriften, Grundstücksausnutzung und Gebäudestellung unter diesem Blickwinkel in vielen Fällen verbesserte Regelungen getroffen.

Die sozialpolitische Bedeutung einer besseren städtebaulichen Ordnung war schon von den ersten Vorkämpfern der Stadtplanung, Cerdá (vgl. S. 120f) und Baumeister, erkannt worden: eine richtige Stadterweiterung stelle einen wichtigen Beitrag zur sozialen Reform dar (Baumeister 1876, 14). Aber solchen Reformansätzen standen allenthalben Interessen der Grundbesitzer entgegen, die sich besonders massiv in den städtischen Vertretungskörperschaften auszuwirken pflegten – in Preußen zusätzlich begünstigt durch das Dreiklassenwahlrecht. Im Stadtstaat Hamburg mit seinem bis 1919 gültigen Zweikammersystem wurden baurechtliche Initiativen des Senats regelmäßig durch die in der Bürgerschaft vorherrschenden Eigentümerinteressen verwässert oder blockiert. (Albers 1985, 312) *Interessen-konflikte*

Mit der Jahrhundertwende setzte eine neue Ära gesetzlicher Regelungen ein; in Deutschland überwand das sächsische Baugesetz von 1900 erstmalig die in Preußen und anderen deutschen Ländern herrschende Dichotomie von gemeindlicher Kompetenz für die Planung der Baufluchtlinien und staatlichem Bauordnungsrecht für das, was hinter ihnen geschah; zudem führte es erstmalig – mit dem auf das ganze Gemeindegebiet bezogenen „Ortserweiterungsplan" – die heute allgemein übliche Zweistufigkeit der Stadtplanung ein. Es ist nicht verwunderlich, daß es zu seiner Zeit als das fortschrittlichste Städtebaugesetz galt. In den Niederlanden wurde 1901 das „Woningwet" erlassen, das über das Wohnungswesen hinaus auch städtebauliche Bestimmungen enthielt und damit am Beginn der niederländischen Planungsgesetzgebung stand. 1907 stärkte die Novellierung des schwedischen Planungsgesetzes nicht nur die Durchsetzungskraft der Pläne und die gemeindliche Position gegenüber dem Staat, sondern erlaubte auch Detailfestsetzungen ähnlich denen des sächsischen Baugesetzes. *Das erste Jahrzehnt des 20. Jhs.*

1909 schließlich setzte Großbritannien den Grundstein seiner Planungsgesetzgebung mit dem „Housing, Town Planning etc. Act" (vgl. S. 60).

Verwandte Rechtsmaterien Auf einer Reihe weiterer Gebiete kam es in dieser Zeit zu gesetzlichen Regelungen, die mehr oder minder eng mit Stadtplanungsfragen zusammenhingen, vor allem im Bereich des Denkmalschutzes und des Naturschutzes. So wurden in Preußen 1902 und 1907 Gesetze gegen die Verunstaltung von Städten und Landschaften erlassen, 1904 das „Ansiedlungsgesetz" zur Beschränkung des Bauens im Außenbereich; 1912 erließ Hamburg ein „Baupflegesetz" mit gestalterischen Eingriffsmöglichkeiten. Das französische Denkmalschutzgesetz von 1913 erhielt insofern städtebauliche Bedeutung, als es die Einflußnahme auf die Baugestaltung im Umkreis von Baudenkmalen ermöglichte.

Die zwanziger Jahre Nach dem Erlaß des ersten französischen Städtebaugesetzes, der „Loi Cornudet" 1919, brachten die zwanziger Jahre eine Reihe von Neuansätzen, die aber nicht alle zum Erfolg führten: so wurde ein Entwurf von 1925 für ein preußische Städtebaugesetz ebensowenig beschlossen wie ein 1931 eingebrachtes Reichsstädtebaugesetz; allerdings wurden einige Neuerungen des preußischen Entwurfs von den Ländern Sachsen und Thüringen in ihre Gesetzesnovellen übernommen (vgl. S. 40). In Großbritannien gab es einige Novellierungen zum Gesetz von 1909, in Spanien wurde 1924 ein erstes Stadtplanungsgesetz erlassen.

Die dreißiger Jahre In Deutschland brachte das Wohnsiedlungsgesetz von 1933 eine gewisse Einheitlichkeit in das deutsche Planungsrecht, dessen Ländergesetze im übrigen als Reichsrecht weitergalten. Das „Gesetz zur Neugestaltung deutscher Städte" von 1937 war im Grunde ein Enteignungs- und Zentralisierungsgesetz, das allerdings kaum mehr Anwendung fand. Im gleichen Jahr wurde in Großbritannien die „Barlow Commission" eingesetzt, deren Arbeit maßgebende Bedeutung für das spätere britische Planungsrecht erhalten sollte (vgl. S. 62). In Frankreich wurde 1932 eine Regionalplanung für Paris etabliert, deren Grundsätze 1935 auf ganz Frankreich ausgedehnt wurden, ohne allerdings sehr wirksam zu werden (vgl. S. 51).

Während des Zweiten Weltkriegs wurden in Italien 1942 und in Frankreich 1943 Planungsgesetze erlassen, deren Grundstruktur auch nach dem Kriege beibehalten wurde; beide werden in der Fachliteratur als gut durchdachte und den aktuellen Erfordernissen Rechnung tragende Gesetzeswerke beurteilt. Allerdings fand das italienische Gesetz in der Aufbauphase der Nachkriegszeit kaum Anwendung (vgl. S. 71). Das umfassendste Gesetzeswerk wurde jedoch während des Krieges in Großbritannien vorbereitet und in der unmittelbaren Nachkriegszeit verwirklicht; besonders bemerkenswert sind der New Towns Act von 1946 und der Town and Country Planning Act von 1947 (vgl. S. 63f). Eine tiefgreifende Neuerung im Bodenrecht stellte die Vorschrift dar, alle Entschädigungen nur nach dem „existing use value" zu bemessen, also keine marktbedingten „Erwartungswerte" zu berücksichtigen; hierauf wird am Ende dieses Abschnitts noch eingegangen.

Die vierziger Jahre

In Deutschland war die Rechtslage bei Kriegsende sehr verworren angesichts der Eingriffe des „Dritten Reiches" in das bis dahin gültige Länderrecht und der Unklarheit über das Weitergelten solcher Vorschriften; hinzu kam, daß einige Bundesländer sich aus Teilen mehrerer früherer Länder mit jeweils unterschiedlichen Regelungen zusammensetzten. So erließen die meisten Länder in den Jahren 1949 und 1950 Aufbaugesetze in Anlehnung an den 1947 ausgearbeiteten Musterentwurf einer Expertenkommission, nach deren Tagungsort als „Lemgoer Entwurf" bezeichnet; in ihn waren gesetzgeberische Ansätze aus der Zeit der Weimarer Republik eingeflossen. Die einzelnen Ländergesetze unterschieden sich jedoch nicht nur in Einzelheiten; so ermöglichte z.B. das Hessische Aufbaugesetz die Enteignung von Neubauflächen zum Wert der bestehenden Nutzung.

Bundesrepublik Deutschland

Es war deshalb verständlich, daß 1951 über dem Städtebauteil der ersten Bauausstellung in der zwei Jahre zuvor gegründeten Bundesrepublik – der „Constructa" in Hannover – ein großes Schriftband forderte: „Parlamentarier aller deutschen Länder vereinigt euch – schafft neues Bau- und Bodenrecht!" Dazu kam es erst fast ein Jahrzehnt später – und ohne neues Bodenrecht. Der ursprünglich vorgesehene Planungswertausgleich – die Abschöpfung unverdienter Bodenwertsteigerungen – blieb

Die fünfziger Jahre

249

auf der Strecke; die Aufbruchsstimmung der ersten Nachkriegsjahre war durch das Gewinndenken des „Wirtschaftswunders" überholt worden.

Großbritannien Zu Beginn der fünfziger Jahre wurde in Großbritannien von der neuen konservativen Regierung die Abschöpfung der Wertsteigerung („development charge") abgeschafft, allerdings der Erwerb öffentlicher Flächen zum „existing use value" beibehalten. Der darin liegende Systembruch wurde erst 1959 durch Rückkehr zum Marktwert behoben.

Frankreich In Frankreich setzte gegen Ende der fünfziger Jahre eine neue Gesetzgebungstätigkeit ein mit dem Ziel, insbesondere für den dringenden Bedarf an neuen Siedlungsflächen ein geeignetes bau- und bodenrechtliches Instrumentarium zu schaffen. Wichtiger Bestandteil war die „Zone à urbaniser par priorité" (ZUP); auch wurde eine Zweistufigkeit der Pläne eingeführt (vgl. S. 53).

Die sechziger Jahre Mit dem „Bundesbaugesetz" von 1960 wurde in der Bundesrepublik Deutschland das Stadtplanungsrecht vereinheitlicht, nachdem die Grundlinien des Neuaufbaues allenthalben mit der Hilfe der Länder-Aufbaugesetze festgelegt worden waren. Als wirklich wichtige Neuerung ist vor allem die Bestimmung hervorzuheben, nach der jedermann berechtigt ist, Anregungen und Bedenken zu einem Plan vorzubringen; sie löste das alte Rechtsverständnis ab, Planung bedeute im Rechtssinne vor allem Beschränkung von Eigentümerrechten, und deshalb seien die einzigen „Betroffenen" die Grundeigentümer.

Die siebziger Jahre Der „Zeitgeist" der sechziger Jahre war weithin von dem Vertrauen geprägt, eine durch Planung gesteuerte Entwicklung werde es ermöglichen, die Zukunft nach den Bedürfnissen der Gesellschaft zu gestalten; auch in den gesetzlichen Regelungen schlug er sich – wenngleich mit einiger Verzögerung – nieder. Die französische „loi d'orientation foncière" von 1967 mit neuen Plankategorien und dem neuen Instrument der „Zone d'aménagement concerté" gehörte ebenso dazu wie die Neuordnung der britischen Gebietskörperschaften und Plankategorien um 1970. In der Bundesrepublik kann das Städtebauförderungsgesetz in seiner endgültigen Fassung von 1971 als erster, der 1974 eingebrachte Regierungsentwurf zur Novellierung des Bundesbaugesetzes als weitaus deutlicherer Niederschlag der genannten Tendenz gelten; er bot Instrumente für eine stärker handlungsbezogene „Positivplanung" im Sinne von „Geboten" (nicht nur Verboten) und eine Integration räumlicher Planung in eine kommunale Entwicklungs- und Investitionspolitik an. Allerdings wurden gerade diese Elemente des von der sozialliberalen Bundestagsmehrheit beschlossenen Entwurfs im Vermittlungsverfahren mit dem CDU/CSU-dominierten Bundesrat erheblich abgeschwächt. Für die italienische Planung brachten die siebziger Jahre insofern eine neue Situation, als erhebliche – auch gesetzgeberische – Kompetenzen auf die Regionen verlagert wurden.

Mit den achtziger Jahren setzte weithin eine Tendenz zur Vereinfachung und zur Deregulierung von Planung ein, deren Vorreiter die britische Thatcher-Regierung war. Auch das deutsche Baugesetzbuch von 1986 – eine Zusammenfassung des Bundesbaugesetzes und des Städtebauförderungsgesetzes unter den Auspizien einer konservativen Regierung – läßt diese Tendenz verschiedentlich erkennen, veränderte aber letztlich doch weniger, als nach den ersten Ankündigungen zu erwarten schien. In Frankreich wurde mit der Dezentralisierung der Planungskompetenz auf die Gemeindeebene ein ganz neuer Weg beschritten, der vor allem in der ersten Zeit gewisse Anpassungsprobleme hervorrief.

Die achtziger Jahre

Lange Zeit bestand ein grundlegender Unterschied zwischen britischen Planungsvorschriften und dem Planungsrecht der meisten kontinentalen Ländern darin, daß bei der Entscheidung über ein Bauvorhaben die „local plans" nur – neben anderen materiellen Erwägungen – „in Betracht zu ziehen" waren, so daß also eine vom Plan abweichende Entscheidung durchaus legitim sein konnte. Eine Gesetzesänderung hat 1991 die Bindung an den Plan verstärkt, indem sie für den Regelfall eine „plankonforme" Entscheidung fordert. In Deutschland führten die neunziger Jahre zu mehreren Zusatzgesetzen, die – teils durch die Vereinigung mit der DDR bedingt – das Instrumentarium erweitert, aber zugleich unübersichtlich gemacht haben; eine Gesetzesnovellierung steht an. In Spanien und Italien wurde Kritik an der langen Verfahrensdauer für die Aufstellung von Generalplänen und ihrer Unflexibilität geübt. Tatsächlich ist es heute offenbar ein Kernproblem jeder gesetzlichen Regelung, Instrumente zu entwickeln, die sowohl die Grund-

Die neunziger Jahre

linien einer geordneten Entwicklung sichern als auch erlauben, auf aktuelle Erfordernisse zu reagieren. Anders ausgedrückt: es geht immer wieder darum, die Grenzlinien zwischen notwendiger Grundsatzfestigkeit und entwicklungshemmender Rigidität einerseits, zwischen wünschenswerter Flexibilität und kurzsichtigem Opportunitätsdenken andererseits zu definieren.

3 Einzelthemen Drei Teilaspekte des Planungsrechtes seien noch gesondert im internationalen Vergleich betrachtet: die Planungszuständigkeit, die Plantypen und das Entschädigungsrecht.

Zur Planungskompetenz

Deutschland Betrachtet man die Zuständigkeit für Aufstellung und Inkraftsetzung von städtebaulichen Plänen, so läßt sich als langfristige Tendenz in den europäischen Ländern eine zunehmende Selbständigkeit der Gemeinde als Träger der örtlichen Planung erkennen. In den deutschen Teilstaaten, die im 19. Jahrhundert für die Baugesetzgebung zuständig waren und die Festsetzung von Straßenfluchtlinien zunächst als Aufgabe der staatlichen Baupolizei – wenn auch in Abstimmung mit der jeweiligen Gemeinde – ansahen, ging dieses Recht im letzten Drittel des Jahrhunderts an die Gemeinden über. Das erste Gesetz war das badische Ortsstraßengesetz von 1868, das bekannteste das preußische Fluchtliniengesetz von 1875. Zwischenzeitlich lag die Planungszuständigkeit in einzelnen Gebieten auch beim Kreis (so in Rheinland-Pfalz nach dem dortigen Aufbaugesetz von 1949); mit dem Bundesbaugesetz von 1960 wurde die Gemeindezuständigkeit festgeschrieben, allerdings unter Bindung an die Ziele von Raumordnung und Landesplanung. Seither hat sich die Zahl der Planungsbehörden durch die Gebietsreformen in Deutschland stark verringert; die Vorschriften über die staatliche Genehmigungspflicht örtlicher Pläne sind – zumindest optisch – gelockert worden.

Weitere Länder Ein ähnliches Maß gemeindlicher Selbständigkeit besteht in Österreich und der Schweiz – hier noch unterstrichen durch die Urabstimmung der Bürger auch über Planungsentscheidungen; in den skandinavische Ländern ist es traditionell noch ausgeprägter, was sich auch in den gesetzlichen Regelungen niederschlägt. Demgegenüber erhielten die spanischen Gemeinden die Planungskompetenz erst durch ein Gesetz von 1924, die französischen gar erst durch die unter Mitterrand 1983 erlassenen Dezentralisierungsgesetze. In einigen anderen Ländern besteht offenbar trotz nomineller Gemeindekompetenz in der Praxis eine weitgehende Zentralisierung der konkreten Entscheidungen, bedingt durch die geringe Verwaltungskraft der Gemeinden.

In Großbritannien lag die Planungskompetenz – unter starker zentralistischer Kontrolle durch das zuständige Ministerium – zunächst bei den Boroughs und den Bezirken; sie wurde 1947 auf die Grafschaften und die „grafschaftsfreien" Städte konzentriert, was eine Verringerung von ursprünglich etwa 1400 Planungsbehörden auf 144 bedeutete. Nach der Verwaltungsreform um 1970 gab es eine Aufspaltung: die Kompetenz für den „strategischen" structure plan blieb bei den Counties, während für die „local plans" die Bezirke (districts) zuständig wurden. In Großstadtregionen oblag die Gesamtplanung den Metropolitan Counties – bis zu deren politisch motivierter Auflösung durch die Thatcher-Regierung.

Großbritannien

Ein sehr wichtiges Kapitel ist in diesem Kontext die Entwicklung der überkommunalen Zusammenarbeit im Sinne einer Regionalplanung, deren Wurzeln schon im ersten Jahrzehnt unseres Jahrhunderts liegen. Beispiele bieten in Deutschland der Abwasserverband Emscher als Vorläufer des Ruhrsiedlungsverbandes oder der Zweckverband Groß-Berlin, in den USA vor allem die überkommunalen Parkprogramme in Großstadtbereichen nach dem Muster Bostons. In Deutschland folgten in den zwanziger Jahren die ersten Landesplanungsverbände; auch in Großbritannien und in den Niederlanden begann in dieser Zeit institutionalisierte überkommunale Zusammenarbeit. Mit dem weiteren Flächenwachstum der großen Städte, dem mit dem früheren Mittel der Eingemeindung nicht mehr gefolgt werden kann, haben sich in den letzten Jahrzehnten in den meisten europäischen Ländern die Probleme regionaler Zusammenarbeit verschärft; sie lassen sich nur lösen, wenn die beteiligten Gemeinden einvernehmlich Teile ihrer Planungskompetenz in eine regionale Willensbildung einbringen.

Regionales Zusammenwirken

Plantypen

Baulinien — Das früheste Rechtsinstrument zur Steuerung der baulichen Entwicklung ist die Festsetzung zukünftiger Straßenflächen durch Baulinien oder Fluchtlinien; das geschah anfangs meist ad hoc, ausgelöst durch eine einzelne Bauabsicht und demnach auf einen Straßenzug begrenzt, später in wachsendem Maße für ein größeres, im Zusammenhang beplantes Gebiet – im Sinne von „Alignementsplänen", „Regulierungs-", „Fluchtlinien-" oder „Baulinienplänen".

Sicherung der Straßenflächen — Damit sollte künftiger öffentlicher Grund für Straßen und Wege definiert und dessen Bebauung verhindert werden; sein Erwerb war damit noch nicht in jedem Falle gesichert, weil die Verleihung der Enteignungsbefugnis für solche Zwecke meist einen weiteren Rechtsakt darstellte, der gesondert zu beantragen war. Auch die auf Grund des schwedischen Baugesetzes von 1874 aufgestellten Straßenpläne vermochten eine ihnen zuwiderlaufende Bebauung nicht immer zu verhindern, während das im Jahr darauf erlassene preußische Fluchtliniengesetz in dieser Hinsicht wirksamer war.

Private Bautätigkeit — In vielen Fällen entstand allerdings die Bebauung gerade bei Stadterweiterungen nicht auf der Grundlage öffentlicher Pläne, sondern im Rahmen einer privaten Geländeerschließung, die lediglich einen gesicherten Anschluß an das öffentliche Straßennetz aufweisen mußte; in England war dies im 19. Jahrhundert das normale Verfahren, in Belgien wie auch in Portugal noch bis in die jüngste Zeit.

Differenzierung der Baulinien — Um die Jahrhundertwende wurden die Baulinien verfeinert; die Trennung von Straßen- und Baufluchtlinien erlaubte es, Vorgärten vorzuschreiben; rückwärtige Baulinien konnten den Bau von Hinterhäusern im Blockinneren verhindern und den Freiflächenzusammenhang sichern. Ansonsten war in den deutschen Staaten die Bebauung hinter den Baulinien Sache der (staatlichen) Bauordnung, die neben Gebäudeabständen und Mindestfreiflächen auch die Höhenentwicklung der Gebäude – meist in Abhängigkeit von der Straßenbreite – regelte. Wie erwähnt, gelang erst dem sächsischen Baugesetz von 1900 – übrigens lange als einzigem in Deutschland – die Überwindung dieser Dichotomie; in ähnlicher Weise erlaubte es das schwedische Planungsgesetz von 1907, den Bebauungsplan mit Bindungen für Gebäudestellung und Überbauungsgrad auszustatten.

Die Bauordnungen galten normalerweise einheitlich für das ganze Gemeindegebiet und waren durchweg an der intensiven Ausnutzung der dicht bebauten Stadtkerne orientiert, schon um Entschädigungsansprüche bei Neubauten zu vermeiden. So führten sie auch zu dichten und hohen Stadterweiterungen, die unter hygienischen Gesichtspunkten bald kritisiert wurden. Nach langjährigen Argumentationen kam es in den neunziger Jahren des 19. Jahrhunderts in Deutschland – zuerst in Frankfurt 1891 – zu abgestuften Bauordnungen, „Zonen-" oder „Staffelbauordnungen". Zunächst eher auf eine Stufung des Maßes der Nutzung bezogen, wurden sie zunehmend auch zum Werkzeug der Trennung von Nutzungsarten. Die „Zonung" wurde dabei zum deutschen Exportartikel, wie der seither unverändert in den USA übliche Rechtsbegriff des „Zoning" belegt.

Zonenbauordnung

Der Zonenplan mußte logischerweise das gesamte Stadtgebiet erfassen, und damit näherte sich die bisherige Planung von Stadterweiterungen einer auf das ganze Baugebiet bezogenen Stadtplanung. Ein frühes Beispiel dafür ist der Generalregulierungsplan für Linz in Oberösterreich von 1888, gefolgt von dem für Wien, für den 1892 ein Wettbewerb ausgeschrieben wurde; auch die gleichzeitige Ausschreibung eines Stadterweiterungswettbewerbs für München wies die Teilnehmer an, zusätzlich die notwendigen Veränderungen im bebauten Gebiet darzustellen. In Deutschland kam der Begriff des „Generalbebauungsplans" auf, dem in den USA der „Master Plan" entsprach – beide übrigens ohne unmittelbare Rechtswirkung. Erstmalig erhielt ein solcher Plan Rechtsstatus im erwähnten sächsischen Baugesetz von 1900, nach dem ein „Ortserweiterungsplan" als Grundlage der Bebauungspläne aufgestellt werden konnte. 1932 wurde er durch den „Flächenaufteilungsplan" ersetzt, den Sachsen und Thüringen aus dem – nicht rechtskräftig gewordenen – Entwurf zum preußischen Städtebaugesetz von 1925 übernommen hatten.

Generalpläne

Der Entwurf zu einem Reichsstädtebaugesetz von 1931 wählte als Oberbegriff für solche übergeordneten Pläne der Ländergesetze den – nicht sehr glücklichen – Terminus „Wirtschafts-

Planstufen

plan", der dann in das Wohnsiedlungsgesetz von 1933 übernommen wurde und in einigen Bundesländern noch bis 1960 Bestand hatte: in anderen Aufbaugesetzen fanden sich dafür die Begriffe des „Leitplanes" und des „Flächennutzungsplanes", der schließlich in das Bundesbaugesetz von 1960 Eingang fand. Der aus den früheren Baulinienplänen weiterentwickelte verbindliche Plan erhielt die schon im preußischen Fluchtliniengesetz von 1875 erwähnte Bezeichnung „Bebauungsplan".

Gesamtplan Der damit verankerten Zweistufigkeit der Planung mit einem vorbereitenden Gesamtplan und daraus entwickelten verbindlichen Teilplänen entsprechen die Regelungen in den meisten anderen europäischen Ländern. Der umfassendere – gelegentlich als „strategisch" bezeichnete – Plan heißt in Großbritannien „structure plan", in Frankreich „schéma directeur" (früher mit dem Zusatz „d'aménagement et d'urbanisme" – SDAU), in Italien „Piano regolatore generale", in Spanien „plan general", in den Niederlanden „struktuurplan" und in Schweden „Översiktsplan". Die österreichischen Bundesländer haben den „Flächenwidmungsplan", der allerdings weitergehende Rechtswirkungen besitzt als der deutsche „Flächennutzungsplan", die Schweizer den „Leitplan".

Detailpläne Dem deutschen Bebauungsplan entsprechen ziemlich genau der österreichische Be- oder Verbauungsplan (je nach Bundesland) und der niederländische Bestemmingsplan; in allen Ländern gibt es vergleichbare Pläne – meist in Maßstäben zwischen 1:2000 und 1:500 –, die der unmittelbaren bauliche Umsetzung dienen und als „örtliche Pläne", „Detailpläne", „Durchführungspläne" oder ähnlich bezeichnet sind. Eine Sonderstellung nimmt der französische „Plan d'occupation des sols" insofern ein, als er auch in kleinerem Maßstab für größere Gebiete aufgestellt werden kann.

Rechtswirkung Gewisse Unterschiede bestehen allerdings im Grade der Verbindlichkeit. Während die meisten kontinentalen Gesamtpläne keine oder nur indirekte Rechtswirkungen entfalten, haben die Detailpläne meist den Charakter von Rechtsnormen, so daß Abweichungen nur unter bestimmten Bedingungen (in Deutschland „Befreiung") zugelassen werden können. In Großbritannien dagegen gilt der structure plan als das am festesten

stehende Regelwerk; wie erwähnt, ist 1991 jedoch auch die Bindungswirkung der „local plans" verstärkt worden.
Mit zunehmender Komplexität der Planungsaufgaben hat sich jedoch in vielen Ländern gezeigt, daß der rechtsförmliche Plan seiner Aufgabe der Entwicklungssteuerung nicht immer gerecht werden kann. Die Regularien seiner ordnungsgemäßen Aufstellung beanspruchen so viel Zeit, daß er manchmal bereits zum Zeitpunkt seines Rechtskräftigwerdens überholt ist, und die gleichen Regularien nehmen ihm die Flexibilität, mit der er der Dynamik der Entwicklung folgen könnte. Der Ausweg heißt „informelle Planung": Die Aufstellung nicht rechtsförmlicher Pläne, die – häufig öffentlich erörtert – einen Rahmen für das gemeindliche Handeln setzen, ohne in jedem Falle in verbindliches Recht umgesetzt zu werden.

Informelle Pläne

Dabei können auch vertragliche Regelungen zwischen Gemeinde und Investor eine Rolle spielen („public-private partnership"); zudem stützen sich die Planungsbehörden häufig auf privatrechtliche Einrichtungen wie Sanierungs- oder Entwicklungsgesellschaften, die in ihrem Handeln flexibler sind als die öffentliche Hand. Die britischen „Development Corporations" können als Prototypen dafür gelten, und das angelsächsische Fachvokabular hat für sie die Kurzform „Quangos" – Quasi non-governmental organisations – erfunden, um anzudeuten, daß sie trotz anderer Rechtsform letztlich doch im Regierungsinteresse tätig sind.

„Quangos"

Entschädigungsrecht

Aufs engste mit dem Planungsrecht verbunden ist das Bodenrecht, und hier insbesondere das Recht der Enteignung – im Englischen zutreffender als Zwangskauf (compulsory purchase) bezeichnet – und die Regelung des finanziellen Ausgleichs für Wertminderungen und Wertsteigerungen des Bodens durch Planungsmaßnahmen, seien sie nur angekündigt oder bereits vollzogen.

Bodenrecht

Ein Recht der Enteignung von Grund und Boden für öffentliche Zwecke gehört zum festen Bestand aller nationalen Rechtsordnungen im 19. Jahrhundert, auch wenn es meist nicht auto-

Enteignung

matisch mit der Festsetzung von Straßenfluchtlinien verbunden war, sondern eigens beantragt werden mußte. Weiterreichende Eingriffe wurden um die Jahrhundertmitte durch das französische (1850), das italienische (1865) und das belgische (1858/ 1867) Enteignungsgesetz statuiert; sie alle ermöglichten die Enteignung von ganzen Grundstücken, vor allem für Zwecke der Wohnungssanierung.

Entschädigung In jedem Falle allerdings wird die Bereitschaft der Gemeinde zur Anwendung solcher Gesetze wesentlich durch die Höhe der zu zahlenden Entschädigung bestimmt, und diese wiederum hängt davon ab, ob die ausgeübte Nutzung – und damit der bisherige Grundstücksertrag – oder ob eine zukünftig etwa zu erwartende lukrativere Nutzung die Grundlage für die Entschädigung bilden solle.

Erwartungswerte entschädigen? Daß das „freie Spiel der Kräfte" am Markt solche „Erwartungswerte" in Rechnung stellt, versteht sich. Andererseits mußte es den Gemeinden sehr bald zum Problem werden, daß die von ihnen ins Auge gefaßten Entwicklungsschritte durch derartige – von ihren eigenen Investitionsabsichten ausgelöste – Preissteigerungen verteuert werden sollten. Wenn durch Planungsmaßnahmen verursachte Wertminderungen zu entschädigen waren, so mußte es nur logisch erscheinen, daß planungsbedingte Wertsteigerungen abgeschöpft oder – bei Erwerb für öffentliche Zwecke – nicht entschädigt werden. Aber diese Logik hat sich bisher nirgends generell und dauerhaft gegen die vorherrschenden Interessenkonstellationen durchsetzen können. Zwar haben die Bodenreformer in diesem Sinne argumentiert, zwar enthielt die Weimarer Reichsverfassung (§ 155) den Satz „Die Wertsteigerung des Bodens, die ohne eine Arbeits- oder Kapitalaufwendung für das Grundstück entsteht, ist für die Gesamtheit nutzbar zu machen" – den auch die Bayerische Verfassung von 1946 übernahm –, aber diese Forderung wurde nie in einem Gesetz konkretisiert, und die Bundesrepublik hat sie nicht in ihr Grundgesetz aufgenommen.

Compensation and betterment In Großbritannien hatte dieses Problem bereits die Barlow Commission beschäftigt und zur Einsetzung eines „Committee on Compensation and Betterment" (Entschädigung und Wertsteigerung) geführt, nach seinem Vorsitzenden „Uthwatt Committee" genannt. Es schlug einen Erwerb aller „Entwicklungsrechte" durch die öffentliche Hand und eine fünfjährliche Abschöpfung von Bodenwertsteigerungen vor (Pepler 1950, 459); ein „white paper" der Regierung faßte 1944 eine Abschöpfungsquote von 80% ins Auge – den gleichen Prozentsatz, den auch der vom Reichsarbeitsministerium 1942 vorgelegte Entwurf zu einem „Deutschen Baugesetzbuch" vorgesehen hatte.

Da die sonst als so pragmatisch geltenden Briten dieses Problem sehr „grundsätzlich" behandelt haben, sei dessen Entwicklung nachfolgend ausführlicher dargestellt.

Die 1945 an die Macht gekommene Labour-Regierung erließ 1947 einen „Town and Country Planning Act", mit dem alle Bodenwerte auf den der jeweils ausgeübten Nutzung beschränkt und alle Rechte der Nutzungsänderung (development rights) auf den Staat übertragen wurden. Für Eigentümer, deren Bodenwert nach bisherigem Recht über dem der ausgeübten Nutzung lag, wurde ein Entschädigungsfonds bereitgestellt, der aus den Abschöpfungsbeträgen (development charges) zu speisen war; folgerichtig umfaßte dieser Betrag den vollen Wertunterschied (hundertprozentige Abschöpfung). Daß die Konservativen für den Fall eines Machtwechsels die Abschaffung dieser Regelung ankündigten, wirkte sich natürlich negativ auf den Markt aus, der weitgehend zum Erliegen kam. Nach dem Regierungswechsel 1951 hoben die Konservativen zwar die development charge und den Ausgleichsfonds auf, behielten aber, wie erwähnt, – und das war nun wieder pragmatisch gedacht – beim Erwerb für öffentliche Zwecke die Entschädigung nach der ausgeübten Nutzung bei, während dem von solchen Ansprüchen nicht betroffenen Eigentümer die Wertsteigerung ungeschmälert verblieb. Die Inkonsequenz dieses Verfahrens führte 1959 zur Rückkehr zum Marktwert auch bei Entschädigungen.

Planning Act 1947

Noch zweimal setzten Labour-Regierungen zu ähnlichen Regelungen an – mit der Einführung der auf zunächst 40% des Wertzuwachses bemessenen „Betterment Levy" anstelle der „Development charge" im Jahre 1967, und – nach deren Aufhebung durch die nächste konservative Regierung – beim folgenden Machtwechsel wiederum durch den „Community Land Act" von 1975, der den Erwerb allen künftigen Baulandes durch die Gemeinden statuierte, aber bis zu seiner Aufhebung

Weitere Versuche

durch die Thatcher-Regierung ohne nennenswerte Wirkung blieb.

Planungswertausgleich In der Bundesrepublik war der „Planungswertausgleich" im Sinne einer Abschöpfung des „unverdienten Wertzuwachses" bis in die späten fünfziger Jahre Bestandteil des Entwurfs zum Bundesbaugesetz, wurde dann aber fallengelassen. 1971 wurde im Städtebauförderungsgesetz die Nichtanerkennung von Werten statuiert, die auf der Erwartung von Sanierung oder Entwicklung beruhten; der Versuch, diesen Grundsatz mit der Novelle zum Bundesbaugesetz 1974 zu verallgemeinern – schon im Entwurf als mühsamer sozialliberaler Koalitionskompromiß erkennbar –, scheiterte am Bundesrat. Einer der verbliebenen Anwendungsbereiche, die Entwicklungsmaßnahme, wurde 1986 mit dem Baugesetzbuch abgeschafft, allerdings – als Antwort auf den erhöhten Baulandbedarf – 1993 in veränderter Form wieder eingeführt.

Stichtagsregelung Eine andere Möglichkeit, Erwartungswerte zumindest weitgehend auszuschalten, liegt in der Festsetzung eines Bewertungsstichtages, der erheblich früher als der Beschluß der Planungsmaßnahme liegt; in Frankreich wurde für die Bewertung von Flächen in Entwicklungsbereichen (ZUP und ZAC, vgl. S. 53f) ein Stichtag gewählt, der ein Jahr vor dem Verordnungserlaß lag.

Vertragliche Regelungen In wachsendem Maße wird heute anstelle öffentlich-rechtlicher Vorschriften eine vertragliche Vereinbarung gesucht, die dem Eigentümer einen Teil der Wertsteigerung beläßt, ihn aber zur Zahlung von „Infrastrukturbeiträgen" verpflichtet. Ein frühes Beispiel dafür bietet die Stadterweiterung Kopenhagens ab 1872, bei der die Eigentümer die Hälfte der Wertsteigerung abtraten.

Kommunale Bodenpolitik Einen weiteren Ausweg aus dieser Problematik eröffnet natürlich ein umfassender Grundbesitz der Gemeinde, und es hat immer einmal wieder Vorschläge gegeben, den Boden im Siedlungsbereich vollständig in Gemeindeeigentum zu überführen und alles Bauen nur im Erbbaurecht zuzulassen – von Howard über Bernoulli bis in die jüngste Zeit. Auch wenn man dafür nicht mit gesetzlichen Regelungen rechnen kann, bleibt Spielraum für eine gemeindliche Grunderwerbspolitik, jedenfalls für künftige Erweiterungsgebiete, wie sie beispielsweise die Stadt Stockholm mit großem Erfolg betrieben hat. Angesichts des zunehmenden ökologischen Bewußtseins und des daraus erwachsenden Drucks auf Einschränkung des Baulandes wird die Planungsentscheidung immer deutlicher zur „Verteilung weißer und schwarzer Lose" an die Grundeigentümer. Man kann zweifeln, ob das gegenwärtige Bodenrecht in den meisten Ländern dieser Problematik gewachsen ist. Andererseits zeigen gerade die Erfahrungen in Großbritannien und in Deutschland, daß Veränderungen des Bodenrechts nur Aussicht auf Dauerhaftigkeit haben, wenn sie nicht als parteipolitischer Spielball dienen, sondern sich auf einen breiten und tragfähigen Konsens der wichtigsten politischen Kräfte stützen können.

Fazit

Zum beruflichen Profil des Stadtplaners

Angesichts des Vorrangs hygienischer Aufgaben in den ersten Ansätzen zur Planung von Stadterweiterungen oder innerstädtischen Veränderungen standen Fragen des Straßenbaues, der Versorgung mit Wasser und Gas sowie der Abwasserbeseitigung zunächst im Vordergrund (vgl. S. 141: Zitat Muirhead). Dementsprechend war die Stadterweiterung weithin eine Angelegenheit einerseits der Vermessungsingenieure zum Entwurf des Straßennetzes, andererseits der Tiefbauingenieure zu dessen Ausbau mitsamt den Leitungen. Camillo Sitte erkannte zwar die Qualität solcher Ingenieurleistungen an, erhob aber für den Architekten den Anspruch auf Mitsprache, wenn auch unter Beschränkung auf die „wenigen Hauptstraßen und Plätze", die künstlerischer Gestaltung bedürften. „Alles übrige mag er gern dem Verkehr und den täglichen materiellen Bedürfnissen preisgeben." (1889, 98)

Ingenieure oder Architekten?

Dieser Anspruch wurde bald ausgeweitet – räumlich auf das Gesamtgefüge der Stadt und sachlich auf die Rolle des „Dirigenten" im Orchester der an der Stadtplanung Beteiligten, so bei Theodor Fischer und Fritz Schumacher. Fischer leistete als Vorstand des Münchner Stadterweiterungsbüros seit 1893 – später als Professor in Stuttgart und München – Pionierarbeit

Der Architekt als „Dirigent"

für diesen Gedanken, den er auch in seinen Schriften vertrat (1920, 7). Schumacher – als Professor in Dresden 1909 zunächst für den städtischen Hochbau nach Hamburg berufen und von 1920 bis 1923 nach Köln beurlaubt – festigte mit seinen städtebaulichen Planungen für beide Städte wie auch mit seinen Schriften das Architektenprestige; zugleich erhoffte er sich vom Städtebau eine Annäherung von Architekten und Ingenieuren.

Ruf nach Zusammenarbeit Tatsächlich durchzog die Rivalität zwischen Ingenieuren und Architekten zumindest das erste Drittel unseres Jahrhunderts; deutlich kam sie in der Versammlung des Verbandes deutscher Architekten- und Ingenieurvereine 1906 zum Ausdruck, in der es um die Verabschiedung von Grundsätzen des Städtebaues ging. Die Verständigungsformeln liefen in der Regel auf die Forderung nach Zusammenarbeit von Architekt und Ingenieur hinaus, in der viele den Schlüssel zum technisch perfekten und künstlerisch gestalteten Städtebau sahen.

Ein neuer Berufsstand? Allerdings gab es zur gleichen Zeit Stimmen, die ein ganz neues Verständnis dieser Aufgabe forderten, anstatt sie dem einen oder anderen etablierten Berufsstand zuzuweisen. Schon 1904 stellte Hercher fest,

„daß keine Berufsart bis jetzt eine genügende Vorbildung zu den hohen, so bedeutungsvollen, in das ganze Kulturleben so einschneidenden Aufgaben aufweisen kann. Der zukünftige Städtebauer der Großstädte muß nicht nur die wissenschaftliche Grundlage der Beherrschung aller technischen und künstlerischen Hilfsmittel des Städtebaues besitzen, die Fähigkeit des Ingenieurs zu nüchterner Berechnung mit der künstlerischen Gestaltungskraft des Architekten verbinden, wie der Jurist gesetzeskundig und verwaltungserfahren sein, sondern er muß auch den sozialen Bedürfnissen und Bestrebungen seiner Zeit ein warmes Herz und einen großen Sinn entgegenbringen". (1904, 29)

Langfristigkeit Einen anderen Schwerpunkt setzte Faßbender (1912, 13): „Der Städtebauer muß mit starker Vorstellungskraft das Bild der zukünftigen Stadt voraussehen und muß, weit ausblickend und vorsorgend seine Maßnahmen planen. Diese sind nicht nur für den derzeitigen Bestand der Stadt und nicht nur für die Bedürfnisse der kommenden Jahre, sondern auch für die Be-

dürfnisse der kommenden Jahrzehnte, selbst Jahrhunderte zielbewußt zu treffen."
Die Ähnlichkeit mit Gurlitts späterer Äußerung über die langfristige Verantwortung des Städtebauers (vgl. S. 234) liegt auf der Hand: aus ihr leitete Gurlitt ab (1920, 3): „Umfassendes Verständnis des Lebens der Nation, durch strenge Sachlichkeit gezügelte, aber kühne Phantasie, tiefes Eindringen in die technischen und künstlerischen Möglichkeiten, eine Fülle widerstrebender Fähigkeiten schaffen den zum Städtebau höchster Art berufenen Künstler. Die Frage, ob er Architekt oder Ingenieur, Geometer oder Baumeister zu sein habe, ist müßig: Er soll all dies zu gleicher Zeit sein, vor allem aber ein Mann, der den Wert der Dinge zu schätzen und gegeneinander abzuwägen weiß und der somit zu klarer Erkenntnis der für die Plangestaltung auf die Dauer entscheidenden Anforderungen gelangt."

Fähigkeit zur Wertung

Schon ein Jahr zuvor hatte Paul Wolf zum Streit zwischen Architekten und Ingenieuren bemerkt (1919, 64): „Nicht die Vorbildung ist maßgebend, sondern die Kenntnis der Dinge, um die es sich bei der Stadtplanung handelt, und die Fähigkeit schöpferisch-künstlerischen Gestaltens."
Als Aufgabe des Gestaltenden bezeichnete Unwin, „den künstlerischen Ausdruck für die Erfordernisse und Bestrebungen der Stadt zu finden – nicht ihr den Stempel seiner eigenen vorgefaßten Ideen aufzudrücken". (1922, 83) Im gleichen Sinne forderte Theodor Fischer vom städtebaulich tätigen Architekten, „daß er kein Ideologe sei, das will sagen, daß er nicht einer Laune, einer Mode, einer Kunstidee zuliebe dem Ganzen Gewalt antue." (1920, 8)

Kein Ideologe!

Heiligenthal betrachtete 1921 den Streit der Ausgangsberufe als überholt: „In Wirklichkeit hatte sich ein neuer Beruf gebildet, der durch Verkettung von Spezialfächern entstanden war, welche den Wirkungskreisen der genannten Berufsarten entnommen waren." (1921, 21) Für die Bezeichnung dieses „neuen Berufes" wurden in den zwanziger Jahren unterschiedliche Vorschläge gemacht: Brunner postulierte den „Baupolitiker" (1925, 51), Hoepfner den „Siedlungsingenieur" (1928, 45), de Casseres den „Planologen" (1929; vgl. S. 77) – alles Belege dafür, daß die gängigen Begriffe unzureichend erschie-

Neuer Beruf – neuer Name

nen. Hoepfner, selbst Ingenieur, sah allerdings seinen „Siedlungsingenieur" deutlich getrennt von den anderen Ingenieurfachrichtungen:

„Den Kern der Probleme aber vermag er nur zu meistern, wenn er sich tief hineindenkt in Menschenart und Abwicklung des menschlichen Lebens, in menschliche Eigenart und Lebensweise. An Stelle der Berechnung müssen Beobachtung, Denken und Abwägung treten."

Großbritannien Deutliche Rivalitäten zwischen Ingenieuren und Architekten gab es auch in Großbritannien; so beklagte Triggs (1909, 18), daß in vielen Städten Ingenieure für die Stadtplanung zuständig seien, die zu wenig Verständnis für die gestalterischen Aufgaben aufbrächten. Das Problem wurde verschärft durch den Unterschied im Sozialprestige, der in England zwischen Architekten und Ingenieuren bestand, wie Cherry (1974, 43ff) darlegt. Indessen wurde hier 1914 mit der Gründung des „Town Planning Institute" eine Art förmlichen Waffenstillstands zwischen Architekten, Bauingenieuren und Vermessungsingenieuren (surveyors) geschlossen – „an unholy alliance", wie manchmal hinter vorgehaltener Hand gesagt wurde. Zu diesen im weiteren Sinne „technischen" Disziplinen gesellten sich mit entsprechender Kennzeichnung als „legal members" die juristischen Planungssachverständigen. Aber auch Patrick Geddes mit seinem eher biologisch-soziologisch geprägten Planungsverständnis war an der Institutsgründung beteiligt; er wurde sogar zum „Honorary Librarian" gewählt, obwohl von einer Bibliothek nichts bekannt ist (Cherry 1974, 58).

Frankreich In Frankreich war die Stadtplanung seit Haussmann in der Hand der Ingenieure („de ponts et chaussées"); erst nach der Jahrhundertwende gab es ein deutliches Engagement der Architekten, zunächst ausgehend vom Musée social (vgl. S. 48). Eine kleine Gruppe renommierter Architekten, deren Tätigkeitsfeld auch städtebauliche Entwürfe umfaßte, gründete 1911 die „Société Française des Urbanistes" (ursprünglich „Architectes Urbanistes"), die erste berufsständische Organisation auf diesem Gebiet überhaupt. So blieb im Frankreich des 20. Jahrhunderts der Architekt die zentrale Figur in der städtebaulichen Diskussion; in ihr – weniger in der Praxis der Stadtplanung – gewann Le Corbusier ein weltweit beachtetes Profil.

Die anfängliche Führungsposition der Ingenieure und deren Verdrängung durch die Architekten lassen sich auch in anderen europäischen Ländern beobachten, so beispielsweise in Spanien und Italien. Ebenso waren in Skandinavien zunächst die Ingenieure mit ihren geometrischen Straßenmustern im Städtebau maßgebend; im ersten Jahrzehnt des neuen Jahrhunderts führten jedoch die Einflüsse von Sitte und Unwin, einander überlagernd, nicht nur zu neuen gestalterischen Prinzipien, sondern auch zum Vordringen von Architekten in die führenden Stellungen im Städtebau (Knudsen 1988; T. Hall 1988, 191f) – analog zu der Entwicklung in Deutschland, während in Großbritannien viele Stadtplaner noch lange eine untergeordnete Rolle im Amt des „Borough Engineer" oder des „County Surveyor" spielten (Cherry 1974, 112).

Andere Länder

Zu den beiden vor dem Ersten Weltkrieg gegründeten Berufsvereinigungen in Frankreich und Großbritannien trat 1917 noch das „American Institute of Planners" in den Vereinigten Staaten, während sich in Deutschland erst 1922 – nicht ohne Kontroversen – namhafte Stadtplaner zur „Freien Deutschen Akademie des Städtebaues" zusammenschlossen. In ihr besaßen allerdings wissenschaftliche Ambitionen und der Austausch über Sachaufgaben den Vorrang vor einer berufsständischen Interessenvertretung. Dem Gründungspräsidenten Cornelius Gurlitt, Architekt und Kunsthistoriker, folgte übrigens – ungeachtet eines zahlenmäßigen Übergewichts der Architekten in der Akademie – zweimal ein Ingenieur im Präsidium: Josef Brix als Inhaber des Lehrstuhls für städtischen Tiefbau, Straßen- und Städtebau in Berlin und Robert Schmidt, Verbandsdirektor des Siedlungsverbands Ruhrkohlenbezirk.

Berufliche Verbände

Alle vier Vereinigungen bestehen noch heute, allerdings nur noch die Société Française des Urbanistes unter dem gleichen Namen – sofern er nicht im Zuge des gegenwärtig betriebenen Zusammenschlusses mit anderen Organisationen zur „Profession Urbaniste" aufgegeben wird. Die deutsche wurde nach einem Zwischenspiel im „Dritten Reich" als „Deutsche Akademie für Städtebau, Reichs- und Landesplanung" 1946 unter dem Namen „Deutsche Akademie für Städtebau und Landesplanung" neu begründet, die britische erhielt 1971 den ehrenvollen Zusatz „Royal", und die amerikanische heißt nach

Fortbestand der Berufsverbände

einer Fusion mit der „American Society of Planning Officials" seit 1978 „American Planning Association".

Weitere Vereinigungen Auch in anderen Ländern gab es bald solche Zusammenschlüsse; 1919 wurde in Norwegen eine nationale Vereinigung für Städtebau gegründet, 1936 in den Niederlanden der „Bond van Nederlandse Stedebouwkundigen", 1942 in Schweden eine Vereinigung für Gemeindeplanung (Samhällsplanering). In manchen Ländern kam es erst in der zweiten Jahrhunderthälfte zur Bildung derartiger Organisationen – wie etwa der spanischen „Asociación Española de Técnicos Urbanistas" 1982 – oder zu weiteren Gruppierungen in Ländern, in denen die ursprüngliche Organisation nur einen Teil der Bedürfnisse abdeckte. So wurde in Deutschland neben der „Deutschen Akademie für Städtebau und Landesplanung" – und der mehr auf Forschungsfragen und den größeren Raum ausgerichteten „Akademie für Raumforschung und Landesplanung", die seit 1946 besteht – 1969 die Vereinigung der Stadt-, Regional- und Landesplaner gegründet, die alle interessierten Fachleute vereint und sich der berufsständischen Fragen annimmt. In den Niederlanden und in Belgien – hier in zwei getrennten Sprachgruppen – schlossen sich auch die Planologen zu Berufsverbänden zusammen.

Nicht nur „Technik" Kam auch die Rivalität zwischen Ingenieuren und Architekten um den Vorrang noch lange nicht zur Ruhe – einzelne Beispiele dafür gab es noch in den sechziger Jahren –, so standen doch in den meisten europäischen Ländern zumindest im zweiten und dritten Viertel unseres Jahrhunderts die von der Architektur herkommenden Planer im Vordergrund der Diskussion und des praktischen Geschehens; aber auch aus ihren Reihen kamen viele Hinweise auf die Notwendigkeit eines umfassenderen Ansatzes, für den die technische Ausbildung allein nicht genüge.

Bardet Solche „nichttechnischen" Aspekte betonte auch Gaston Bardet, kritischer Kommentator zu Le Corbusiers „Ville radieuse" (vgl. S. 178). Der Verdacht könnte sich aufdrängen, seine Anforderungen an den Planer seien als ein Gegenbild zu Le Corbusier gemeint:

„En résumé, les conditions d'un aménagement réalisable de l'espace sont une totale soumission de l'auteur à l'objet, une grande hauteur de vue, une égale dose de bon sens et d'intuition, et le sens très rare en France – pays d'architectes et de juristes – du devenir." (1945, 66)

Wenige Jahre zuvor hatte sein Landsmann Henri Sellier, seit Jahrzehnten schon als Bürgermeister von Suresnes dem Städtebau verbunden, zum Streit zwischen Architekten und Ingenieuren gemeint (Auzelle 1964, 17):

„Au point de vue urbaniste, ni l'un ni l'autre ne doivent être les maitres d'œuvre. La science urbaniste relève du sociologue et de l'artiste, l'ingénieur et l'architecte devant, à mon avis, être exclusivement chargés des moyens d'exécution."

Sellier

Die hier entwickelte Vorstellung, der Sozialwissenschaft eine bestimmende Rolle für die Planung zuzuweisen, fand sich in dieser Zeit häufiger, so auch bei Fritz Schumacher. Sie mochte sich an frühen Pionieren dieser Wissenschaft wie Auguste Comte oder Max Weber orientieren und auf einzelne Persönlichkeiten wie Patrick Geddes stützen, mußte aber letztlich daran scheitern, daß sich die Soziologie immer deutlicher als empirisch-analytische Wissenschaft ohne normativen Anspruch verstand.

Rolle der Soziologie

Am intensivsten wurde um die Jahrhundertmitte wohl in Großbritannien über das Berufsbild des Planers nachgedacht; hier markierten die ersten Nachkriegsjahre einen Höhepunkt planerischer Aktivität. Das vom Planungsminister eingesetzte „Committee on the Qualification of Planners", nach seinem Vorsitzenden „Schuster Committee" genannt, formulierte als Voraussetzung für die Planungspraxis:

Der „Schuster Report"

„a thorough appreciation first, of the economic and social issues involved in controlling the use of land, and secondly of the several practical skills involved in the preparation and implementation of a land use plan. He also needs to have some knowledge of the history and the theory of the planning of town and country as it developed in this and other countries [...] and the machinery of government as it affects the administration of planning."

Am Rande sei vermerkt, daß in diesen Jahren auch eine Äußerung des Planungsministers Lewis Silkin kursierte, die er aber dem Vernehmen nach Patrick Abercrombie verdankte: Ein guter Planer brauche drei Eigenschaften – er müsse alt genug sein, um seine größten Fehler bereits in früheren Positionen gemacht zu haben, er müsse wissen, daß das Wasser bergab läuft, und er müsse zuhören können.

Führungs- Wie der Bericht des Schuster Committee an anderer Stelle
qualitäten (vgl. S. 274), so hebt auch eine deutsche Aussage zu gleicher Zeit die Führungsaufgabe gegenüber dem Fachwissen hervor (Umlauf 1951, 34):
„Es ist die zentrale Aufgabe des Leiters der Planungsverwaltung, eine Idee der städtebaulichen Gesamtgestaltung zu begründen, der Planung ein Ziel zu setzen, einen Rahmen zu geben und ihre Verwirklichung im Wechselspiel der Kräfte beständig zu verfolgen. Für den Stadtplaner tritt daher mit dem Hineinwachsen in leitende Verwaltungsarbeit die Möglichkeit und die Bedeutung eigener Gestaltung bis in die Einzelheiten zurück gegenüber der Fähigkeit, andere richtig einzusetzen."

Planer Die zu Beginn dieses Kapitels dargelegten Wandlungen im
als Vermittler Planungsverständnis mußten sich naturgemäß auch auf die Vorstellungen auswirken, die man von den wünschenswerten Qualitäten eines Planers hatte. Vor allem mit dem Heraufkommen der Bürgerbeteiligung rückten das „Zuhörenkönnen" (nach Silkin) und die Fähigkeit zum vermittelnden Abwägen stärker in den Vordergrund; nicht der „große Wurf", sondern das flexibel interpretierbare Grundkonzept bot dafür den geeigneten Ansatzpunkt. Auf dieser Linie liegt es, daß die Universität Hannover für 1996 ein Weiterbildungsprogramm „Moderation in der Umwelt- und Raumplanung" anbot.

Planer Die Tendenzen der achtziger und neunziger Jahre zur Dere-
als Manager gulierung und zur Interpretation des Stadt als „Dienstleistungsunternehmen" – nicht nur für ihre Bürger, sondern auch (oder gar in erster Linie) für die in ihr ansässige oder niederlassungsbereite Wirtschaft – führten dazu, den Planer in der Rolle eines Managers zu sehen, der seine Konzepte diesem Ziel dienstbar zu machen und die damit angebotenen Dienstleistungen auch zu vermarkten habe. So gab es kürzlich eine Umfrage des Royal Town Planning Institute, die der Klärung dienen sollte, welche Eigenschaften den Planer für eine solche Managerfunktion qualifizieren könnten (Planning Week 3/1995, Nr. 13, 19). Man wird gewiß damit rechnen können, daß sich die Facetten dieses Bildes weiter verändern werden, wenn auch viele der früheren Aussagen weiter gültig bleiben dürften.

Die Frage liegt nahe, ob sich im Zeitablauf das Profil der Ausgangsberufe für die Planung wesentlich gewandelt habe; auf sie gibt es keine einheitliche Antwort. In vielen Ländern sind es weiterhin überwiegend Architekten und Ingenieure, die sich für die Planung qualifizieren; in anderen sind Absolventen einer eigenständigen Planerausbildung hinzugekommen, ohne die erstgenannten Gruppen zu verdrängen (vgl. S. 274). Während solche „reinen Planer" in Deutschland erst in den achtziger Jahren in leitende Positionen der Planungspraxis einrückten, war dies in Großbritannien schon zwei Jahrzehnte vorher geschehen; dort sind auch unter den Planern mit einer anderen Grundausbildung und planerischem Zusatzstudium die technischen Disziplinen weitgehend durch Geographen und Sozialwissenschaftler ersetzt worden, so daß man manchmal Klagen über die Schwächung des „design element" hört.

Ausgangsberufe heute

In der Diskussion um die wünschenswerten Eigenschaften des Planers ist die Polarität „Generalist-Spezialist" ein wiederkehrendes Thema; gegen diesen wird die Gefahr der „déformation professionnelle", der Verbildung durch den Ausgangsberuf, ins Feld geführt, gegen jenen, daß er – oder sie – von zu vielen Dingen zu wenig verstehe. Es gibt Annäherungen zwischen solchen abstrakten „Idealtypen" – den „Generalisten mit einem Spezialgebiet" und den „kooperationsfähigen Spezialisten". Aber im Grunde ist die Diskussion müßig: die Planungspraxis braucht ein breites Spektrum von Qualifikationen, die einander ergänzen. Entscheidend ist nicht die fachliche „Bandbreite", sondern die Fähigkeit, bei der Konzentration auf den eigenen Aufgabenbereich das Ganze im Blick zu behalten.

Generalist oder Spezialist?

Ausbildung für die Stadtplanung

Mit der allmählichen Herausbildung eines Berufsstandes der Stadtplaner mußte sich auch die Frage stellen, ob diese Aufgaben nicht einer Ausbildung bedürften, die zumindest eine Ergänzung der in den bisherigen Ausgangsdisziplinen Ingenieurwesen und Architektur vermittelten Kenntnisse – und Denkweisen – bieten müsse, vielleicht sogar neben diesen beiden Disziplinen ein eigenes Profil gewinnen solle.

Ausbildung für einen neuen Beruf

Ausbildungs- Die ersten Forderungen in diesem Sinne wurden bereits kurz
vorschläge nach der Jahrhundertwende vorgetragen – von dem Deutschen
Hercher (1904, 29) und dem Österreicher Faßbender (1912, 6; vgl. S. 262). Einen bemerkenswerten Vorstoß unternahm 1914 Ewald Genzmer, Professor an der Technischen Hochschule Dresden, mit seinem Vorschlag einer staatlich organisierten Zusatzausbildung nach dem Diplom für Städtebauer, wie sie für Architekten und Ingenieure bereits seit langem bestand; tatsächlich kam es erst ein halbes Jahrhundert später dazu (Guther 1982, 58).

Anfänge Einen wichtigen Beitrag in diesem Sinne leisteten die von der
in Deutschland Technischen Hochschule Berlin-Charlottenburg in den Jahren 1908 bis 1912 veranstalteten „Städtebaulichen Vorträge", die eine Ergänzung der Architekten- und Ingenieurausbildung darstellten und in Jahresabschnitten veröffentlicht wurden. Die Collins' bewerteten sie als das umfassendste zeitgenössische Kompendium des Städtebaues (1965, 93). An fast allen Technischen Hochschulen in Deutschland gab es inzwischen Lehrstühle mit städtebaulicher Ausrichtung, wenn sie auch noch nicht überall die Bezeichnung „für Städtebau" führten; eine ausführliche Darstellung dieser Entwicklungen gibt Max Guther (1982).

Hochschul- In England wurde bereits im Jahre 1909 das erste „Department
studium of Town Planning and Civic Design" an der Universität Li-
in England verpool gegründet, in dessen Informationsschrift es einleitend heißt:

„Town Planning, although intimately connected with Architecture and Engineering, is a distinct and separate study in itself, and the primary object of the school is to equip Architects, Engineers and others with a knowledge of the supplementary subjects that Town Planning connotes."

Im Jahre 1914 entstand ein weiteres Department am University College in London; in der Folgezeit nahm das – im gleichen Jahr gegründete – Town Planning Institute in wachsendem Maße Einfluß auf die Ausbildung – vor allem dadurch, daß es ein eigenes Prüfungssystem entwickelte, mit dem auch der Zugang zur Mitgliedschaft eröffnet wurde. Hochschulen, deren Abschlußprüfungen den Anforderungen des Instituts entsprachen, wurden von ihm „anerkannt"; ihre Absolventen brauchten sich der Institutsprüfung nicht mehr zu unterziehen, um Mitglied zu werden (Cherry 1974, 218ff).

Am Ende der dreißiger Jahre waren sieben britische Hochschulen „anerkannt"; sechs weitere boten eine planerische Ausbildung ohne eine solche Anerkennung an. Dies ist wohl der einzige Fall, in dem eine berufsständische Vereinigung einen so weitgehenden Einfluß auf die Hochschulausbildung auszuüben vermochte; der Hauptgrund dafür dürfte darin liegen, daß der staatliche Einfluß auf die Hochschulen und ihre Prüfungsordnungen in England erheblich geringer war als in den meisten Ländern des europäischen Kontinents.

Rolle des Town Planning Institute

Eine organisatorische Verfestigung stellte die Schaffung des „Joint Examination Board" 1932 dar, das außer fünf Mitgliedern des Town Planning Institute noch je zwei des Royal Institute of British Architects, der Institution of Municipal and County Engineers und der Surveyors' Institution umfaßte. Gleichzeitig wurde der Zugang zum Town Planning Institute auch solchen Kandidaten eröffnet, die nicht bereits Mitglied einer der drei anderen berufsständischen Vereinigungen waren. 1933 wurde zur beruflichen Fortbildung – bald auch zur Stärkung der Kontakte mit den Kommunalpolitikern – die „Town and Country Planning Summer School" eingerichtet, die alljährlich für einige Tage die Praktiker zusammenführen sollte und bis heute fortbesteht.

Weiterentwicklung

In Deutschland gab es in der Zwischenkriegszeit im Architektur- wie im Ingenieurstudium neben einer allgemeinen Lehre auch – mittels der Wahl städtebaulicher Entwürfe – Vertiefungsmöglichkeiten auf dem Gebiet der Stadtplanung. Eine engere Zusammenarbeit zwischen beiden Disziplinen bestand indessen offenbar nur an der Technischen Hochschule Berlin, während die Ingenieurausbildung an der Technischen Hochschule Karlsruhe mit ihrer von Baumeister herrührenden und von Hoepfner und Heiligenthal weitergeführten Stadtplanungstradition anscheinend nur wenig Kontakt mit der städtebaulichen Linie der Architektenausbildung hielt. Erwähnenswert sind die „Dresdener städtebaulichen Wochen" 1924 und 1925, die aus einer Zusammenarbeit zwischen der „sächsischen Arbeitsgemeinschaft" der Freien Deutschen Akademie des Städtebaues und dem städtebaulichen Seminar der Technischen Hochschule

Deutschland: Ausbildungsansätze

Ausbildungs-ansprüche

Frankreich

Dresden erwuchsen (Stadtbaukunst 1925, 55); ihre Vorträge wurden in Buchform veröffentlicht. Demgegenüber nahm die Technische Hochschule Berlin die „Städtebaulichen Vorträge" der Vorkriegszeit nicht in vergleichbarer Weise wieder auf. Für die Weiterverfolgung des 1914 von Genzmer gemachten Vorschlags einer Nachdiplomausbildung mit entsprechender Staatsprüfung finden sich in der Zwischenkriegszeit keine Belege; er wurde erst 1956 von Göderitz wieder aufgenommen und brauchte noch mehr als ein weiteres Jahrzehnt bis zu seiner Verwirklichung. Indessen erhob Hoepfner (1928, 45f) nachdrücklich die Forderung nach einer eigenständigen Ausbildung für den „Siedlungsingenieur" als einen neuen Typus des Ingenieurs – der Architekt neige zu sehr zu künstlerischer Subjektivität und der Bauingenieur wisse zu wenig vom Menschen und der Gesellschaft. Andere Fachleute wie Gurlitt und Schumacher sahen in einer Überlagerung von Architekten- und Ingenieurqualifikationen den geeigneten Ansatz. Dagegen entwickelte der an der Technischen Universität Wien lehrende Karl Brunner die Konzeption der „Baupolitik als Wissenschaft" (Brunner 1925), die sich auch in der kurzlebigen, von Brunner in München herausgegebenen Zeitschrift „Baupolitik" niederschlug (vgl. S. 184), ohne daß es indessen zu einem darauf gerichteten Studienprogramm gekommen wäre.

In Frankreich setzte eine städtebauliche Ausbildung, die über städtischen Ingenieurbau und stadtgestalterische Architekturentwürfe hinausging, mit der Gründung der „Ecole Supérieure de l'art public" 1917 in Paris ein, deren Lehrprogramm neben Städtebauentwurf, Hygiene und Ingenieurwesen auch wirtschaftliche und rechtliche Fragen einschloß (Bardet 45, 7). Es wurde allerdings schon 1918 eingestellt; statt dessen wurde eine „Ecole pratique d'Etudes Urbaines et d'Administration Municipale" durch den Conseil Général des Seine-Départements gegründet, deren Lehre auf drei Ziele gerichtet sein sollte: Wissenschaft, Nutzen und Öffentlichkeitsarbeit („scientifique, utilitaire et vulgarisateur"). 1920 wurde sie – umbenannt in „L'Ecole des Hautes Etudes Urbaines" – der Université de Paris und 1924 – nunmehr als „Institut d'Urbanisme" – der Sorbonne angegliedert. In fünf Sektionen wurden Stadtgeschichte, Sozialstruktur, Verwaltung, Wirtschaft und Stadt-

baukunst behandelt. Offenbar war jedoch die praktische Projektarbeit bis 1940 wenig ausgeprägt (Bardet, 1945, 18f).
Eine interessante Entwicklung vollzog sich in den Niederlanden insofern, als die gängige Architekten- und Ingenieurbasis für die städtebauliche Arbeit durch die Argumentation von J.M. de Casseres (vgl. S. 77) in Frage gestellt wurde. Dieser hatte in Dresden Ingenieurwesen, in London und Paris Städtebau studiert und schlug im Bestreben, die Planung auf eine wissenschaftliche Grundlage zu stellen, ihre Einbindung in Soziologie und Geographie unter dem Begriff der „Planologie" vor, der gegen Ende der dreißiger Jahre in das niederländische Fachvokabular Eingang fand und sich seither auch in der Bezeichnung entsprechender beruflicher Vereinigungen niedergeschlagen hat: „Bond van Nederlandse Planologen" und „Vlaamse Federatie voor Planologie"; allerdings sind die „Planologen" nicht identisch mit den auf den Planentwurf gerichteten „Stedebouwkundigen". In anderen Ländern hat sich jener – sachlich durchaus einleuchtende – Begriff nicht durchsetzen können.

Planologen

Ein Blick auf die Vereinigten Staaten zeigt, daß dort das Jahrzehnt zwischen 1920 und 1930 „als eines der aktivsten in der Geschichte des Städtebaues – im Hinblick auf den Berufsstand und auf die Ausbildung – herausragt" (Adams und Hodge 1965, 48). 1930 wurden in 33 Colleges insgesamt 55 Kurse über Stadtplanung angeboten, und 1923 tauchte der Begriff erstmals in einem akademischen Grad auf: Die School of Landscape Architecture an der Harvard-Universität verlieh den „Master of Landscape Architecture in City Planning". Harvard erwies sich auch weiterhin als Vorreiter: 1929 wurde dort mit Hilfe der Rockefeller-Stiftung die erste „School of Planning" in den USA gegründet; innerhalb weniger Jahre folgten das Massachusetts Institute of Technology und die Universitäten Cornell und Columbia diesem Beispiel. (Adams und Hodge 1965, 43ff)

USA

Eine neue Situation ergab sich nach dem Zweiten Weltkrieg, als sich in vielen europäischen Ländern die Aufgabe stellte, zusammen mit der Behebung der Kriegszerstörungen die Leitlinien der künftigen räumlichen Entwicklung zu bestimmen. In keinem Lande wurde diese Aufgabe so klar erkannt und so energisch in Angriff genommen wie in Großbritannien, und eine wichtige Voraussetzung für ihre Lösung wurde in der Aus-

Großbritannien

bildung der Stadtplaner gesehen. Schon kurz vor dem Kriege hatte sich Kritik an der allzu technisch ausgerichteten Planerausbildung geregt; es wurden Ergänzungen auf sozial- und wirtschaftswissenschaftlichem Gebiet und allgemein ein weiterer Blickwinkel gefordert. Zur Erörterung dieser Fragen berief der damalige Planungsminister Lewis Silkin einen Ausschuß unter Vorsitz von Sir George Schuster – das in die britische Planungsgeschichte eingegangene „Schuster Committee".

Schuster-Report Der Ausschußbericht, 1950 vorgelegt, gab wesentliche Anstöße zum Umdenken. Er definierte Planung als eine gesellschaftliche und wirtschaftliche Tätigkeit, die durch die technischen Möglichkeiten des Entwerfens begrenzt, aber nicht bestimmt werde. Folgerichtig müsse der leitende Planer die verschiedenen Stufen des Planens als einen zusammenhängenden Prozeß mit weitreichenden sozialen und ökonomischen Zielen sehen. Hierzu seien Kreativität, Vorstellungskraft, die Fähigkeit zur Synthese und ein umfassendes Verständnis für den Menschen notwendig; eine Hochschulausbildung sei der Entwicklung dieser Qualitäten förderlich. Indessen brauche der leitende Planer keine technische Qualifikation zum Entwurf, sondern vor allem die Fähigkeit, die Tätigkeit der verschiedenen an der Planung beteiligten Arbeitsbereiche zu verstehen und zu koordinieren. Damit erklang – wie Cherry (1974, 226) es ausdrückt – die Totenglocke für den Vorrang der Ursprungsdisziplinen der Stadtplanung. Und bestätigend stellte Peter Hall kürzlich fest: „The typical planner of today, the social scientist convert, is a product of the Schuster report of 1950." (1995, 229)

Vollstudium Bereits 1946 hatte die Universität Durham in Newcastle die erste britische eigenständige Planerausbildung als fünfjähriges Studium geschaffen; 1949 folgte Manchester, während an mehreren Universitäten ein „Master's Programme in Town Planning" für Absolventen benachbarter Disziplinen angeboten wurde.

Planerfortbildung In Deutschland bewegte sich um diese Zeit noch nichts; erst 1956 legte Johannes Göderitz ein vom Deutschen Verband für Wohnungswesen und Städtebau in Auftrag gegebenes Gutachten vor, in dem ein städtebauliches Nachdiplomstudium für Architekten und Ingenieure vorgeschlagen wurde. Als Voraussetzung für einen geeigneten Ort wurde das Vorhandensein einer Universität und einer Technischen Hochschule angesehen;

dies traf seinerzeit nur für Berlin und München zu. Das Gutachten blieb zunächst ohne Folgen – wenn man nicht die durch das Bundesbaugesetz von 1960 ausgelöste Schaffung zweier Fortbildungsinstitute in diesen beiden Städten damit in Verbindung bringen will; Rechtsträger der Institute war und ist die Deutsche Akademie für Städtebau und Landesplanung.

Erst 1969 wurde in München ein dreisemestriges „städtebauliches Aufbaustudium" eingerichtet (1989 eingestellt), das Absolventen nicht nur technischer Disziplinen offenstand. Die Technische Universität Karlsruhe schuf ein regionalwissenschaftliches Aufbaustudium über 4 Semester, das mit dem wissenschaftlichen Grad des lic.rer.reg. abschließt. Weitaus wichtiger für die Entwicklung wurde indessen die gleichzeitige Schaffung eines eigenständigen Planerstudiums im Zuge der Gründung der Universität Dortmund, angeregt durch Herbert Jensen als Mitglied des Gründungssenats. Wenig später folgte Berlin, bald auch die neu gegründete Universität Kaiserslautern mit ähnlichen Programmen. Die Universität Oldenburg und die Technische Universität Hamburg-Harburg boten für das „Hauptstudium" (ab dem dritten Studienjahr) eine Raum- bzw. Stadtplanerausbildung an; in Oldenburg ist sie kürzlich eingestellt worden.

Aufbau- und Vollstudium

Auch in Großbritannien sind einige der Planerstudiengänge in den letzten Jahren aufgegeben worden; neben Sparmaßnahmen mag dabei auch eine verringerte Nachfrage eine Rolle spielen, die wiederum mit dem Prestigeverlust zu tun hat, den die Planung – nicht nur in Großbritannien – im letzten Viertel dieses Jahrhunderts erlitten hat.

Einschränkungen

In Österreich hatte die Technische Universität Wien 1970 mit einem entsprechenden Modell des auf unterschiedlichen Grundstudien aufbauenden gemeinsamen Planerstudiums begonnen und ab 1973 ein volles Raumplanungsstudium betrieben – zunächst als „studium irregulare", bis es 1977 offiziell sanktioniert wurde.

Österreich

In Frankreich setzte das Institut d'urbanisme seine Nachdiplomausbildung im Städtebau fort; inzwischen wird eine von der Architektur weitgehend getrennte, stärker auf die sozioökonomischen, juristischen und finanzwirtschaftlichen Aspekte

Frankreich

der Planung ausgerichtete Ausbildung von zahlreichen Universitäten und Grandes Ecoles angeboten (Richrath 94, 16).

Schweiz
Nordeuropa
An der Eidgenössischen Technischen Hochschule Zürich besteht – nach einer 1965 eingeleiteten Versuchsphase – seit 1967 eine ursprünglich viersemestrige, inzwischen auf zwei Semester reduzierte Nachdiplomausbildung in Orts-, Regional- und Landesplanung. In Stockholm wurde 1967 das „Nordplan"- Institut begründet (Nordiska Institutet för Samhällsplanering), das den Angehörigen der skandinavischen Länder eine städtebauliche Nachdiplomausbildung vermittelt, für die auch eine gewisse Praxiserfahrung vorausgesetzt wird.

Südeuropa
In Italien sind Studiengänge, die mit einem planungsbezogenen akademischen Grad abschließen, an drei Universitäten eingerichtet; an einer größeren Anzahl werden Promotionsstudien auf städtebaulichem Gebiet oder auch Nachdiplomkurse angeboten. Allgemein hält man offenbar in Südeuropa an einer engeren Beziehung der Planerausbildung zur Architektur fest als in anderen Ländern.

Zum Theorieverständnis in der Stadtplanung

Theoriebedarf
Mit dem wachsenden Verständnis für die Vielfalt der Gesichtspunkte, die es bei der Planung von Stadterweiterungen und bei Eingriffen in ein bestehendes Stadtgefüge zu berücksichtigen galt, wuchs das Bedürfnis nach ihrer systematischen Erfassung und Ordnung. In dem Maße, in dem sich hier eine fachliche Aufgabe eigener Prägung abzeichnete, verstärkten sich die Bemühungen, sie zu präzisieren und methodisch zu durchdenken. Im Kern ging es dabei einerseits um die Frage, wie gesicherte Kenntnisse über die Stadt und ihre wirtschaftlichen und sozialen Zusammenhänge zu gewinnen seien, und andererseits um geeignete Vorgehensweisen für die Aufstellung von Plänen und für deren Verwirklichung; man könnte vom Bedürfnis nach einer Theorie der Stadt und einer Theorie des Planens sprechen.

Anfänge der Stadtforschung
Eine „Theorie der Städte" wurde tatsächlich 1854 von Lenoir und Landry vorgelegt (und 1890 in Stübbens Bibliographie erfaßt, vgl. S. 123); in ihr wurde das städtische Baugeschehen auf den Widerstreit zwischen privatem Interesse und öffentli-

chem Ordnungsstreben zurückgeführt. In der zweiten Jahrhunderthälfte mehrten sich dann die wissenschaftlichen Beobachtungen städtischer Lebensäußerungen; Gesundheitsstatistiken, aber auch demographische Untersuchungen traten neben wertende Interpretationen der sozialen Entwicklungen wie etwa bei W.H. Riehl (1861). Hier lagen die Anfänge dessen, was später zusammenfassend „Stadtforschung" genannt wurde (Pfeil 1951).

Was indessen das planerische Vorgehen anging, so gab es durchweg einen deutlichen Vorlauf der Praxis. Zunächst ging es um situationsgerechtes Handeln – und danach erst wurde es gedanklich reflektiert, in der Rückschau systematisch erfaßt und auf Regelhaftigkeiten geprüft. Daraus ließen sich dann Grundsätze des Handelns ableiten, die in Lehrbücher Eingang finden konnten. Dementsprechend finden sich in den Texten des 19. Jahrhunderts von Baumeister, Sitte und Stübben zwar zahlreiche Beispiele ausgeführter Pläne, aber keine generalisierenden Planungsmodelle wie in den späteren Jahrzehnten.

Vorlauf der Praxis

Die aus den praktischen Erfahrungen gewonnenen Regeln bezogen sich auf Sachverhalte, die – schon damit sie überschaubar blieben – meist isoliert voneinander betrachtet wurden: Verkehrsführung, hygienische Gesichtspunkte, städtebauliche Gestaltung, Nutzungsverteilung, um nur die gängigsten zu nennen. Selten nur gingen im 19. Jahrhundert die Ansprüche darüber hinaus. Eine spektakuläre Ausnahme bildet Ildefonso Cerdá, der mit seinem Buchtitel 1867 eine allgemeine Theorie des Siedlungswesens postulierte und die Überzeugung vertrat, daß es sich dabei um eine „wahrhafte Wissenschaft" handele (vgl. S. 120, S. 232).

Erster Wissenschaftsanspruch

Im folgenden Jahrzehnt tauchte der Theoriebegriff in Deutschland auf: „Arminius" (Gräfin Adelheid v. Dohna-Poninski) forderte „eine gesunde Theorie über die Architektur der Großstädte sowie der Städte überhaupt" (1874, 10). Gemeint ist offenbar eine Theorie der Steuerung der baulichen Stadtentwicklung – eine Theorie weniger der analysierenden Erklärung als des Handelns.

„Arminius"

Zwei Jahre später legte Baumeister das erste Buch vor, das als Ansatz zu einer solchen Theorie gewertet werden könnte; aber er vermied diesen Begriff, wie es scheint, bewußt. Ihm ging

Baumeister

es um praktische Handlungsrichtlinien für Stadterweiterungen: eine systematisierte Pragmatik unter „technischen, baupolizeilichen und wirtschaftlichen" Gesichtspunkten. Dreizehn Jahre später nannte Sitte Baumeister „den ersten und bisher einzigen Theoretiker des modernen Stadtbaues" (1889, 89/90) und warf ihm ein Versäumnis vor: „Es müssen unbedingt die Forderungen der Kunst positiv formuliert werden." (135)

Stübben Im Jahr darauf unternahm Stübben eine solche Formulierung, mit der Sitte allerdings kaum zufrieden gewesen sein dürfte: „Die Anforderungen der Schönheit stehen eigentlich nicht für sich selbständig da. Wie die wirkliche Schönheit sich an die Zweckmäßigkeit unmittelbar anlehnt, so ist auch beim Entwurfe des Stadtplanes die Grundforderung des Schönen durch aufmerksame Befolgung der Verkehrs-, Bebauungs- und Gesundheitsbedürfnisse erfüllt. Im Weiteren handelt es sich dann noch um eine kunstverständige, ästhetisch geschulte Durchbildung im Einzelnen." (1890, 50) Die Parallele zu Lethabys Definition der Kunst – „doing well what needs doing" (vgl. S. 145) – liegt auf der Hand. Man wird beide Autoren als frühe Funktionalisten bezeichnen dürfen – in der Tradition jener klassischen Formulierung, die der „Yankee Stonecutter" Horatio Greenough 1852 geprägt hatte: „By beauty I mean the promise of function."

Ästhetik und Funktion Der von Stübben erwähnten „kunstverständigen Durchbildung" wurde in der Folgezeit viel Aufmerksamkeit gewidmet; Karl Henrici mit seinen „Beiträgen zur praktischen Ästhetik im Städtebau" kann dafür ebenso als Beleg gelten wie die – formal ganz anders ausgerichteten – Vertreter der Pariser Ecole des Beaux Arts. Daneben aber entwickelte sich auch die Auseinandersetzung mit den sachlich-funktionalen Aspekten des Städtebaues weiter, wie beispielsweise Herchers „Stadterweiterungen" (1904) und Nußbaums „Hygiene des Städtebaues" (1907) zeigen.

Pragmatik Raymond Unwin spricht zwar in seinem 1909 erschienen Buch „Town Planning in Practice" von Theorie, aber eher in einschränkendem Sinne: „Wir werden gut tun, gegenwärtig die Aufstellung bestimmter Lehrsätze für unsere Theorie zu vermeiden (und) in engster Fühlung mit den tatsächlichen Erfordernissen zu bleiben ..." (1922, 81) Auch in Deutschland gab es Parallelen zu Unwins pragmatischem Ansatz, so etwa bei Theodor Fischer, der in seinen „Sechs Vorträgen über Stadtbaukunst" bekannte, „daß uns nichts so am Herzen liegen soll, als die klare Erkenntnis dessen, was dem Wesen unserer Zeit nach notwendig ist. Scheint Ihnen diese Auffassung zu nüchtern, realistisch, so räume ich ein, daß ein gewisser Verzicht darin liegt, wenn ich vorschlage, so gleichermaßen von vorn anzufangen ..." (1920, 12). An anderer Stelle bekundet er, daß er „nicht Kunst lehren (könne), sondern nur das Handwerk" (5); von Theorie oder Wissenschaft ist nicht die Rede. Aber das von Fischer vermittelte „Handwerk" summiert sich doch zu einem methodisch aufgebauten Regelwerk mit wissenschaftlichem Hintergrund.

Von einer solchen systematischen Arbeitsweise kann man auch bei anderen zeitgenössischen Werken sprechen, und sie ist wohl in der Regel gemeint, wenn der Anspruch auf Wissenschaftlichkeit in der Stadtplanung erhoben wird. In Frankreich gilt Léon Jaussely als der Begründer eines solchen wissenschaftlichen Vorgehens (Toutcheff 1994, 165); in den Vereinigten Staaten referierte G.B. Ford auf einem Kongreß 1913 über „The City Scientific" (im Gegensatz zum gängigen Schlagwort der „City Beautiful"). 1925 erschien die Habilitationsschrift des Österreichers K. Brunner unter dem Titel „Baupolitik als Wissenschaft", 1928 das Buch von Rey, Pidoux und Barde „La science des plans de villes"; in ihm wird für die räumliche Ordnung und Gestaltung, zumindest für die auf optimale Sonneneinstrahlung ausgerichtete Gebäudestellung, Wissenschaftlichkeit in Anspruch genommen (vgl. S. 178).

Systematik

Eine besondere Rolle in der Interpretation der Stadtplanung als eines wissenschaftlich begründeten Handlungsfeldes kommt zweifellos Patrick Geddes zu, der die städtische Umwelt aus der Sicht des Biologen und Soziologen betrachtete und daraus Forderungen an die Stadtplanung ableitete. „Survey before plan" – Bestandsaufnahme vor Planung – ist gleichsam der erste Aufruf zur Systematisierung des Planungsprozesses. Sein Appell an den Planer, sich „in die Seele der Stadt" zu vertiefen, klingt an die Ansprüche an, die später Marcel Poëte aus dem Blickwinkel der geschichtlichen Stadtforschung stellte.

Geddes

Planungsphasen Unter den verschiedenen Definitionsansätzen für die Stadtplanung (vgl. S. 232ff) finden sich mehrfach Kombinationen von Wissenschaft, Kunst und Politik, wobei der Wissenschaft die Erfassung und Analyse der Situation, der Kunst die Planaufstellung und der Politik die Verwirklichung zugewiesen wird: das Postulat eines Planungsprozesses, dessen einzelne Phasen jeweils unterschiedliche Arbeitsweisen erfordern (Hoepfner 1928, Adams 1935, vgl. S. 235f).

Theoriediskussion Das alles stellte sich aber eher als eine Sammlung methodischer Handwerksregeln dar denn als ein schlüssiges Theoriegebäude; erst mit den späten fünfziger Jahren fand – ausgehend von den USA – der Begriff der Planungstheorie Widerhall und zunehmendes Interesse in Europa. Manche erwarteten von der theoretischen Durchdringung des Planens eine Sicherheit der Ergebnisse, die das bisherige Verfahren von „Versuch und Irrtum" nicht hatte erbringen können; indessen wiesen viele theoretische Ansätze einen Abstraktionsgrad auf, der den Bezug zu praktischen Fragen kaum erkennen ließ. Das erklärt sich auch daraus, daß ein Teil solcher Theorien aus anderen Bereichen – etwa dem der Ökonometrie oder der Entscheidungstheorie – entlehnt wurde. Zu dieser Diskussion lieferte der amerikanische Planer Dyckman einen erfrischend relativierenden Beitrag (1969, 300):
„Theories [...] are conceptual formulations of the task of planning. Some are ‚better', in the sense of being more serviceable, than others."

Planungsprozeß Der Schwerpunkt dieser Diskussionen lag nun nicht bei inhaltlichen Fragen, sondern beim sachgerechten Vorgehen zur Entscheidungsfindung, beim Planungsprozess. Die bereits erwähnte, in der ersten Jahrhunderthälfte gängige Vorstellung systematischen planerischen Vorgehens mit ihrer Dreigliederung in Bestandsaufnahme, Planentwurf und Verwirklichung geht vom Gedanken eines linearen Prozesses aus. In ihr steckt ein – meist uneingestandener – Determinismus: als führe die zutreffende Analyse jedenfalls für den kompetenten Stadtplaner zwangsläufig zum „richtigen" Plan, dessen Durchführung dann allenfalls technisch-administrative Qualitäten verlange.

Ziele der Planung Solange diese Grundvorstellung vorherrschte, war es auch verständlich, daß man nicht von „Zielen" der Planung sprach;

sie waren gleichsam in jener „natürlichen Entwicklung" angelegt, der die Planung (nach Abercrombie, vgl. S. 236) „eine lenkende Hand bieten" sollte. Es spricht für sich, daß es in deutschen Städtebaugesetzen nur den neutralen Begriff der „Ordnung" gab – bis hin zum Bundesbaugesetz von 1960, in dem der Zielbegriff nur im Zusammenhang mit dem Gebot zur Anpassung der örtlichen Pläne an die „Ziele der Landesplanung und Raumordnung" auftaucht. Erst in den sechziger Jahren – mit wachsender Einsicht in den politischen Charakter der Planung – belebte sich die Diskussion über Planungsziele; sie gipfelte in der Erwartung, der Planung ein „widerspruchsfreies Zielsystem" vorgeben zu können.

In Wirklichkeit aber gibt es bei jeder umfassenden Planung konkurrierende Ziele, über deren Rangfolge selten Einigkeit besteht; in ihrer verschiedenen Gewichtung liegt ein Ansatzpunkt für unterschiedliche Planungskonzepte. Ein anderer ergibt sich aus der Möglichkeit, verschiedenartige Wege zum gleichen Ziel einzuschlagen, und so bedingt praktisch jedes planerische Vorgehen eine Auswahl aus möglichen Handlungsalternativen. Die systematische Auseinandersetzung mit diesem Aspekt von Davidoff und Reiner (1962) leistete einen wichtigen Beitrag zur Planungstheorie. *Auswahl aus Alternativen*

Eine weitere gründliche Auseinandersetzung mit dem Planungsprozeß stammt von dem Amerikaner Britton Harris unter der Prämisse: „Wir brauchen eine Wissenschaft von der Planung, um den Platz der Wissenschaft in der Planung bestimmen zu können." (1965) In ihr wird ein Modell des Planungsprozesses entwickelt, das den Bereich wissenschaftlichen Arbeitens von denjenigen Planungsphasen abgrenzt, bei denen Wertsetzungen und heuristische Verfahren bestimmend sind. Dem Wissenschaftsbereich gehören die Erfassung von Daten, ihre Analyse und ihre Interpretation im Sinne eines theoretischen Zusammenhangs sowie die darauf gegründete Wirkungsprognose möglicher Eingriffe an. Zielwahl, Entwurf und Bewertung von Alternativen ebenso wie Entscheidung und Implementierung – diese als Maßnahmenbündel zur Verwirklichung verstanden – mögen im methodischen Vorgehen wissenschaftliche Elemente aufweisen, gründen sich aber letztlich auf Wertungen. Diese *Ein Modell des Planungsprozesses*

Interpretation ist auch in der europäischen Diskussion weitgehend akzeptiert worden.

Optimierung durch Verfahren? Weitere Bemühungen um die Verfeinerung des Planungsprozesses haben die Erwartung bestärkt, das vollendet durchorganisierte Verfahren führe automatisch zur optimalen Entscheidung; indessen läuft auch der perfekteste Planungsprozeß ins Leere, wenn in ihn keine konstruktiven Ideen eingehen. Und damit steht man wieder vor der Frage, ob es nicht neben der prozessualen auch so etwas wie eine substantielle Theorie der Planung geben könne, die nicht nur für das Verfahren, sondern auch für die konkrete Entscheidung Anhaltspunkte zu geben vermöchte.

Eine Theorie der Stadt? Eine solche substantielle Theorie würde zunächst eine umfassende Einsicht in die Wirkungszusammenhänge der natürlichen und der sozialen Umwelt voraussetzen, bevor man sich den normativen Ansprüchen zuwenden könnte. Nun haben sich zwar in den letzten Jahrzehnten die Forschungen auf vielen für die Planung interessanten Gebieten wie Stadtökonomie, Stadtsoziologie, Wahrnehmungspsychologie, Verhaltensforschung, neuerdings auch Stadtökologie ungemein ausgeweitet, aber sie sind damit zugleich für die Planungspraxis kaum noch überschaubar. Wohl lassen sich jeweils bestimmte Projekte durch gezielte Forschungen stützen, aber eine handlungsleitende „Theorie der Stadt" ist aus ihnen kaum zu gewinnen.

Ein Modell der Wirklichkeit ... Allerdings hat es seit den sechziger Jahren Bemühungen gegeben, die Stadt als „System" in ihrer vielfältigen Beziehungen zu erfassen und im mathematischen Modell abzubilden. Tatsächlich muß ja der Planer seine Entscheidungen oder Empfehlungen auf eine Vorstellung, ein „Modell" der Wirklichkeit gründen, an dem er sich die voraussichtlichen Wirkungen der von ihm vorgeschlagenen Maßnahmen vergegenwärtigt. Hier nun schienen sich mit dem Computer und dem mathematischen Modell ganz neue Perspektiven für eine Erfassung der Wirkungszusammenhänge in der Stadt zu eröffnen.

... und seine Grenzen Es bedurfte einiger Erfahrungen, bis auch diese Erwartung sich als überhöht erwies, bis man nämlich erkannte, daß für das Modell eine „Reduzierung von Komplexität" erforderlich war, die zu Lasten seiner Wirklichkeitsnähe gehen mußte. Ein modellerfahrener Amerikaner hat dazu einmal auf einer Tagung

angemerkt, das Beste am Modell sei der Zwang für dessen Konstrukteur, sich die Vielfalt der Einflußgrößen klarzumachen; die Rechenergebnisse seien demgegenüber unerheblich. Unabhängig davon jedoch hatte es seit der Jahrhundertwende eine Anzahl normativer Modellvorstellungen zur Organisation der städtischen Umwelt gegeben, die von der Prämisse ausgingen, sie würden den menschlichen Bedürfnissen optimal gerecht und sollten deshalb den praktischen Planungsmaßnahmen zugrunde gelegt werden (vgl. S. 285ff). Aber im Grunde handelte es sich dabei jeweils um eine subjektive und partielle Sicht jener Bedürfnisse – meist weitgehend bestimmt durch besonders fühlbare Mangelerscheinungen. Und wenn solche Modelle – wie etwa das der „Nachbarschaftseinheit" – mit großen Erwartungen aufgegriffen wurden, zeigte die Wirklichkeit häufig, daß mit der Lösung der erkannten Probleme neue und unerwartete Schwierigkeiten einhergingen. So sind solche normativen Modelle einem pragmatischeren, situationsbezogenen Handlungsansatz gewichen.

Normative Modelle

Indessen hat es auch damit seine Schwierigkeiten. Läßt sich die Analyse noch als Feld wissenschaftlicher Forschung begreifen, in dem gesichertes Wissen immerhin erreichbar erscheint – wenn auch kaum in der wünschenswerten Vollständigkeit –, so wird jede über einfache Zusammenhänge hinausreichende Prognose mit Unsicherheitsfaktoren behaftet bleiben. Noch schwieriger wird die Aufgabe, ein darauf bezogenes Handlungskonzept zu erarbeiten. Denn „Entwerfen" (nicht nur auf dem Reißbrett) ist – nach Horst Rittel – ein „bösartiges" (wicked) Problem, weil man nie sicher sein kann, ob es nicht noch eine bessere Lösung gibt als die „beste" der bisher gefundenen.

„Bösartige Probleme"

Damit stellt sich zugleich die Frage nach den Maßstäben einer Bewertung von „besser" oder „schlechter". Auch sie hat die Planungstheorie systematisch zu beantworten versucht – durch „Nutzen-Kosten-Analysen" mit ihrer Rückführung aller Aspekte auf Geldwerte oder, da dies nicht immer – oder wohl richtiger: kaum je – möglich ist, durch die Erfassung solcher „intangibles" in der Form einer Punktwertung, genannt „Nutzwertanalyse"; auch hier ist offenkundig, daß es sich dabei nicht um eine „Objektivierung" von Entscheidungen, sondern allenfalls um

Bewertungsmaßstäbe

die Offenlegung der dabei angewandten Wertskala handeln kann.

Erfolgskontrolle Gewiß ist die Skepsis gegenüber theoretischen Ansätzen auch dadurch gefördert worden, daß einer schlüssigen „Erfolgskontrolle" planerischer Maßnahmen Schwierigkeiten entgegenstehen; nur selten lassen sich ihre Auswirkungen klar trennen von den Einflüssen anderer – nicht steuerbarer und vielleicht nicht einmal erkennbarer – Variablen. Der Abbruch einst hochgelobter Wohnanlagen aus den fünfziger Jahren in den USA, Großbritannien und Frankreich wegen unüberwindlicher sozialer Probleme gibt zu denken.

Enttäuschung In den siebziger Jahren zeigte die Praxis, daß umfassende Planung – „integrierte Entwicklungsplanung", „comprehensive planning" – die in sie gesetzten Erwartungen nicht zu erfüllen vermochte (vgl. S. 239ff). Die These von Braybrook und Lindblom (1963), daß Planung nicht mehr leisten könne als zusammenhanglose Teilverbesserungen („disjointed incrementalism"), begann als wirklichkeitsnäher zu gelten. Aber auch wenn man die Einzelmaßnahmen in einen „perspektivischen" Zusammenhang zu bringen vermag (Ganser 1992), kann es für sie kaum theoretisch abgeleitetete inhaltliche „Rezepte" geben.

Abwägung im Einzelfalle Vielmehr ist inzwischen anerkannt, daß in jedem Einzelfalle die – jeweils unterschiedliche – Fülle der für die Entscheidung wichtigen Gesichtspunkte und Argumente in ein Abwägungsverfahren einbezogen werden muß. Eine systematische Erfassung der aktuellen empirischen Erkenntnisse kann dabei hilfreich sein, indessen werden unterschiedliche Bewertungen von Sachverhalten dabei ebenso eine Rolle spielen wie verschiedenartige Einschätzungen künftiger Entwicklungen und Unsicherheiten hinsichtlich der Auswirkungen von jeweils sich bietenden Handlungsalternativen. Theoretische Erkenntnisse mögen solche Abwägungen erleichtern; die wertende Entscheidung selbst werden sie nicht determinieren können.

Stadtstrukturplanung: Grundsätze und Modelle

Mit dem Wachstum der Städte und der Einsicht in die dabei auftretenden Probleme mußte sich die Frage nach einer zweckmäßigen Form und Ordnung der Stadt unter neuen Gesichtspunkten stellen. Im Unterschied zu den Vorstellungen der „utopischen Sozialisten", die auf ganz neue Siedlungsformen zielten, wurde das Stadtwachstum weithin als Wirken einer höheren Gewalt hingenommen, wie es Eitelberger von Edelberg ausgedrückt hatte (vgl. S. 119). Da es müßig erscheine, über den Vorteil und Nachteil großer Städte zu sprechen, gehe es um klares Denken über die Bedingungen, „unter denen das leibliche wie das geistige Wohl derselben gedeihen kann".

Das Wohl der Städte

Eine Kernfrage in diesem Zusammenhang mußte die nach der flächenhaften Ordnung der Stadt sein, die sich wiederum in drei Hauptkomplexe gliedern läßt: zunächst die Anordnung der Bauflächen im Verhältnis zu den unbebauten Flächen im Stadtbereich selbst und in seiner unmittelbaren Umgebung, ferner die Gliederung des Stadtgebietes in Teilbereiche und schließlich die Anordnung unterschiedlicher Nutzungen innerhalb der Bauflächen.

Ordnung der Flächen

Auf allen diesen Ebenen ging es aber gleichzeitig um die Frage, wie der Verkehr als notwendiges Bindeglied zwischen den Stätten unterschiedlicher städtischer Nutzungen – Wohnungen, Arbeitsstätten, öffentlichen Einrichtungen – zu bewältigen sei und welche Straßensysteme sich hierfür auch unter dem Blickwinkel des Stadtwachstums am besten eigneten. Schon die 1874 vom Verband Deutscher Architekten- und Ingenieurvereine beschlossenen „Grundzüge für Stadterweiterungen" bezeichneten als Kernstück von Erweiterungsprojekten die „Feststellung der Grundzüge aller Verkehrsmittel [...], die systematisch und deshalb in einer beträchtlichen Ausdehnung zu behandeln sind" (Stübben 1890, 554).

Verkehrssysteme

Modelle für die Form der Bauflächen

Die Klagen über die unüberschaubare Flächenausdehnung der Stadt, ihr „unnatürliches" Wachstum, begannen schon früh;

Wachstumsbegrenzung?

bekannt ist Schinkels Bemerkung über das London von 1826: „Die Ausdehnung der Stadt nimmt nie ein Ende..." (Wolzogen, 2. Bd., 157), ebenso wie W.H. Riehls Klage, Europa werde krank an der Größe seiner großen Städte (1894, 102). Eine erste deutliche Alternative zeigte Ernst Bruch in seiner Kritik des Berliner Bebauungsplans auf, dessen Grundfehler er in der „übermäßigen Zentralisation" sah: „Dieser, ihre umkreisenden Planeten durch ihre Attraktionskraft fortgesetzt in ihr eigenes unbehülfliches kolossales Volumen auflösenden ‚großartigen' Sonne des Bebauungsplans stellen wir ein anderes Bild gegenüber, in dem die Planeten ihre eigene Existenz bewahren, einen eigenen Gravitationspunkt bilden und sich mit ihren Trabanten dem großen, lockerer und leichter zusammengefügten Ganzen zwanglos einfügen. [...] Ausgedehnte wirkliche Baum- und Buschpartien zwischen den entstehenden Vorstädten [müssen] das zu erstrebende Ziel sein." (1870, 151)

Grüngürtel Wenig später schlug „Arminius" (1874, 94) die Einrichtung eines Grüngürtels um die bestehenden Städte vor, der eine halbe Meile – also 3,75 km – breit sein solle und nur zu einem Fünftel bebaut werden dürfe; erst außerhalb dieses Gürtels solle dann wieder dichtere Bebauung zulässig sein. Der Gedanke des „Green Belt" war auch in England lebendig und gehörte zum Kern von Howards Gartenstadtkonzept. Seine erste umfassende Verwirklichung im Sinne einer rechtlichen Absicherung fand er in dem Beschluß über den Wald- und Wiesengürtel für die Stadt Wien im Jahre 1905; dieser ging zurück auf einen Vorschlag, den Eugen Faßbender in seinem mit dem zweiten Preis ausgezeichneten Wettbewerbsbeitrag zum Generalregulierungsplan 1893 gemacht hatte.

Soria y Matas *Bandstadt* Ein Hauptmotiv für den Grüngürtel bestand darin, die freie Landschaft – die beim konzentrischen Stadtwachstum immer weiter zurückgedrängt wurde – für den Stadtbewohner auch ohne Benutzung von Verkehrsmitteln erreichbar zu halten. Einen ganz anderen Weg zum gleichen Ziel schlug der Spanier Arturo Soria y Mata, Direktor der Madrider Straßenbahngesellschaft, 1882 vor: den einer linearen Stadtentwicklung, also *Bild 6* einer Ausdehnung der städtischen Bauflächen in relativ geringer Tiefe entlang eines Verkehrsstranges (mit einer Straßenbahn, versteht sich) – und letzten Endes in einer Ausdehnung „von

Cadiz bis St. Petersburg". Das Modell fand auch in anderen Ländern Befürworter; so setzte sich in Frankreich Benoît-Lévy für die „cité linéaire" wohl noch stärker ein als für die „cité-jardin" (Collins 1959, 81). Das einzige verwirklichte Teilstück im Nordosten von Madrid wurde von der späteren Erweiterung der Stadt so vollständig aufgesogen, daß es nur noch mühsam erkennbar ist.

Ein etwas skurriler Ableger dieses Gedankens, die von dem Amerikaner Edgar Chambless konzipierte „Roadtown" (1910), blieb ohne Folgen. In den dreißiger Jahren griffen vor allem der Russe Alexander Miljutin – mit einem Entwurf für Stalingrad – und der Bauhausmeister Ludwig Hilberseimer – mit einem Plandiagramm für Dessau – das Bandstadtmodell auf und entwickelten es weiter; Hilberseimer blieb auch nach seiner Emigration in die USA dessen entschiedenster Verfechter. Auch Le Corbusier legte um 1950 eine Variante des Bandstadtmodells vor, und letztlich beruhten auch die – nicht oder nur zum geringen Teil ausgeführten – Entwürfe zweier in den sechziger Jahren konzipierten englischen „New Towns", South Hampshire von Colin Buchanan und Central Lancashire von Llewelyn-Davies, auf dem Prinzip der Bandstadt.

Weitere Bandstädte

Eine deutliche Schwäche des Bandstadtmodells liegt darin, daß es aus seiner Struktur heraus keinen klaren Standort für das Stadtzentrum zu bieten vermag, dessen Bedeutung allerdings in den frühen Fachdiskussionen offenbar geringer eingeschätzt wurde als heute. Damit hängt es wohl zusammen, daß erst die Kombination der Bandstadt mit dem traditionellen konzentrischen Modell – im Sinne von radial auf das Stadtzentrum orientierten Siedlungsbändern – mehr Interesse und weitaus mehr praktische Verwirklichung gefunden hat. Als Vorläufer darf man wohl eine der von Fritsch (1896) angebotenen Varianten seiner „Stadt der Zukunft" ansehen, in der die radial auf den repräsentativen Stadtmittelpunkt orientierten Stadtteile durch keilförmige Grünflächen voneinander getrennt sind; nachdrücklicher noch wurde dieser Gedanke in dem Wettbewerbsentwurf von Möhring, Eberstadt und Petersen für Groß-Berlin (1910) betont. Die Fülle von Planungen, die in den verschiedensten Ländern dieses Modell aufnahmen und variierten, kann hier nur angedeutet werden; Paul Wolf (1920)

„Stern"-modell

und Roman Heiligenthal (1921) stellten es in ihren Schriften diagrammatisch dar, und der Berliner Verkehrsplaner Peter Friedrich widmete ihm in den späten zwanziger Jahren eine Reihe von Studien, aus denen offenbar auch das Konzept für den 1938 vorgestellten MARS-Plan für London abgeleitet wurde (vgl. S. 62). Stets handelte es sich dabei um eine Gruppierung von Siedlungsbändern begrenzter Tiefe, beiderseits von Freiflächen gerahmt und durch einen mittigen Verkehrsstrang – meist Schiene und Straße – erschlossen. Dem gleichen Grundprinzip folgten später der Kopenhagener „Fingerplan" der fünfziger Jahre, Rudolf Hillebrechts Regionalstadtkonzept von 1961 (allerdings mit den Hauptausfallstraßen außerhalb der Siedlungsbänder) und das „Hamburger Dichtemodell" (Krüger et al. 1972, 293).

Bild 19

Flächenraster

Als weiterer Grundtypus für die Ordnung der Siedlungsentwicklung – neben dem bandförmigen und dem konzentrischradialen – findet sich verschiedentlich das Konzept einer gleichmäßigen flächenhaften Haupterschließung durch ein rasterartiges Straßennetz, in dessen Maschen sich jeweils Bau- und Freiflächen verzahnen. In diese Kategorie gehört Frank Lloyd Wrights utopisch-usonische „Broadacre City" (1945) – wenn man sie denn bei der vorgesehenen Dichte von 2,5 Einwohnern je Hektar noch als Stadt ansehen will –, aber auch Le Corbusiers Planung für die indische Stadt Chandigarh ebenso wie das einzige der drei großen englischen Neustadtprojekte aus den sechziger Jahren, das annähernd im vorgesehenen Umfang verwirklicht wurde: Milton Keynes. In den beiden letzten Fällen weisen die Maschen innerhalb des Straßenrasters die gleiche Größenordnung von etwa einem Quadratkilometer auf. Als Vorzug des Rasters wird häufig dessen Flexibilität betont; diese hat aber ihre deutlichen Grenzen, sobald bestimmte verkehrsintensive Nutzungen innerhalb des Rasters fest verortet sind.

„Statische" Modelle

Bild 13

Alle diese Modelle zielen darauf, das als unausweichlich hingenommene Stadtwachstum in geordnete Bahnen zu lenken; zwar gab es daneben einige „statische" Modellvorstellungen wie Tony Garniers „Cité industrielle" oder Le Corbusiers „Ville contemporaine", die gleichsam einen Endzustand zeigten. Das war gewiß einer der Gründe, warum sie ohne Resonanz in einer Praxis bleiben mußten, die sich immer wieder mit dem Wandel nicht nur der Entwicklungskräfte, sondern auch der Zielvorstellungen auseinandersetzen mußte. Indessen bot sich noch ein weiterer Weg, die Wachstumskräfte der Stadt zu steuern, den schon Ernst Bruch, wie erwähnt, aufgezeigt hatte und den Ebenezer Howard als erster präzisierte (sofern man nicht Owen und Fourier als ferne Vorläufer ansehen will): das Auffangen dieses Wachstums in neu zu gründenden Städten. Auch das ist eine Entwicklungslinie, die weit über Howard und seine Gründungen Letchworth und Welwyn hinausweist: die britische und die israelische Stadtgründungspolitik nach dem Zweiten Weltkrieg bieten wohl die augenfälligsten Beispiele, aber auch die von der US-amerikanischen „Resettlement Administration" in den dreißiger Jahren neu angelegten Siedlungen gehören in diese Kategorie, nicht anders als die „Entlastungsstädte" um Paris oder einige deutsche Gründungen wie Sennestadt, Hochdahl oder Wulfen. Zoetermeer in den Niederlanden oder Louvain-la-Neuve in Belgien lassen sich hier ebenfalls einreihen, wenngleich bei letzterem – wie in manchen anderen Fällen – auch andere Motive hinzukamen; hier war es vor allem die Gründung einer französischsprachigen Paralleluniversität zur traditionsreichen „Katholischen Universität" Leuven (Löwen), die infolge der neuen Regionsgliederung flämisch geworden war.

Stadtneugründungen

Bild 9

Der Begriff der „Satellitenstädte" wurde in Europa wohl vor allem durch den Buchtitel von Purdom bekannt gemacht, der ihn aber seinerseits zuerst in einer amerikanischen Schrift von 1915 gefunden hat (Purdom 1925, 25); er sollte für eine eigenständige Stadt mit etwa 30.000 bis 100.000 Einwohnern stehen, „a town in the full sense of the word, a distinct civic unit with its own corporate life, possessing the economic, social, and cultural characteristics of a town ..." (1925, 26). Dem entsprach der in Deutschland gängigere Begriff der „Trabantenstadt" (vgl. S. 286), hier wohl erstmalig von Ernst May – der 1910 in Unwins Büro gearbeitet hatte – für Breslau propagiert und in Frankfurt am Main verwirklicht; allerdings gerade nicht entsprechend der Definition Purdoms, sondern im Sinne neuer Stadtteile am Großstadtrand, die in aller Regel ausschließlich dem Wohnen dienten, allenfalls ergänzt durch die not-

Satelliten-/ Trabantenstädte

wendigsten zentralen Einrichtungen. So erklärt sich auch die übliche Gleichsetzung dieses Ausdrucks mit dem pejorativen Begriff der „Schlafstädte" oder „dormitory towns".

Abkehr von generellen Modellen

Dem Modell der „echten" Satellitenstadt liegt die Vorstellung eines – zumindest überwiegend – örtlichen Arbeitsmarktes zugrunde, die in den großen Verdichtungsräumen mit ihrer hochdifferenzierten Arbeitsteiligkeit zunehmend unrealistischer wird. Aber es läßt sich auch ganz allgemein feststellen, daß das Interesse an generell gültigen Siedlungsstrukturmodellen im letzten Drittel unseres Jahrhunderts erlahmt ist. Das hängt zweifellos auch damit zusammen, daß in den meisten europäischen Ländern die Abgrenzung der Bauflächen gegen die Freiflächen, des Siedlungsraumes gegen den Landschaftsraum und damit die sinnvolle Zuordnung beider Bereiche nicht mehr auf der Ebene der Gemeinde – auch nicht der Großstadt – entschieden werden kann. Hierzu bedarf es vielmehr einer regionalen Sicht, denn nur auf der regionalen Ebene lassen sich die für solche Entscheidungen bestimmenden ökologischen Gesichtspunkte im Zusammenhang erfassen und mit anderen Ansprüchen abgleichen. Damit tritt zwangsläufig an die Stelle einer generellen Modellvorstellung die Auseinandersetzung mit den Gegebenheiten und Erfordernissen des jeweiligen Planungsraumes.

Auch den heute gängigen Zielvorstellungen der „ökologischen Stadt", der „sustainable city" oder der „ville durable" entspricht – noch? – keine modellhafte Konkretisierung, ebensowenig wie der „Stadt der kurzen Wege", die in Deutschland seit dem von der Bundesregierung herausgegebenen Kommissionsbericht „Stadt 2000" propagiert wird. Das alles klingt ein wenig nach dem sprichwörtlichen Pfeifen im Wald, um sich – angesichts deutlich gegenläufiger Tendenzen in der Wirklichkeit der Städte – Mut zu machen.

Modellvorstellungen zur Stadtgliederung

Gründe der Gliederung

Die Überlegungen zur Gliederung der Stadt in erkennbare Teilbereiche haben zumindest zwei verschiedene Wurzeln – einerseits wirtschaftlich-funktionale Erwägungen, anderseits gesellschaftspolitische Zielvorstellungen. Im ersten Falle geht es darum, den Bewohnern auch großer Städte einen Zugang zu Einrichtungen des Gemeinbedarfs zu sichern und diese deshalb zweckmäßig im Stadtgefüge zu verteilen, während die gesellschaftspolitischen Motive in erster Linie bei der Kritik an der Großstadt und an dem Verlust der sozialen Einbindung ihrer Bewohner, an deren „Wurzellosigkeit" und „Anonymität" ansetzen.

Ein frühes Beispiel für das erstgenannte Motiv bietet Cerdás Plan für Barcelona; zwar erstreckt sich das Gebiet seiner Stadterweiterung nach einheitlichem Ordnungsmuster über viele Quadratkilometer, aber in einem seiner Pläne stellt er eine systematische Verteilung von öffentlichen Einrichtungen wie Schulen und Märkten über das Gesamtgebiet dar, um eine gleichmäßige Versorgung der Bewohner zu sichern. Allerdings blieb dies ohne praktische Folgen. *Cerdá* *Bild 2*

Ein noch früherer Hinweis auf diese Bedürfnisse findet sich in der „Anweisung für die Aufstellung und Ausführung städtischer Bau- und Retablissementspläne" des preußischen Ministers für Handel, Gewerbe und öffentliche Arbeiten von 1855; ihr § 5 lautet: „Bei Aufstellung des Plans ist auf das künftige Bedürfnis von Marktplätzen, öffentlichen Schulen, Kirchen und Gerichtsgebäuden die gebührende Rücksicht zu nehmen, da in Ermangelung einer solchen Fürsorge später unverhältnismäßige Opfer erheischt werden." *Preußischer Erlaß 1855*

Eine deutliche Untergliederung weist das bereits erwähnte Diagramm der „Gartenstadt" von Howard auf. Seine den Stadtkern ringförmig umschließende Wohnzone ist in sechs „wards", also Stadtbezirke, gegliedert, in deren Mitte jeweils die öffentlichen Gebäude wie Kirchen und Schulen angeordnet sind. Hier liegt offenbar eine der Quellen für das spätere Modell der „Nachbarschaftseinheit"; andere Vorläufer kann man in Henricis Münchner Wettbewerbsentwurf von 1893 mit seinem Konzept einzelner Stadtteilmärkte und in Faßbenders gleichzeitigem Wettbewerbsentwurf für den Wiener Generalregulierungsplan – mit einem System von Stadtteilzentren – sehen. Auch Herchers Modell der „Großstadterweiterungen" von 1904 mit seinen vom Durchgangsverkehr freien Bereichen zwischen den Hauptverkehrsstraßen weist in die gleiche Richtung. Seit den *Frühe Modelle* *Bild 9* *Bild 7* neunziger Jahren hatte man zwischen Verkehrsstraßen und Wohnstraßen zu unterscheiden begonnen und sich bemüht, Durchgangsverkehr aus Wohnbereichen durch die Ausbildung des Straßensystems herauszuhalten. Zudem erlaubte das preußische Wohnungsgesetz von 1918 – im Grunde eine Novellierung des Fluchtliniengesetzes von 1875 – den Fuhrwerksverkehr im Wohnungsinteresse zu beschränken. In den zwanziger Jahren setzte sich eine solche Differenzierung des Straßennetzes weitgehend durch – bis hin zum reinen Stichstraßensystem, das von Martin Wagner bereits 1915 in seiner Dissertation dargestellt wurde, 1924 in Clarence Steins Modell des Superblocks wiederkehrt und in Radburn ausgeführt wurde, um schließlich von Hilberseimer und Reichow (der allerdings auch Straßenschleifen zuließ) als einzig richtiges System verfochten zu werden.

Henrici „Um den verschiedenen Teilen der Erweiterung ein charakteristisches Gepräge zu geben," empfahl Henrici, „daß man das Stadterweiterungsgebiet in Bezirke zerlegt, von denen jeder den Umfang einer kleinen Stadt entsprechen mag, und daß man jeden dieser Teile mit einer gewissen Selbständigkeit ausstattet." (1904, 77) Als geeignetes Mittel zur Verdeutlichung dieses Gedankens erschienen ihm Plätze mit Monumentalbauten, doch läßt sein Münchner Wettbewerbsentwurf von 1893 keinerlei Begrenzung der „Bezirke", also der Einzugsbereiche solcher „Subzentren" erkennen.

Gurlitt Noch weiter zielt eine Bemerkung von Cornelius Gurlitt (1920, 379) über die Bedeutung von Versuchen, „durch die Planung geschlossene, dem Durchgangsverkehr versperrte, jedoch an die Verkehrsstraße anliegende Baugruppen zu schaffen, die sich zu selbständiger Verwaltung eignen, also durch das Planen die Bildung von Einzelgemeinden innerhalb der politischen Gemeinde vorzubereiten." Dieser Gedanke, die Großstadt als Gruppierung von kleineren Gemeinden nicht nur zu interpretieren, sondern auch konkret zu entwickeln, spielt in den zwanziger und dreißiger Jahren bei den verschiedensten Autoren eine wichtige Rolle; er ist – neben einer Reihe funktionaler Erwägungen – einer der Hauptgründe für das in dieser Zeit zunehmende Interesse am Konzept der „Nachbarschaftseinheit".

Der Begriff selbst stammt aus den Vereinigten Staaten, Clarence Stein und Henry Wright gelten als seine Protagonisten, das Modell des „Superblocks" als eine erste Annäherung, das Planungskonzept für Radburn als Ansatz zur Verwirklichung. In Europa erschien es als „Wohneinheit zweckentsprechender Größe" (Le Corbusier 1962, 125) oder „von wirksamer Mindestgröße" (Hoffmann 1957, 233) in der Charta von Athen, 1934 wurde es mit Nachdruck von Martin Wagner in seiner etwas zwiespältigen Schrift „Die neue Stadt im neuen Land" propagiert (vgl. S. 185). Im nationalsozialistischen Deutschland wurde dieser Gedanke – manchmal verbunden mit dem Konzept einer hierarchischen Gliederung – politisch aufgeladen: die „Stadtzelle" bot offenbar ein Werkzeug der Disziplinierung und Kontrolle der „Volksgemeinschaft" durch die Partei, auch wenn das nicht alle sie befürwortenden Fachleute im Sinne gehabt haben mögen. In den USA wurde demgegenüber die Gliederung in Nachbarschaftseinheiten geradezu als Gegenmittel gegen totalitäre Vereinnahmung propagiert (Ascher 1942).

Die Nachbarschaftseinheit

Unabhängig davon aber schien der Grundgedanke einer auf die elementaren Versorgungsansprüche – Bildung, Einkauf, Dienstleistungen – der Städter zugeschnittenen, vom Durchgangsverkehr freien und räumlich überschaubaren Siedlungseinheit so überzeugend, daß er in den in den ersten beiden Nachkriegsjahrzehnten zum unentbehrlichen Rüstzeug jeglicher stadtstrukturbezogener Planung wurde. Grundschule und Läden für den Tagesbedarf als Bezugsgrößen – und als Zielpunkte der Fußwegenetze – ließen entsprechend dem jeweils üblichen Schulsystem und der damaligen Struktur des Einzelhandels einen Einzugsbereich zwischen 5.000 und 10.000 Einwohnern als sinnvoll erscheinen.

Größenordnung

Bild 27

In Frankreich setzte sich Gaston Bardet mit den verschiedenen Größenordnungen städtischer Gliederungselemente unter dem Blickwinkel der Sozialstruktur auseinander und verwandte den Begriff der „Unité-résidentielle" für eine Gruppierung von 500 bis 1500 Familien, „qui doivent constituer le nouveau milieu vivant dans les tissus urbains futurs" (1945, 239). Er nannte dies den „échelon paroissal" – unter Bezugnahme auf Henry Wright und seine „unité de voisinage", also Nachbarschaftseinheit.

„Echelon paroissal"

293

Hierarchie von Zentren

Aus solchen Überlegungen ergab sich folgerichtig das Konzept einer Hierarchie von städtischen Gliederungsebenen mit entsprechenden Zentren, die von jener Nachbarschaftseinheit über ein höheren Ansprüchen genügendes Stadtteilzentrum für eine Größenordnung von 30.000 bis 60.000 Einwohnern bis zum Stadtzentrum – bei Metropolen meist noch mit einer Zwischenstufe – reichte. Beispiele dafür bieten der Greater London Plan von Abercrombie, das Stadterweiterungskonzept für Stockholm mit den neuen Nebenzentren Vällingby und Farsta und – in besonderer Reinheit – die Entwürfe der britischen New Towns der „ersten Welle" (Mark I) wie Stevenage, Harlow und Crawley. Diese fanden eine genaue Entsprechung in dem 1957 veröffentlichten Modell der „gegliederten und aufgelockerten Stadt" (Göderitz et al.), das allerdings auf frühere, bereits während des Krieges erarbeitete Thesen zurückging (vgl. S. 210).

Bild 26

Ähnliche Grundvorstellungen spiegelten sich auch in den Schriften von Roland Rainer und Hans-Bernhard Reichow, wobei dieser – analog zu Hilberseimers Bandstadtkonzept – die Nachbarschaftseinheiten mit verästelter Erschließung an einer Hauptverkehrsstraße aufreihte. Eine detaillierte Ableitung geeigneter Größenordnungen lieferten Llewelyn-Davies und Partner im Erläuterungsbericht der Planung für Central Lancashire (1967).

Environmental area

Sehr bald allerdings gerieten einige der Berechnungsgrundlagen ins Wanken – durch Verringerung des Kinderanteils an der Wohnbevölkerung, durch neue Bildungskonzeptionen, durch Strukturwandlungen im Einzelhandel. Auch die sozialpolitische Motivation der Stärkung des sozialen Zusammenhanges schwand angesichts der Erkenntnis, daß die Sozialbeziehungen in der Großstadt keineswegs verlorengingen, sondern sich lediglich von räumlicher Nähe lösten. So ist es sicher kein Zufall, daß Colin Buchanan in „Traffic in Towns" zwar auch eine räumliche Gliederung befürwortete, aber nicht mehr von der „Neighbourhood Unit", sondern von der „Environmental Area" sprach und damit einen Bereich meinte, in dem Umweltqualität Vorrang vor Verkehrsansprüchen haben sollte (1963).

Gliederung in Stadtteile

Inzwischen ist zwar die „Nachbarschaftseinheit" aus dem Vokabular und aus den Konzepten der Planer weitgehend entschwunden – und mit ihr der Gedanke ihrer deutlich markierten physischen Abgrenzung ebenso wie der Anspruch auf die Bildung nachbarschaftlicher „Gemeinschaften". Indessen gehört nach wie vor eine Gliederung des Stadtgebietes durch Grünzüge und topographische Gegebenheiten einerseits, durch die trennende Wirkung der Hauptverkehrszüge andererseits zu den allgemein akzeptierten Planungsgrundsätzen. In ähnlicher Weise werden die Ausprägung einer eigenen Charakteristik von Stadtteilen und die Stärkung eines entsprechenden „Stadtteilbewußtseins" durchweg positiv bewertet; verschiedentlich ist auch eine Tendenz zur stärkeren politischen Gewichtung von Stadtbezirken zu erkennen.

Modellvorstellungen zur Nutzungsverteilung

Die Überlegung, welche Bereiche unterschiedlicher Nutzung in eine Stadt gehören und wie sie einander räumlich zugeordnet werden sollen, stellt eines der wichtigsten Themen in der Entwicklung der neueren Stadtplanung dar. Dabei geht es in erster Linie um wirtschaftlich-funktionale Erwägungen, um die Erleichterung der Lebensabläufe in der Stadt durch eine zweckmäßige Zuordnung von Arbeitsstätten und Einrichtungen des Gemeinbedarfs zu Wohnbereichen und Infrastruktursystemen. *Nutzungs-gliederung*

Nutzungsdifferenzierung kann sich sowohl auf die Art der Nutzung – Wohnen, Gewerbe, Gemeinbedarf mit mehr oder minder weitgehender Untergliederung – als auch auf das Maß der Nutzung beziehen, also den Überbauungsgrad des Grundstücks nach Fläche und Höhe. Dieser wirkt sich dann, wenn auch mit sich wandelnden Relationen, auf die Dichte von Einwohnern und Arbeitsplätzen aus – und damit auf den Flächenanspruch der Stadt und auf das Verkehrsgeschehen. *Art und Maß der Nutzung*

Die Forderung nach räumlicher Trennung der Fabrikbereiche von den Wohngebieten führte zu den ersten Ansätzen einer Gliederung nach der Art der Nutzung. Eine frühe gesetzliche Regelung findet sich im norwegischen Baugesetz von 1845; in Deutschland war es wohl erst die Gewerbeordnung des Norddeutschen Bundes von 1867 – später Reichsgewerbeordnung –, die hierzu Handhaben bot. Maßgebend hierfür waren Gründe der Hygiene und der Feuersicherheit, nicht solche der Stadt- *Abtrennung der Industrie* organisation. Die Entschließung des Verbandes Deutscher Architekten- und Ingenieurvereine von 1874 macht dies deutlich: „Die Gruppierung verschiedener Stadtteile soll durch geeignete Wahl der Situation und sonstiger charakteristischer Merkmale herbeigeführt werden, zwangsweise nur durch sanitarische Vorschriften über Gewerbe."

Dreiteilung der Stadt
Allerdings prognostizierte Baumeister, auf den eben diese Entschließung zurückging, kurz darauf „in einer großen Zukunftsstadt drei räumliche Abteilungen. Die eigentliche Geschäftsstadt als Kern, Industriebezirke (eventuell auch Großhandel), Wohnungsbezirke [...]; einem guten Erweiterungsplan wird man die Austeilung nach den verschiedenen Bedürfnissen sofort ansehen." (1876, 83).

Zonenbauordnung
In Deutschland wirkte im letzten Viertel des 19. Jahrhunderts der „Deutsche Verein für öffentliche Gesundheitspflege" auf eine Abstufung der zulässigen Grundstücksausnutzung in unterschiedlichen Stadtbereichen hin, wobei es zunächst mehr um das Maß als um die Art der Nutzung hin. Als Markstein für die Verwirklichung dieser Bestrebungen gilt die Frankfurter Zonenbauordnung von 1891, erlassen unter dem für städtebauliche Fragen sehr aufgeschlossenen Oberbürgermeister Franz Adickes. Viele Städte folgten mit ähnlichen Vorschriften, für die in Süddeutschland der Begriff „Staffelbauordnung" – mit „Baustaffeln" anstelle von „Bauzonen" – gebräuchlich wurde.

Ökonomisches Nutzungsmodell
Die Festsetzung differenzierter Nutzungen wurde nach der Jahrhundertwende auch von einigen nordamerikanischen Staaten übernommen, aber erst 1917 nach gerichtlichen Auseinandersetzungen vom Bundesverfassungsgericht als verfassungskonform bestätigt (vgl. die Bemerkung von Marsh, S. 140). In den Vereinigten Staaten wurde auch erstmalig ein ökonomisch begründetes Modell der räumlichen Verteilung städtischer Nutzungen und ihrer Veränderung im Zeitablauf entwickelt (Burgess 1925), in seiner konzentrischen Struktur ähnlich dem Agrarnutzungsmodell der „Thünenschen Ringe" von 1826. Wenn es um diese Zeit in Europa mit seiner alten Stadtkultur noch keine entsprechenden Theorien des Stadtwachstums gab, so wohl vor allem deshalb, weil die räumliche Entwicklung der amerikanischen Städte fast ausschließlich durch die Marktkräfte bestimmt war und deshalb leichter generalisierbar schien.

Die Stadtmodelle von Fritsch und Howard weisen eine deutliche Differenzierung der Nutzungsbereiche auf; gemeinsam sind beiden eine repräsentative Mitte und eine Anordnung der Arbeitsstätten – und der Eisenbahn – an der Peripherie. Aber während Fritsch den dazwischen liegenden Wohnbereich im Sinne der Klassengesellschaft qualitativ nach außen abstufte – mit vornehmen Villen nächst dem monumentalen Zentrum –, sah Howard eine homogene Wohnzone beiderseits eines ringförmigen Boulevards vor, an dem die Gemeinbedarfseinrichtungen liegen.

Fritsch
Howard
Bild 9

Arbeitsstätten erscheinen in beiden Diagrammen – wie fast durchgängig in der ersten Jahrhunderthälfte – lediglich in der Form von Industriegebieten; erst danach rückte mit dem Wachstum des tertiären Sektors auch die Bedeutung des Stadtkerns nicht nur als Standort zentraler Einrichtungen, sondern als Massierung von Arbeitsplätzen ins Bewußtsein. So sind die beiden im ersten Viertel des Jahrhunderts entstandenen französischen Stadtstrukturmodelle – Tony Garniers „Cité industrielle" und Le Corbusiers „Ville contemporaine" – durch eine strenge Trennung des Industriebereichs von der sonstigen Stadt gekennzeichnet, aber außer dem aus Hochhäusern bestehenden Geschäftszentrum bei Le Corbusier gibt es bei beiden kaum weitere Nutzungsdifferenzierungen. Tatsächlich konzentrierte sich das Interesse der Flächennutzungsplaner in jener Zeit vor allem auf das Verhältnis zwischen Wohn- und (industrieller) Arbeitsstätte, wie dies auch Miljutins und Hilberseimers Bandstadtmodelle belegen: Längs des Verkehrsbandes wurden auf einer Seite Wohngebiete – bei Hilberseimer als „Nachbarschaftseinheiten" –, auf der anderen Seite Arbeitsstätten aufgereiht; als Vorzüge wurden kurze Berufswege dank unmittelbarer Zuordnung quer über das Verkehrsband, aber auch leichter Zugang zur freien Landschaft – wegen der geringen Tiefe des „Wohnbandes" – hervorgehoben.

Arbeitsstätten

Bild 13

Die Charta von Athen differenzierte zwischen Industrie, Handwerk, Geschäften, Verwaltung und Handel und forderte zwar eine Trennung der Industriegebiete von den Wohnvierteln, aber auch kurze Wege zwischen Arbeits- und Wohnstätte, bestimmte Standorte für das eng mit dem Leben der Stadt verbundene Handwerk und gute Verbindungen des Geschäftsviertels mit

Charta von Athen

Wohnen, Industrie und Handwerk. Es wurde also keine radikale Trennung der Funktionen gefordert, wie sie später immer wieder diesem Manifest zur Last gelegt wurde – übrigens unter erheblicher Überschätzung seiner Wirksamkeit. Daß die tatsächliche Entwicklung in die Richtung einer räumlichen Trennung der Bereiche verschiedener Nutzungen ging, war nicht nur in der Planungspraxis der Zeit angelegt, sondern wurde zugleich durch die wirtschaftlichen Mechanismen von Boden- und Mietpreisen gefördert – wie etwa die „Citybildung", die Verdrängung der Wohnnutzung aus den Stadtkernen.

Kritik an der Trennung Diese Entwicklungen waren es auch – zusammen mit Veränderungen im Sozialverhalten, durch technische Möglichkeiten und neue Medien ausgelöst oder verstärkt –, die das intensive städtische Leben, wie man es aus den dicht bebauten Großstadtvierteln der ersten Jahrhunderthälfte kannte, nicht mehr aufkommen ließen: eine Veränderung, die bald von der Kritik als Verlust an städtischer Qualität empfunden und in erster Linie der Stadtplanung zur Last gelegt wurde. Mit dem Beginn der sechziger Jahre – als in Deutschland gerade die Baunutzungsverordnung (1962) als rechtlicher Niederschlag einer auf Nutzungstrennung gerichteten Fachauffassung erlassen wurde – setzte diese Kritik mit Veröffentlichungen ein, deren Titel als Alarmsignale wirkten: „The Death and Life of Great American Cities" (Jacobs 1961), „Die gemordete Stadt" (Siedler 1964), „Die Unwirtlichkeit der Städte" (Mitscherlich 1965).

Verdichtung und Verflechtung Aus dieser Grundstimmung heraus wurde als Gegenbild zur „gegliederten und aufgelockerten" Stadt das neue Schlagwort von der „verdichteten und verflochtenen" Stadt geprägt, in der die Voraussetzung einer erstrebten „Urbanität" gesehen wurde. Allerdings hat es für dieses Konzept – im Gegensatz zum vorherigen – niemals ein diagrammatisches, räumlich umsetzbares Modell gegeben, geschweige denn eine als vorbildlich angesehene Verwirklichung. Eine gewisse konzeptionelle Annäherung an dieses Ziel kann man im Plan für die „New Town" Hook westlich von London sehen (London County Council 1961), der auf eine Nachbarschaftsgliederung verzichtete und 70.000 der vorgesehenen 100.000 Einwohner in höchstens 800 m Entfernung von einer linearen Zentralzone unterbringen sollte; aus politischen Erwägungen würde jedoch auf eine Stadtgründung an diesem Ort verzichtet, und das – zweifellos interessante – Konzept wurde auch an keiner anderen Stelle wieder aufgegriffen. Zwar fanden einige Anlagen wie etwa Toulouse le Mirail von Candilis als Schritte in die erstrebte Richtung zunächst Anerkennung, aber der erste konkrete Niederschlag der neuen Zielvorstellung in Deutschland, das Märkische Viertel in Berlin, zog – wie eine Reihe ähnlicher Anlagen – sehr bald heftige Kritik auf sich. Ein ähnliches Schicksal traf vergleichbare Großprojekte in anderen europäischen Ländern, vor allem in Schweden, Großbritannien und Frankreich, so daß das neue Schlagwort seine Faszination schnell einbüßte. Zudem wurde in aller Regel nur die – den Investoren natürlich höchst willkommene – Verdichtung erreicht, nicht jedoch die Verflechtung mit anderen Nutzungen, selbst wenn sie keine Immissionsprobleme aufwarfen. Ihrer Verwirklichung wirkten ökonomische Mechanismen oder Probleme der Trägerschaft häufig auch da entgegen, wo sie den ursprünglichen Entwurf noch bereichert hatten – wie etwa in der Amsterdamer Großsiedlung Bijlmermeer, in der zunächst die Erdgeschoßzonen für eine – allerdings wohl nicht ganz realistisch eingeschätzte – Nutzungsvielfalt vorgesehen waren.

Die wachsende Bedrohung der Stadtqualität durch den motorisierten Individualverkehr – durch Lärm und Abgase, aber auch durch den schieren Raumanspruch der Automobile – hat der Forderung nach Reduzierung des Berufsverkehrs weiteren Nachdruck verschafft und damit das neue Schlagwort von der „Stadt der kurzen Wege" beflügelt. Aber seine Verwirklichung würde letztlich eine Aufgliederung der großen Agglomerationen in räumlich begrenzte Teilarbeitsmärkte voraussetzen, für die angesichts der gegenwärtigen wirtschaftlichen Entwicklungstendenzen keinerlei Ansatzpunkte erkennbar sind. Insofern erscheint auch die Suche nach weiteren Modellen der Nutzungsverteilung, die hier Abhilfe schaffen könnten, wenig aussichtsreich. Die Realität der heutigen europäischen Stadt stellt sich in aller Regel als ein Nutzungsmosaik mit den unterschiedlichsten Mustern dar, die jeweils durch wenige „Festpunkte" wie die wichtigsten Zentren und die Hauptverkehrslinien definiert sind. Die Planung wird dabei kaum mehr tun können

„Stadt der kurzen Wege"

als auf eine gute Verknüpfung von Wohn- und Arbeitsstätten durch den öffentlichen Nahverkehr und auf eine gewisse Ausgeglichenheit der Verkehrsströme hinzuwirken. Damit soll nicht gesagt sein, daß im neuen Jahrhundert nicht ökologische Zwänge zu einschneidenden Änderungen in Wirtschaftsform und Verhaltensweise führen könnten – aber noch zeichnen sie sich in der Realität der Stadt nicht ab.

Stadtgestaltung: Grundsätze und Modelle

Schönheit der Großstadt

Nach der Mitte des 19. Jahrhunderts entstand mit dem durch Haussmann und seine Ingenieure und Architekten geformten Paris ein gestalterisches Vorbild für viele europäische Städte, und es spricht einiges dafür, daß sich in den Darlegungen des Kunsthistorikers Hermann Lotze über die Gestaltungsprinzipien für große Städte Eindrücke von den Pariser Boulevards widerspiegeln:

„Große Städte wollen als große Städte schön sein. Sie sind es niemals, wenn ihre einzelnen schönen Bestandteile so ineinander verwirrt sind, daß es nirgends in ihnen einen orientierenden Mittelpunkt und klare Aussichten über die Massen gibt. [...] An einzelnen wohlverteilten Brennpunkten müßten die monumentalen Bauwerke stehen [...]; diese Plätze würden zu verbinden sein durch Gebäudereihen und Straßen, [...] die in ihrer uniformen Erscheinung die massenhaft zusammengefaßte Lebenskraft und Regsamkeit der Bevölkerung versinnlichten ..." (1868, 549)

Bild 1
Bild 14
Bild 12

Auch die Planung der Wiener Ringstraße entspricht diesen Grundgedanken, und noch der Berliner Wettbewerbsentwurf von Bruno Schmitz (1910) und Otto Wagners Großstadtstudie (1911) sind offenbar diesem Ideal verpflichtet.

Geometrische Ordnung

Zwar ließ sich die „uniforme Erscheinung" der Gebäude in Deutschland kaum rechtlich sichern, aber die jeweiligen Bauordnungsvorschriften wirkten ebenso wie das Bauherrninteresse an möglichst hoher Grundstücksausnutzung gerade in den „gründerzeitlichen" Baugebieten auf eine solche Vereinheitlichung hin, wie nicht nur die Berliner Mietskasernen zeigen. Die Anordnung der Gebäude oder doch zumindest ihrer Straßenfronten – also die bauliche Fassung des öffentlichen Raumes – war in den meisten Ländern durch Festsetzung von Straßen- oder Baufluchtlinien zu erreichen, und in manchen derartigen Plänen ist das Bemühen um anspruchsvolle geometrische Gestaltelemente wie Sternplätze oder konzentrische Straßensysteme oder um wirkungsvolle Blickbeziehungen offensichtlich. Weit überwiegend aber war es das simple System des – streng oder doch annähernd – rechtwinkligen Rasters, das die Stadterweiterungen beherrschte; in Norwegen war es gar bis 1924 gesetzlich vorgeschrieben mit der Folge, daß sich in bewegtem Gelände oft sehr ungünstige Straßenführungen ergaben.

Auch wenn dieses System also gelegentlich mit ästhetischen Ambitionen verbunden war, so regte sich doch gegen Ende des 19. Jahrhunderts zunehmende Kritik am „Geometerstädtebau"; ihr entsprachen die Klagen über den Schematismus der britischen Ortsbauvorschriften, der Bye Laws. Protagonist jener Kritik war Camillo Sitte (1889, vgl. S. 122), der solchen Schemaplänen die ganz andersartigen Raumbildungen des Mittelalters, aber auch die Qualitäten des Renaissance- und Barockstädtebaues gegenüberstellte. Allerdings propagierte er nicht deren Kopie, wie ihm spätere Kritik gelegentlich pauschal unterstellte, sondern die rationale Erfassung ihrer Gestaltungsprinzipien, um diese bei neuen Planungen anwenden zu können (1889, 26); ausdrücklich wandte er sich gegen „erzwungene Ungezwungenheiten, beabsichtigte Unabsichtlichkeiten". (1889, 119)

Camillo Sitte

Bild 8

Sittes Schrift traf in eine aufnahmebereite Situation; seine Gedanken wurden zunächst in Deutschland und Österreich aufgegriffen, wirkten sich aber bald auch in anderen Ländern aus. Dabei traf es sich, daß einige fortschrittliche englische Arbeitersiedlungen wie Port Sunlight und Bournville ähnlichen „informellen" Gestaltungsprinzipien folgten, wie sie auch dem „Arts and Crafts Movement" entsprachen. Auf der gleichen Linie lagen die Planungen von Parker und Unwin für die erste „Gartenstadt" Letchworth und für Hampstead Garden Suburb. Dabei handelte es sich um parallele Entwicklungen; Unwin hat Sittes Buch zwar gelesen, aber in der – verfälschten – französischen Übersetzung von 1902 und vermutlich nicht vor

Raymond Unwin

1906 (Miller 1992, 60, 82). Die Vorliebe Unwins für Motive aus deutschen mittelalterlichen Städten ist unverkennbar, wie dies die Abbildungen in seinen Schriften und die „Stadtmauer" von Hampstead Garden Suburb zeigen; nach dem Bericht seiner Frau hat ihn ein Besuch in Rothenburg ob der Tauber zu Freudentränen bewegt, „als habe er das Ziel einer langen Pilgerfahrt erreicht". (Miller 1992, 112)

„Gartenstadttypus" Die Verwandtschaft dieser Gestaltungsrichtungen erhellt auch daraus, daß in historischen Darstellungen der städtebaulichen Entwicklung in Skandinavien die Einflüsse von Sitte und Unwin durchweg in unmittelbarem Zusammenhang genannt werden – im Sinne eines homogenen Gestaltungskanons. Das Schwergewicht solcher Gestaltungseinflüsse lag bei niedriger, offener oder „halboffener" Bebauung, die sehr bald als „Gartenstadttypus" etikettiert wurde: Dresden-Hellerau und Essen-Mathildenhöhe in Deutschland, Enskede bei Stockholm oder Vreewijk in Holland, um nur einige Beispiele zu nennen.

Geschlossene Bebauung Anders sah es in den geschlossen bebauten Miethausbereichen der Großstädte aus; hier standen zunächst noch geometrische Formen im Vordergrund, wie sich aus manchen Wettbewerbsentwürfen und besonders deutlich aus Daniel Burnhams ambitioniertem Plan für Chicago ablesen läßt; Otto Wagners bereits erwähnte Großstadtstudie mit ihrem streng geometrischen

Bild 12 und monoton repetitiven Plan für einen Wiener Stadtbezirk wirkt geradezu als ein „Anti-Sitte" und ist auch wohl so gemeint.

Blockauflockerung Um diese Zeit allerdings hatten sich vielerorts auch im mehrgeschossigen Miethausbau die neuen Gestaltungsprinzipien niedergeschlagen – geschwungene Straßenwände, räumlich geschlossen wirkende Plätze –, und sie überlagerten sich zugleich mit den Errungenschaften der Wohnungsreformer: Keine Seitenflügel, Hinterhäuser oder Lichtschächte mehr, dafür begrün-

Bild 15 te Innenhöfe im Blockzusammenhang. Indessen scheiterte ge-
Bild 16 rade dieses Anliegen häufig noch an dem von alten, unreformierten Bauordnungen zugelassenen Überbauungsgrad – wie etwa bei der Bebauung des Tempelhofer Feldes in Berlin. Den deutschen Wohngebietsentwürfen dieser Zeit gestalterisch nahe verwandt waren Berlages Planungen für Amsterdam-Süd (vgl. S. 75) und Eliel Saarinens Entwürfe für Wohngebiete in Reval/Tallinn und Helsingfors/Helsinki.

Der Schritt vom aufgelockerten Block zum reinen Zeilenbau war nicht mehr allzu weit; in Tony Garniers Konzept für die Wohngebiete seiner „cité industrielle" kann man einen Vorläufer sehen. Theodor Fischers Wohnbauten der „Alten Haide" in München, 1917 geplant, sind das erste bedeutende deutsche Beispiel; es zeigt übrigens, daß die heute gängige Assoziation des streng geometrischen Zeilenbaues mit den puristischen Formen des „neuen bauens" nicht ganz gerechtfertigt ist. Theodor Fischers parallele Zeilen weisen eher traditionelle Bauformen auf, während Ernst May in Frankfurt mit den geschwungenen Baukörpern der Römerstadt begann – allerdings mit der extrem starren Planung für Goldstein endete. *Zeilenbau*

Was von der späteren Kritik am Zeilenbau als „Verlust des Straßenraumes" beklagt wurde, galt den zwanziger Jahren als Überwindung der „Korridorstraße", als Gewinn an freiem Raumzusammenhang. Auch die dadurch bedingte allseitige Sichtbarkeit der Gebäude wurde begrüßt, machte sie doch dem „verlogenen" Gegensatz zwischen anspruchsvoller Straßenfassade und liebloser Hoffront ein Ende. Mit dem Buch „La science des plans de villes" (Rey et al., 1928, vgl. S. 178) lieferten die Autoren eine wissenschaftliche Begründung für den reinen Zeilenbau, die allerdings auf sehr fragwürdigen Prämissen beruhte und auch kaum Widerhall fand. Wenig später dokumentierten die „Internationalen kongresse für neues bauen" mit einer auf dem Brüsseler Kongreß von 1930 beruhenden Veröffentlichung die „rationellen Bebauungsweisen" der Zeilen (1931). *Moral und Rationalität*

Bild 21

Ohne Zweifel sahen die der Moderne zugewandten Architekten in der strengen Geometrie der Zeilen auch einen ästhetischen Gewinn. In der heutigen kritischen Betrachtung dieser Zeit wird häufig die Stärke des Gestaltungswillens übersehen oder doch unterschätzt, der die sogenannten Funktionalisten bewegte. Vielen diente der Funktionsbegriff vor allem als Waffe gegen den traditionellen Formenkanon, und wenn die Gründungserklärung der CIAM bekundet, „Stadtbau" könne nicht durch ästhetische Prinzipien bestimmt werden, so ist damit gewiß vor allem die Formensprache der „akademischen" Ästhetik gemeint. Weder die mäandrierenden Baukörper in Le Corbusiers „ville radieuse" noch die Gebäudeanordnung in *Gestaltungswille*

Ernst Mays „Zickzackhausen" (Niederrad) können sonderliche Funktionalität für sich in Anspruch nehmen. Die deutschen Beispiele strengen Zeilenbaues, wie sie etwa von Otto Haesler, Ernst May und Walter Gropius verwirklicht wurden, fanden im Ausland nur wenig Nachfolge; einige Beispiele bieten die Niederlande und Skandinavien. Daneben trat ein anderer Typus von Wohnbauten gleichfalls in mehreren Ländern in Erscheinung: die großzügige Hofumbauung, wie sie der Karl-Marx-Hof in Wien, Karl Schneiders zentraler Hof in der Hamburger „Jarrestadt", die Wohnanlage „Spangen" in Rotterdam und einige skandinavische Beispiele zeigen. Zugleich gab es eine Vielzahl anderer Raumgruppierungen, die meist eine Zwischenlösung zwischen Block und Zeile darstellten. Die Arbeiten Fritz Schumachers in Hamburg, Martin Wagners in Berlin, Hendrik Berlages in Amsterdam bieten anschauliche Belege dafür. Kennzeichnend für dieses Bemühen ist Schumachers Bemerkung, daß den „mannigfachen, oft höchst geistreichen Systemen" der Bebauung „das am wenigsten geistreiche, nämlich die Aufschlitzung der Fläche in einfachen ‚Zeilenbau' den Rang abgelaufen hat. Das kann vom Standpunkt der Gestaltung recht gefährlich werden, denn nur einer sehr geschickten Hand gelingt es, den Zeilenbau durch kleine liebevolle Hilfsmittel zu einer erträglichen Wirkung zu bringen." (1951, 42)

Während im „Dritten Reich" der strenge Zeilenbau – offenbar wegen seiner egalitären, „linken" Assoziationen – verpönt war und Neuanlagen sich eher als räumliche Gruppierungen aus unterschiedlich gerichteten Zeilen darstellten – wie etwa in Wolfsburg –, kehrte er beim Neuaufbau nach dem Kriege zurück, wenn auch häufig modifiziert durch das Bestreben, in gewissem Maße räumliche Wirkungen zu erzielen. In Westdeutschland finden sich solche Bemühungen etwa bei Otto Ernst Schweitzer und bei Hans Bernhard Reichow; Dänemark und Schweden bieten eine Fülle von Beispielen für eine vielfältig differenzierte Anwendung der Zeile im Dienste räumlicher Gestaltung, häufig ergänzt durch unkonventionelle Grundrißtypen wie etwa die Y-Häuser von Backström und Reinius oder großzügige Hofbildungen wie Baronbackarna in Örebro; auch bei den Wohnanlagen der INA-Casa in Italien zeigen sich ähnliche gestalterische Ansätze. In Großbritannien und Frankreich hatte sich die Zeile nie in einem solchen Maße durchgesetzt, daß es einer derartigen „Rückkehr zur Raumbildung" bedurft hätte. Ein interessantes Beispiel für eine streng rechtwinklige, aus Zeilen komponierte Wohnanlage, die durchaus räumliche Wirkungen entfaltet, ist „Marly-les-grandes-terres" in St. Germain bei Paris von Marcel Lods; Ähnliches gilt für den gleichfalls – wenn auch lockerer – aus Zeilen komponierten Neuaufbau des Londoner Stadtteils Pimlico.

Die Tendenz zur freiplastischen Gestaltung der Baukörper, durch die Zeile eingeleitet, verstärkte sich mit der Heraufkunft des Wohnhochhauses, für das es einzelne Beispiele schon in den dreißiger Jahren gab: „Bergpolder" in Rotterdam, „Highpoint" und „Highgate" in London, die „Cité da la Muette" in Drancy bei Paris. Das für Berlin-Haselhorst vorgesehene Hochhausprojekt der Reichsforschungsgesellschaft kam jedoch nicht zur Ausführung. Die stärkste Vorbildwirkung für die Entwicklung des Wohnhochhauses nach dem Kriege hat aber wohl die Punkthausgruppe auf den Danviksklippen in Stockholm ausgeübt. Sehr bald wurde das Hochhaus auch als eine Bereicherung der räumlichen Gestaltungsmöglichkeiten empfunden und häufig als „Dominante" in mittelhohe oder niedrige Bebauung eingefügt. Allerdings bewahrheitete sich Gropius' Prognose (1931, 45) nicht, der Mittelhochbau werde zugunsten des Hochhauses und des Flachbaues verschwinden; nicht nur wirtschaftliche, sondern auch sozialpsychologische Argumente sprachen weiter für ihn.

Wohnhochhäuser

In den fünfziger Jahren setzte sich das Konzept des „fließenden Raumes" zwischen freiplastischen Baukörpern zunehmend durch; kennzeichnende Beispiele sind etwa das Hansaviertel in Berlin, Schauplatz der „Interbau" 1957, die Wohnanlage Roehampton Court in London, die Stadterweiterung „Firminy vert" im französischen „Massif Central" oder die zentralen Bereiche der neuen Vororte Vällingby und Farsta bei Stockholm. Zur gleichen Zeit entstanden auch großmaßstäbliche Solitärbauten, deren Prototyp Le Corbusiers „Unité d'habitation" in Marseille war; ihr folgten weitere in Nantes, Firminy und Berlin. Eine ähnliche „Großform" – wenn auch zum Teil mit differenzierterer Durchbildung – bieten Høje Gladsaxe in Kopen-

Fließender Raum
Bild 28

Bild 29

Bild 30
Solitäre

Bild 32 hagen, Le Lignon bei Genf, Park Hill in Sheffield und die Asemwald-Hochhäuser bei Stuttgart, um einige bekanntere Beispiele zu nennen. Wie interessant sie als Werke der Architektur auch immer sein mögen – ihr großer Maßstab macht ihre städtebauliche Einordnung unweigerlich zum Problem.

Maßstabsfragen Hier zeigt sich ein Dilemma, das sich beim Entwurf größerer Wohngebiete „aus einer Hand" zwangsläufig stellt: Man kann entweder versuchen, der großen Wohnungszahl mit einer Steigerung des Größenmaßstabs für das Einzelgebäude beizukommen – wie in den eben erwähnten Beispielen –, oder man kann eine als sinnvoll erkannte Gebäudeanordnung etwa in der Art eines Stempels wiederholen, wie dies die Dänen in Albertslund-Süd oder die Holländer in Rotterdam-Pendrecht geradezu exemplarisch vorgeführt haben. Dazwischen bieten sich allerdings Übergänge wie etwa die rhythmische Wiederholung größerer gemischter Gebäudegruppen, für die es vor allem in den Niederlanden eine Reihe typischer Beispiele gibt; in Deutschland zeigen die Neue Vahr in Bremen oder Karlsruhe-Waldstadt ähnliche Züge.

Bild 31

Bild 33

Großformen Die sechziger Jahre verloren vollends die Scheu vor der großmaßstäblichen Anwendung hoher Wohnbauten und wandten sich zugleich von den bis dahin maßgeblichen einfachen und rechtwinkligen Formen ab: Candilis' Entwurf für Toulouse-le-Mirail wirkte dabei als Vorreiter. In Deutschland war es das märkische Viertel in Berlin, das die neuen Tendenzen demonstrativ herausstellte; ähnliche Maßstäbe weisen das Wohngebiet Bijlmermeer bei Amsterdam mit seinem strengen hexagonalen System und eine Reihe von im einzelnen sehr unterschiedlich gestalteten französischen „grands ensembles" auf.

Kritik und neue Thesen In den siebziger Jahren dagegen setzten kritische Reaktionen auf die weitreichenden Veränderungen – und die Maßstabsvergrößerung – der vorangegangenen Jahrzehnte ein; die „Betonburgen" gerieten zunehmend in Mißkredit. Ausgehend von zunächst vereinzelten Ansätzen zu stärkerer räumlicher Fassung – wie sie etwa die Wohnbauten von Biskopsgården in Göteborg oder von Altwarmbüchen bei Hannover zeigen – gewann man dem geschlossenen Baublock und dem baulich streng gefaßten Straßenraum wieder positive Seiten ab. Viele Einflüsse wirkten in diesem Sinne, so die bereits erwähnten Äußerungen des

29 „Fließender Raum": Neubaugebiet Roehampton in London (um 1960, H. Bennett und L. Martin)

30 „Fließender Raum": Erweiterung der französischen Bergbaustadt Firminy in den sechziger Jahren (Le Corbusier). Im Hintergrund eine „Unité d'habitation".

31 Der große Maßstab: „Wohnring" München/Neu-Perlach, siebziger Jahre

32 Der große Maßstab: Stadterneuerung Sheffield, Wohnanlage Park Hill, sechziger Jahre

33 Das wiederkehrende Muster: Quartier Klein-Driene in Hengelo (1956–1958, van den Broek und Bakema)

Unbehagens an der städtischen Entwicklung – Jane Jacobs, Wolf Jobst Siedler, Alexander Mitscherlich (vgl. S. 298) –, die das Streben nach „Urbanität" beflügelten, Hans Paul Bahrdts These von der Polarisierung des städtischen Lebens in Öffentlichkeit und Privatheit (1961, 38), aber auch die stadtgestalterischen Untersuchungen von Gordon Cullen (1961) und Kevin Lynch (1961).

Die Postmoderne Mit diesen Tendenzen überlagerten sich weitere: die Auflösung des bisherigen weitgehenden Formenkonsenses in der Architektur durch „postmoderne" Gestaltungstendenzen und die Wiederentdeckung von – manchmal nur nostalgischen – Qualitäten in Architektur und Städtebau der Vergangenheit (sofern sie lange genug vergangen war, um nicht als Konkurrenz der Gegenwart empfunden zu werden). Gewiß hatte das auch mit der Enttäuschung jener überhöhten Erwartungen zu tun, die man in den sechziger Jahren in die Beherrschbarkeit der Zukunft gesetzt hatte. Hinter dem aussagearmen Begriff der „Postmoderne" verbergen sich mehrere durchaus heterogene Tendenzen, die vom neuen „Rationalismus" im Sinne Aldo Rossis über den „Dekonstruktivismus" – eine waghalsige Wortprägung – bis zum „ironischen" Gebrauch historischer Formen und bis zur Kopie untergegangener Bauten reichen: in den fünfziger Jahren hatte dies als unmoralisch gegolten.

„Anything goes" Alles das wirkt sich natürlich auch auf die städtebauliche Gestaltung aus, die sich dann beispielsweise mit so skurrilen Elementen wie den Rotterdamer „Baumhäusern" – auf eine Ecke gestellten Kuben – auseinandersetzen muß. Besonders augenfällig schlugen sich die wechselnden Tendenzen der Nachkriegszeit im Bereich des Frankfurter Römer nieder: von der Ergänzung des teilzerstörten historischen Rathauskomplexes nach dem Verständnis der fünfziger Jahre – zeitgemäße Form in maßstäblicher Anpassung – über das noch der ausgehenden Moderne entstammende Technische Rathaus bis zu der vom

Bild 34 „neuen Rationalismus" geprägten „Schirn", der Kopie der historischen Bauten am Römerberg mit ihrer postmodernen „Hintermauerung" und den Häusern der Saalgasse, die einander im Bemühen um Originalität zu überbieten suchen. Für alles das gibt es natürlich auch anderswo Parallelen – aber selten auf so engem Raum beieinander.

34 Frankfurt Römerberg-Ost: Kopien untergegangener Bauten als „Zitat" mit postmoderner „Hintermauerung" (achtziger Jahre)

Neuer Eklektizismus

Bild 35
Bild 36

Die Orientierung an früheren Bauformen grenzt gelegentlich ans Groteske wie etwa bei dem Katalanen Bofill, der in den Pariser Entlastungsstädten harmlose Sozialwohnungen in das Gewand eines Barockschlosses (in Cergy-Pontoise) oder eines Viaduktes (in St. Germain-les-Yvelines) gezwängt hat. Auch wenn man das als Ausnahmeerscheinungen wertet, haben wir es doch zweifellos in Europa mit einem neuen Eklektizismus zu tun, der nicht einmal mehr – wie der des 19. Jahrhunderts – dem Bemühen entspringt, durch den gewählten Stil etwas über die Bedeutung des Bauwerks auszusagen, sondern weitaus willkürlicher ist.

Ehrlichkeit und Inszenierung

Damit wird es für die städtebauliche Planung zunehmend schwerer, die Elemente der künftigen Stadtgestalt im vorhinein zu erfassen und in ein Gestaltkonzept einzuordnen, wie dies in den zwanziger und noch in den fünfziger Jahren möglich war; damals gab es zumindest im Wohnbau nur wenige Gebäudetypen, mit denen die Planung zu rechnen hatte. Es liegt nahe, hier einen Zusammenhang zu sehen mit der gesellschaftlichen Sicht der Planungsaufgabe: Der egalitäre Zeilenbau der Zwischenkriegszeit mit seiner als „ehrlich" empfundenen Architektur wie auch das stadtstrukturelle Modell der Zentrenhierarchie (vgl. S. 294) zielte auf die angemessene, die „anständige" Versorgung einer Knappheitsgesellschaft mit Wohnraum, Gütern und Dienstleistungen. Dieser Denkansatz paßt nicht mehr zu einer Wohlstandsgesellschaft, deren Mitglieder auch in der gebauten Umwelt ihre Individualität bekunden und Auswahlmöglichkeiten nutzen wollen – ein Ziel, dem die heutige Neigung zu Inszenierung und Illusion im Bauen entgegenkommt.

Sehnsucht nach Geschichte

Auch das gewiß ehrenwerte Bestreben, geschichtliche Zeugnisse zu erhalten und geschichtliche Strukturen sichtbar zu machen, wird heute vielfach durch jene Tendenz zur Inszenierung und Illusion überlagert. Die Wiedererrichtung historischer Bauten, die verlorengegangen sind, in den fünfziger Jahren nur in Sonderfällen wie denen des Frankfurter Goethehauses oder des Marktplatzes in der Warschauer Altstadt akzeptiert, löst heute kaum Skrupel aus – außer bei der Denkmalpflege selbst, der mit einer auf Inszenierung der Historie gerichteten „Stadtbildpflege" ein fragwürdiger Verbündeter zugewachsen ist. Die hi-

35 Der „postmoderne" Historismus der achtziger Jahre: Neubauten in der Münchner Innenstadt in mittelalterlich sich gebärdender Kleinteiligkeit

36 Der „postmoderne" Historismus der achtziger Jahre: Sozialer Wohnungsbau im Gewand barocker Schloßarchitektur (Cergy Pontoise, eine „Entlastungsstadt" für Paris, R. Bofill)

storische Altstadt als ein mit Kulissen bestückter „Erlebnispark" – für jeden geschichtlich Denkenden eine Horrorvision – scheint im Zeitalter „virtueller" Umwelten nicht mehr fern.

Stadterneuerung und Stadtumbau

Definition   Stadterneuerung – hier definiert als die nicht durch äußere Anlässe wie Stadtbrände ausgelöste, sondern politisch gewollte und gesteuerte Veränderung von Bestand und Struktur innerhalb des bebauten Stadtgefüges – hat sich im Industriezeitalter nur langsam und schrittweise entwickelt. Die stärksten Erneuerungsschübe in den Städten sind jeweils durch Kriegszerstörungen oder Naturkatastrophen ausgelöst worden, die zum großflächigen Neubau zwangen und es damit auch nahelegten, das Stadtgefüge und das Straßennetz neuen Erkenntnissen und Bedürfnissen anzupassen, wie dies beispielsweise nach den großen Bränden in Göppingen 1782 und in Hamburg 1842 geschah. Daß solche Ereignisse auch im 19. Jahrhundert nicht nur als extreme Ausnahmefälle galten, zeigt ein Erlaß des preußischen Ministers für Wirtschaft, Handel und Gewerbe aus dem Jahre 1855, der zwischen normalen Bebauungsplänen und „Retablissementsplänen" für den Aufbau nach Naturkatastrophen unterscheidet. Daneben hat sich natürlich immer wieder eine Erneuerung der Substanz innerhalb des Gefüges durch Neu- und Umbauten vollzogen, die dem jeweiligen Eigentümerinteresse entsprangen.

Voraussetzungen   Hier geht es indessen um Veränderungen im Bestand, die weder durch äußere Einwirkung noch durch den Entschluß des Eigentümers ausgelöst werden, sondern durch politische Entscheidungen. Sie setzen voraus, daß einerseits ein öffentliches Bedürfnis gesehen wird, solche Veränderungen vorzunehmen, und daß andererseits auch die rechtlichen Instrumente für derartige Eingriffe bereitstehen oder notfalls neu geschaffen werden.

Zwei Schwerpunkte   Stadterneuerung in diesem Sinne – man könnte auch von Stadtumbau sprechen, wenn man die beiden Begriffe nicht im Sinne einer Erhaltung und Verbesserung der bestehenden Nutzung einerseits, ihrer vollständigen oder weitgehenden Veränderung andererseits differenzieren will (Adrian 1983, 480f) – stellt sich in der zweiten Hälfte des 19. Jahrhunderts mit zwei Schwerpunktaufgaben dar: der Anpassung des bestehenden Stadtgefüges an neue Ansprüche vor allem des Verkehrs, manchmal aber auch der Repräsentation, und der Beseitigung hygienischer Mißstände durch Sanierung von Gebäuden und Quartieren. Hierfür wurden in verschiedenen Ländern frühzeitig Gesetze erlassen, die teils beiden Aufgaben (Italien 1865, Belgien 1867), teils nur der Sanierung (Frankreich 1850, britische Einzelgesetze) Rechnung tragen sollten (vgl. S. 245).

Tatsächlich stellte sich das Problem der Sanierung ungesunder Wohnungen zunächst in Großbritannien als dem Ursprungsland der industriellen Entwicklung mit dem stärksten Verstädterungsgrad im 19. Jahrhundert. Hier wurde der wachsende Wohnungsbedarf in den Städten zwar auch durch Überbelegung von Altbauten, aber vor allem durch schnell und schäbig gebaute Neubauten gedeckt, meist als dreiseitig eingebaute Reihenhäuser (back-to-back), Produkte der „Jerrybuilders" – auf schnellen Gewinn zielender Unternehmer. Mit dem „Public Health Act" von 1848 wurden zwar erstmalig Ansprüche an die Qualität neuer Wohnbauten gestellt, aber dem schlechten Bestand war nur durch vollständigen Abbruch und Neubau beizukommen, und so zielten die ersten gesetzlichen Regelungen auf die Ermächtigung einzelner Städte zur Enteignung und zum Abbruch solcher „Slums" – erstmalig für Glasgow 1866, im folgenden Jahre auch für Edinburgh und Liverpool, und 1871 für Dundee (Sutcliffe 1981: 53). Im Jahre 1875 wurde dann mit dem „Artizans' and Labourers' Dwellings Improvement Act" ein generell gültiges Sanierungsgesetz geschaffen, doch hat es offenbar quantitativ relativ wenig bewirkt. Das Sanierungsproblem blieb weiter in der Diskussion, und 1898 begründete Ebenezer Howard sein Konzept des Verbundes neu zu bauender Kleinstädte („Garden Cities") auch damit, daß dadurch eine Abwanderung aus London und so dessen „vollständige Umgestaltung" herbeigeführt werde: ein Abbruch der schlechten Bebauung und die Schaffung von Parkanlagen, Spielplätzen und Pachtgärten (1946, 155f).

Großbritannien

Zwar war auch in Frankreich 1850 ein Gesetz zur Verbesserung ungesunder Wohnungen erlassen, aber offenbar wenig angewandt worden (vgl. S. 47); einen kräftigen Sanierungsschub

Frankreich

für Paris brachten die vom Präfekten Haussmann durchgesetzten Straßenbaumaßnahmen, die erhebliche Abbrüche bedingten und zu deren bekundeten Zwecken auch die Sanierung ungesunder Stadtviertel gehörte. Das Gesetz wurde 1902 novelliert und 1917 durch ein – auf die Behebung der Kriegszerstörungen gerichtetes – Enteignungsgesetz ergänzt, von dem aber auch wenig Gebrauch gemacht wurde (Sutcliffe 1981; 154).

Belgien In Belgien wurde 1857 ein Enteignungsgesetz erlassen, das zunächst nur auf die Sanierungsaufgaben zugeschnitten war, 1867 aber auf weitere öffentliche Aufgaben ausgedehnt wurde.

Italien Auch in Italien gab es seit 1865 ein entsprechendes Enteignungsgesetz; indessen führte die schwere Choleraepidemie in Neapel zum Erlaß eines speziellen Sanierungsgesetzes für diese Stadt, das Enteignungsmaßnahmen im öffentlichen Interesse beschleunigte und Staatsmittel für die anschließenden Abbruch- und Neubaumaßnahmen bereitstellte (Calabi 1984, 43).

Prag 1893 erließ die österreichische Regierung nach Auswertung ausländischer Erfahrungen ein Gesetz für die „Assanirung" der extrem überbelegten Josefsstadt in Prag, dem im nachfolgenden Jahrzehnt umfassende Umbaumaßnahmen folgten (vgl. S. 85; Wurzer 1995).

Deutschland In den deutschen Teilstaaten, die jeweils für die Baugesetzgebung zuständig waren, gab es keine generellen Regelungen für Sanierungsfragen; indessen wurden für eine Reihe von Einzelmaßnahmen dieser Art Ad-hoc-Vorschriften geschaffen – so etwa für den umfassenden „Stadtumbau" in Hamburg um 1880, bei dem Wohnungen für etwa 24.000 Einwohner zugunsten von Speicherbauten im neugeschaffenen Freihafen abgebrochen wurden, oder auch – gleichfalls in Hamburg – für den Abbruch der „Gängeviertel", der durch die Choleraepidemie von 1892 ausgelöst wurde. Eine allgemeine Regelung wurde in Deutschland erst mit dem Städtebauförderungsgesetz von 1971 geschaffen, wenn man nicht das „Gesetz zur Neugestaltung deutscher Städte" von 1937 mit seinen erheblichen Enteignungsbefugnissen als einen – etwas anrüchigen – Vorläufer ansehen will.

Das bedeutet indessen nicht, daß nicht schon vorher Sanierungsmaßnahmen auch mit anderen rechtlichen Mitteln betrieben worden wären; insbesondere Straßendurchbrüche wurden häufig mit dem Seitenblick auf den Abbruch schlechter Bausubstanz geplant – so in Köln die Gürzenichstraße, in Dortmund die Hansastraße oder in Hamburg die Mönckebergstraße –, nicht anders als der große Kingsway-Durchbruch in London. In Straßburg bediente man sich kurz vor dem Ersten Weltkrieg des weitergeltenden französischen Sanierungsgesetzes von 1850 (vgl. Schilling 1921).

Daß in der deutschen Städtebauliteratur der Aspekt einer geplanten und behördlich gesteuerten Stadterneuerung im späten 19. Jahrhundert noch keine Rolle spielte, erklärt sich leicht aus der damals herrschenden Entwicklungsdynamik: in den Kernen der schnell wachsenden Industrie- und Handelsstädte sorgte die Privatwirtschaft rasch für den Ersatz alter Bausubstanz durch neue, mehr Gewinn bringende Bauten.

So ging die Fachmeinung offensichtlich dahin, es genüge in der Regel, notwendige Straßenverbreiterungen durch Rückverlegung der Baufluchtlinie vorzubereiten und die Verwirklichung dem Gewinnstreben der Grundeigentüber zu überlassen. Dementsprechend empfahl Stübben in seinem enzyklopädischen Werk „Der Städtebau" 1890 „eine systematische Bearbeitung und Festsetzung der Bebauungslinien" im bebauten Bereich nur für den Fall lebhafter Erneuerungstätigkeit privater Bauherren. Erst in der zweiten Auflage 1907 ergänzte er: „Es gibt aber auch zahlreiche alte Baulichkeiten, Winkelgassen und Ortsteile, gesundheitswidrig und verkehrswidrig, welche nicht nur keine Schonung verdienen, sondern dem alsbaldigen Abbruch zu überweisen sind, um Luft, Licht und Verkehr auf Grund neuer Straßen- und Blockpläne den Bewohnern zuzuführen." (1890, 45; 1907, 237) *Stübben*

Im gleichen Jahr veröffentlichte Nußbaum eine Schrift über „Die Hygiene des Städtebaues", in der er zu den wirtschaftlich bedingten Umwandlungstendenzen bemerkte: „Wo der natürliche Gang dieser Wandlung ein zu langsamer ist, oder große Gebiete an ihm nicht teilnehmen, ist allerdings ein Eingriff der Behörden nicht zu entbehren." Dabei warnte er – offenbar scharfsichtiger als Stübben – vor der Gefahr der Vernichtung einer großen Zahl von Kleinwohnungen „allerbilligster Art": *Nußbaum*

„Aus diesen Gründen ist größte Vorsicht geboten, ehe man an das Niederlegen gesundheitswidriger Wohngebiete herantritt, weil sonst aus dem Fortschaffen eines Übels größere Mißstände zu entstehen vermögen." (1907: 99ff)

Faßbender Fünf Jahre später bekräftigte der Österreicher Faßbender die Notwendigkeit behördlicher Mitwirkung:

„Manche durch den Verbauungsplan bedingte Regulierungen oder Neuherstellungen werden infolge ihrer Größe nicht von den einzelnen Haus- und Grundbesitzern allein durchgeführt werden können; hierzu werden vereinte Kräfte, so insbesondere die Mitwirkung der Stadt oder auch des Landes erforderlich sein." (1912: 119)

Sanierungs- Die internationale Dimension wird ablesbar aus der Doku-
praxis mentation des internationalen Wohnungskongresses von 1913 (vgl. S. 158), bei dem die Verbesserung und Beseitigung ungesunder Wohnungen eines der Hauptthemen darstellte. Dabei zeigte sich, daß bis zur Jahrhundertwende eine einigermaßen wirksame Sanierungspraxis nur in Großbritannien bestand; um so überraschender ist es, daß Unwin diesen Aspekt nur ganz am Rande erwähnt. Auch bei der großen Berliner Städtebauausstellung 1910 spielte er offenbar keine Rolle. Dies mag damit zusammenhängen, daß bis dahin und noch bis in die dreißiger Jahre hinein Sanierung verstanden wurde als restlose Freilegung des Geländes, gefolgt von vollständiger Neuplanung des Erschließungssystem und der Gebäudeanordnung; tatsächlich stellen sich auch die wenigen ausgeführten Beispiele größerer Sanierungen in Deutschland – so die Hamburger Gängeviertel ab 1904 und ein Straßburger Altstadtgebiet ab 1907 – ganz in diesem Sinne dar.

Verluste Indessen mußte sich in diesem Zusammenhang natürlich auch
durch Sanierung die Frage stellen, ob mit der vollständigen Abräumung des Bestandes nicht nur atmosphärische, „malerische" Qualitäten, sondern auch denkmalwerte Gebäude oder wichtige Elemente des historischen Stadtgrundrisses verlorengingen – lange bevor die Ausweitung des Denkmalbegriffs auf „Zeitzeugnisse" Allgemeingut geworden war. Cornelius Gurlitt erörterte diese Frage schon anläßlich der großen Dresdener „Städteausstellung" von 1903, betonte die sich mehrenden Bestrebungen zur Erhaltung alter Stadtbilder und warnte vor Straßenverbreiterun-

gen in den Altstädten, da sie Verkehr anzögen, anstatt die Stadtmitte zu entlasten (1904, 28).
1912 setzte sich Gurlitt in einem Vortrag mit den Erscheinungen der Citybildung und des sozialen Abstiegs von Altstadtgebieten auseinander und fragte, „ob es nicht besser ist, die alten Stadtteile stehen zu lassen und sie von innen heraus zu gesunden, statt sie zu zerstören." Ausführlicher noch behandelte er dieses Thema in seinem umfassenden „Handbuch des Städtebaues" von 1920 und folgerte: „Jedenfalls aber muß die Frage nach dem Erhaltenswerten sorgfältig geprüft werden, ob nämlich durch entsprechende Maßnahmen der Bestand gebessert werden kann oder ob ein Abbruch des Viertels vorzuziehen sei." (1920, 246)

Altstadterhaltung

Im gleichen Jahr erschien das erste ausschließlich auf die Fragen der – noch nicht so bezeichneten – Stadterneuerung gerichtete Buch: Otto Schillings „Innere Stadterweiterung". Aus einer Dissertation erwachsen, enthielt es eine Reihe sorgfältig dokumentierter Fallstudien aus deutschen Großstädten wie auch aus Zürich und Paris, in denen es jeweils um innerstädtische Planungsmaßnahmen im Sinne von – meist miteinander verknüpften – Straßendurchbrüchen und Sanierungen ging.

„Innere Stadterweiterung"

Das Spannungsverhältnis von Sanierung und Bewahrung historischer Qualitäten erörterte auch Theodor Fischer 1928 in einem Vortrag „Altstadt und neue Zeit" – ein Problem, das er „im Grund eigentlich für unlösbar" hielt: Zwar sei es selbstverständlich, daß die Altstadt als Denkmal geschützt werde, doch könne dies nicht durch Einbalsamierung geschehen. Umleitung des Verkehrs sei zwar wünschenswert; wo dies nicht möglich sei, müsse man sich mit Straßendurchbrüchen abfinden, denn dies sei die beste Art, wie im übrigen der Altstadtcharakter gewahrt werden könne; zugleich begrüßt er die Tendenz, neue Geschäftsviertel außerhalb der Altstadt zu deren Entlastung anzulegen (1931, 20).

Altstadt und neue Zeit

Am deutlichsten aber wird wohl die neue Sicht der Dinge von Hamburgs Oberbaudirektor Fritz Schumacher in einem Gutachten für seine Heimatstadt Bremen dargestellt: „Wirklich schützen kann man das Alte nicht, wenn man ihm zumutet, in einer Zeit mit anderem Maßstab die gleichen Funktionen auszuüben wie in einer Zeit mit weit bescheidenerem Maßstab,

Städtebauliche Denkmalpflege

in der es entstand. Wirklich schützen kann man es nur, wenn man versteht, die Lebensfunktionen, die das Alte nicht mehr zu leisten vermag, auf neue Glieder des Organismus zu übertragen, die dafür geeignet sind." Und daraus folgert Schumacher: „Alles das bedeutet eine neue Auffassung von Denkmalpflege. [...] Umleitung der Lebensströme ist das einzig wirkliche Heilmittel." (Schumacher et al. 1931, 229f). Schumacher hatte übrigens schon 1923 in dem von ihm bearbeiteten Generalbebauungsplan für Köln künftige Sanierungsgebiete dargestellt – sicher eine der ersten, wenn nicht die erste Planaussage dieser Art (van der Woud 1983, 142).

Umwertung Damit also war ein neuer Ton in die Diskussion um Sanierungsfragen gekommen: das Thema der „erhaltenden Erneuerung" kündigte sich an. Dahinter stand tatsächlich eine Veränderung der Wertungen: Bis etwa zum Ersten Weltkrieg waren es die vorindustriellen Bauten, die – vor allem in den Großstädten häufig überbelegt und verwahrlost – als sanierungsbedürftig galten. Die immer lautere Kritik indessen an der „gründerzeitlichen" Stadtentwicklung ließ nun jedoch die dichte Bebauung der „Mietskasernen" als den eigentlichen städtebaulichen Sündenfall erscheinen, und so wurde diese zur Zielscheibe von revolutionären Konzepten wie etwa denen Le Corbusiers, aber auch von eher evolutionären Reformmodellen etwa bei Theodor Fischer oder Fritz Schumacher.

Vorindustrielles Demgegenüber erschienen nun die schrumpfenden Überreste
als Baudenkmal vorindustrieller Bebauung als Zeugnisse örtlicher Identität und Kontinuität der Bewahrung würdig, sofern es gelang, sie baulich und in ihrer Ausstattung zu verbessern. So waren in verschiedenen Städten Überlegungen dieser Art angestellt worden, die dann nach 1933 von den Nationalsozialisten ideologisch unterlegt und für ihre Zwecke instrumentiert und genutzt wurden: in einer Reihe neuerer Untersuchungen ist dies im einzelnen dargestellt worden (Schubert 1985, v. Petz 1990).

Internationale Fragen der Wohnungssanierung waren schon früh Gegenstand
Kongresse internationalen Gedankenaustauschs, so – wie erwähnt – bei dem internationalen Wohnungskongreß in Den Haag 1913. Ausführlich wurde „Die Beseitigung verwahrloster Wohnviertel" auch auf der Berliner Tagung des „Internationalen Verbands für Wohnungswesen und Städtebau" 1931 behandelt. Im Zu-

sammenhang mit diesem Kongreß wurde eine „Internationale Ausstellung für Städtebau und Wohnungswesen" veranstaltet, die ihrerseits den Anstoß gab zu einer umfassenden dreisprachigen Zusammenstellung von Länderberichten über Städtebau und Wohnungswesen (Schwan 1935). Diese sind zwar in Aufbau und Schwerpunktsetzung nicht einheitlich, behandeln aber in der Mehrzahl auch das Problem der Sanierung wenigstens in großen Zügen – ein Zeichen dafür, daß es zu diesem Zeitpunkt als generelle Aufgabe erkannt war.

Für die „Internationalen kongresse für neues bauen" (CIAM) mußte „Städtebau" zugleich „Stadtumbau" bedeuten. So kann die „Charta von Athen" von 1933 auch in ihrer ursprünglichen, nicht durch Le Corbusier redigierten Fassung der „Feststellungen" (Steinmann 1979, 160) als Argumentation für eine Umgestaltung der bestehenden Städte gewertet werden; ihr lagen strukturelle Analysen aus 33 Städten zugrunde. Der Kongreß von 1935 hatte die Anwendung der Charta auf Wohnung und Erholung zum Thema; zwei Fallstudien – eine von Le Corbusier für das „Ilot insalubre no 6" in Paris mit einem vollständigen Strukturbruch, der gleichsam ein Stück „Ville radieuse" im alten Stadtgefüge schaffen sollte, die andere von der Schweizer CIAM-Gruppe mit einer eher erhaltungsorientierten Bestandsaufnahme des Langstraße-Quartiers in Zürich – deuten die Bandbreite der Überlegungen an (Steinmann 1979, 204), doch überwog gewiß das auf radikale Umgestaltung gerichtete Denken.

CIAM und Sanierung

Auch in den Fachzeitschriften der dreißiger Jahre gewann das Sanierungsthema an Raum, und mit dem Beginn des Krieges trat es nur scheinbar in den Hintergrund; als nach den Erfahrungen der ersten „Feuerstürme" bei Luftangriffen in verschiedenen Städten durch Gebäudeabbruch „Brandgassen" zu schaffen waren – wie etwa in Trier –, spielten bei deren Festsetzung Überlegungen einer künftigen Neugestaltung eine wichtige Rolle. (vgl. Durth und Gutschow 1988)

Kriegsmaßnahmen

Gleichwohl mußte mit Kriegsende in Deutschland das Sanierungsthema zunächst inaktuell werden: alle Energien waren auf den Neuaufbau gerichtet, und an den Abbruch von auch nur einigermaßen bewohnbaren Gebäuden war vorerst nicht zu denken. Das Problem blieb zwar im Blickfeld der Planung,

Deutschland nach dem Kriege

mußte aber zunächst zurückgestellt werden. Insofern mag es verwundern, daß das Bundesbausetz von 1960 keine Sanierungsregelungen enthielt – vielleicht um das Gesetz nicht noch mit weiterem Konfliktstoff zu belasten. Daß immerhin Gebiete mit städtebaulichen Mißständen kenntlich gemacht werden sollten, ließ die Absicht erkennen, hierfür zusätzliche Regelungen zu schaffen – die allerdings erst elf Jahre später mit dem Städtebauförderungsgesetz zustande kamen.

USA Anders verhielt es sich im Ausland. So setzte in den USA schon in den späten vierziger Jahren eine Welle der Stadterneuerung, des „urban renewal" ein, die vor allem durch entsprechende finanzielle Förderung seitens der Bundesregierung – den „goldenen Zügel" – ausgelöst und gestärkt wurde. Allerdings waren die Motive, mangelhafte Wohnverhältnisse zu beseitigen, kräftig überlagert durch das Bestreben, die Steuerkraft solcher Gebiete durch anspruchsvolle Neubebauung zu stärken; ein gängiges Schlagwort setzte „urban renewal" und „negro removal" gleich. Auch hier ging es durchweg um großflächige Abräumung und Neustrukturierung der Sanierungsgebiete, wie die Wortprägung des „Federal Bulldozer" und Jane Jacobs' Kritik (1961) erkennen lassen; erst die traditionsorientierte Planung für Philadelphia gab den Anstoß für weitere Beispiele erhaltender Erneuerung.

Skandinavien Eine bedeutende Stadtumbaumaßnahme mit dem Ziel, der Nachfrage nach Geschäftsraum neue Standorte zu erschließen, war die seit den dreißiger Jahren diskutierte und nach dem Kriege ausgeführte vollständige Umgestaltung des Norrmalm

Bild 37 in Stockholm, die mit ihrer Fußgängerstraße (Sergelsgatan) und der markanten Hochhausreihe viel internationale Beachtung fand. In Oslo hatte schon vor dem Kriege ein kaum minder spektakulärer Umbau des an den Hafen angrenzenden Gebietes eingesetzt, der in den siebziger und achtziger Jahren fortgeführt wurde (vgl. S. 82f).

Großbritannien In Großbritannien war der Neuaufbau nach 1945 durch eine sozial motivierte städtebauliche Aufbruchsstimmung gekenn-

Bild 24 zeichnet. Nirgends war die Bereitschaft, sich von historischen Stadtstrukturen zu lösen, größer als in England; allenfalls läßt

Bild 25 sich noch der Neuaufbau des Rotterdamer Stadtkerns damit vergleichen. Schlaglichtartig wird dies daran deutlich, daß

37 Stadterneuerung in Stockholm: neues Geschäftsgebiet auf dem Norrmalm, nach Vorplanungen seit den dreißiger Jahren in den Fünfzigern gebaut

Durth und Gutschow auf der Suche nach einer symbolhaften Illustration für ihr Werk „Träume in Trümmern" (1988) mangels deutscher Beispiele auf eine britische Quelle zurückgriffen: die Zeichnung eines Planers, der einen Stadtplan schwungvoll mit dem Schwamm auslöscht und durch einen großzügiges neues Plandiagramm ersetzt. Das neu geschaffene Rechtsinstrument der „comprehensive redevelopment area" war auf den Neuaufbau von kriegszerstörten Gebieten ebenso wie auf reine Sanierungsaufgaben zugeschnitten; auch hier tauchten jedoch in den sechziger Jahren die ersten Sanierungsplanungen auf, in die alter, nicht denkmalgeschützter Baubestand als erhaltenswert einbezogen wurde.

Frankreich Im Gegensatz dazu war das erste Sanierungsgesetz nach dem Kriege in Frankreich unmittelbar auf diese Aufgabe einer erhaltenden Erneuerung ausgerichtet: die 1962 erlassene „Loi Malraux", nach der historische Stadtkerne zu geschützten Bereichen (secteurs sauvegardés) erklärt werden können.

Deutsches Sanierungsgesetz In der Bundesrepublik dagegen schien das Erhaltungsziel den Vätern des Städtebauförderungsgesetzes von 1971 nicht aktuell, denn wenngleich – übrigens erst im Laufe des Verfahrens – Hinweise auf zu erhaltende Gebäude eingefügt wurden, liegt dem Gesetz das Modell einer umfassenden Umgestaltung eines größeren Gebietes zugrunde – einer „Flächensanierung", für die vorab ein Bebauungsplan aufzustellen war, der weitgehend dem eines Neubaugebietes gleichkam. Indessen zeigte sich bald, daß dieses – an den Mietskasernengebieten der Gründerzeit orientierte – Modell den realen Erfordernissen eines schrittweise über mehrere Jahre ablaufenden Sanierungsverfahrens nur bedingt entsprach. Auch hatte man die sozialen Probleme unterschätzt, die aus der Unterbringung von Bewohnern abzubrechender Altbauten erwuchsen; Nußbaums Bemerkung von 1907 (vgl. S. 318) traf immer noch zu.

Erhaltende Erneuerung

Bild 39
Bild 38

So wandte sich das Interesse der „erhaltenden Erneuerung" zu, bei der die Verbesserung und Modernisierung der Altbauten Vorrang vor Abbruch und Neubau erhielt; demonstrativ wurde dieses Prinzip im Rahmen der „IBA" (Internationale Bauausstellung) Berlin verfolgt, aber auch in vielen anderen Städten Europas gibt es gute Beispiele dafür. Bei der erhaltenden Erneuerung qualitätsvoller historischer Wohnquartiere zeigte sich al-

38 Erhaltende Erneuerung in Kopenhagen um 1970: Modernisierung der „Gründerzeit"-Bebauung und Freimachung des Blockinneren

39 Erhaltende Erneuerung in Berlin im Rahmen der Internationalen Bauausstellung (IBA 1984): Erhaltung auch von Rückgebäuden und Hinterhöfen im Blockinneren (H.W. Hämer)

lerdings ein neues Problem: die Verdrängung der alten Bewohner durch zahlungskräftige neue – häufig auch da, wo keine ausgeprägte „Luxussanierung" betrieben wurde. Dieser Prozeß, für den sich im Fachvokabular der Begriff „gentrification" durchgesetzt hat, trug dazu bei, die „Erhaltung der Zusammensetzung der Wohnbevölkerung" als eines der Ziele für die Anwendung der „Erhaltungssatzung" im deutschen Planungsrecht zu kennzeichnen.

Klimawandel Die Hintergründe für diesen Meinungsumschwung können hier nur skizzenhaft und hypothetisch angedeutet werden. Es waren die Konzepte der klassischen Moderne – in der Nachfolge von Le Corbusier oder Hilberseimer –, die im Gefüge der historischen Stadt nichts sahen, was über den Schutz von Einzeldenkmalen hinaus bewahrenswert sei, und es waren der Zukunftsoptimismus und die Machbarkeitseuphorie der sechziger Jahre, die den Ersatz des Bestehenden durch völlig neue Strukturen für unausweichlich hielten. Mehr noch als die Enttäuschung dieser Erwartungen und das Nachdenken über mögliche Grenzen des Wachstums war es wohl das Bewußtwerden der negativen sozialen Auswirkungen einer solchen „tabula rasa"-Sanierung, das zum Umdenken führte.

Geschichte inszeniert? Dieses Umdenken – und mit ihm die Zweifel an der Gestaltbarkeit der Zukunft – beförderte jenen eigentümlichen Rückgriff auf die Vergangenheit, der sich mit dem Europäischen Denkmalschutzjahr 1975 (der englische Begriff „heritage year" trifft das Anliegen besser) unüberhörbar ankündigte. Damit verknüpft ist einerseits die Ausweitung des Denkmalbegriffs auf allgemeine Zeitzeugnisse, andererseits das Bestreben mancher Städte und Bauherren, sich im Glanze einer Scheinhistorie zu sonnen – bis hin zur Bautafel bei der Renovierung von Altbauten „Hier entsteht ein historisches Baudenkmal". Hier ist Skepsis geboten; als Leitbild für die Zukunft kann eine noch so verführerisch in Szene gesetzte Vergangenheit schwerlich genügen.

Neue Chancen für Stadtumbau Der industrielle Strukturwandel und die Veränderungen in Kommunikation und Transport haben zur Aufgabe großer Flächen durch Schwerindustrie, Werften und Hafennutzungen geführt; weitere Flächen wurden in den letzten Jahren – vor allem in Deutschland – durch Aufgabe der militärischen Nutzung verfügbar. Damit ergeben sich neue Voraussetzungen für – und neue Ansprüche an – einen Stadtumbau großen Maßstabs. Die Briten haben hierfür das bereits bei der Gründung neuer Städte bewährte Instrument der „Development Corporation", also einer Entwicklungsgesellschaft, neu genutzt, wenn auch wohl nicht immer mit glücklicher Hand; auch in anderen Ländern bedient man sich ähnlicher Konstruktionen, häufig unter Einbeziehung privaten Kapitals. Besondere Aufmerksamkeit haben dabei vielerorts die interessanten Möglichkeiten erfahren, die neue Nutzungen auf freigewordenen Flächen am Wasser bieten. Vorbilder hierfür lieferten zunächst Baltimore, Boston und San Francisco; inzwischen sind europäische Städte wie Amsterdam, London und Oslo mit ähnlichen Entwicklungen gefolgt.

In diesem Zusammenhang geht es natürlich auch um die Forderung, bei allen Stadterneuerungsmaßnahmen der nachhaltigen Entwicklung, dem „sustainable development", Priorität einzuräumen. Häufig wird dieser Gedanke – wohl allzu vereinfachend – mit der Maxime gleichgesetzt, keine neuen Bauflächen mehr in Anspruch zu nehmen, sondern alle Veränderungsimpulse im bebauten Stadtgebiet aufzufangen. Die Briten haben dafür die griffige Antithese von „greenfield" und „brownfield development" gefunden, während in Deutschland der neue Begriff der „Innenentwicklung" geprägt wurde. Gewiß ist der Grundgedanke richtig, aber im einzelnen lassen sich Ziele und Maßnahmen eines ökologischen Stadtumbaues erst aus einem regionalen Konzept sinnvoll entwickeln.

Ökologischer Stadtumbau

Stadterneuerung vollzieht sich in einem Spannungsfeld, das von Visionen künftigen städtischen Lebens und dem Wunsch, gegenwärtigen Mißständen abzuhelfen, ebenso bestimmt ist von den jeweiligen – finanziellen, technischen, politischen – Möglichkeiten und Grenzen der Veränderung. Alles dies ist in Bewegung – daß an manchen Orten die Ergebnisse einer kaum drei oder vier Jahrzehnte zurückliegenden „Erneuerung" bereits wieder abgebrochen worden sind, gibt zu denken. Um so wichtiger ist es offenbar, einen Konsens darüber zu finden, was wir im Zeitalter knapper werdender räumlicher und materieller Ressourcen von einer „erneuerten" Stadt erwarten.

Visionen und ihre Grenzen

Zusammenfassung

So skizzenhaft der Überblick über ein derart vielfältiges Geschehen wie das dargestellte bleiben mußte, so deutlich hat er doch zeigen können, daß die städtebauliche Entwicklung in Europa zahlreiche Gemeinsamkeiten und Parallelen zwischen den einzelnen Ländern aufweist. Solche parallelen Entwicklungszüge lassen sich nicht nur in der städtebaulichen Wirklichkeit, sondern auch in den gedanklichen Ansätzen und in den Wertungen erkennen, die ihnen zugrunde liegen.

Parallelen ...

Gleichwohl haben im Grunde alle betrachteten Länder ein eigenes Profil entwickelt, denn überall vollzogen sich die physischen und technischen Veränderungen des Industriezeitalters zunächst im Rahmen eines bestehenden Verwaltungsgefüges und älterer baurechtlicher Regelungen; auch deren Änderung im Zuge neuer Einsichten und Zielsetzungen wurde von örtlichen Gegebenheiten und Traditionen mitbestimmt.

... und Individualität

Zugleich wurde aber auch deutlich, in wie hohem Maße dabei Begegnungen über die Ländergrenzen hinweg die jeweilige Entwicklung beeinflußt haben: von der Beratung durch ausländische Fachleute über die internationale Diskussion gemeinsamer Probleme bis hin zur Übernahme von Konzepten oder auch von Rechtsinstrumenten aus anderen Ländern.

Einflüsse

Es wäre verlockend, Abercrombies vergleichende Charakterisierung von 1913 fortzuführen (vgl. S. 165), wenngleich es sicher nicht mehr möglich wäre, dafür ähnlich knappe Schlagworte zu finden wie die „teutonische Gründlichkeit" oder „grid and graft". Gewiß würde man manche Elemente der Kontinuität feststellen können, während andererseits gerade die britische Planung seither eine Reihe von Wandlungen erlebt hat, die das Bild stark verändert haben. Sowohl der umfassende Planungsansatz der Nachkriegszeit als auch die Deregulierungswelle der achtziger Jahre haben deutliche Spuren hinterlassen.

Großbritannien und Deutschland

Andere Länder Im Vergleich damit zeigt die Stadtplanung in Deutschland weniger starke Pendelschwünge in der Praxis, allerdings starke Schwankungen in der theoretischen Interpretation des Planens. In Frankreich trifft man hinter dem konkreten Geschehen immer wieder auf Klagen der Fachleute, daß Bürger und Politiker den Aufgaben der Planung nicht die ihnen gebührende Bedeutung beimäßen, so daß auch der Berufsstand gleichsam unterbewertet sei. Ein ähnliche Problematik scheint aus den verfügbaren Unterlagen über Italien hervorzugehen, während in Skandinavien und den Niederlanden Renommee und Kompetenz der Planung offenbar keinen allzu großen Schwankungen ausgesetzt waren. In Belgien, Portugal und Griechenland scheint es schwerer als in anderen Ländern zu sein, die Bedeutung einer durch Planung geordneten Entwicklung im öffentlichen Bewußtsein zu verankern.

Umbrüche Die Darstellung hat aber auch deutlich gemacht, daß nicht nur bestimmte Planungskonzepte – wie die „Gartenstadt" oder die „Nachbarschaftseinheit" – schnell die Ländergrenzen überspringen können, sondern daß auch tieferliegende „Klimaschwankungen" oder Stimmungsumbrüche sich mehr oder minder gleichzeitig in den verschiedensten Ländern vollziehen und die Interpretation städtebaulicher Ziele und Wege beeinflussen können.

Jahrhundertwende Ein frühes Beispiel dafür ist die mit dem letzten Jahrzehnt des vorigen Jahrhunderts einsetzende kritische Reaktion auf die Fülle von Veränderungen, die der „Fortschritt" der vorangegangenen Jahrzehnte mit sich gebracht hatte. Sie schlug sich in dem Engagement für Heimatschutz und Naturschutz nieder, das in verschiedenen europäischen Ländern fast gleichzeitig zur Gründung entsprechender Vereinigungen führte. Auch der Denkmalschutz gewann in diesem Zusammenhang erheblichen Auftrieb; zwar war er im Grundsatz auf das Einzelgebäude gerichtet, doch erlaubte ein französisches Gesetz von 1913 bereits die Einflußnahme auf Neubauten im Umfeld des Baudenkmals.

Kunst und Anstand Zu diesen äußeren Veränderungen kamen die Zuspitzung der sozialen Gegensätze in den großen Städten vieler Länder und die wachsende Einsicht in die Notwendigkeit, ihnen durch Reformen entgegenzuwirken – auch im Bereich der Wohnumwelt. Es war diese Grundstimmung, die dem Konzept der Gartenstadt – dem „friedlichen Weg zu wirklicher Reform" – einen so weiten Widerhall bescherte, auch wenn daraus außerhalb Englands nur „Gartenvorstädte" wurden. Gleichwohl ist diese Resonanz symptomatisch für die Überlagerung gestalterischer und sozialer Ansprüche, die nun an den Städtebau gestellt wurden und die das Engagement der Stadtplaner beflügelten.

Der große internationale Konsens, der das Jahrzehnt vor dem Ausbruch des Ersten Weltkriegs kennzeichnete, ist auf die Verbreitung einer Einsicht zurückzuführen, die Schumacher in seiner knappen geschichtlichen Darstellung auf die lapidare Formel brachte: „Ehe es sich um Kunst handeln konnte, handelte es sich um Anstand." (1951, 10)

Warum sich dieser Konsens in der Zwischenkriegszeit abschwächte, wurde dargestellt; indessen sollte der manchmal erbitterte und häufig ideologisch unterlegte Streit um die Form – modern oder konservativ – nicht den Blick dafür trüben, daß in der Einschätzung der Sachaufgaben des Städtebaues unter den Praktikern eine weitgehende Übereinstimmung bestand. Auch die theoretischen und programmatischen Aussagen in dieser Zeit waren nicht sonderlich kontrovers, ließen sich allerdings recht unterschiedlich interpretieren; nimmt man die „Wohneinheit zweckmäßiger Größe" aus der Charta von Athen als Beispiel, so wurde sie bei Le Corbusier zum Monolithen der „Unité", bei vielen anderen zur Gruppierung von Flach- und Mittelhochbauten um ein „Nachbarschaftszentrum". Hinter beiden Konzepten stand die weit verbreitete Grundvorstellung, die Großstadt bedürfe ablesbarer räumlicher Gliederungen, um den Bürger (wieder) in „überschaubare Gemeinschaften" einzubetten.

Zwischenkriegszeit

Als weiterer allgemeiner Zug der Zwischenkriegszeit ist das wachsende Bestreben zu nennen, entsprechend der auf Patrick Geddes zurückgehenden Parole „survey before plan" die jeweilige örtliche Ausgangssituation systematisch zu erfassen und als „Bestandsaufnahme" zu dokumentieren – vom „Regional Survey" für New York und Umgebung über Schumachers Untersuchungen über den hamburgisch-preußischen Planungsraum bis zum „Algemeen Uitbreidingsplan" für Amsterdam.

Systematik

Zweiter Weltkrieg
Im allgemeinen stellte der Zweite Weltkrieg keine ausgeprägte Zäsur dar, was die Auffassung der städtebaulichen Aufgaben und der zu ihrer Bewältigung benötigten Instrumente anging – allerdings mit Ausnahme der Briten, die schon im Kriege entschlossen waren, sein Ende zu einem wirklichen Neubeginn zu nutzen; auch dort, wo im oder unmittelbar nach dem Kriege neue Gesetze erlassen wurden – Italien 1942, Frankreich 1943, deutsche Länder 1949 – gingen sie weitgehend auf Vorarbeiten aus den Vorkriegsjahren zurück; das läßt sich selbst für das Bundesbaugesetz von 1960 sagen.

Integrierte Entwicklungsplanung
Gerade um diese Zeit allerdings setzte eine umfassende Veränderung in der Interpretation der räumlichen Planung ein. Ihre politische Bedeutung wurde genauer erkannt, von daher auch ihre Beziehung zur Sozial- und Wirtschaftspolitik – und daraus erwuchs das Konzept einer „integrierten" Planungspolitik, die sich nicht mehr damit begnügte, „der natürlichen Entwicklung eine lenkende Hand zu bieten" (vgl. S. 236), sondern die Entwicklungsziele setzte und sie durch Planung erreichen zu können meinte. Aus dieser Sicht erschienen dann die Ordnungsansätze der fünfziger Jahre in Deutschland, in Großbritannien, in Frankreich als allzu zaghaft, um der neuen Sicht der Aufgaben gerecht zu werden.

Technische „Utopien"
Hinzu kam eine Faszination durch das künftig technisch machbar Erscheinende; von den japanischen „Metabolisten" über die britische „Archigram"-Gruppe bis zu deutschen und französischen Verfechtern räumlicher Großstrukturen hoch über der Erde reichte das Spektrum der von dieser Welle Erfaßten. Aber solche sogenannten „städtebaulichen Utopien" waren allenfalls Extrapolationen technischer Möglichkeiten, ohne daß nennenswertes Nachdenken daran gewandt worden wäre, welche Zwänge sie dem gesellschaftlichen Zusammenleben auferlegen würden. Sie sind zu Recht weitgehend vergessen.

Sehnsucht nach Geschichte
Ein anderes Beispiel für eine allgemeine Veränderung der Bewertungsmaßstäbe ist – nach dem Erlahmen dieser Faszination – die Hinwendung zum historischen Erbe, die in den siebziger Jahren in den Vordergrund rückte, und zwar in vielen Ländern gleichzeitig, wie eine „gemeinschaftliche Kulturstudie" der UNESCO unter dem Titel „Protection and Cultural Animation of Monuments, Sites and Historic Towns in Europe"

(Bonn 1980) im einzelnen belegt. Auch die weit über die Denkmalpflege hinausgehende, ihrem eigentlichen Anliegen eher abträgliche „Inszenierung von Geschichte" in Gestalt von Kopien untergegangener Bauten oder von „Zitaten" historischer Formen ist eine vielen europäischen Ländern gemeinsame Tendenz. Eine weitere länderübergreifende Entwicklung zeigt sich in der wachsenden Bedeutung ökologischer Belange, die der gestiegenen Sensibilität der Öffentlichkeit für den Schutz der Umwelt zuzuschreiben ist. Inzwischen ist die Zielvorstellung des „sustainable development" – der nachhaltigen Entwicklung – in aller Munde, wenn sie sich auch im praktischen Planungshandeln der verschiedenen Länder noch keineswegs gleichmäßig niederschlägt.

Ökologie

Innerhalb des ganzen betrachteten Zeitraums läßt sich eine generelle Tendenz erkennen, die Zuständigkeit für die städtebauliche Planung von staatlichen Institutionen auf die Gemeindeebene zu verlagern, und zwar in jüngster Zeit nicht nur für die Aufstellung der Pläne, sondern auch für ihr Rechtskräftigwerden – allerdings häufig verbunden mit Maßnahmen, mit denen die Handlungsfähigkeit der Gemeinden durch Gebietsreformen und Zusammenschlüsse gestärkt werden soll. Andererseits wird zunehmend deutlich, daß viele wirtschaftliche und ökologische Probleme auf dieser Ebene nicht zu lösen sind, so daß überörtliche Zusammenarbeit – formell oder informell – an Gewicht gewinnt. Es spricht vieles dafür, daß die Region (in der deutschen Größenordnung verstanden, nicht in der viel größeren französischen) in Zukunft zur wichtigsten planerischen Entscheidungsebene werden wird.

Planungskompetenz

In ähnlicher Weise läßt sich die sich wandelnde Interpretation der Rolle des Stadtplaners verfolgen: vom Techniker über den sich umfassend kompetent fühlenden, aber politikfernen Fachmann bis zum Politikberater, und dies nicht nur im Auftrage der politischen Macht, sondern auch – mit dem wachsenden Gewicht der Bürgerbeteiligung – als „Anwaltsplaner" im Engagement für „Betroffene". Parallel dazu scheinen sich die Schwerpunkte seiner Tätigkeit zu verschieben: vom Entwerfen des räumlichen Gefüges zu einer Art „Raum-Management" und weiter zur neuesten Version der Vermittlung, der „Moderation" oder der „Mediation", der die Internationale Planergesellschaft

Zur Rolle des Planers

immerhin kürzlich ein Kongreßthema (Sydney 1995) gewidmet hat. Gewiß gibt es dabei Pendelschwünge über das Ziel hinaus, aber die Grundtendenz dieser Veränderungen ist unverkennbar.

Kommende Konflikte
Vermutlich wird die zentrale Aufgabe der näheren Zukunft darin liegen, das neue Vertrauen auf die Regulierungskräfte des Marktes in Einklang zu bringen mit einer tragfähigen Antwort auf die große Herausforderung der ökologischen Probleme; denn diese Ansprüche stoßen sich oft genug „hart im Raume", schaffen also konfliktträchtige Situationen für die planerische Abwägung. Allerdings liegt der Kern dieser Konflikte nicht bei der räumlichen Planung, sondern bei der Produktion von Energie und Gütern sowie bei unserem Umgang mit deren Nebenprodukten und Abfällen, letztlich also bei unseren eigenen Ansprüchen an Konsum, Mobilität und „Lebensqualität". Gewiß kann räumliche Planung einzelne Beiträge zu solcher „Nachhaltigkeit" leisten – etwa durch Maßnahmen zur Reduzierung der Verkehrsnachfrage –, aber ihre Wirkung wird begrenzt bleiben, solange nicht auch andere Kräfte auf die Veränderung unseres Umgangs mit den knappen Ressourcen hinwirken. Ob es sich bei der Hoffnung darauf um eine „Utopie der Selbstbegrenzung" (Beck 1995) handelt, bleibe dahingestellt.

Neue Sicht der Planung
So scheint es, daß die Grundstimmung der Zeit zu einer neuen Sicht der räumlichen Planung führt. In den ersten drei Vierteln unseres Jahrhunderts erschien sie als Weg zu Ordnung und Wohlfahrt, und ihre Aufgabe wurde letztlich darin gesehen, die Verheißungen einer besseren Zukunft erfüllen zu helfen. Heute dagegen sind wir skeptischer geworden, und soweit der Planung nicht ohnehin mit Mißtrauen begegnet wird, knüpft sich an sie allenfalls die Hoffnung, sie vermöchte den Bedrohungen einer ungewissen Zukunft entgegenzuwirken.

Europäische Union
Angesichts der sich allmählich vollziehenden Vereinigung Europas liegt die Frage nahe, ob diese Entwicklung zu einer übernationalen Vereinheitlichung der Systeme räumlicher Planung führen werde. Zwar hatte sich die Europäische Gemeinschaft damit zurückgehalten, doch könnte sich das bei der Europäischen Union ändern, deren Kompetenzen durch den Vertrag von Maastricht erweitert worden sind. Es bleibt abzuwarten, ob sie dazu genutzt werden, Angleichungen im Planungsver-

fahren oder in der Rechtswirkung von Plänen – bei denen es erhebliche Unterschiede zwischen den Ländern gibt – zu betreiben. Gewiß erwachsen aus solchen Verschiedenheiten gelegentlich Schwierigkeiten wie etwa beim Planen in Regionen beiderseits von Landesgrenzen, und manches spricht für eine gewisse Annäherung der nationalen Systeme. Aber vielleicht sollte sie sich so vollziehen, wie es der im ersten Kapitel (S. 87) zitierte österreichische Beobachter für sein Land beschrieb: „... indem die Länder als hierfür zuständige Gesetzgeber jeweils Rechtsfiguren und Lösungsmuster voneinander übernommen, weiterentwickelt und den eigenen [...] Bedürfnissen angepaßt haben."

Denn letzten Endes sind solche nationalen Systeme keineswegs Zufallsprodukte. In ihnen spiegeln sich vielfältige Traditionen der Ordnung öffentlicher Angelegenheiten in Gestalt von Recht, Verwaltung und – um einen neuerdings gängig gewordenen Begriff aufzunehmen – „Planungskultur". Es ist auch diese Art von Vielfalt, die Europas Reichtum ausmacht.

Vielfalt als Reichtum

Anhang

Übersetzung der fremdsprachigen Zitate

S. 49 *Benoît-Lévy*
... auf die Wohnung die neuesten Grundsätze der Hygiene anzuwenden, vorbildliche Industriezentren zu schaffen, in den Städten Systeme von Parks, Gärten und Spielplätzen zu entwickeln und die Schaffung von Gartenstädten zu fördern.

S. 50 *Gaudin*
Die Vorkämpfer der Stadtplanung schienen zutiefst überzeugt, daß die französischen Gemeinden die gleiche Dynamik planerischen Vorgehens entwickeln würden, die zu Beginn des Jahrhunderts bereits viele Ortschaften in Deutschland und Großbritannien an den Tag gelegt hatten. Als endlich das Cornudet-Gesetz angewandt werden konnte, hätten sie nicht tiefer enttäuscht werden können. Mehr als die Zwänge des Verfahrens, die Schwerfälligkeit der technischen und administrativen Projektentwicklung, ja selbst als die restriktive Rechtshandhabung des Staatsrats war es das Fehlen eines politischen Willens der örtlichen Ratsmitglieder, die ihnen offenkundig schien – zumindest eines Willens, der schnell zur Aufstellung von Erweiterungsplänen hätte führen können.

S. 54 *Givaudan*
Die siebziger Jahre sind zugleich jene, in deren Verlauf mit klarem Blick wie mit politischem und intellektuellem Mut die Folgen der übertriebenen Begeisterung oder der Faszinationen der sechziger Jahre kritisch bewertet werden. Der Gigantismus in allen seinen Formen wird in Frage gestellt, die Mittelstädte werden nicht mehr ignoriert, die behutsame Behandlung der alten Quartiere erfährt wachsende Aufmerksamkeit, Qualitätsbewußtsein durchzieht immer selbstverständlicher die öffentlichen wie die privaten Initiativen. Die Umweltidee kommt im Jahre 1971 erstmalig zum Durchbruch.

S. 55 *Cantal-Dupart*
Es steht schlecht um die Stadtplanung. Die Stadt setzt sich in Szene und verdeckt ihre Miseren. Man zieht Wettbewerbe der praktischen Arbeit vor, das heißt

äußere Effekte dem konkreten Ergebnis. Es gibt kein Nachdenken über die Stadt.

S. 100 *Martin*
Seine Wirksamkeit wird sich vor allem auf der wirtschaftlichen Ebene zeigen. Er behandelt die Stadt nicht als ein Schauspiel für die Augen oder als ein Schmuckstück, sondern als ein Instrument des wirtschaftlichen und sozialen Lebens, als ein Werkzeug, das praktische Dienste für das menschliche Dasein leisten muß.

S. 120 *Richardson*
... eine theoretische Skizze einer Gemeinschaft [...], gelenkt von der wissenschaftlichen Erkenntnis, daß man sich den besten gesundheitlichen Ergebnissen nähert oder sie gar erreicht, sofern die geringstmögliche allgemeine Sterblichkeit mit der höchstmöglichen individuellen Lebensdauer einhergeht.

S. 123 *Lenoir und Landry*
Die Anordnung der Stadtpläne ist das Ergebnis zweier miteinander verknüpfter Handlungsantriebe, des öffentlichen und des privaten Interesses, und muß deshalb notwendigerweise das Gepräge dieser doppelten Vaterschaft tragen. Die Wirkung auf die Stadt, die sich aus dem Verhalten des Bürgers – ohne hygienische Kenntnisse und von individuellen Egoismen motiviert – und dem auf das Gemeinwohl gerichteten Handeln der Gemeinde – nach Art einer guten Mutter – ergibt, mußte für alle Epochen charakteristische Spuren hinterlassen, und sie hat es auch getan. [...] Geleitet also von einem gründlichen Studium der Tatsachen, wird man die vernunftgemäßen Anordnungen definieren und für die Zukunft festlegen können, die allen Interessen bei der Gründung und Entwicklung der Städte gerecht werden.

S. 140 *Crow*
In dem Wohnungs- und Städtebaugesetz von 1909 erkennen wir den gemeinsamen Niederschlag nicht nur aller Gedanken des viktorianischen Zeitalters über sanitäre Verhältnisse, sondern auch neuer Ideen vom Kontinent, die man seinerzeit „Deutsche Planung" nannte. (1914 mußte man einen neuen Namen finden.)

S. 141 *Muirhead*
Das Problem der letzten Generation war, für Gas und Wasser zu sorgen; das Problem der nächsten ist es, für Licht und Luft zu sorgen.

S. 143 *Horsfall*
Die sächsische Regierung profitierte im Jahre 1900 von den Erfahrungen des übrigen Deutschland und erließ ein Wohnungsbaugesetz, das als das beste der Welt gilt.

S. 144 *Geddes*
Dies ist das Zeitalter der Städte, und alle Welt ist dabei, Städte zu bauen. [...] Undeutlich erkennen viele, daß die Zeit gekommen ist, in der Kunst und Geschick und Voraussicht das lenken sollten, dessen Entwicklung man bisher dem Zufall überließ; daß es eine geordnetere Auffassung des bürgerschaftlichen Handelns geben sollte; daß es eine wirkliche Kunst des Schaffens von Städten gibt, und daß es dieser Generation aufgegeben ist, sie zu beherrschen und zu praktizieren.

S. 144 *Unwin*
Professor Lethaby hat zutreffend gesagt: „Die Kunst liegt darin, das gut zu tun, was getan werden muß." Wir haben in einer etwas knauserigen Weise das getan, was getan werden mußte, aber vielem von dem, was wir getan haben, fehlte es an einsichtsvoller Vorstellungskraft und an der Großzügigkeit der Behandlung, aus denen eine gut getane Arbeit hätte erwachsen können; und diese gute Arbeit ist die Quelle der Schönheit.

S. 147 *Triggs*
Ein schönes Konzept wurde erarbeitet, das den wahrscheinlichen Entwicklungen mindestens eines Jahrhunderts gerecht werden kann.

S. 156 *Abercrombie*
Man kann gewiß sagen, daß die moderne Praxis der Stadtplanung hierzulande kläglicher gewesen wäre, hätte es nicht den Edinburger Raum gegeben und alles, was damit zusammenhing. Er war eine Folterkammer für jene einfachen Gemüter, die hingerissen waren von den großartigen Perspektiven oder erhoben vom Anblick der gesunden Dörfer, die in anderen und reicher ausgestatteten Räumen gezeigt wurden. In dieser Höhle saß Geddes, eine höchst beunruhigende Persönlichkeit, und redete, redete, redete – über alles und jedes. Die Besucher mochten seine Ausstellung kritisieren – das reinste Durcheinander – Ansichtspostkarten – grobe alte Holzschnitte – merkwürdige Diagramme – archäologische Rekonstruktionen; das sei, hieß es, der Royal Academy unwürdig – vieles nicht einmal gerahmt – schockierender Mangel an Respekt; aber wenn der Zufall sie in Hörweite von Geddes' Worten brachte, konnte fortan keine Medizin sie

mehr in den süßen Schlummer von gestern zurückversetzen. Es steckte mehr in der Stadtplanung als nur der äußere Schein.

S. 159 *Abercrombie*
Die Trinksprüche, die bei dieser Gelegenheit von den Vertretern der wichtigsten Länder Europas ausgebracht wurden, bezeugten die Gefühle herzlicher Verbundenheit auf internationaler Ebene zwischen denen, die um die Förderung des Wohlergehens der Städte bemüht sind.

S. 161 *Geddes*
Laßt uns darangehen, das Problem vollständig zu untersuchen, nachzudenken und das politische Vorgehen zu prüfen – und bald könnten die deutschen Planer an der Reihe sein, vom Rhein an den Clyde zu reisen.

S. 164 *Meller*
Einen kurzen Augenblick lang vereinten sich Nächstenliebe, Eigeninteresse und Wohlfahrtspflege in einer internationalen Stadtplanungsbewegung, deren Ziel es war, die bestmögliche Zukunft zu sichern.

S. 165 *Abercrombie*
Die Nationen haben sich gleichsam entsprechend ihrem jeweiligen Temperament spezialisiert, und sowohl die Gesetze als auch spontane künstlerische oder freiwillige Zusammenschlüsse haben ihre Idiosynkrasien ausgeprägt. [...] Es gibt eine Menge oberflächlicher und eilfertiger Betrachtungen einer Nation durch eine andere. [...] Es ist tatsächlich höchst schwierig, während dieser Kongresse, Ausstellungen und eiligen Besuche die ganze Bedeutung dessen zu erfassen, was man hört und sieht. Sie mögen anregend und belehrend sein, aber sie lassen viele Mißverständnisse entstehen, da es an vergleichenden Untersuchungen fehlt. Deutschland bietet bei weitem den größten Bestand an Material für diese vergleichende internationale Untersuchung. Es hat mehr moderne Stadtplanung konkret verwirklicht als jedes andere Land (denn um Frankreich ist es nahezu still geworden in den letzten 25 Jahren), und die Organisation seiner Städte ist so gründlich ausgearbeitet, wie es der teutonische Geist nur machen kann.

S. 166 *Abercrombie*
Insgesamt, verglichen mit den Vorzügen des englischen Einfamilienhauses, das in die erbarmungslose Monotonie langweiliger Straßen eingereiht ist, hat Deutschland die Mietskaserne an einer breiten Straße, immer mit einem Park, einem Spielplatz oder einer Promenade in der Nähe. Es gibt nichts Schäbiges,

sondern man betont die Heiterkeit des Stadtlebens im Biergarten und mit der städtischen Musikkapelle usw.; es wird ernsthaft versucht, die Kunst städtischen Lebens zu erforschen.

S. 176 *Ford*
In Deutschland haben die für den Städtebau zuständigen Behörden absolut willkürliche Machtbefugnisse hinsichtlich der Durchsetzung ihrer Ideen.

S. 177 *Dikansky*
Das Studium der Probleme, die mit dieser neuen Wissenschaft verbunden sind, hat in Frankreich eine Perfektion wie nirgendwo sonst erreicht. Allein Paris hat den Ruhm, eine Schule zu besitzen, die speziell dem akademischen Studium der Stadt gewidmet ist.

S. 178 *Bardet*
Zusammenstellung und Theorie von Grund auf falsch.

S. 178 *Bardet*
In diesem Werk, wie in den vorhergegangenen, stellt Monsieur Le Corbusier in bewundernswerter Weise das Problem dar, erhebt seine Stimme, als befinde er sich „im Zentrum von allem, wie ein tönendes Echo", aber er löst die Probleme nicht. Kaum eine seiner Lösungen läßt sich auf die wirklichen Städte anwenden.

S. 181 *Purdom*
... unter allen betrachteten [Beispielen] wohl dasjenige, das einer echten Gartenstadt-Entwicklung am nächsten kommt.

S. 181 *Purdom*
In unserem Land wie im Ausland stehen wir nun am Scheideweg, was die Stadtplanung angeht. Wir können entweder das alte System – oder die Systemlosigkeit – weiterlaufen lassen [...] oder wir können die Methode radikal verändern und die Hilfsquellen der Wissenschaft und Technik einsetzen, um neue Städte zu schaffen, die den sich entwickelnden wirtschaftlichen Erfordernissen entsprechen und unserem sozialen Empfinden in höherem Maße genügen.

S. 208 *Purdom*
Wir können die Stadtplanung nicht länger den Architekten und Ingenieuren überlassen, wir müssen den Bürger einbeziehen, damit er an der Verantwortung teilhaben kann.

S. 209 *Gibberd*
Natürlich hat es eine Flut von Büchern über Stadtplanung gegeben, aber Stadtplanung ist nur ein Vorspiel zur Stadtgestaltung; es gibt ausgezeichnete Bücher über die Gestaltung städtischer Bereiche, aber sie machen halt vor so lebenswichtigen Gegenwartsfragen wie der Anordnung von Fabriken im Stadtgefüge; und es gibt unzählige Bücher über solche Themen wie Einfamilienhäuser, Geschoßwohnungen und Straßen, aber sie betrachten ihren Gegenstand isoliert und nicht als integralen Bestandteil der Stadtgestaltung.

S. 233 *Ford*
Die Stadtplanung ist die Wissenschaft und die Kunst, mit realistischer Vorausschau alles das auszuarbeiten und zu steuern, was sich auf die materielle Organisation einer menschlichen Ansiedlung und deren Umgebung bezieht. Das schließt die Korrektur von Fehlern der Vergangenheit durch Umbauten und durch geeignete Ordnungsmaßnahmen ein.

S. 235 *Poëte*
... zugleich Wissenschaft und Kunst ...
Diese bezieht sich auf die Bedingungen und die Erscheinungsformen des Bestehens und der Entwicklung der Städte. Es handelt sich um eine Wissenschaft der Beobachtung. Sie beruht auf gesicherten Tatsachen, die man miteinander vergleicht, um sie zu ordnen und dann aus ihnen wenn auch keine Gesetze – dieses Wort ist, auf menschliche Phänomene angewandt, zu stark –, so zumindest allgemeine Gegebenheiten abzuleiten.

S. 236 *Adams*
Die Stadtplanung ist eine Wissenschaft, eine Kunst und eine politische Bestrebung, die sich mit der Gestaltung und Lenkung des physischen Wachstums und der Anordnung der Städte entsprechend ihren sozialen und wirtschaftlichen Bedürfnissen beschäftigt. Wir betreiben sie als Wissenschaft, um Kenntnisse der städtischen Struktur und ihrer Dienstleistungen, der Wechselbeziehungen ihrer Bestandteile und der Verkehrsvorgänge zu gewinnen; als Kunst, um die räumliche Anordnung, die Verteilung von Nutzungen und Verkehrswegen und den Gebäudeentwurf zu bestimmen – nach Grundsätzen, die Ordnung, Gesundheit und Wirtschaftlichkeit der Entwicklung sichern; und als politische Bestrebung, um unseren Grundsätzen Wirksamkeit zu verschaffen.

S. 236 *Abercrombie*
Die Planung von Stadt und Land sucht dem Zuge der natürlichen Entwicklung eine lenkende Hand zu bieten, gestützt auf eine sorgfältige Untersuchung des Ortes selbst und seiner Beziehungen zur Umgebung. Das Ergebnis muß mehr sein als eine gute Ingenieurleistung, eine hygienisch einwandfreie oder eine wirtschaftlich erfolgreiche Lösung. Es sollte ein sozialer Organismus und ein Kunstwerk sein.

S. 238 *Bardet*
Die dem menschlichen Maßstab angemessenen Ordnungen, ihre Hierarchie, ihre großartige Verknüpfung wiederzufinden, darin allen Menschen Lebensmöglichkeiten zu bieten, gewiß unter den bestmöglichen Bedingungen der Bequemlichkeit, aber mit dem Blick auf ihre geistige Entfaltung, das ist die hohe Sendung der Stadtplaner.

S. 238 *Dyckman*
Planung ist eine Kunst, bemüht darum, durch wissenschaftliche Methoden das Handwerk zu verbessern.

S. 245 *Huguenay*
... die Gesamtheit der Parzellen zu erwerben, die in den Bereich der auszuführenden Arbeiten fallen. ... die wesentliche rechtliche Waffe Haussmanns.

S. 266 *Bardet*
Zusammengefaßt sind die Bedingungen einer realisierbaren räumlichen Ordnung eine vollständige Unterordnung des Entwerfenden unter seinen Gegenstand, ein souveräner Überblick, ein gleiches Maß von gesundem Menschenverstand und Intuition, und der in Frankreich – dem Land der Architekten und Juristen – sehr seltene Sinn für das Werden.

S. 267 *Sellier*
Unter städtebaulichen Gesichtspunkten sollte keiner von beiden die Oberleitung innehaben. Die Wissenschaft vom Städtebau ist eine Sache des Soziologen und des Künstlers, während der Ingenieur und der Architekt nach meiner Meinung ausschließlich mit Vollzugsaufgaben zu betrauen sind.

S. 267 *Committee on the Qualification of Planners*
Ein gründliches Verständnis zunächst für die wirtschaftlichen und sozialen Aspekte, die mit der Lenkung der Bodennutzung verknüpft sind, sodann für die

verschiedenen praktischen Fertigkeiten, deren es für die Aufstellung und Durchsetzung von Bodennutzungsplänen bedarf. Er muß auch einiges wissen von der Geschichte und der Theorie der Planung von Stadt und Land, wie sie sich in unserem und in anderen Ländern entwickelt haben, und von der Regierungsmaschinerie, soweit sie sich auf den administrativen Rahmen der Planung auswirkt.

S. 270 *Liverpool University*
Stadtplanung, wenn auch eng mit Architektur und Ingenieurwesen verknüpft, bildet doch ein andersartiges und eigenständiges Studienfeld, und das Hauptziel der Schule ist es, Architekten, Ingenieure und andere mit einer Kenntnis der ergänzenden Sachgebiete auszustatten, die mit der Stadtplanung verbunden sind.

S. 274 *Hall*
Der typische Planer von heute, der konvertierte Sozialwissenschaftler, ist ein Produkt des Schuster-Berichts von 1950.

S. 278 *Greenough*
Unter Schönheit verstehe ich die Verheißung der Funktion.

S. 280 *Dyckman*
Theorien sind begriffliche Formulierungen der Planungsaufgabe. Einige sind „besser" – im Sinne von dienlicher (anwendbarer) – als andere.

S. 289 *Purdom*
Eine Stadt im vollen Sinne des Wortes, eine selbständige Gebietskörperschaft mit ihrem eigenen Gemeinschaftsleben, ausgestattet mit den wirtschaftlichen, sozialen und kulturellen Wesenszügen einer Stadt.

S. 293 *Bardet*
... die die neue lebendige Atmosphäre im künftigen städtischen Gewebe schaffen sollen.

Zeittafel zur Planungsgesetzgebung

Belgien   Griechenland   Österreich
Dänemark   Großbritannien   Portugal
Deutschland   Italien   Schweden
Finnland   Niederlande   Schweiz
Frankreich   Norwegen   Spanien

1848 Public Health Act
1850 Französisches Sanierungsgesetz
1858 Belgisches Enteignungsgesetz
1864 Zürcher Bauordnung
1864 Span. Stadterweit.gesetz
1865 Italienisches Enteignungsgesetz
1866 Sanierungsgesetz für Glasgow (dann drei weitere Städte)
1867 Belgisches Enteignungsgesetz erweitert
1867 Griechisches Gesetz über Aufstellung von Stadtplänen
1867 Österreichisches Verfassungsgesetz
1868 Badisches Ortsstraßengesetz
1874 Schwedisches Stadtplanungsgesetz
1875 Preußisches Fluchtliniengesetz
1875 Artizans' and Labourers' Dwellings Improvement Act
1876 Span. Stadterw.ges. novelliert
1884 Sanierungsgesetz für Neapel
1885 Housing of the Working Class Act
1893 Bauordnung Zürich
1893 Sanierungsgesetz für Prag
1900 Sächsisches Baugesetz
1901 Niederlnd. Woningwet
1902 Franz. Sanierungsgesetz novelliert
1907 Schwed. Planungsgesetz novelliert
1909 Housing, Town Planning etc. Act
1915 Belgisches Stadtplanungsgesetz
1918 Preußisches Wohnungsgesetz
1919 Loi Cornudet
1921 Woningwet novelliert
1923 Griechisches Planungsgesetz
1924 Loi Cornudet novelliert
1924 Norwegisches Stadtplanungsgesetz
1924 Spanisches Städtestatut
1925 Dänisches Stadtplanungsgesetz
1929 Wiener Bauordnung
1931 Entwurf Reichsstädtebaugesetz
1931 Finnisches Stadtplanungsgesetz
1931 Stadtplanungsges. mit Sanierungsteil
1933 (Reichs-)Wohnsiedlungsgesetz
1934 Portugiesisches Stadtplanungsgesetz
1939 Dänisches Sanierungsgesetz
1942 Italienisches Stadtplanungsgesetz
1943 Französisches Stadtplanungsgesetz
1946 New Towns Act
1947 Town and Country Planning Act
1949 Dänisches Stadtplanungsgesetz
1949-50 Aufbaugesetze deutscher Länder

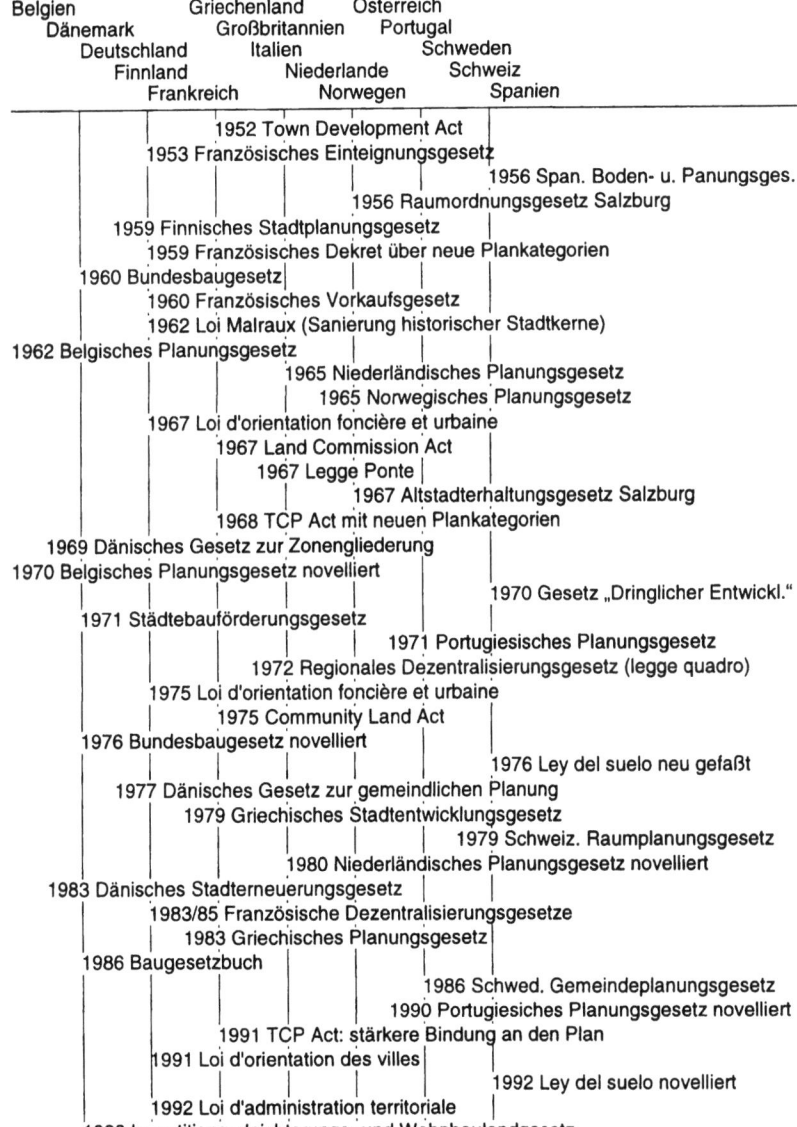

347

Zeittafel zur Planungsliteratur

Auswahl städtebaulich bedeutsamer Literatur in Europa von 1857 bis 1961. Bibliographische Einzelangaben s. Bibliographie. (Z) weist auf einen Zeitschriftenartikel hin.

1857 Huber, Victor Aimé: Die Wohnungsnot der kleinen Leute in den großen Städten.

1867 Cerdá, Ildefonso: Teoría general de la urbanización.

1870 Bruch, Ernst: Die bauliche Zukunft Berlins und der Bebauungsplan. (Z)

1874 Arminius (Adelheid Gräfin Dohna-Poninski): Die Großstädte in ihrer Wohnungsnot und die Grundlagen einer durchgreifenden Abhilfe.

1876 Baumeister: Stadterweiterungen in technischer, wirtschaftlicher und baupolizeilicher Beziehung.
Richardson: Hygieia – A City of Health.

1880 Nachenius: Bijdrage tot de kennis van den stedenbouw.

1882 Soria y Mata: La ciudad lineal. (Z)

1888 Bellamy: Looking Backward.

1889 Sitte: Der Städte-Bau nach seinen künstlerischen Grundsätzen.

1890 Stübben: Der Städtebau. (Weitere Auflagen 1907 und 1924)

1891 Morris: News from Nowhere.

1893 Henrici: Preisgekrönter Konkurrenzentwurf zu der Stadterweiterung Münchens.
Goecke: Verkehrsstraßen und Wohnstraßen.
Adickes und Baumeister: Die unterschiedliche Behandlung der Bauordnungen für das Innere, die Außenbezirke und die Umgebung der Städte.
Buls: L'esthétique des villes.

1894	Wagner, O.: Artis sola domina necessitas. Erläuterungsbericht zum Generalregulierungsplan für Wien. Izoulet, Jean: La cité moderne et la métaphysique de la sociologie. Valckenier Kips: Stadsuitbreiding. (Z)
1895	Adickes, Classen, Hinckeldeyn: Die Notwendigkeit weiträumiger Bebauung bei Stadterweiterungen.
1895	Buls: La construction des villes (Übersetzung Stübben-Vortrag 1893).
1897	Fritsch: Die Stadt der Zukunft. Baumeister, Classen, Stübben: Umlegung und Zonenenteignung.
1898	Howard: To-Morrow: A Peaceful Path to real Reform; 2. Auflage 1902 unter dem Titel: Garden Cities of To-Morrow.
1903	Mayreder: Städtische Bauordnungen mit besonderer Berücksichtigung der Wohnungsfrage. Simmel: Die Großstädte und das Geistesleben.
1903-11	Hénard: Etudes sur les transformations de Paris.
1904	Wuttke (Hrsg.): Die deutschen Städte. (Ergebnisse der Städteausstellung) Eberstadt: Das Wohnungswesen. Hercher: Großstadterweiterungen. Henrici: Beiträge zur praktischen Ästhetik im Städtebau. Horsfall: The Improvement of the Dwellings and Surroundings of the People: the Example of Germany. Geddes (et al.): City Development. Benoît-Lévy: La cité-jardin.
1905	Benoît-Lévy: Cités-jardins d'Amérique. Geddes: Civics: As Applied Sociology. Sennett: Garden Cities in Theory and Practice. Pedrini: La città moderna.
1906	Schultze-Naumburg: Städtebau. Forestier: Grandes villes et systèmes de parcs.
1907	Baumeister/Hocheder: Grundsätze des Städtebaues. Nußbaum: Die Hygiene des Städtebaues. Horsfall: Translation of part of the Swedish Building Law for Towns. (Z)

1908 Núñez Granés: Ideas generales sobre la urbanización de los alrededores de las grandes urbes
Kampffmeyer: Die Gartenstadtbewegung.

1909 Unwin: Town Planning in Practice.
Triggs: Town Planning: Past, Present, and Possible.
Eberstadt: Handbuch des Wohnungswesens und der Wohnungsfrage.

1910 Möhring, Eberstadt, Petersen: Groß-Berlin, ein Programm für die Planung der neuzeitlichen Großstadt.
Risler: Les nouvelles cités-jardins en Angleterre.
Benoît-Lévy: La ville et son image.
Gradmann: Heimatschutz und Landschaftspflege.

1911 Otto Wagner: Die Großstadt. Eine Studie über diese.
Brun: Le régionalisme.
Schiavi: Le case a buon mercato e la città giardino.

1912 Faßbender: Grundzüge der modernen Städtebaukunde.
Langen: Stadt, Dorf und Landschaft.
Mawson: Civic Art. Studies in Town Planning, Parks, Boulevards, and Open Space.
Unwin: Nothing Gained by Overcrowding.
Herriot: Les leçons de l'Exposition d'Hygiène de Dresde. (Z)
Fockema Andreae: De hedendaagsche stedenbouw.
Montoliu: La Ciudad-Jardín.

1913 Hegemann: Der Städtebau nach den Ergebnissen der Städtebau-Ausstellungen in Berlin und Düsseldorf.
Culpin: Garden City Movement up to date.
Purdom: The Garden City.
Montoliu: Las modernas ciudades y sus problemas á la luz de la Exposición de la Construcción Cívica de Berlin.

1914 Bellet und Darville: Ce que doit être la cité moderne.
Nettlefold: Practical Town Planning.
Langen: Städtebau, Siedelungs- und Wohnwesen.
Serini: Die bauliche Bodenausnutzung bei verschiedener Geschoßzahl, Weiträumigkeit und Hausform.

1915 Wagner: Das sanitäre Grün der Städte.
Aldridge: The Case for Town Planning.

Geddes: Cities in Evolution.
Caccia: Costruzione, trasformazione e ampliamento della città. Compilato sulla traccia del „Der Städtebau" di J. Stübben, ad uso degli ingegneri, architetti, uffici tecnici e amministrazioni municipali.

1916 van der Swaelmen: Préliminaires d'art civique.
Agache, Auburtin, Redout: Comment reconstruire nos cités détruites?

1917 Purdom: The Garden City after the War.
Jansen: Die Großstadt der Neuzeit.
Auburtin und Blanchard: La cité de demain dans les régions dévastées.
Garnier: La cité industrielle.

1918 New Townsman (Osborn): New Towns after the War.

1919 Taut: Die Stadtkrone.
Wolf: Städtebau. Das Formproblem der Stadt in Vergangenheit und Zukunft.

1920 Brinckmann: Stadtbaukunst.
Eberstadt: Städtebau und Siedelungswesen.
Gurlitt: Handbuch des Städtebaues.
Schumacher: Kulturpolitik. Neue Streifzüge eines Architekten.
Brunhes: La géographie humaine.
Ford: L'urbanisme en pratique.

1921 Blum/Schimpff/Schmidt: Städtebau (Handbibliothek für Bauingenieure).
Ehlgötz: Städtebaukunst.
Heiligenthal: Deutscher Städtebau.
Hoepfner: Grundbegriffe des Städtebaues. (Bd. 2 1928)
Schilling: Innere Stadterweiterung.

1922 Fischer: Sechs Vorträge über Stadtbaukunst.

1923 Joyant: Traité d'urbanisme. (weitere Auflagen 1928 und 1934)

1924 Poëte: Une vie de cité.

1925	Vorträge der Dresdner Städtebauwochen 1924/25. (Brix und Genzmer) Brunner: Baupolitik als Wissenschaft. Hegemann: Der Städtebau nach den Ergebnissen der internationalen Städtebau-Ausstellung Gothenburg. Le Corbusier: Urbanisme.
1926	Purdom: The Building of Satellite Cities. (Zweite Auflage 1949) Lavedan: Qu'est-ce que l'urbanisme? De Casseres: Stedebouw.
1927	Dikanski: La ville moderne. Pedersen: Byplanens utvikling. (Z)
1928	Bünz: Städtebau und Landesplanung. Rey, Pidoux und Barde: La science des plans de villes.
1929	Bernoulli: Städtebau in der Schweiz. Heiligenthal: Städtebau und Städtebaurecht. Sierks: Grundriß der sicheren, reichen, ruhigen Stadt. Zucker: Die Entwicklung des Stadtbildes. Die Stadt als Form. Poëte: Introduction à l'urbanisme.
1930	Hegemann: Das steinerne Berlin. Mc Lean, W.H.: Regional and Town Planning in Principle and Practice.
1931	CIAM: Rationelle Bebauungsweisen. Asplund et al.: Acceptera.
1932	Pfannschmidt: Standort, Landesplanung, Baupolitik. Schumacher: Das Werden einer Wohnstadt. Sharp: Some Aspects of Urban and Rural Development. Adams: Recent Advances in Town Planning.
1933	Christaller: Die zentralen Orte in Süddeutschland. Abercrombie: Town and Country Planning. Danger: Cours d'urbanisme.
1934	Neumann: Städtebau auf wissenschaftlicher Grundlage. Le Corbusier: La ville radieuse. Stenfors: Handbok i stadsplane- och bygnadsförfattningar.

1935	Rechenberg: Die günstigste Stadtgröße. Schwan: Städtebau und Wohnungswesen der Welt. Adams: Outline of Town and City Planning. Past efforts and modern aims. Fabrichesi: Urbanistica ed edilizia italiane. Chiodi: La città moderna. Tecnica urbanistica.
1937	Gruber: Die Gestalt der deutschen Stadt. Sharp: Town and Countryside. Bardet: La ville dite radieuse. (Z) Koch, Pierre: L'assainissement des agglomérations.
1938	Mumford: The Culture of Cities.
1939	Feder: Die neue Stadt. Riehl: Siedlungsgröße und Gemeinschaftseinrichtungen.
1940	Rechenberg: Das Einmaleins der Siedlung. Schumacher: Probleme der Großstadt. Report of the Royal Commission on the Distribution of the Industrial Population. (Barlow Report) Sharp: Town Planning (2. Auflage 1945)
1941	Bardet: Problèmes d'urbanisme.
1942	Bernoulli: Die organische Erneuerung unserer Städte. Wetzel: Wandlungen im Städtebau. Osborn: New Towns after the War.
1943	Forshaw und Abercrombie: County of London Plan. Sellier: L'urbanisme et l'organisation administrative.
1944	Abercrombie: Greater London Plan.
1945	Simon: Rebuilding Britain. Gutton: Où en est l'urbanisme? Bardet: L'urbanisme. Le Corbusier: Manière de penser l'urbanisme.
1946	Bardet: Pierre sur pierre. Le Corbusier: Propos d'urbanisme. Antoine: Principes d'urbanisme. Bernoulli: Die Stadt und ihr Boden.

1947 Mittelbach: Vom Städtebau zur lokalen Raumordnung.
Rainer: Die Behausungsfrage.
Dickinson: City Region and Regionalism.
Gravier: Paris et le désert français.
Rouge: La géonomie ou l'organisation de l'espace.
Piccinato: Urbanistica.

1948 Deneke: Renaissance im Städtebau.
Heilig: Wende im Städtebau.
Rainer: Städtebauliche Prosa.
Reichow: Organische Stadtbaukunst.
Glass: The Social Background of a Plan.

1949 Jobst: Leitsätze für städtebauliche Gestaltung.
Kabel: Baufreiheit und Raumordnung.
Schwagenscheidt: Die Raumstadt.
Schwarz: Von der Bebauung der Erde.
Bardet: Mission de l'urbanisme.

1950 Abel: Regeneration der Städte – de villes – of towns.
Pfeil: Großstadtforschung.
Mannheim: Freedom, Power, and Democratic Planning.
Auzelle: Encyclopédie de l'urbanisme.
Carol und Werner: Städte wie wir sie wünschen.

1951 Egli: Die neue Stadt in Landschaft und Klima.
Schumacher: Vom Städtebau zur Landesplanung (und) Fragen städtebaulicher Gestaltung.
Umlauf: Vom Wesen der Stadt und der Stadtplanung.
Wagner, M.: Wirtschaftlicher Städtebau.

1952 CIAM: The Heart of the City: Toward the Humanization of Urban Life.
Gibberd: Town Design.
Fourastié: Le grand espoir du XXme siècle.

1953 Auzelle: Technique de l'urbanisme.

1954 Korn: History Builds the Town.

1955 Burckhardt, Frisch, Kutter: Achtung: die Schweiz.

1957 Göderitz, Rainer, Hoffmann: Die gegliederte und aufgelockerte Stadt.

1961 Bahrdt: Die moderne Großstadt.
Keeble: Town Planning at the Crossroads.
Jacobs: The Death and Life of Great American Cities.
Lynch: The Image of the City.

Bibliographie

Abel, Adolf: Regeneration der Städte – des villes – of towns. Erlenbach-Zürich 1950.

Abendroth, A.: Die Aufstellung und Durchführung von amtlichen Bebauungsplänen. Berlin 1903.

Abercrombie, Patrick: Town and Country Planning. Oxford 1936/1943. Span.: Planeamiento de la Ciudad y del Campo. Madrid 1936.

Abercrombie, Patrick, und Forshaw, J.H.: County of London Plan, London 1943.

Abercrombie, Patrick: Greater London Plan 1944. London 1945.

Adams, F.J., und Hodge, G.: City Planning Instruction in the United States: The Pioneering Days 1900–1930. Journal of the American Institute of Planners, XXXI (1965), S. 43–51.

Adams, Thomas: Recent Advances in Town Planning. London 1932.

Adams, Thomas: Outline of Town and Country Planning: A Review of Past Efforts and Modern Aims. New York 1935.

Adickes, Franz, und Baumeister, Reinhard: Die unterschiedliche Behandlung der Bauordnungen für das Innere, die Außenbereiche und die Umgebung von Städten. Braunschweig 1893.

Adickes, Classen, Hinckeldeyn: Die Notwendigkeit weiträumiger Bebauung bei Stadterweiterungen und die rechtlichen und technischen Mittel zu ihrer Ausführung. Braunschweig 1895.

Adrian, Hanns: Stadterneuerung und Stadtumbau. In: Grundriß der Stadtplanung, hrsg. von der Akademie für Raumforschung und Landesplanung, Hannover 1983, S. 480ff.

Agache, Donat-Alfred, Marcel Auburtin, Edouard Redout: Comment reconstruire nos cités détruites? Paris 1916.

Albers, Gerd: Entwicklungslinien im Städtebau. Düsseldorf 1975.

Albers, Gerd, und Papageorgiou-Venetas, Alexander: Stadtplanung 1945–1980. Tübingen 1984.

Albers, Gerd: Zur Entwicklung des Planungsrechtes am Beispiel der Hamburger Bauordnung. In: Städtebaureform 1865-1900, hrsg. von Juan Rodriguez-Lores und Gerhard Fehl, Hamburg 1985, Bd. 2, S. 289-314.

Aldridge, H.R.: The Case for Town Planning. London 1915.

Alomar, Gabriel: Spain. In: Encyclopedia of urban planning, hrsg. von H. Whittick, New York 1974, S. 928-937.

Anselin, M: Belgium. In: Planning in Europe, hrsg. von R.H. Williams, London 1984, S. 63-72.

Antoine, Pierre: Principes d'urbanisme. Paris 1946.

Argan, Giulio Carlo: Kunstgeschichte als Stadtgeschichte. München 1989.

Arminius: Die Großstädte in ihrer Wohnungsnot und die Grundlagen einer durchgreifenden Abhilfe. Leipzig 1874.

Asher, Charles S., Better Cities. Washington 1942.

Asplund, Gunnar, Wolter Gahn, Sven Markelius, Gregor Paulsson, Eskil Sundahl, Uno Åhrén: Acceptera. Stockholm 1931.

Astengo, G.: Urbanistica. In: Enciclopedia Universale dell'Arte. Rom 1966, S. 541-641.

Åström: Svensk Stadsplanering. Stockholm 1967. Englisch: City Planning in Sweden.

Auburtin und Blanchard: La cité de demain dans les régions dévastées. Paris 1917.

Auzelle, Robert: Encyclopédie de l'urbanisme. Paris 1950.

Auzelle, Robert: Technique de l'urbanisme. Paris 1953.

Auzelle, Robert: Town Planning Administration in France 1945-1955. Town Planning Review 1957, S. 7-36.

Auzelle, Robert: Plaidoyer pour une organisation consciente de l'espace. Paris 1962.

Auzelle, Robert: 323 Citations sur l'urbanisme. Paris 1964.

Bahrdt, Hans-Paul: Die moderne Großstadt. Hamburg 1961.

Bahrdt, Hans Paul: Humaner Städtebau. Hamburg 1968.

Bardet, Gaston: La ville dite radieuse (1937), In: ders., Pierre sur pierre, Paris o.J. (1946), S. 179-181.

Bardet, Gaston: Problèmes d'urbanisme. Paris 1941.

Bardet, Gaston: L'urbanisme. Paris 1945.

Bardet, Gaston: Pierre sur pierre. Paris o.J. (1946).

Bardet, Gaston: Mission de l'urbanisme. Paris 1949.

Baumeister, Reinhard: Stadterweiterungen in technischer, baupolizeilicher und wirtschaftlicher Beziehung. Berlin 1876.

Baumeister, Reinhard: Moderne Stadterweiterungen. Hamburg 1887.

Baumeister, Classen, Stübben: Die Umlegung städtischer Grundstücke und die Zonenenteignung. Berlin 1897.

Baumeister: Grundsätze des Städtebaues: s. Verband deutscher Architekten- und Ingenieurvereine.

Baumeister, Reinhard: Städtebau. In: Körte, v. Loebell u.a.: Deutschland unter Kaiser Wilhelm II. 4. Bd. Berlin 1914, S. 1519–1532.

Beck, Ulrich: Die Utopie der Selbstbegrenzung. Süddt. Zeitg. Nr. 71/1995, S. 13.

Bellamy, E.: Looking Backward, 2000–1887. Boston 1888. Deutsch: Ein Rückblick aus dem Jahre 2000. Leipzig 1890.

Bellet, Daniel, und Darville, Will: Ce que doit être la cité moderne. Son plan, ses organes, son hygiène, ses monuments et sa vie. Paris 1914.

Benevolo, Leonardo: Le origine dell'urbanistica moderna. Bari 1968 (3. Aufl.). Deutsch: Die sozialen Ursprünge des modernen Städtebaues. Gütersloh 1971.

Benoît-Lévy, Georges: La Cité-Jardin. Paris 1904.

Benoît-Lévy, Georges: Cités-jardins en Amérique. Paris 1905.

Bernoulli, Hans, und Martin, Camille (Hrsg.): Städtebau in der Schweiz. Berlin 1929.

Bernoulli, Hans: Die organische Erneuerung unserer Städte. Basel 1942.

Bernoulli, Hans: Die Stadt und ihr Boden. Zürich 1946. Ital.: La città e il suolo. Milano 1951.

v. Beyme, Klaus: Der Wiederaufbau: Architektur und Städtebaupolitik in beiden deutschen Staaten. München 1987.

Blum, Schimpff, Schmidt: Städtebau (Handbibl. für Bauingenieure). Berlin 1921, 2. Aufl. 1937.

Bollerey, F., G. Fehl, K. Hartmann (Hrsg.): Im Grünen wohnen – im Blauen planen. Ein Lesebuch zur Gartenstadt. Hamburg 1990.

Bosma, Koos: Ruimte voor een nieuwe tijd: Vormgeving van de Nederlandse Regio 1900–1945. Rotterdam 1993.

Braumann, Christoph: Stadtplanung in Österreich von 1918 bis 1945. Wien 1986.

Braybrooke, D., und Lindblom, C.E.: A Strategy of Decision – Policy Evaluation as a Social Process. New York 1963.

Brinckmann, A.E.: Stadtbaukunst. Berlin 1920.

Brix, Joseph: Aus der Geschichte des Städtebaues in den letzten 100 Jahren. Berlin 1912.

Bruch, Ernst: Berlins bauliche Zukunft und der Bebauungsplan. Deutsche Bauzeitung 4, 1870, S. 71ff.

Brun, Charles: Le régionalisme. Paris 1911.

Brunhes, Georges: La géographie humaine. 3 Bde. Paris 1910.

Brunner, Karl H.: Baupolitik als Wissenschaft. Wien 1925.

Buchanan, Colin: Traffic in Towns. London 1963. Deutsch: Verkehr in den Städten. Essen 1964.

Bücher, Karl: Die Großstädte in Gegenwart und Vergangenheit. In: Die Großstadt, Vorträge und Aufsätze zur Städteausstellung. Dresden 1903.

Bünz, Otto: Städtebau und Landesplanung. Berlin 1928.

Buls, Charles: L'esthétique des villes. Brüssel 1893. Deutsch: Ästhetik der Städte, Wiesbaden 1898. Ital.: Estetica della cittá. Rom 1903.

Buls, Charles: La construction des villes. Brüssel 1895. (Übersetzung des von Stübben in Chicago 1893 gehaltenen Vortrags)

Burckhardt, Lucius, Max Frisch, Markus Kutter: Achtung: die Schweiz. Basel und Zürich, 1955.

Caccia, Aristide: Costruzioni, trasformazione e ampliamento della città. Compilato sulla traccia „Der Städtebau" di J. Stübben. Roma 1915.

Cadbury jr., George: Town Planning. London 1915.

Calabi, Donatella: Italy. In: Planning and Urban Growth in Southern Europe, hrsg. von Martin Wynn, London 1984, S. 37–69.

Calabi, Donatella (Hrsg.): La politica della casa all'inizio del XX secolo. Venezia 1995.

Calabi, Donatella: Marcel Poëte: pioneer of „l'urbanisme" and defender of „l'histoire des villes". Planning Perspectives 11 (1996), S. 413–36.

Cantal-Dupart, Michel: A quand le perestroika de l'urbanisme? Urbanismes et Architecture, 89/90 Nr. 233, S. 36.

Carol, Hans, und Werner, Max: Städte – wie wir sie wünschen. Zürich o.J. (um 1950).

de Casseres, J.M.: Stedebouw. Amsterdam 1926.

de Casseres, J.M.: Grondslagen der planologie. De Gids 1929, S. 367–394.

Centre Georges Pompidou (Hrsg.): La Ville. Art et architecture en Europe 1870–1993. Ausstellungskatalog. Paris 1994.

Cerdá, Ildefonso: Teoría general de la urbanización. Madrid 1867.

Cherry, Gordon E.: The Evolution of British Town Planning. Leighton Buzzard 1974.

Cherry, Gordon E.: (Hrsg): Shaping an Urban World. London 1980.

Cherry, Gordon E.: (Hrsg): Pioneers in British Planning. London 1981.

Cherry, Gordon E.: Cities and Plans. The shaping of urban Britain in the nineteenth and twentieth centuries. London 1988.

Chiodi, Cesare: La città moderna. Tecnica urbanistica. Milano 1935.

Choay, Françoise: L'urbanisme: utopies et réalités. Paris 1965.

Choay, Françoise: The Modern City Planning in the 19th Century. New York, Braziller, 1968.

Chombart de Lauwe, Paul-Henri: Des hommes et des villes. Paris 1970.

Christaller, Walter: Die zentralen Orte in Süddeutschiand. Jena 1933.

Christen, A.: Zur Entwicklungsgeschichte des Städtebaues. Erlenbach-Zürich 1946.

CIAM: The Heart of the City: Toward the Humanization of Urban Life. London 1952.

Classen, W.F.: Großstadtheimat: Beobachtungen zur Naturgeschichte des Großstadtvolkes. Hamurg 1906.

Clerget, Pierre: L'urbanisme: Etude historique, géographique et économique. Bulletin de la Société Neuchâteloise de géographie. XX (1909–10), 213–231.

Collins, George R., und Crasemann Collins, Christiane: Camillo Sitte and the Birth of Modern City Planning. London und New York, 1965.

Collins, George R.: The Ciudad Lineal of Madrid. Linear Planning throughout the World. Journal of the American Society of Architectural Historians, 1959, S. 38–53; S. 74–93.

Cooley, Charles Horton: Social Organization: A Study of the Larger Mind. New York 1909.

Coppa, Mario et al.: Introduzione allo studio della pianificazione urbanistica. Torino 1986.

da Costa Lobo, Manuel; Portugal. In: International Manual of Planning Practice, hrsg. v. International Society of City and Regional Planners, 2nd ed. Den Haag, S. 168–179.

Cullen, Gordon: Townscape. London 1961. Ital.: Il paesaggio urbano. Bologna 1976.

Cullingworth, J.B.: Town and Country Planning in Britain. 6th ed. London 1976.

Culpin, Ewart G.: Garden City Movement up to Date. London 1913.

Damaschke, Adolf: Die Bodenreform. Jena 1911.

Danger, René: Cours d'urbanisme. Paris 1933.

Davidoff, Paul, und Reiner, Thomas: A Choice Theory of Planning. Journal of the American Institute of Planners, XXVIII, 1962, 103–115.

Deneke, Albert: Renaissance im Städtebau. Münster 1946.

Dickinson, R.E.: City Region and Regionalism. London 1947.

Dikanski, Mikhail: La ville moderne. Paris 1927.

Doblhamer, Gerhard: Die Stadtplanung in Oberösterreich von 1850 bis 1938. Wien 1972.

Durth, Werner, und Gutschow, Niels: Träume in Trümmern. Planungen zum Wiederaufbau zerstörter Städte im Westen Deutschlands 1940–1950. Braunschweig/Wiesbaden 1988.

Durth, Werner: Von der Auflösung der Städte zur Architektur des Wiederaufbaues. In: Deutsche Akademie für Städtebau und Landesplanung (Hrsg.): Städte im Wandel – Stadtentwicklung, Berlin 1996, S. 9–21.

Dyckman, John W.: The Practical Uses of Planning Theory. Journal of the American Institute of Planners, XXXV. 1969, 298–300.

Eberstadt, Rudolf: Städtische Bodenfragen. Berlin 1894.

Eberstadt, Rudolf: Das Wohnungswesen. Jena 1904.

Eberstadt, Rudolf: Handbuch des Wohnungswesens und der Wohnungsfrage. Berlin 1909/1917, Jena 1910.

Eberstadt, Rudolf: Städtebau und Siedelungswesen. Braunschweig 1920.

Egli, Ernst et al.: Die neue Stadt in Landschaft und Klima. Erlenbach-Zürich 1951.

Egli, Ernst: Geschichte des Städtebaues. 3 Bde, Erlenbach-Zürich 1959–67.

Ehlgötz, Hermann: Städtebaukunst. Leipzig 1921.

Eitelberger, R.: Über Städteanlagen und Stadtbauten. Wien 1958.

van Embden, Samuel J.: Over vormgevers en vormgeving in de Nederlandse stedebouw van de 20e eeuw. In: Stedebouw en Nederland. 50 Jaar Bond van Nederlandse Stedebouwkundigen. Amsterdam 1985.

Escolano, Víctor Pérez: Canosa e la versione spagnola. In: Camillo Sitte e i suoi interpreti, hrsg. von Guido Zucconi, Milano 1992, S. 24–28.

Esher, Lionel: A Broken Wave. London 1981.

Eversley, David: The Planner in Society. London 1973.

Fabrichesi, R.: Urbanistica ed edilizia italiane. Padova 1935.

Faludi, Andreas: Planning Theory. Oxford, New York, Toronto 1973.

Faludi, Andreas (Hrsg.): A Reader in Planning Theory. Oxford, New York, Toronto 1973.

Faßbender, Eugen: Grundzüge der modernen Städtebaukunde. Wien 1912.

Feder, Gottfried: Die neue Stadt. Berlin 1939.

Fehl, Gerhard, und Rodriguez-Lores, Juan (Hrsg.): Stadterweiterungen 1800–1875. Hamburg 1983.

Fehl, Gerhard, und Rodriguez-Lores, Juan (Hrsg.): Städtebaureform 1865–1900. Hamburg 1985.

Fehl, Gerhard, und Rodriguez-Lores, Juan (Hrsg.): Stadt-Umbau. Die planmäßige Erneuerung europäischer Großstädte zwischen Wiener Kongreß und Weimarer Republik. Basel 1995.

Fisch, Stefan: Administratives Fachwissen und private Bauinteressen in der deutschen und französischen Stadtplanung bis 1918. In: Formation und Transformation des Verwaltungswissens in Frankreich und Deutschland. Jahrbuch für europäische Verwaltungsgeschichte, 1. Baden-Baden 1989.

Fischer, Alfons: Gartenstadt und Gesundheit. Berlin 1907.

Fischer, Theodor: Sechs Vorträge über Stadtbaukunst. München und Berlin 1920.

Fockema Andreae, J.F.: De hedendaagsche stedenbouw. Utrecht 1912.

Forbat, Fred: Die funktionelle Stadt. Technika Chronika 1933, S. 740ff.

Ford, George B.: L'urbanisme en pratique. Paris 1920.

Forestier, J.C.N: Grandes villes et systèmes de parcs. Paris 1906.

Forshaw, J.H., und Abercrombie, P.: The County of London Plan. London 1943.

Fourastié, Jean: Le grand espoir du XXme siècle. Paris 1953. Deutsch: Die große Hoffnung des zwanzigsten Jahrhunderts. Köln 1954.

Fredlund, Arne (Hrsg.). Swedish Planning in Times of Transition. Gävle 1991.

Friedrich, Peter: Siedlungsgefüge, Studie und Vorschlag 1925–30. Im Ausstellungskatalog „Tendenzen der Zwanziger Jahre". 15. Europäische Kunstausstellung unter den Auspizien des Europarates. Berlin 1977, S. 2/99.

Frisch, Max: s. Lucius Burckhardt.

Fritsch, Theodor: Die Stadt der Zukunft. Leipzig 1896/1912.

Ganser, Karl: Instrumente von gestern für die Städte von morgen? In: Ganser, Hesse, Zöpel (Hrsg.): Die Zukunft der Städte. Baden-Baden 1991.

Garnier, Tony: Die ideale Industriestadt. Une cité industrielle. Text von René Jullian, Vorwort von J. Posener. Tübingen 1989.

Gaudin, Jean-Pierre: „A l'avance, avec méthode" – Savoir, savoir-faire et mouvement de professionalisme dans l'urbanisme au début du siècle. Sociologie de Travail, 1987, S. 177–197.

Gaudin, Jean-Pierre: Sitte e l'arte urbana in Francia. In: Zucconi, Guido (Hrsg.): Camillo Sitte e i suoi interpreti. Milano 1992.

Geddes, Patrick: Civics: As Applied Sociology. Sociological Papers, London 1905.

Geddes, Patrick: Cities in Evolution. London 1915 / New York 1950.

Geist, Johannes Friedrich, und Kürvers, Klaus: Das Berliner Mietshaus 1945–1989, Berlin 1989.

Genzmer, Ewald, und Küster, Heinrich: Bebauungsplan und Bauordnung. Dresden 1917.

Genzmer, Ewald, und Wolf, Paul (Hrsg.): Städtebauvorträge der 1. Dresdner Städtebauwoche 1924, veranstaltet vom Städtebauseminar der Technischen Hochschule Dresden. Berlin 1924.
Ergänzungsband: Städtebauvorträge der 2. Dresdner Städtebauwoche 1925. Berlin 1926.

Gibberd, Frederick: Town Design. London 1952.

Giedion, Sigfried: Space, Time, and Architecture. Cambridge 1949. Deutsch: Raum, Zeit, Architektur. Ravensburg 1965. Ital.: Spazio, tempo, architettura. Torino 1954.

Giralt Casadesús, R.: Die Stadterweiterung von Lerida. Stadtbaukunst 6 (1925), S. 177–78.

Givaudan, Antoine: Pour une histoire de l'urbanisme. Urbanisme 1968, Nr. 216, S. 126–130.

Glass, Ruth: The Social Background of a Plan. London 1948.

Gloeden, Erich: Die Inflation der Großstädte und ihre Heilungsmöglichkeit. Berlin 1923.

Goecke, Theodor: Verkehrsstraßen und Wohnstraßen. In: Preußische Jahrbücher Bd. 83, 1893.

Goecke, Theodor: Vom Städtebau auf der Städteausstellung in Düsseldorf 1912. Der Städtebau 10 (1913), 14ff.

Goecke, Theodor: Ein Nachwort zum ersten internationalen Städtekongress in Gent 1913. Der Städtebau 11 (1914), 70ff.

Goecke, Theodor: Der Städtebau in der verflossenen internationalen Baufachausstellung in Leipzig. Der Städtebau 11 (1914), 123ff.

Göderitz, Johannes: Besiedelungsdichte, Bebauungsweise und Erschließungskosten im Wohnungsbau. Wiesbaden/Berlin 1954.

Göderitz, Johannes, Roland Rainer, Hubert Hoffmann: Die gegliederte und aufgelockerte Stadt. Tübingen 1957.

Gold, John R.: „Commoditie, Firmenes and Delight": modernism, the MARS Group's ‚New Architecture' Exhibition (1938) and imagery of the urban future. Planning Perspectives, 8 (1993), 357–376.

Gradmann, Eugen: Heimatschutz und Landschaftspflege. Stuttgart 1910.

Gravier, Jean-François: Paris et le désert Français. Paris 1947.

Gropius, Walter: Flach-, Mittel- oder Hochbau? In: Rationelle Bebauungsweisen. Hrsg. v. Internationale kongresse für neues bauen, Frankfurt 1931, S. 26–47.

Gruber, Karl: Die Gestalt der deutschen Stadt. Leipzig 1937/München 1952. Franz.: Forme et caractère de la ville allemande. Bruxelles 1992.

Gurlitt, Cornelius: Der deutsche Städtebau. In: Wuttke, R. (Hrsg): Die deutschen Städte. Leipzig 1904.

Gurlitt, Cornelius: Besserung der Wohnungsverhältnisse in alten Städten. In: Stadtverwaltung Düsseldorf (Hrsg.): Verhandlungen des Ersten Kongresses für Städtewesen Düsseldorf 1912. Düsseldorf 1913, S. 9–13.

Gurlitt, Cornelius: Handbuch des Städtebaues. Berlin 1920.

Gurlitt, Cornelius: Le Corbusier und der Weg der Esel. Stadtbaukunst IX (1929), S. 198ff.

Guther, Max: Heinz Wetzel und die Geschichte der Städtebaulehre an deutschen Hochschulen. Städtebauliches Institut der Universität Stuttgart, 1982.

Gutton, André: Où en est l'urbanisme? Paris 1945.

Hager, Kurt: Das neue französische Städtebaugesetz und seine Auswirkungen. Deutsche Bauzeitung 1926, S. 30–32 und 39/40.

Hall, Peter: Urban and Regional Planning, Harmondsworth, 1974.

Hall, Peter: Cities of Tomorrow. London 1988.

Hall, Thomas: Urban Planning in Sweden. In: Planning and Urban Growth in the Nordic Countries, hrsg. v. Thomas Hall, London und New York, 1991[1].

Hall, Thomas (Hrsg): Perspektiv på planering. Uppsala 1991[2].

Harouel, Jean-Louis: Histoire de l'urbanisme. Paris 1981.

Hartog, Rudolf: Stadterweiterungen im 19. Jahrhundert. Stuttgart 1962.

Hastaoglou-Martinidis, V., K. Kafkoula, N. Papamichos: Urban modernization and national renaissance: town planning in 19th century Greece. Planning Perspectives 8 (1993), S. 427–469.

Hecker, Hermann: Die wirtschaftliche Bedeutung von Bebauungsplänen und ihre technische Ausgestaltung. Köln 1909.

Hegemann, Werner: Der Städtebau nach den Ergebnissen der Allgemeinen Städtebau-Ausstellung in Berlin. 2 Bde., Berlin 1911/1913.

Hegemann, Werner: Der Städtebau nach den Ergebnissen der internationalen Städtebau-Ausstellung Gothenburg. 1925.

Hegemann, Werner: Das steinerne Berlin. Berlin 1930.

Heilig, Wilhelm: Stadt- und Landbaukunde. Berlin 1935.

Heilig, Wilhelm: Wende im Städtebau. 2 Bde., Braunschweig 1947/1948.

Heiligenthal, Roman: Deutscher Städtebau. Heidelberg 1921.

Heiligenthal, Roman: Beiträge zum Entwurf eines Städtebaugesetzes. Der Städtebau, 1926, S. 81–85.

Heiligenthal, Roman: Städtebaurecht und Städtebau. Berlin 1929.

Hénard, Eugène: Etudes sur les transformations de Paris. Paris 1903–1911.

Henrici, Karl: Preisgekrönter Konkurrenzentwurf zu der Stadterweiterung Münchens. München 1893.

Henrici, Karl: Von welchen Gedanken sollen wir uns beim Ausbau unserer deutschen Städte leiten lassen? Trier 1894.

Henrici, Karl: Beiträge zur praktischen Ästhetik im Städtebau. München o.J. (1904).

Hercher, Ludwig: Großstadterweiterungen. Göttingen 1904.

Herriot, Edouard: Les leçons de l'Exposition d'Hygiène de Dresde. Revue Hebdomadaire, 1912.

Hilberseimer, Ludwig: Entfaltung einer Planungsidee. Berlin/Frankfurt a.M./Wien 1963.

Hillebrecht, Rudolf: Städtebau und Stadtentwicklung. Archiv für Kommunalwissenschaften, 1 (1962), S. 41ff.

Hillebrecht, Rudolf: Städtebau als Herausforderung. Köln 1974.

Hirtsiefer, Heinrich: Die Wohnungswirtschaft in Preußen. Eberswalde 1929.

Hoepfner, K.A.: Grundbegriffe des Städtebaues. 2 Bde., Berlin 1921/1928.

Hoffacker, Heinz Wilhelm: Entstehung der Raumplanung, konservative Gesellschaftsreform und das Ruhrgebiet 1919–1933. Essen 1989.

Hoffmann, Hubert: Die Idee der Stadtplanung. In: Vogler, P., und Kühn, E. (Hrsg.): Medizin und Städtebau. München/Berlin/Wien 1957. S. 214–246.

Holm, Per: Swedish Planning 1945–1985: Ideology, Methods, and Results. In: „Plan International", 1985.

Horsfall, Thomas C.: The Improvement of the Dwellings and Surroundings of the People: The Example of Germany. Manchester 1904.

Horsfall, Thomas C.: Translation of part of the Swedish Building Law for Towns. The Municipal Journal, November 1907.

Howard, Ebenezer: To-Morrow. A Peaceful Path to Real Reform. London 1889. 2. Aufl. betitelt: Garden Cities of To-Morrow. London 1902. Deutsch: Gartenstädte in Sicht. Jena 1907.

Huber, Victore Aimé: Die Wohnungsnot der kleinen Leute in den großen Städten. Leipzig 1857.

Huguenay, Jeanne: Un centenaire oublié. La vie urbaine, Nr. 58, 1950, 241–249.

Huse, Norbert: Denkmalschutz. In: Zukunftsaufgaben der Stadtplanung, hrsg. v. Th. Sieverts, Düsseldorf 1990, S. 85–101.

Imbesi, Giuseppe: The Evolution of the Town Planning System. Bulletin 1/96 of the International Society of City and Regional Planners, S. 79–81.

Internationale kongresse für neues bauen (Hrsg.): Rationelle Bebauungsweisen, Frankfurt 1931.

Internationale kongresse für neues bauen (Hrsg.): Die Wohnung für das Existenzminimum. Stuttgart 1933.

Izoulet, Jean: La cité moderne et la métaphysique de la sociologie. Paris 1894.

Jacobs, Jane: The Death and Life of Great American Cities. New York 1961. Deutsch: Tod und Leben großer amerikanischer Städte. Berlin/Frankfurt/Wien 1963. Italienisch: Vita e morte delle grandi città americane. Torino 1969.

Jansen, Hermann: Die Großstadt der Neuzeit. Konstantinopel 1917.

Jobst, Gerhard: Leitsätze für städtebauliche Gestaltung. Tübingen 1949.

Johnson-Marshall, Percy: Rebuilding Cities. Edinburgh 1966.

Joyant, Edouard: Traité d'urbanisme. Paris 1923. 2. Aufl. Paris 1928, 3. Aufl. Paris 1934.

Jürgens, Oskar: Spanische Städte. Ihre bauliche Entwicklung und Ausgestaltung. Hamburg 1926. In: Abhandlungen auf dem Gebiet der Altertumskunde.

Julian, Julian: Town Planning. London 1914.

Kabel, Erich: Baufreiheit und Raumordnung. Ravensburg 1949.

Kadatz, Hans-Joachim: Beiträge zu mittel- und osteuropäischen Planungsideen des Städtebaues. Forschungsarbeit am Institut für Regionalentwicklung und Strukturplanung e.V. Berlin 1995.

Kampffmeyer, Hans: Die Gartenstadtbewegung. Jena 1908.

Karnau, Oliver: Hermann Josef Stübben. Städtebau 1876–1930. Brauschweig/Wiesbaden 1996.

Keeble, Lewis: Principles and Practice of Town and Country Planning. London 1952.

Keeble, Lewis: Town Planning at the Crossroads. London 1961.

Kerndal-Hansen, O.: Denmark. In: Planning in Europe, hrsg. von R.H. Williams, London 1984, 114–127.

Keyes, John, Ian Munt und Pere Riera: The control of development in Spain. Town Planning Review 64 (1993), S. 47–63.

Kjaersdam, Finn: Denmark. In: International Manual of Planning Practice, hrsg. v. Internationel Society of City and Regional Planners, 2nd ed. Den Haag 1992, S. 44–51.

Kneller, Friedrich; Die Sammeltangente, Berlin 1931.

Knudsen, Tim: International influences and professional rivalry in early Danish planning. Planning Perspectives 3 (1988), S. 287–296.

Koch, Michael: Städtebau in der Schweiz 1800–1990. Zürich 1992.

Koch, Pierre: L'assainissement des agglomérations, 3 Bde., Paris 1937.

Korn, Arthur: History Builds the Town. London 1954.

Kriesis, Anton: Griechenland. In: Städtebau und Wohnungswesen der Welt, hrsg. v. Bruno Schwan, Berlin 1935, S. 203–208.

Krüger, Till, Peter Rathmann, Joachim Utech: Das Hamburger Dichtemodell. Stadtbauwelt 36 (1972), S. 293–298.

Ladd, Brian: Urban Planning and Civic Order in Germany, 1860–1914. Cambridge, Mass. 1990.

Lampugnani, Vittorio Magnago, und Mönninger, Michael (Hrsg.): Berlin morgen. Ideen für das Herz einer Großstadt. Stuttgart 1991.

Lane, Barbara Miller: Architecture and Politics in Germany 1918–1945. Cambridge, Mass. 1968.

Langen, Gustav: Stadt, Dorf und Landschaft. Berlin 1912.

Langen, Gustav: Städtebau, Siedelungs- und Wohnungswesen. Leipzig 1914.

Langen, Gustav: Stadtplan und Wohnungsplan vom hygienischen Standpunkte. Leipzig 1927.

Larsson, Bo, und Thomasson, Ole: Urban Planning in Denmark. In: Hall 1991[1], S. 6–50.

Lavedan, Pierre: Qu'est-ce que l'urbanisme? Paris 1926.

Le Corbusier: Urbanisme. Paris 1925. Deutsch: Städtebau. Stuttgart 1929. Engl.: The City of To-morrow. London 1929. Ital.: Urbanistica. Milano 1967.

Le Corbusier: La ville radieuse. Boulogne 1934.

Le Corbusier: Propos d'urbanisme. Paris 1945. Deutsch: Grundfragen des Städtebaues. Stuttgart o.J. Engl.: Concerning Town Planning. New Haven 1948.

Le Corbusier und de Pierrefeu, François: La maison des hommes. Paris 1942. Engl.: The Home of Man. London 1948.

Lee, Douglass B., Jr.: Requiem to Large-Scale Models. Journal of the American Institute of Planners, 39, 1973, S. 163–178.

Lenort, Norbert: Entwicklungsplanung in Stadtregionen. Köln 1961.

Lindhagen, Carl: Betänkande om Stockholms koloniområden. Beilage zu Stockholms Stadsfullmäktige Tidningen, Nr. 35, 1931.

London County Council: The Planning of a New Town. London 1961 (Hook).

Lorange, Erik, und Myhre, Jan Eivind: Urban Planning in Norway. In: Hall 1991[1], S. 116–166.

Lynch, Kevin: The Image of the City. Cambridge 1961. Deutsch: Das Bild der Stadt. Berlin/Frankfurt/Wien 1965. Ital.: L'immagine della città. Padova 1969.

Lynch, Kevin, und Rodwin, Lloyd: A Theory of Urban Form. Journal of the American Institute of Planners XXIV (1958), S. 201–214.

Mackowsky, W.: Großstadt und Städtebau. Leipzig 1916.

Maechler, Martin: Die Großsiedlung und ihre weltpolitische Bedeutung. Berlin 1918.

Mamoli, Marcello, und Trebbi, Giorgio: Storia dell'urbanistica. L'Europa del secondo dopoguerra. Roma-Bari 1988.

Mancuso, Franco: Le vicende dello zoning. Milano 1978.

v. Mangoldt, Karl: Das Großstadtproblem und die Wege zu seiner Lösung, Berlin 1928.

Mannheim, Karl: Freedom, Power, and Democratic Planning. New York 1950.

Marinetti, Filippo Tommaso: I manifesti del futurismo. Firenze 1914.

Markelius, S.: Kollektivhuset. Ett centralt samhällsproblem. In: Arkitektur och samhälle, Nr. 1, 1932.

Marsh, B.C., und Ford, G.B.: An Introduction to City Planning. New York 1909.

Martin, Camille: Pour la grande Genève, Genf 1927.

Mawson, Thomas H.: Civic Art. London 1911.

Mayreder, Karl: Städtische Bauordnungen mit besonderer Berücksichtigung der Wohnungsfrage. Wien 1903.

McLean, W.H.: Regional and Town Planning in Principle and Practice. London 1930.

McLoughlin, Brian: Urban and Regional Planning. A Systems Approach. London 1969. Italienisch: La pianificazione urbana e regionale. Padova 1973.

Meller, Helen: Philanthropy and public enterprise: international exhibitions and the modern town planning movement, 1889–1913. Planning Perspectives, 10 (1995), 295–310.

de Meulder, Bruno: La loi relative aux Habitations Ouvrières (...). In: La politica della casa all'inizio del XX secolo. Hrsg. v. Donatella Calabi, Venezia 1995.

Miller, Mervin: Raymond Unwin. Garden Cities and Town Planning. Leicester 1992.

Minister of Town and Country Planning: Report of the Committee on Qualification of Planners. London 1950. (Schuster Report)

Ministry of Housing and Local Government: People and Planning. Report of the Committee on Public Participation. London 1969. (Skeffington Report)

Mitscherlich, Alexander: Die Unwirtlichkeit unserer Städte. Frankfurt 1965.

Mittelbach, H.A.: Vom Städtebau zur lokalen Raumordnung. Stuttgart 1947.

Möhring, Bruno, Rudolf Eberstadt, Richard Petersen: Groß-Berlin, ein Programm für die Planung der neuzeitlichen Großstadt. Berlin 1910.

Monclús, Francisco Javier: Planning and history in Spain. Planning Perspectives 7 (1992), S. 101–105.

Montoliu, Cipriano: La Ciudad-Jardín. Barcelona 1912.

Montoliu, Cipriano: Las Modernas Ciudades y sus Problemas á la luz de la Exposición de Construcción Cívica de Berlin 1910. Barcelona o.J. (1913).

Morandi, Corinna: Italian Planning in the later 19th century: the Milan example. Planning Perspectives, Oct. 1992, 361–390.

Morris, William: News from Nowhere. London 1891. Deutsch: Kunde von Nirgendwo. Stuttgart 1891. Französisch: Nouvelles de nul part. Paris 1902.

Mumford, Eric: CIAM urbanism after the Athens Charter. Planning Perspectives 7 (1992), 391–417.

Mumford, Lewis: The Culture of Cities. New York 1938.

Mumford, Lewis: The City in History. New York 1961. Deutsch: Die Stadt. Geschichte und Ausblick. Köln/Berlin 1963. Ital.: La città nella storia. Milano 1961.

Nachenius, H.W.: Bijdrage tot de kennis van den stedenbouw. Eene populaire Studie. Haarlem 1886.

Nagel, Ernst: Grundlegende Wertzahlen über Wohndichte und Besiedlungsdichte im Städtebau, 1927.

Needham, Barry: Continuity and Change in Dutch Planning Theory. Neth. Journal of Housing and Environmental Research. Bd. 3, 1988, 5ff.

Nettlefold, J.S.: Practical Town Planning. London 1914.

Neumann, Erwin: Städtebau auf wissenschaftlicher Grundlage, Berlin 1934.

Newman, Oscar: Defensible Space. New York 1972.

New Townsman (F.J. Osborn): New Towns after the War. London 1917.

Núñez Granés, Pedro: Ideas generales sobre la urbanización de los alrededores de las grandes urbes. Madrid 1908.

Nußbaum, H.Chr.: Die Hygiene des Städtebaues. Berlin 1907.

Ockert, Erwin: Vorschlag für eine Reform der internationalen Städtebautagungen. Stadtbaukunst 9 (1928), S. 9f.

Osborn, F.J.: New Towns after the War, London 1942. (Vgl. New Townsman)

Ottolenghi, Marinella: Contrasts between Institutional and Innovative Culture in Italy. Bulletin of the International Society of City and Regional Planners, 1995, S. 57–59.

Papageorgiou-Venetas, Alexander: Stadtkerne im Konflikt. Tübingen 1970. Engl.: Continuity and Change. Preservation in City Planning. New York 1970. Frz.: Intégration urbaine. Paris 1971.

Paulsson, Gregor: Den nya arkitekturen. Stockholm 1916.

Paulsson, Thomas: Den glömda Staden. Stockholm 1959 (1969).

Pedersen, Sverre: Byplanens utvikling. In: Nordisk Byggnadsdag 1927, Förhandlingar och utställning, Stockholm 1927.

Pedrini, Antonio: La città moderna. Milano 1905.

Pelletier, J., und Delfante, Ch.: Villes et urbanisme dans le monde. 2. Aufl. Paris 1994.

Pepler, George L.: Forty Years of Planning. In: Town and Country Planning Textbook, hrsg. v. Association for Planning and Regional Reconstruction, London 1950.

Pepler, George L.: Geddes' Contribution to Town Planning. Town Planning Review 1955 (April), S. 19–24.

v. Petz, Ursula: Urban Renewal under National Socialism: practical policy and political objectives in Hitler's Germany. Planning Perspectives 5 (1990), S. 169–187.

Pfannschmidt, Martin: Standort, Landesplanung, Baupolitik. Berlin 1932.

Pfeil, Elisabeth: Großstadtforschung. Bremen 1950.

Phillips, W.R.F.: The ‚German example' and the professionalization of American and British city planning at the turn of the century. Planning Perspectives, 11 (1996), S. 167–183.

Piacentini, Marcello: Sulla conservazione della bellezza di Roma e sullo sviluppo della città moderna. Rom 1916.

Piccinato, Giorgio: La costruzione dell'urbanistica. Germania 1871–1914. Rom 1974. Deutsch: Städtebau in Deutschland 1871–1914. Genese einer wissenschaftlichen Disziplin. Braunschweig 1983.

Piccinelli, Alessandro: Monneret de Villard e la versiona italiana. In: Camillo Sitte e i suoi interpreti, hrsg. v. Guido Zucconi. Milano 1992.

Poëte, Marcel: Une vie de cité. Paris 1924.

Poëte, Marcel: Introduction à l'urbanisme. Paris 1929.

Prager, Stefan: Die Deutsche Akademie für Städetbau und Landesplanung. Rückblick und Ausblick 1922–1955. Tübingen o.J. (1955).

Purdom, C.B.: The Garden City: A Study in the Development of a Modern Town. London 1913.

Purdom, C.B.: The Garden City after the War. London 1917.

Purdom, C.B.: The Building of Satellite Towns. London 1925; 2. Aufl. 1949.

Purdom, C.B.: The Letchworth Achievement, London 1963.

Rainer, Roland: Die Behausungsfrage. Wien 1947.

Rainer, Roland: Städtebauliche Prosa. Tübingen 1948.

Rainer, Roland: Für eine lebensgerechtere Stadt. Wien/München/2ürich 1974.

Rasmussen, Steen Eiler: Bebauung und Gelände. Der Städtebau 22 (1927), S. 86.

Rasmussen, Steen Eiler: London. Kopenhagen 1934. Engl.: London, the Unique City. London 1937.

Rasmussen, Steen Eiler: Byer og bygninger. Kopenhagen 1949. Engl.: Towns and Buildings. Cambridge, Mass. 1951.

Rechenberg, Fritz: Die günstigste Stadtgröße. Berlin 1935.

Rechenberg, Fritz: Das Einmaleins der Siedlung. Berlin 1940.

Reichow, Hans Bernhard: Organische Stadtbaukunst. Braunschweig 1948.

Reichow, Hans Bernhard: Die autogerechte Stadt. Ravensburg 1959.

Report of the Royal Commission on the Distribution of the Industrial Population (Barlow Report). London 1940.

Rey, A. Augustin: La spéculation sur les terrains et la hygiène des grandes villes. Congr. Internat. Hyg. Berlin 1907.

Rey, A. Augustin, Justin Pidoux und Charles Barde: La science des plans de villes. Lausanne/Paris o.J. (1928).

Richardson, Benjamin W.: Hygieia – The City of Health. London 1876.

Richrath, Klaus: Raumplanerausbildung in Europa. In: Raumplanerausbildung in Europa. 20 Jahre – Raumplanung im Aufbruch, hrsg. v. Rudolf Wurzer. Wien 1994.

Riehl, Felix: Siedlungsgröße und Gemeinschaftseinrichtungen. Borna 1939.

Riehl, Wilhelm Heinrich: Die Naturgeschichte des deutschen Volkes als Grundlage einer deutschen Sozialpolitik. Stuttgart 1861/1894.

Risler, Georges: Les nouvelles cités-jardins en Angleterre: le soleil et l'habitation populaire. Paris 1910.

Robinson, Charles Mulford: Modern Civic Art or The City Made Beautiful. New York 1903.

Rodriguez-Lores, Juan: Stadthygiene und Städtebau. Zur Dialektik von Ordnung und Unordnung in den Auseinandersetzungen des Deutschen Vereins für Öffentliche Gesundheitspflege 1868–1901. In: Städtebaureform 1865–1900, hrsg. v. Juan Rodriguez Lores und Gerhard Fehl. Hamburg 1985, S. 19–58.

Rohleder, C.: Stadtraumkunst und Bebauungsplan. Höchst a.M. 1924.

Rossi, Aldo: L'architettura della città. Padova 1966. Deutsch: Die Architektur der Stadt. Düsseldorf 1973. Frz.: L'architecture de la ville, Paris 1981. Engl.: The Architecture of the City. Cambridge/Mass., London 1982.

Rouge, Maurice-François: La géonomie ou l'organisation de l'espace. Paris 1947.

Rowe, Colin, und Koetter, Fred: Collage City. Cambridge und London 1978. Deutsch: Collage City. Basel 1984.

Rådberg, Johan: Doktrin och täthet i svenskt stadsbyggande 1875–1975. Byggforskningsrådet Rapport R 11: 1988. Stockholm 1988.

Saarinen, Eliel: The City – its Growth, its Decay, its Future. New York 1943.

Ságvári, Agnes (Hrsg): Budapest. Die Geschichte einer Hauptstadt. Budapest 1974.

Scheffer, L.S.P.: Gedenkrede zum fünfzigjährigen Bestehen des Internationalen Verbandes für Wohnungswesen, Städtebau und Raumordnung. In: I.V.W.S.R.: Fünfzig-Jahresfeier-Konferenz, Den Haag 1963.

Schiavi, A.: Le case a buon mercato e la città giardino. Bologna 1911.

Schilling, Otto: Innere Stadterweiterung. Berlin 1921.

Schmidt, Robert: Grundsätze zur Aufstellung eines Generalsiedlungsplanes für den Regierungsbezirk Düsseldorf. Essen 1912.

Schorske, Carl: Fin-de-siècle Vienna – Politics and Culture. New York 1980. Deutsch: Wien: Geist und Gesellschaft im Fin-de-siècle. München 1994.

Schubert, Dirk: ... Ein neues Hamburg entsteht ... – Planungen in der „Führerstadt" Hamburg zwischen 1933 und 1945. In: Faschistische Architekturen. Planen und Bauen in Europa 1930 bis 1945, hrsg. v. Hartmut Frank. Hamburg 1985.

Schultze-Naumburg, Paul: Kulturarbeiten Bd. IV: Der Städtebau. München 1906.

Schumacher, Fritz: Kulturpolitik. Neue Streifzüge eines Architekten. Jena 1920.

Schumacher, Fritz: Zukunftsfragen an der Unterelbe. Jena 1927.

Schumacher, Fritz: Das Werden einer Wohnstadt. Hamburg 1932.

Schumacher, Fritz: Wesen und Organisation der Landesplanung im hamburgisch-preußischen Planungsgebiet. Hamburg 1932.

Schumacher, Fritz: Probleme der Großstadt. Leipzig 1940.

Schumacher, Fritz: Erziehung durch Umwelt, Hamburg o.J. (1946).

Schumacher, Fritz: Vom Städtebau zur Landesplanung (und) Fragen städtebaulicher Gestaltung. Tübingen 1951.

Schwagenscheidt, Walter: Die Raumstadt. Heidelberg 1949.

Schwan, Bruno (Hrsg.): Städtebau und Wohnungswesen der Welt. Berlin 1935.

Schwarz, Rudolf: Von der Bebauung der Erde. Heidelberg 1949.

Sellier, Henri: L'urbanisme et l'organisation administrative. Urbanisme 1943.

Semsroth, Klaus: Vom Regulirungsplan zum räumlichen Entwicklungskonzept. Habilitationsschrift TU Wien, 1985.

Sennett, A.R.: Garden Cities in Theory and Practice. London 1905.

Serini, Heinrich: Die bauliche Bodenausnutzung bei verschiedener Geschoßzahl, Weiträumigkeit und Hausform. München 1914.

Serini, Heinrich: Wohnungsbau und Stadterweiterung. München 1925.

Sharp, Thomas: Some Aspects of Urban and Rural Development. London 1932.

Sharp, Thomas: Town Planning. New York/London 1940/1945. Deutsch: Städtebau in England. Berlin 1948.

Sica, Paolo: Storia dell'urbanistica. Ottocento, Novecento (4 Bde.), Roma/Bari 1977/78.

Siedler, Wolf Jobst: Die gemordete Stadt. Berlin 1964.

Sierks, Hans Ludwig: Wirtschaftlicher Städtebau und angewandte kommunale Verkehrswissenschaft. Dresden 1926.

Sierks, Hans Ludwig: Grundriß der sicheren, reichen, ruhigen Stadt. Dresden 1929.

Simmel, Georg: Die Großstädte und das Geistesleben. In: Die Großstadt, Vorträge und Aufsätze zur Städteausstellung. Dresden 1903.

Simon, E.D.: Rebuilding Britain. London 1945.

Simon, A.P.: Manchester Made Over, London 1936.

Sitte, Camillo: Der Städte-Bau nach seinen künstlerischen Grundsätzen. Wien 1889. Frz.: L'art de bâtir les villes. Genève 1902. Span.: Construcción de ciudades según principios artísticos. Barcelona 1926. Engl.: City building according to artistic principles. New York 1945. Ital.: L'arte di costruire la città. Milano 1982.

Smets, Marcel: Belgian reconstruction after World War I: a transition from civic art to urban planning. Planning Perspectives 2 (1987), S. 1–27.

Smets, Marcel: Charles Buls in Brüssel. In: Stadtumbau, hrsg. v. Gerhard Fehl und Juan Rodriguez Lores. Basel/Berlin/Boston, 1995.

Soria y Mata, Arturo: Madrid Remendado y Madrid Nuevo. El Progreso, 6. März 1882.

Stadtverwaltung Düsseldorf (Hrsg.): Verhandlungen des ersten Kongresses für Städtewesen Düsseldorf 1912. Düsseldorf 1913.

Steinmann, M.: Internationale Kongresse für Neues Bauen. Dokumente 1928–39. Basel 1979.

Stenfors, Edvin: Handbok i stadsplane- och byggnadsförfattningar. Stockholm 1934.

Stübben, Josef: Der Städtebau. Darmstadt 1890, Stuttgart 1907, Leipzig 1924.

Stübben, Josef: Praktische und ästhetische Grundsätze für die Anlage von Städten. Zeitschrift des Österreichischen Ingenieur- und Architektenvereines, XLV (1893), S. 441–447. Frz. Übersetzung: vgl. Buls.

Stübben, Josef: Der Bau der Städte in Geschichte und Gegenwart. Berlin 1895.

Stübben, Josef: Vom Städtebau in England. Berlin 1911.

Stübben, Josef: Vom französischen Städtebau. Berlin 1915.

Stübben, Josef: Buchbesprechung. Deutsche Bauzeitung 51 (1917), S. 211–214.

Stübben, Josef: Die Entwicklung des deutschen Städtebaus und ihr Einfluß auf das Ausland. Stadtbaukunst alter und neuer Zeit, 1 (1920) 113ff. Kurzfassung: Der Einfluß des deutschen Städtebaues im Ausland. Deutsche Bauzeitung 1920, 222f.

Sundman, Mikael: Urban Planning in Finland after 1850. In: Hall 1991[1], 60–115.

Sutcliffe, Anthony: The Autumn of Central Paris. The Defeat of Town Planning 1850–1970. London 1970.

Sutcliffe, Anthony: Toward the Planned City. Germany, Britain, the United States and France, 1780–1914. Oxford 1981.

Sutcliffe, Anthony: The History of Urban and Regional Planning. An annotated Bibliography. London 1981.

Svalduz, Elena: ‚Case popolari': Guida-inventario di una sezione dall'archivio Luzzatti. In: La Politica della casa all'inizio del XX secolo, hrsg. v. Donatella Calabi. Venezia 1995, S. 223–286.

Van der Swaelmen, Louis: Préliminaires d'art civique. Leiden 1916.

Talia, Michele: La metropoli e il piano. Roma 1990.

Taut, Bruno: Die Stadtkrone. Jena 1919.

Taut, Bruno: Die Auflösung der Städte oder: die Erde eine gute Wohnung oder auch: Der Weg zur alpinen Architektur. Hagen 1920.

Terán, Fernando de: Planeamiento urbana en la España contemporánea (1900–1980). Madrid 1982.

Testa, Virgilio: La legislazione urbanistica prussiana. Architettura Sept. 1934. Urbanistica: Legislazione urbanistica sassone. Architettura Sept. 1934. Urbanistica: La legislazione urbanistica bavarese. Architettura, Okt. 1934.

Tintori, Silvano: Piano e pianificatori dall'età Napoleonica al fascismo. Milano 1989.

Toutcheff, Nicole: Léon Jaussely (1875–1932) Les débuts de l'urbanisme scientifique en France. In: La ville, art et architecture en Europe, 1870–1993. Ausstellungskatalog Centre Georges Pompidou, Paris 1994, S. 169–171.

v. Treitschke, Heinrich: Deutsche Geschichte im 19. Jahrhundert. 8. Aufl., Leipzig 1919.

Triggs, Inigo: Town Planning. Past, Present and Possible. London 1909.

Tugwell, Rexford G.: The Fourth Power. Planning and Civic Comment, Part II April/June 1939, S. 1–31.

Umlauf, Joseph: Vom Wesen der Stadt und der Stadtplanung. Düsseldorf 1951.

Unkart, Ralf: Raumordnung in Österreich – heute. Berichte zur Raumforschung und Raumplanung 28 (1984), S. 9–11.

Unwin, Raymond: Town Planning in Practice. London 1909. Deutsch: Grundlagen des Städtebaues. Berlin 1910. Frz.: L'étude pratique de plans des villes. Paris 1922. Ital.: La pratica della progettazione urbana, Milano 1971.

Unwin, Raymond: Nothing Gained by Overcrowding. London 1912.

Unwin, Raymond: Hochhaus und Kraftwagen. Stadtbaukunst 5 (1924), S. 23/38.

Valckenier Kips, H.J.: Stadsuitbreiding, De Gids 4 (1894), S. 255–293.

de la Vara Ortiz, Emilio: El urbanismo en sus aspectos histórico y doctrinal. Madrid 1928.

Verband deutscher Architekten- und Ingenieurvereine: Denkschrift über Grundsätze des Städtebaues. Berlin 1906 (mit Vorträgen von R. Baumeister und K. Hocheder).

Vorträge und Aufsätze zur Städteausstellung 1903. Jahrbuch der Gehe-Stiftung: Die Großstadt. Dresden 1903.

Vorträge der Dresdner Städtebauwochen (s. Genzmer) 1924–25.

Wagner, Martin: Freiflächenpolitik. Berlin 1915.

Wagner, Martin: Die neue Stadt im neuen Land. Berlin 1934.

Wagner, Martin: Wirtschaftlicher Städtebau. Stuttgart 1951.

Wagner, Otto: Artis sola domina necessitas. Erläuterungsbericht zu einem Generalregulierungsplan für Wien. Wien 1894.

Wagner, Otto: Die Großstadt. Eine Studie über diese. Wien 1911.

Wassenhoven, Louis: Greece. In: Planning and Urban Growth in Southern Europe, hrsg. v. Martin Wynn. London 1984, S. 5-36.

Wastiels, F.: Raumordnung in Belgien. Berichte zur Raumforschung und Raumplanung, 13 (1969), S. 27-29.

Wells, H.G.: A Modern Utopia. London 1905.

Wetzel, Heinz: Wandlungen im Städtebau. Stuttgart 1942.

Weyl, Th. (Hrsg.): Die Assanierung der Städte in Einzeldarstellungen. Leipzig. Paris 1900, Wien 1902, Zürich 1903, Köln 1906, Kopenhagen 1907, Düsseldorf 1908.

Wiebenson, Dora: Tony Garnier: The Cité Industrielle. New York 1969.

Williams, Allan M.: Portugal. In: Planning and Urban Growth in Southern Europe, hrsg. v. Martin Wynn. London 1984, S. 71-110.

Williams, R.H. (Hrsg.): Planning in Europe. Urban and Regional Planning in the EEC. London 1984.

Wolf, Paul: Städtebau. Das Formproblem der Stadt in Vergangenheit und Zukunft. Leipzig 1919.

Wolf, Paul: Wohnung und Siedlung. Berlin 1926.

Wolff, Joseph: Zeitfragen des Städtebaues. München 1955.

van der Woud, Auke: Het nieuwe bouwen internationaal: CIAM, volkshuisvesting, stedebouw. Delft 1983.

Wurzer, Ralph: Camillo Sitte and America. A Study of the Reception of Sitte's Ideas in American Planning Literature. Wien 1996.

Wurzer, Rudolf: Eugen B. Fassbenders Beitrag zur Entwicklung der Stadtplanung in Österreich. Berichte zur Landesforschung und Landesplanung, 7 (1963), S. 1-10.

Wurzer, Rudolf: Ein Stadtentwicklungsplan für Wien. Berichte zur Raumforschung und Raumplanung 27 (1983), Heft 2/3, S. 1-31.

Wurzer, Rudolf: Planung und Verwirklichung der Ringstraßenzone in Wien. In: Festschrift für Hans Koepf, hrsg. v. Techn. Univ. Wien. Wien 1986, S. 64-81.

Wurzer, Rudolf (Hrsg.): Raumplanerausbildung in Europa. 20 Jahre – Raumplanung im Aufbruch. Wien 1994.

Wurzer, Rudolf: Die „Assanirung" der Josefsstadt in Prag. Die Alte Stadt, 22 (1995), S. 149–174.

Wurzer, Rudolf: s. Mollik.

Wuttke, R. (Hrsg): Die deutschen Städte. Geschildert nach den Ergebnissen der Städteausstellung von 1903. Dresden 1904.

Wynn, Martin (Hrsg.): Planning and Urban Growth in Southern Europe. London 1984.

Wynn, Martin: Spain. In: Planning and Urban Growth in Southern Europe, hrsg. v. Martin Wynn. London 1984, S. 111–164.

Zucconi, Guido (Hrsg.): Camillo Sitte e i suoi interpreti. Milano 1992.

Zucconi, Guido: Vecchi centri e nuove periferie industriali. In: La politica della casa all'inizio del XX secolo, hrsg. v. Donatella Calabi. Venezia 1995, S. 215–222.

Zucker, Paul: Die Entwicklung des Stadtbildes. Die Stadt als Form. München/Berlin 1929.

Personenverzeichnis

Seitenzahlen in *Kursivdruck* bezeichnen Bilder.

Aalto, Alvar 45, 216
Abel, Adolf 206
Abercrombie, Patrick 48, 63, 76, 156f, 159f, 165f, 176, 179, 181, 183, 189, 208, 236, 239, 267, 281, 329
Adams, Thomas 183, 236
Adickes, Franz 135, 296
Agache, Donat-Alfred 51, 90, 150, 163
Åhrén, Uno 96, 183
Alomar, Gabriel 108
Anspach, Jules 27
Antoine, Pierre 207
Arminius 119, 277, 286
Asplund, Gunnar 95, 183
Auburtin, Marcel 150
Auzelle, Robert 52, 90, 116, 150ff, 175, 206, 233

Backström, S. 304
Bahrdt, Hans Paul 211, 310
Bakema, J.B. *219, 309*
Balzac, Honoré 20
Barde, Charles 51, 92, 178, 279
Bardet, Gaston 53, 77, 142, 178f, 207, 238, 266, 293
Barlow, Sir Montague 62, 183, 248
Baumeister, Reinhard 36, 68, 74, 121f, 124, 128, 138, 141, 179, 233, 247, 271, 277f, 296

Beauquier, Charles 50
Bellamy, Edward 234
Bellet, Daniel 149
Bennett, H. *307*
Benoît-Lévy, Georges 48f, 77, 143, 149, 154, 287
Berlage, Hendrik Petrus 29, 74f, 94, 137, 174, 190, 197f, 302, 304
Berlepsch-Valendas, Hans-Ed. 156
Bernoulli, Hans 100f, 191, 206, 260
Beruto, Cesare 68
v. Beyme, Klaus 41, 215
Bieber, Oswald 39
Bjerre, Aage 31
Blum, Otto 173
Blumenfeld, Hans 197
Bofill, Ricardo 98, 312, *313*
Bourgeois, Victor 29
Brandt, Jürgen 192
Braybrooke, D. 284
Brinckmann, A.E. 75, 141, 163, 173
Brix, Josef 100, 125, 190, 196, 265
van den Broek, J.H. *219, 309*
Bruch, Ernst 35, 119, 127, 286, 289
Brunner-Lehenstein, Karl 86f, 184, 236, 263, 272, 279
Buchanan, Colin 209, 287, 294
v. Bülow, Bernhard 155
Bünz, Otto 108, 179, 182
Buls, Charles 27f, 69, 117, 126f, 131, 135, 147, 152, 155, 163, 174

379

Burckhardt, Lucius 101
Burnham, Daniel 148, 156f, 169, 234, 302
Busquets, Guillermo 107, 174

Caccia, Aristide 69, 152
Cadbury, George 57
Candilis, Georges 299, 306
Canosa, E. 179
Cantal-Dupart, Michel 55
Carrera Justiz 180
de Casseres, J.M. 76f, 181f, 263, 273
de Castro, Carlos Maria 104
Cerdá, Ildefonso *17*, 20, 103ff, 120f, 142, 231f, 247, 277, 291
Chambless, Edgar 287
Cherry, Gordon 234, 264, 274, 324
Chiodi, Cesare 183
Choay, Françoise 198
Chombart de Lauwe, Paul-Henri 53
Christaller, Walter 78
Claudius-Petit, Eugène 53, 221
Clerget, Pierre 49, 151
Collins, George und Christiane 125, 129f, 150, 179, 270
Comte, Auguste 267
Cooley, Charles Horton 236
Cullen, Gordon 211, 310
Culpin, Ewart G. 143

Darville, Will 149
Davidoff, Paul 239, 281
Dickinson, R.E. 208
Dikanski, M.G. 177
Dohna-Poninski, Adelheid s. Arminius
Doré, Gustave 20
Doxiadis, Konstantin 57
Durth, Werner 41, 215, 324
Dyckman, John 238, 280

Eberstadt, Rudolf 38, 139, 141, 148, 157, 163, 166, 180, 287
Edelsvärd, A.W. 91f, 128

van Eesteren, Cornelis 76, 194, *200*, 213
Egli, Ernst 15, 101
Ehlgötz, R. 173
Eitelberger v. Edelberg, R. 119, 123, 285
Ekelund, Hilding 45
Elliot, Walter 180
van Embden, Samuel J. 74f
Erskine, Ralph 98
Escolano, Victor Perez 179
Esher, Lionel 65

Fabrichesi, R. 183
Faßbender, Eugen 85, 142, 148, 174, 262, 270, 286, 291, 318
Feder, Gottfried 40, 186, 204
Fehl, Gerhard 10, 16
Fick, Roderich 87
Fischer, Theodor 37, 135, 171, 261, 263, 279, 303, 319
Fockema Andreae, J.P. 74, 148
Forbat, Fred 95, 194, 198
Ford, George B. 50, 140f, 151, 162, 175f, 190, 233, 279
Forrestier, J.C.N. 90
Forshaw, J.H. 63, 208
Fourier, Charles 289
Frank, Hartmut 16
Friedman, Yona 217
Friedrich, Peter 62, 288
de Fries, H. 174
Frisch, Max 101
Fritsch, Theodor 128, 234, 287, 297

Garnier, Tony 49, 51, 117, 149, 152, 154, *168*, 208, 288, 297, 303
Gaudin, Jean-Pierre 50
Geddes, Patrick 61, 76, 81f, 95, 130, 144, 156, 159ff, 199, 235f, 264, 267, 279, 331
Genzmer, Ewald 270, 272
Gibberd, Frederick 209, *219*

Giedion, Sigfried   76, 195
Giovannoni, Gustavo   69, 152, 274, 183
Giralt Casadesús, R.   180
Godin, Jean Baptiste   47
Goecke, Theodor   37, 136f, 159f, 163, 195, 232
Göderitz, Johannes   42, 210, 272, 274
Granpré Molière, M.J.   75, 189
Gréber, Jacques   51
Greenough, Horatio   278
Griffin, Walter Burley   163
Gropius, Walter   39, 94, 193, 196, 214, 304f
Gurlitt, Cornelius   37, 138, 172f, 178, 180, 190, 196f, 234, 263, 265, 272, 292, 318f
Gutschow, Niels   324
Guther, Max   270

Haesler, Otto   39, 304
Hafemann, Günter   *220*
Hall, Peter   15, 234, 274
Hall, Thomas   93
Hallman, Per Olof   93f, 137, 155, 162, 174
Hals, Harald   82
Harris, Britton   281
Haussmann, Eugène   20, 47, 245, 264, 300, 316
Hebebrand, Werner   197
Hébrard, Ernest   56, 149
Hegemann, Werner   94, 118, 139f, 155, 163, 174, 188, 196
Heiligenthal, Roman   93, 108, 125, 172f, 185, 190, 192, 204, 263, 271, 288
Hénard, Eugène   49, 137, 147, 149, 155, 157, 164, 196
Henrici, Karl   36, 81, 94, 125f, *132*, 135, 137, 148, 197, 278, 281ff
Hercher, Ludwig   128, 262, 270, 278, 291

Herriot, Edouard   49, 154f, 161
Hilberseimer, Ludwig   186, 198, 206, 287, 292, 294, 297, 326
Hillebrecht, Rudolf   288
Hirtsiefer, Heinrich   184, 189
Hobrecht, James   *19*, 20, 35, 68, 131
Hocheder, Karl   138
Hoepfner, K.A.   173, 184, 191, 235, 263f, 271f
Hoff, Oscar   81
Hoffacker, Heinz Wilhelm   235
Hoffmann, Hubert   195, 209
Hoffmann, Ludwig   56, 163
Holm, Per   97
Horsfall, Thomas   59, 92, 131, 143ff, 161
Hoste, Huib   29
Howard, Ebenezer   48, 60ff, 81, 106f, 116f, 128, *134*, 139, 142, 153, 162, 169, 180, 185ff, 189, 192, 234, 286, 289, 291, 297, 315
Huber, Victor Aimé   35, 120
Hudig, Dirk   75f, 189

Jacobs, Jane   126, 211, 310, 322
Jansen, Hermann   81, 100, 108, 179, 191, 195
Jaussely, Léon   51, 107, 149, 151, 162, 279
Jeanneret, Ch.-E. s. Le Corbusier
Jegher, Carl   100
Jensen, Herbert   *218*, 275
Johnson-Marshall, Percy   90
Joyant, Ed.   51, 176, 234
Jürgens, Oskar   106, 120, 153, 180
Jullian, René   149
Jung, Bertel   44f

Kadatz, Hans-Joachim   9, 215
Kampffmeyer, Bernhard   187, 190
Kampffmeyer, Hans   143, 192
Knipping, Franz   192
Koch, Pierre   179

Koeppen, W. 192
Koetter, Fred 211
Korn, Arthur 62, 194, 198
Kriesis, Anton 57
Kutter, Markus 101, 241

Landry, Pierre 123, 276
Langen, Gustav 40, 94, 157, 184, 188, 191, 204
Lavedan, Pierre 178f
Le Corbusier 29, 51ff, 82, 97, 108, 117, 151, 176f, 179, 195f, 198, 200, 207f, 214, 221, 264, 266, 287f, 297, 303, 305, 321, 326, 331
Lenoir, A. 123, 276
Le Play, Frederic 130
Leroux, Môrice 203
Lethaby, William 144, 278
Lever, William H. 59, 61, 136
Lilienberg, Albert 81, 93f, 164, 188, 197
Lindblom, C.E. 284
Lindhagen, Albert 80, 92f, 128, 135
Lindley, William 131
Lissitzky, El 217
Llewelyn-Davies, R. 287, 294
Lods, Marcel 214, 305
van Lohuizen, Th.K. 76, 199
Lotze, Hermann 142, 300
Lurçat, André 214, 221
Lutyens, E.L. 163
Luzzatti, Luigi 69
Lynch, Kevin 211, 310

MacLean, L. 145, 164
Malraux, André 54
Mamoli, Marcello 15
Mangner, C.J. 190
Marconi, Plinio 183
Markelius, Sven 95f
Marsh, Benjamin 140f, 151
Martin, Camille 100f, 150f
Martin, L. *307*

Mawson, Thomas 56, 148, 163
May, Ernst 39, 94, 162, 184, 192, 196f, *202*, 298, 303f
Mayreder, Carl 85
McLean, W.H. 182
Meili, Armin 101
Meller, Helen 164
Mercadal, Fernando 108f
Metzendorf, Georg *167*
Meyer, Hannes 101, 194, 197
van Mierlo, Charles 27
Miljutin, Alexander 287, 297
Miller, Mervin 156
Mitscherlich, Alexander 211, 307
Mittelbach, Arno 206
Mitterrand, François 54
Möhring, Bruno 38, 141, 173, 180, 287
Monclús, F.J. 108
Monneret de Villard 152
Montoliu, Cipriano 107, 143, 153
Morris, William 234
Moser, Werner M. 76, 194
Muesmann, Adolf 188
Muirhead 141, 261
Mumford, Lewis 45, 76, 82, 95, 149, 199
Mussolini, Benito 70
Muthesius, Hermann 191

Nachenius, H.W. 74, 124
Napoleon III 47
Niemeyer, Oscar 216
Niemeyer, Reinhold 193
van der Nüll, Eduard *17*
Núñez Granés, Pedro 153
Nußbaum, H.Chr. 141, 278, 317

Ockert, Erwin 191
Oelsner, Gustav 192, 198
Olivetti 71
Osborn, Frederic 62, 143
Osthaus, K.A. 160

Otlet, Paul   159
Otto, A.   187, 190
Oud, J.J.P.   78
Owen, Robert   59, 289

Park, Robert E.   236
Parker, Barry   61, 90
Paulsen, Friedrich   192
Pedersen, Sverre   81f, 162, 181
Pedrini, Antonio   152
Pepler, George   190
Perret, Auguste   49, 214, 221
Petersen, Richard   38, 100, 141, 287
Piacentini, Marcello   69, 153, 183
Piccinato, Luigi   183
Pidoux, Justin   51, 92, 178, 279
Pierrefeu, François de   208
Poëte, Marcel   51, 53, 178, 187, 235, 279
Poggi, Giovanni   67
Prager, Stephan   125, 192
Prost, Henri   51, 149, 163
Purdom, C.B.   143, 180f, 189, 208f, 289

Rainer, Roland   88, 205, 210, 294
Rasmussen, Steen Eiler   31, 118, 196
Rechenberg, Fritz   186
Redout, Edouard   150
Rehorst, C.   100
Reichow, Hans Bernhard   101, 206, 209f, 292, 294, 304
Reiner, Thomas   239, 281
Reinius, L.   304
Rey, A. Augustin   51, 92, 149, 157, 164, 175, 178, 187, 279
Richardson, Benjamin W.   120
Riehl, Wilhelm Heinrich   277, 286
Risler, Georges   48, 149, 174
Rittel, Horst   283
Robinson, Charles Mulford   146, 157
Roosevelt, Franklin Delano   199
Rossi, Aldo   73, 212, 310

Rouge, Maurice François   207
Rovira i Trias, Antonio   103
Rowe, Colin   211
Rubió i Tudurí, Santiago   197

Saarinen, Eliel   44f, 94, 98, 137, 163, *170*, 174, 190, 197, 302
Salazar, Antonio Oliveira   89
Salt, Titus   59
Samuelson   81
Sant'Elia, Antonio   69, 153
Säume, Max   *220*
Schäfer, Paula   193
Schaubert, Eduard   56
Scheffer, L.S.P.   187
Schilling, Otto   173, 319
Schimpff, Gustav   173
Schinkel, Friedrich   16, 20, 286
Schmidt, Robert   169, 189ff, 192, 197, 265
Schmidt, Wilhelm   173
Schmitz, Bruno   38, *168*, 169, 300
Schneider, Karl   *202*, 304
Schultze-Naumburg, Paul   139
Schumacher, Fritz   39, 93f, 138, 172, 184, 186, 189, 196, 198ff, *202*, 204f, 217, 236, 238, 261f, 267, 272, 268, 319f, 331
Schuster, Sir George   267, 271
Schwagenscheidt, Walter   197
Schwan, Bruno   185
Schweitzer, Otto Erich   304
Scott (Report)   63
Semper, Gottfried   128
Sennett, A.R.   143
Sellier, Henri   151, 187, 267
Sert, José Luis   108, 195, 213
Sharp, Thomas   183, 208
Sica, Paolo   15, 162
v. Siccardsburg, August S.   *17*
Siedler, Jobst   192
Siedler, Wolf Jobst   211, 298, 310
Siegfried, Jules   48

383

Sierks, Hans Ludwig 184
Silkin, Lewis 267, 274
Simmel, Georg 37f, 138, 236
Sitte, Camillo 16, 27, 31, 36f, 39, 44, 75, 81, 85, 94, 100, 107, 122, 124, 128, 135ff, 142, 145, 147, 150ff, 162, 165, 174, 179, 211, 232, 234, 265, 277f, 301f
Skeffington (Report) 223
Smets, Marcel 27
Sonck, Lars 44
Sombart, Werner 38
Soria y Mata, Arturo 104, *105*, 123, 129, 217, 286
Stam, Mart 197
Stein, Clarence 292f
Strinz, Carl 31, 162
Strölin, Karl 193
Strong, Josuah 154
Stübben, Joseph 27, 36, 68ff, 85, 94, 99, 103, 108, 121ff, 124ff, 127f, 130f, 135, 138, 142, 147, 150, 152, 155, 157, 160, 162f, 165, 171, 174, 179, 190, 192, 195, 197, 232, 277f, 317
Sundbärg, Fredrik 93
Sundius, Per Georg 93, 128
Sutcliffe, Anthony 15, 129, 159, 161f, 196
van der Swaelmen, Louis 29, 150

Taut, Bruno 171, 173, 177
Terán, Fernando de 179
Tessenow, Heinrich 45, 94
Testa, Virgilio 183
Thatcher, Margaret 66, 97

Torres Clavé, José 108
Trebbi, Giorgio 15
Triggs, Inigo 147f, 174, 179, 264
Tugwell, Rexford Guy 199

Umlauf, Josef 205, 268
Unwin, Raymond 16, 29, 61, 81, 94, 117f, 136, 144ff, 149, 151, 155f, 162, 164, 174f, 179f, 187ff, 190, 192, 196f, 233ff, 265, 278f, 289, 301f, 318
Uthwatt (Report) 63f

Valckenier Kips, J.H. 74, 124
Välikangas, Martti 45
de la Vara Ortiz, Emilio 179
Verwilghen, Raphael 28f
Viviani, Alessandro 68

Wagner, Martin 39, 141, 185, 198, 292f, 304
Wagner, Otto 85, 125, 142, 148, *167*, 174, 300, 302
Weber, Max 38, 267
Wetzel, Heinz 186
Whitman, Walt 140
Wibaut, F.M. 192
Wilson, Hugh *218*
Wolf, Paul 45, 77, 171, 180f, 192, 204, 263, 287
Wright, Frank Lloyd 117, 288
Wright, Henry 293
Wurzer, Rudolf 84f, 88

Zola, Emile 20
Zuazo, Secundino 108, 195

Stichwortverzeichnis

Seitenzahlen im **Fettdruck** bezeichnen dem Stichwort gewidmete Abschnitte, in *Kursivdruck* entsprechende Bilder. Analoge Begriffe sind mit erfaßt.

Abschöpfung (von Bodenwertsteigerungen) 63, 72, 108, 137, 159, 222, 249f, **258–260**
Agglomeration 28, 73, 98, 233, 299
Allgemeinwohl 34, 65, 92, 239f, 242
Alternativen 239, 241, 281, 284
Arbeiterwohnungen 28, 31, 47, 59, 69, 139, 148, 157, 204, 301
Ästhetik 26f, 36, 99, 126, 130, 138, 148f, 193, 233, 278, 303
Aufbaugesetze 41, 214, 222, 250, 256

Bandstadt 48, 104, *105*, 123, 129, 136, 179, 186, 286f, 294, 297
Bauflächen 39, 285f, 288, 290
Baufreiheit 24, 244
Baugesetzbuch 251, 260
Bauleitplanung 29, 33, 57
Bau/flucht/linien *19*, 26, 34f, 37, 92f, 99, 124f, 133, 143, 148, 169, 247, 252, 254, 301, 317
Bauordnung 40, 57, 84, 86, 140, 143, 160, 247, 254f
Baupolitik 86, 184, 236, 272, 279
Baupolizei 26, 33, 57, 234, 244
Bebauungsplan 20, 31, 34f, 46f, 68, 77, 99, 103, 119, 125, 127, 163, 255f, 286
Belichtung 39, 41, 92, 205, 223, 247, 317
Belüftung 39, 41, 92, 247, 317

Besonnung 160, 178, 205, 223
Bestandsaufnahme/-analyse 76, 156, 182, 194, 199, 236, 279f, 331
Bodenrecht/-politik 58, 64, 90, 101, 142, 159, 206, 216, 239, 249, 254ff, 261
Boden-/-wertsteigerung (s. auch Abschöpfung) 64, 108, 222, 230, 258f
Bundesbaugesetz 41, 250, 252, 260, 275, 322, 332
Bürgerbeteiligung 33, 42, 58, 65f, 72, 208, 223, 240, 268, 333

Charta von Athen 76, 101, 152, 194f, 214, 293, 297, 321, 331
CIAM 62, 76, 78, 95, 101, 109, 182, 184, 193ff, 196, 205, 213, 233, 321
Citybildung 173, 298, 319

Denkmalpflege/-schutz 38, 48, 61, 107, 130, 173, 180, 224, 234, 248, 312, 318ff, 324, 326, 330, 332
Deregulierung 33, 43, 55, 66f, 97, 241, 251, 268, 329
Dezentralisierung 34, 39, 54f, 66, 82, 190, 251, 253
Dichte (Wohndichte, Baudichte) 35, 39, 41, 61, 96, 106, 295

Enteignung *18*, 27, 47, 67, 82, 89, 92, 104, 137, 222, 245, 248f, 254, 257f, 316
Entschädigung 64, 101, 204, 222, 255, 257–261
Entwicklungsplanung 43, 240f, 251, 284
Erbbaurecht 101, 206, 260
Erhaltende Erneuerung 27, 33, 43, 54, 73, 90, 126, 223, 320, 324, *325*
Erwartungswerte 64, 204, 249, 258
Europäische Union 215, 334

Fachzeitschriften 37, 51, 55, 61, 70, 98, 117, 123, 125, 136f, 147, 158, 164, 173f, 178, 184, 321
Flachbau 32, 46, 305
Flächennutzung/splan 40, 79, 107, 169, 256, 297
Fluchtlinien (s. Bau/flucht/linien)
Freiflächen/-raum (s. auch Grüngürtel, Grünflächen) 30, 32, 39, 41, 48, 109, 111, 139, 169, 254, 288, 290
Funktionalismus 32, 278, 303

Gartenstadt 31, 37f, 44f, 48f, 60, 62f, 69, 75, 94, 100, 107, 115, 128, *134*, 136, 139, 142f, 145, 149, 153f, 156, 159, 162, 166, *167*, 180f, 185, 187f, 190f, 236, 286, 291, 301f, 315, 330f
Gartenvorstadt 75, 94, 106, 166, 169, 331
Gemeinde 26, 29ff, 32f, 35, 46, 48, 50, 54, 57f, 60, 79, 84, 90f, 93, 96f, 108ff, 133, 172, 207, 247, 251ff, 292, 333
Gestaltung 39, 44, 86, 138, 141, 147, 150, 157, 163, 166, 173, 210ff, 214, 230f, 234, 262ff, 268, 277, **330–314**

Gesundheit/-spflege (s. auch Hygiene) 35, 48, 56, 58f, 67, 74, 81, 92, 120, 123, 125, 127, 129, 133, 140f, 149, 154, 160, 233, 245f, 278
Gliederung s. Stadtgliederung
Großstadt 20, 30, 37f, 40, 45, 76, 89, 101, 110, 120, 138f, 185f, 224, 234, 237, 262, 290ff, 300, 302
Grünfläche/-planung/-anlage 38, 77, 92, 94, 169, 189f, 287, 295
Grüngürtel/Green belt 149, 289
Grundstücksausnutzung 31, 36, 56f, 93, 101, 295f, 300, 302

Heimatschutz 38, 74, 99, 139, 180, 234, 330
Hochhaus 32, 49, 52, 243, 287, 305, 322
Hygiene (s. auch Gesundheit) 26, 31, 35, 47f, 58, 74, 80, 123, 130f, 136, 141, 149, 154ff, 157, 236, 245, 247, 255, 261, 277f, 295, 315

Industrialisierung 13, 34, 58, 67, 89f, 91, 98, 119, 130, 246
Informelle Planung 257
Infrastruktur 39, 68, 143, 186, 260
Innenentwicklung 43, 102, 327
Internationale kongresse für neues bauen s. CIAM

Kleinstadt 40, 184ff, 315

Landesplanung 75, 87, 101, 179, 182f, 186, 188, 191, 193, 204, 213, 252f, 265f, 276, 281
Landschaft 41, 106, 139, 193, 286, 297

Markt 43, 64, 97, 242, 258f, 290, 296, 299
Management, Manager 73, 242f, 268, 333

Mietskaserne 20, 38, 100, 166, 223, 300, 320
Modell (s. auch Stadtmodell) 282f
Modernisierung 43, 54, 324

Nachbarschaftseinheit 45, 72, 95, 205, 237, 243, 283, 291ff, 298, 330
Nachhaltigkeit 225, 290, 327, 333f
Naturschutz 33, 38, 74, 99, 248, 330
Nutzungsart/-struktur 37, 39, 41, 62, 80, 82, 102f, 135, 230, 255, 277, 285, **295–300**

Ökologie 43, 225, 242, 244, 261, 282, 290, 300, 327, 333f
Ökonomie 66, 225, 274, 282, 299

Partizipation s. Bürgerbeteiligung
Planologie 77, 182, 199, 263, 266, 273
Planungsprozeß 279ff
Planungsrecht **244–261**
Planungstheorie 177, 212, 224, 230f, 239, **276–284**, 330
Planungswertausgleich (s. auch Abschöpfung) 260
Postmoderne 127, 212, 310
Public-private partnership 172, 242

Rahmenplan 90, 237, 257
Raumordnung 72, 78, 87, 158, 206f, 213, 252
Raumplaner 269, 257
Raumplanung 87f, 213
Region 29f, 72, 111, 182, 288ff, 333, 335
Regionalplanung 32f, 45, 51, 75, 78, 82f, 87, 90, 101f, 107ff, 180ff, 188ff, 193, 204, 213, 248, 253, 276

Sanierung (s. auch Stadterneuerung, erhaltende Erneuerung, Stadtumbau) 26f, 32, 47f, 54, 59, 67f, 82, 85, 94f, 101, 107, 133, 141, 173, 179, 192, 195, 223, 237, 245f, 257, 260, **315–326**
Satellitenstadt (s. auch Trabantenstadt) 180f, 208, 289f
Siedlungsstruktur 56, 78f
Sozialreform/-politik 28, 42, 130, 232ff, 247, 262, 332
Sozialstruktur 16, 179, 207, 237, 293
Soziologie, Sozialwissenschaft 37, 61, 77, 178, 211, 236f, 267, 269, 274, 279, 282
Stadtentwicklung/-splanung 27, 38, 73, 76, 79, 88f, 98, 108, 110, 119, 144, 212, 224, 240, 277
Stadterneuerung (s. auch erhaltende Erneuerung, Sanierung, Stadtumbau) 27, 30, 33, 43, 54, 73, 83, 85f, 88, 90, 126, 173, 211, 223, 230, 240, **314–327**, *323*, *325*
Stadterweiterung *17*, 20, 30, 35f, 43f, 53, 56, 59f, 62, 67f, 71, 76f, 84, 86, 89, 103f, 107f, 120f, 123ff, 132f, *134*, 138, 143, 166, 173, *200*, 223, 246f, 254f, 260f, 276, 278, 285, 291f
Stadtforschung 38, 61, 76f, 178, 192, 232, 277, 279
Stadtgestaltung **300–314**
Stadtgliederung 39f, 82, 135, 237, 285, **290–295**, 331
Stadtkern/-zentrum 43, 205f, 213, 221f, 287, 296f
Stadtlandschaft 41
Stadtmodell/-konzept 128, 210, 234, 277, **285–300**
Stadtregion 58, 90, 208, 253
Stadtstruktur 40, 59, 73, 204f, 210, 214

Stadtumbau (s. auch Stadterneuerung) 27, 56, 67, 82, *200*, *201*, 230, 240, 245, 314–327
Stadtwachstum 21, 58, 67, 71, 74, 89f, 98, 119, 133, 173, 246, 285f, 288f, 296
Straßennetz/-system 20, 31, 65, 69, 81, 261, 288, 291, 301
Sustainable Development s. Nachhaltigkeit

Trabantenstadt (s. auch Satellitenstadt) 119, 286, 289

Umnutzung 43, 83, 326f
Umweltqualität/-schutz 87, 225, 294
Urbanität 42f, 96, 298, 310
Utopie 234, 241, 285, 332, 334

Verdichtung und Verflechtung 42f, 298f
Verkehr 20, 32, 47, 56, 67, 69, 75, 78f, 81, 121f, 124, 139, 145, 149, 157, 159, 166, 171, 176f, 184, 190, 192, 197, 209f, 232f, 246, 261, 277f, 285f, 288, 291ff, 297, 299f, 315, 317, 333
Versorgung 35, 186, 233, 246, 261

Verwaltung/-sreform 35, 65, 72, 135, 247, 292

Wettbewerb 13, *17*, 20, 29, 31, 36, 44f, 76, 81, 83ff, 88, 91, 98ff, 103, 106, 108, 118, 125, *132*, 137, 141, 147, 155, 162ff, 169, 195, 221, 255, 286f, 291f, 300, 302
Wiederaufbau 34, 41, 50, 52f, 56, 78, 82, 131, 214
Wirtschaftswissenschaft 172, 184, 274
Wohndichte s. Dichte
Wohnungsbau/-wesen 30, 39, 55, 69, 71, 75, 81, 89, 94ff, 98, 130, 139, 158, 171, 181, 191ff, 205, 212, 232f, 246f, 302ff, 318, 321
Wohnungsreform 37, 234, 246

Zeilenbau 32, 39, 45, 82, 95, *202*, 303f, 312
Zentrenhierarchie 64, 95, 294, 312
Ziele der Planung 268, 280f, 289, 332
Zonenenteignung 26, 67, 108, 125, 158, 176, 245
Zonenplan, Zonung 33, 36, 53f, 85, 101, 148, 170, 255, 296

Ortsverzeichnis

Seitenzahlen in *Kursivdruck* bezeichnen Bilder.

Aachen 36
Aix-en-Provence 213
Altwarmbüchen 306
Almere 79
Amsterdam 62, 74ff, 78f, 137, 189, 199, *200*, 212, 217, 299, 302, 306, 327
– Bijlmermeer 79, 299, 306
Ankara 195
Antwerpen 29, 163
Aspraspiti 57
Assisi 71
Athen 56, 58, 163, 194

Baltimore 327
Barcelona *17*, 21, 103ff, 110, 121, 142, 152f, 179, 196, 291
Basel 98
Bergamo 213
Bergen 80f, 83, 195
Bern 102
– Halen 102
Berlin *19*, 20, 35ff, 38f, 41, 45, 53, 57, 62, 68, 76, 99, 107, 119, 127, 131, 136, 138f, 141, 146f, 153, 15ff, 160, 162ff, *168*, 169, 172, 186, 188, 192, 195, 206, 216ff, 270ff, 275, 286f, 299f, 305f, 318, 320, 324, *325*
– Hansaviertel 41, 210, 216, *220*, 221, 305
– Haselhorst 305

Bilbao 108, 195
Birmingham 60
Bodö 82
Bologna 73
Boston 169, 327
Bournville 59, 301
Bremen 45, *220*, 319
Breslau 289
Bridgewater 213
Brünn 85
Brüssel 27f, 30, 51, 85, 126f, 130ff, 153, 184, 187f, 245, 303
Budapest 44, 85, 140, 163
Buttstedt 136

Cadiz 287
Canberra 44, 51, 163f
Central Lancaster 287, 294
Cergy-Pontoise 308, *313*
Chandigarh 288
Chicago 127, 130, 148, 151, 156, 169, 206, 234, 302
Coventry 63, 80, 217, *218*
Creusot 48
Cumbernauld 64

Delft 75
Den Haag 75, 137, 158
Dessau 197, 287
Dortmund 317
Drancy 52, 95
Draveil 49

Dresden 76f, 94, 138, 154f, 188, 262, 270, 272f, 302
Dubrovnik 213
Dundee 59, 315
Durham 274
Düsseldorf 139, 141, 146, 157, 169

Edinburgh 59, 68, 156, 213, 315
Eindhoven 77
Emmeloord 79
Enskede 94, 169, 302
Essen 45, 302
– Mathildenhöhe *167*, 302

Farum 32
Firminy 53, 305, *308*
Florenz 67, 85
Frankfurt/M. 35, 37, 39, 43, 131, 135, 140, 184, 192, 195, 197, *202*, 214, 217, 255, 289, 296, 303, 310, *311*, 312
– Niederrad 304
– Nordweststadt 43

Genf 96, 100f, 150, 306
Gent 154, 159
Gijon 109
Glasgow 59, 315
Göppingen 314
Göteborg 91, 93f, 188, 306
– Biskopsgården 306
Graz 88
Guise 47

Haarlem 74, 124
Hamburg 38, 121, 131, 172, 186, 195, 199f, *202*, 214, 216, 222, 248, 262, 275, 288, 304, 314, 316ff
Hannover 41, 43, 81, 162
Harlow 209f, *219*
Hastings 212
Hellerau 39, 156, 169, 181, 302
Helsingborg 137, 163

Helsingfors/Helsinki 44f, *170*, 174, 302
Hengelo *309*
Hilversum 181
Hochdahl 289
Hoddesdon 213
Hook 298

Istanbul 215
Ivrea 71

Kaiserslautern 275
Karlsruhe 39, 271
– Dammerstock 39
Kiefhoek 78
Kiel 41, *218*
Köln 85, 127, 141, 148, 262, 317, 320
Kopenhagen 30ff, 117, 141, 164, 288, 305, *325*
– Albertslund 32, 46, 306
– Bellahøj 32
– Høje Gladsaxe 32, 305
Krems 88
Kristiansund 82

La Rochelle 53, 221
La Sarraz 101, 193
Le Havre 28, 53, 221
Leipzig 157
Lelystad 79
Letchworth 60f, 90, *134*, 139, 162, 169, 181, 208f, 289, 301
Leverkusen 43
Lille 51
Linz 84, 86, 255
Lissabon 89f, 213
Littoria 70
Liverpool 59, 61, 270, 315
London 17, 20, 61ff, 66ff, 76, 139f, 143, 146, 154–158, 160, 162, 187f, *201*, 208, 270, 273, 286, 288, 298f, *307*, 317, 327

- Hampstead 169, 301f
- Pimlico 63, 305
Louvain-la-Neuve 289
Löwen 289
Lüttich 28, 153, 213
Lyon 49, 133, 151, 154f, 161f

Madrid 103f, *105*, 106, 108ff, 123f, 179, 195, 286
Magdeburg *170*
Mailand 68
Mainz 127, 207, 214
Manchester 20, 162, 196, 274
Mannheim 36, 125
Marseille 51, 53, 194, 305
Maubeuge 53, 221
Mexico City 193
Milton Keynes 64, 288
Molde 82
Mulhouse 47
München 39, 68, 84, 125, *132*, 147f, 184, 206, 255, 261, 275, 291f, 303, *308*, *313*
Murcia 104
Muttenz 101

Nagele 78
Namsos 82
Nancy 48f, 157, 174
Nantes 53, 305
Narvik 82
Neapel 68, 85, 133, 246, 316
Newcastle 98, 274
New Lanark 59
New York 155, 176, 189, 198f

Oldenburg 275
Örebro 95, 304
Oslo (Kristiania) 80ff, 155, 322, 327
- Akers Brygge 83
Oud Mathenesse 78

Padua 71
Pamplona 104
Paris *19*, 20, 36, 47f, 51f, 54, 76, 130, 133, 137, 140f, 147, 153, 155, 158, 160, 173f, 177f, 187f, 192f, 195, *200*, 245, 272f, 278, 300, 305, 312, 316, 321
Philadelphia 146, 322
Plymouth 63, 217
Porto 89f
Port Sunlight 59, 61, 301
Prag 85, 133, 155, 196, 316

Radburn 292f
Reims 50, 175
Reval (s. Tallinn)
Rio de Janeiro 51
Rom 67ff, 71, 147, 152f, 160, 163, 192, 238
Rothenburg 145, 302
Rotterdam 75, 78, 217, *219*, 222, 304f, 306f, 322
- Pendrecht 79, 306
- Spangen 78
Runcorn 64

Sabaudia 70
San Francisco 327
St. Dié 53, 221
St. Germain bei Paris 305
St. Germain les Yvelines 312
St. Malo 53
St. Petersburg 155, 287
Saltaire 59
Salzburg 84, 87f
Salzgitter 40
Sennestadt 289
Sheffield 306, *309*
Siena 71
Skövde 95
South Hampshire 287
Stalingrad 287
Stavanger 83

391

Stevenage 210
Steyr 84
Stockholm 45, 80, 91, 93–98, 135, 137, 140, 183, 188, 193, 261, 276, 294, 305, 322, *323*305
- Danviksklippen 305
- Farsta 294, 305
- Vällingby 294, 305
Straßburg 36, 47, 51, 125, 127, 173, 245, 317f
Stuttgart 37, 186, 261, 306
Sunila 45
Suresnes 151, 267

Tallinn 44, 302
Tapiola 46
Thessaloniki 56, 58
Tibro 98
Toronto 196f
Toulouse 299, 306
Tours 53
Trier 214, 321
Trondheim 80f, 181, 196
Turin 67

Ulm 148
Utrecht 74, 148

Valencia 104
Vancouver 215
Versailles 48
Villach 95
Villeurbanne 52, *203*
Vreewijk 75, 181, 302

Warschau 312
Washington 155
Welwyn 62, 181, 208f, 289
Wien *17*, 20, 31, 36, 83–89, 119, 125, 127, 136, 140f, 147f, 150f, 153, 158, 160, *167*, 191, 202, 213, 255, 272, 275, 286, 291, 300, 302
Winterthur 100
Wolfsburg 40, 304
Wulfen 289

Zagreb 85
Zaragoza 104
Zoetermeer 289
Zürich 98–103, 141f, 173, 195, 212, 276, 319, 321
- Neubühl 101

Bildquellen

Albers, eigene Fotos
   10 Letchworth
   30 Firminy
   31 München, Neuperlach
   32 Sheffield, Park Hill
   34 Frankfurt/Römerberg
   35 München, Asamhof
   36 Bofill, Cergy Pontoise
   38 Kopenhagen

Benevolo, Leonardo, Storia della Città, Roma/Bari 1975
   2 Cerdá: Barcelona-Plan
   3 Abbrucharbeiten für Boulevards
   4 Lageplan Avenue de l'Opéra
   26 New Town (Harlow)
   33 Quartier Klein-Driene, Hengelo

Bourgin/Delfante, Une histoire de Gratte-Ciel, Lyon 1993
   22 Quartier Gratte-Ciel

Deutsche Akademie für Städtebau und Landesplanung (Hg.), Deutscher Städtebau nach 1945, Essen 1960
   23 Wohngebiet Kiel

Deutsches Architekturmuseum Frankfurt/M. (Hg.), Ernst May und das neue Frankfurt 1925–1930, Berlin 1986
   21 Frankfurt-Westhausen

Fry, Maxwell, Fine Building, London 1946
   19 MARS-Plan, London

Giedion, Sigfried, Space, Time, and Architecture, Cambridge Mass. 1949
   13 Garnier: Cité industrielle
   18 Amsterdam-Zuid nach AUP

Hegemann, Werner, Der Städtebau. 2 Bde., Berlin 1913
    5 Hobrechtplan Berlin
    7 Wettbewerb München, SW-Teil

Howard, E., Garden Cities of To-Morrow, London 1902
    9 Gartenstadtkonzept

Johnson-Marshall, Percy, Rebuilding Cities, Edinburgh 1966
    25 Lijnbaan Rotterdam
    37 Norrmalm Stockholm

Kallmorgen, Werner, Schumacher und Hamburg, Hamburg 1969
    20 Hamburg – Jarrestadt

Le Corbusier, Städtebau, Stuttgart 1929
    17 Le Corbusier, Plan Voisin

Mollik, K., H. Reining, R. Wurzer, Planung und Verwirklichung der Wiener Ringstraßenzone, Wiesbaden 1980
    1 Wettbewerbsentwurf Wien 1858

Otto, K. (Hg.), Die Stadt von morgen, Berlin 1959
    27 Modellbild Bremen/Neue Vahr
    28 Lageplan Interbau Berlin

Wagner, Otto, Die Großstadt. Eine Studie über diese, Wien 1911
    12 Großstadtstudie

Weyl, Heinz, Stadtsanierung und neue Städte in England, Essen o.J. (1962)
    24 Coventry Stadtkern

Yorke, F.R.S. und G. Gibberd, The Modern Flat, London 1948
    8 Industriestadt

Broschüre zur IBA Berlin:
    39 Erhaltende Erneuerung

Katalog der Ausstellung „La Ville", Paris 1994
    6 Soria y Mata: Bandstadtkonzept
    14 Wettbewerbsentwurf Schmitz, Berlin 1910
    16 Saarinen: Munkkiniemi-Haaga

Zeitschrift „Der Städtebau", Jahrgang 1915
   15 Reformierter Wohnblock

Zeitschrift „Bauen und Wohnen", Jahrgang 1966
   29 Roehampton

Nicht nachgewiesen (Dia-Sammlung Lehrstuhl für Städtebau, TU München)
   11 Essen, Margarethenhöhe

Bauwelt Fundamente
(lieferbare Titel)

1 Ulrich Conrads (Hrsg.), Programme und Manifeste zur Architektur des 20. Jahrhunderts
2 Le Corbusier, 1922 – Ausblick auf eine Architektur
3 Werner Hegemann, 1930 – Das steinerne Berlin
4 Jane Jacobs, Tod und Leben großer amerikanischer Städte
12 Le Corbusier, 1929 – Feststellungen
14 El Lissitzky, 1929 – Rußland: Architektur für eine Weltrevolution
16 Kevin Lynch, Das Bild der Stadt
20 Erich Schild, Zwischen Glaspalast und Palais des Illusions
24 Felix Schwarz und Frank Gloor (Hrsg.), „Die Form" – Stimme des Deutschen Werkbundes 1925 – 1934
36 John K. Friend und W. Neil Jessop (Hrsg.), Entscheidungsstrategie in Stadtplanung und Verwaltung
40 Bernd Hamm, Betrifft: Nachbarschaft
50 Robert Venturi, Komplexität und Widerspruch in der Architektur
51 Rudolf Schwarz, Wegweisung der Technik und andere Schriften zum Neuen Bauen 1926 – 1961
53 Robert Venturi, Denise Scott Brown und Steven Izenour, Lernen von Las Vegas
56 Thilo Hilpert (Hrsg.), Le Corbusiers „Charta von Athen". Texte und Dokumente. Kritische Neuausgabe
58 Heinz Quitzsch, Gottfried Semper – Praktische Ästhetik und politischer Kampf
65 William Hubbard, Architektur und Konvention
68 Christoph Hackelsberger, Plädoyer für eine Befreiung des Wohnens aus den Zwängen sinnloser Perfektion
70 Hernry-Russell Hitchcock und Philip Johnson, Der Internationale Stil – 1932
71 Lars Lerup, Das Unfertige bauen
72 Alexander Tzonis und Liane Lefaivre, Das Klassische in der Architektur
73 Elisabeth Blum, Le Corbusiers Wege
74 Walter Schönwandt, Denkfallen beim Planen
79 Christoph Hackelsberger, Beton: Stein der Weisen?

82 Klaus Jan Philipp (Hrsg.), Revolutionsarchitektur
83 Christoph Feldtkeller, Der architektonische Raum: eine Fiktion
85 Ulrich Pfammatter, Moderne und Macht
89 Reyner Banham, Theorie und Gestaltung im Ersten Maschinenzeitalter
90 Gert Kähler (Hrsg.), Dekonstruktion? Dekonstruktivismus?
91 Christoph Hackelsberger, Hundert Jahre deutsche Wohnmisere – und kein Ende?
92 Adolf Max Vogt, Russische und französische Revolutionsarchitektur 1917 · 1789
94 Mensch und Raum. Das Darmstädter Gespräch 1951
97 Gert Kähler (Hrsg.), Schräge Architektur und aufrechter Gang
99 Kristiana Hartmann (Hrsg.), trotzdem modern
100 Magdalena Droste, Winfried Nerdinger, Hilde Strohl, Ulrich Conrads (Hrsg.), Die Bauhaus-Debatte 1953
101 Ulf Jonak, Kopfbauten. Ansichten und Abrisse gegenwärtiger Architektur
102 Gerhard Fehl, Kleinstadt, Steildach, Volksgemeinschaft
103 Franziska Bollerey (Hrsg.), Zwischen de Stijl und CIAM (in Vorbereitung)
104 Gert Kähler (Hrsg.), Einfach schwierig
105 Sima Ingberman, ABC. Internationale Konstruktivistische Architektur 1922 – 1939
106 Martin Pawley, Theorie und Entwurf im zweiten Maschinenzeitalter (in Vorbereitung)
107 Gerhard Boeddinghaus (Hrsg.), Gesellschaft durch Dichte
108 Dieter Hoffmann-Axthelm, Die Rettung der Architektur vor sich selbst
109 Françoise Choay, Die Allegorie des Erbes (in Vorbereitung)
110 Gerd de Bruyn, Die Diktatur der Philanthropen
111 Alison und Peter Smithson, Italienische Gedanken
112 Gerda Breuer (Hrsg.), Arts & Crafts (in Vorbereitung)
113 Rolf Sachsse, Bild und Bau
114 Rudolf Stegers, Rudolf Schwarz (in Vorbereitung)
115 Niels Gutschow, Ordnungswahn (in Vorbereitung)
116 Christian Kühn, Architekturtypologie und CAAD (in Vorbereitung)
117 Gerd Albers, Zur Entwicklung der Stadtplanung in Europa
118 Thomas Sieverts, ZWISCHENSTADT zwischen Ort und Welt, Raum und Zeit, Stadt und Land
119 Beate und Hartmut Dieterich (Hrsg.), Boden. Wem nützt er? Wen stützt er?

Städtebau

**Hermann Josef Stübben
Städtebau 1876 - 1930**
von Oliver Karnau
1997. 663 S. mit 162 Abb.
Geb. m. Schutzumschlag
ISBN 3-528-08110-4

Josef Stübben (1845 - 1936) zählt zu den wichtigsten Persönlichkeiten des deutschen Städtebaus im letzten Drittel des 19. und im ersten Quartal des 20. Jahrhunderts. Stübben griff nicht nur mit eigenen Vorschlägen und Entwürfen in die Städtebaudebatte seiner Zeit ein, er beteiligte sich auch an zahlreichen nationalen und internationalen Kongressen, an städtebaulichen Wettbewerben und an der Diskussion um Straßenbau und Straßenführung, praktische und ästhetische Prinzipien, rechtliche, verkehrsspezifische, hygienische, soziale und ökonomische Fragen des Städtebaus. Stübben gehört mit Reinhard Baumeister, Cornelius Gurlitt, Rudolf Eberstadt und dem Wiener Camillo Sitte zu den Begründern der Disziplin Städtebau. Sein berühmtes Buch *Der Städtebau* erschien bei Vieweg 1980 als Reprint.
In seiner umfassenden Studie stellt Oliver Karnau das Lebenswerk Stübbens und dessen Rolle in der Städtebaudebatte seiner Zeit detailliert dar.

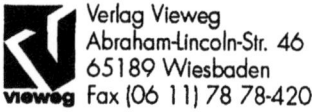

Verlag Vieweg
Abraham-Lincoln-Str. 46
65189 Wiesbaden
Fax (06 11) 78 78-420

Zwischen Modernisierung und Disziplinierung

Stadterneuerung in London und Hamburg
Eine Stadtbaugeschichte zwischen Modernisierung und Disziplinierung
von Dirk Schubert
1997. XII, 704 S.
mit 376 Abb. Geb.
ISBN 3-528-08137-6

Stadtbaugeschichte zwischen Modernisierung und Disziplinierung: Die Fragestellung schließt notwendigerweise die nach den Folgen von Modernisierung ein. Die außerordentlich gründliche Studie – methodisch eine komparative Längsschnittuntersuchung der paradigmatischen Stadterneuerung in London und Hamburg von der Mitte des 19. bis zur Mitte des 20. Jahrhunderts anhand von exemplarischen Fallstudien in einem analytischen und periodisierten Zusammenhang – macht nicht zuletzt für die Gegenwart, in Zeiten zunehmender sozialer Polarisierung, Fragestellungen und Blickrichtungen aktuell, wie sie für die Stadtgeschichtsschreibung des 19. und 20. Jahrhunderts zentral sind.

Verlag Vieweg
Abraham-Lincoln-Str. 46
65189 Wiesbaden
vieweg Fax (06 11) 78 78-420

Gesellschaft durch Dichte

Kritische Initiativen
zu einem neuen Leitbild
für Planung und Städtebau
1963/1964
In Erinnerung gebracht
von Gerhard Boeddinghaus

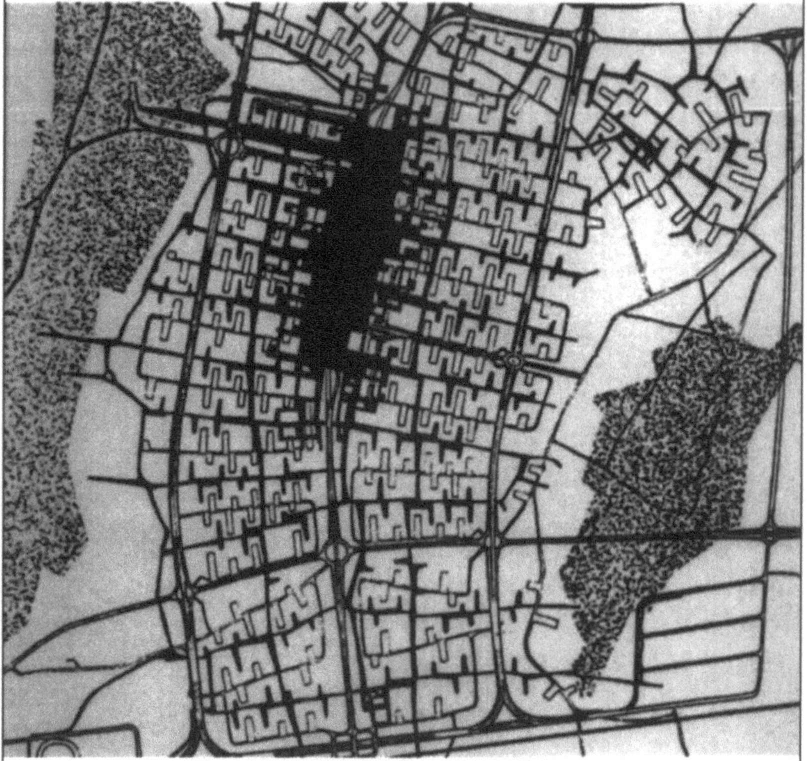

Städtebau/Architektur/Gesellschaftspolitik

Band 107 der Bauwelt Fundamente.
1995. 226 Seiten

ARCHITEKTUR ■ BEI VIEWEG

Bei Fragen zur Produktsicherheit wenden Sie sich bitte an:
If you have any questions regarding product safety,
please contact:

Birkhäuser Verlag GmbH
Im Westfeld 8
4055 Basel, Schweiz
productsafety@degruyterbrill.com